일제의 사상통제와 전향 정책

일제침탈사연구총서
문화
47

일제의 사상통제와 전향 정책

동북아역사재단 일제침탈사 편찬위원회 기획
홍종욱 지음

동북아역사재단
NORTHEAST ASIAN HISTORY FOUNDATION

| 발간사 |

    일본이 한국을 침탈한 지 100년이 지나고 한국이 일본의 지배로부터 벗어난 지 70년이 넘었건만, 식민 지배에 대한 청산은 이루어지지 못하고 있다. 일본의 독도영유권 주장은 도를 넘어섰다. 일본은 일본군'위안부', 강제동원 등 인적 수탈의 강제성도 인정하지 않고 있다. 일본군'위안부'와 강제동원의 피해를 해결하는 방안을 놓고 한일 간의 갈등은 최고조에 이르고 있다. 역사문제를 벗어나 무역분쟁, 안보위기 등 현실 문제가 위기 국면을 맞고 있다.

    한일 간의 갈등은 식민 지배의 역사를 어떻게 볼 것인가 하는 역사인식에서 기인한다. 역사는 현재와 과거의 대화이며 이를 기반으로 미래로 나아갈 수 있다. 과거 침략의 역사를 미화하면서 평화로운 미래를 말하는 것은 불가능하다. 식민 지배와 전쟁발발의 책임을 인정하지 않고 반성하지 않으면 다시 군국주의가 부활할 수 있고 전쟁이 일어날 위험성도 배제할 수 없다. 미래지향적 한일관계를 형성하고 나아가 동아시아의 평화와 번영의 기틀을 조성하기 위해 일본은 식민 지배의 책임을 인정하고 그 청산을 위해 노력해야 할 것이다.

    식민 지배의 역사를 청산하기 위해서는 식민 지배는 어떻게 이루어졌는지 그 실상을 명확하게 규명해야 한다. 그동안 일본제국주의에 맞서 조국의 독립을 위해 헌신한 독립운동가들의 활동을 찾아내고 역사적으로 평가하는 일에는 상당한 성과를 거두었다. 반면 일제 식민침탈의 구체적인 실상을 규명하는 일에는 충분한 노력을 기울이지 못했다. 제국주의가 식민지를 침탈했다는 것은 너무나 당연한 사실로 여겨졌기 때문에, 굳이 식민 지배에서 비롯된 수탈과 억압, 인권유린을 낱낱이 확인할 필요가 없었는지도 모른다. 그러는 사이 일본은 식민 지배가 오히려 한국에 은혜를 베푼 것이라고 미화하고, 참혹한 인권유린을 부인하는 역사부정의 인식을 보이는 데까지 이르고 있다. 일제의 통치와 침탈, 그리고 그 피해를 종합적으로 조사하고 편찬할 필요성이 여기에 있다.

일제침탈사를 체계적으로 정리하는 일은 개인이 감당하기 어렵다. 이에 우리 재단은 한국학계의 힘을 모아 일제침탈사 편찬위원회를 꾸렸다. 편찬위원회가 중심이 되어 일제의 식민지 침탈사를 정치·경제·사회·문화 모든 방면에 걸쳐 체계적으로 집대성하기로 했다. 일제 식민침탈의 실체를 파악하기 위해 2020년부터 세 가지 방면으로 사업을 추진하고 있다. 하나는 일제침탈의 실상을 구체적이고 생생한 자료를 통해서 제공하는 일로서 〈일제침탈사 자료총서〉로 편찬한다. 다른 하나는 이들 자료들을 바탕으로 연구한 결과물을 〈일제침탈사 연구총서〉로 간행한다. 그리고 연구의 결과를 대중들이 이해하기 쉽게 〈일제침탈사 교양총서〉를 바로알기 시리즈로 간행한다.

〈일제침탈사 연구총서〉는 일제침탈의 실태를 정치·경제·사회·문화 분야로 대별한 뒤 50여 개 세부 주제로 구성했다. 국내외 학계 전문가들이 현재까지 축적된 연구 성과를 반영하면서 풍부한 자료를 활용하여 집필했다. 연구자뿐만 아니라 교육 현장에서도 활용되고 일반 독자들도 이해할 수 있도록 집필하기 위해 노력했다. 연구총서 시리즈가 일제침탈의 역사적 실상을 규명하고 은폐된 역사적 사실을 기억하고 왜곡된 과거사에 대한 인식을 바로 잡음으로써 역사인식의 차이로 인한 논란과 갈등을 극복하는 데 기여하는 디딤돌이 되기를 바란다.

2024년
동북아역사재단 이사장

| 편찬사 |

1945년 한국이 일제 지배로부터 해방된 지 79년의 세월이 지났다. 그럼에도 불구하고 일본 사회 일각에서는 여전히 일제의 한국 지배를 합리화하고 미화하는 주장이 나오고 있으며, 최근에는 한국 사회 일각에서도 일제 지배를 왜곡하고 옹호하는 주장이 나오고 있다. 이는 한국과 일본 사회, 한일 관계와 동아시아 국제관계의 미래를 위해서도 결코 바람직하지 않은 일이다.

이에 동북아역사재단은 일제의 한국 침략과 식민 지배에 대한 학계의 연구 성과를 총정리한 〈일제침탈사 연구총서〉를 발간하기로 하였다. 이에 따라 2019년 9월 학계의 전문가를 중심으로 편찬위원회를 구성하였으며, 편찬위원회는 학계의 연구 성과를 토대로 정치·경제·사회·문화 부문에서 일제의 침탈이 어떻게 이루어졌는지 정리하여 연구총서 50권을 발간하기로 하였다.

주지하듯이 1905년 일제는 러일전쟁에서 승리한 뒤, 한국에 군대를 주둔시키면서 한국의 외교권을 빼앗고 통감부를 두어 내정에 간섭하였다. 1910년 일제는 군사력으로 한국 정부를 강압하여 마침내 한국을 강제 병합하였다. 이후 35년간 한국은 일제의 식민 통치를 받았다.

일제는 한국의 영토와 주권을 침탈하였을 뿐만 아니라, 군사력과 경찰력으로 한국을 지배하면서, 정치·경제·사회·문화의 모든 부문에서 한국인의 권리와 자유, 기회와 이익을 박탈하고 제한하였다. 정치적으로는 군사력과 경찰력, 각종 악법을 동원하여 독립운동을 탄압하고, 한국인의 정치활동을 억압하고 참정권을 박탈하였으며, 집회와 결사의 자유를 억압하였다. 경제적으로는 일본자본이 경제의 주도권을 장악하고, 일본인 위주의 경제정책을 수행했으며, 식량과 공업원료, 지하자원 등을 헐값으로 빼앗아 갔고, 농민과 노동자 등 대다수 한국인의 경제생활을 어렵게 하였다. 사회적으로는 한국인들을 차별적으로 대우하고, 한국인의 교육의 기회를 제한하고, 한국인으로서의 정체성을 박탈하여 결국은 일본의 2등 국민으로 만들고자 하였다. 문화적으로는 표현과 창작의 자유, 종교와 사상의 자유를 억압하고, 한글 대신 일본어를 주로 가르치고, 언론과 대중문화를 통제하였다. 중일전쟁, 아시아태평양전쟁을 도발한 뒤에는 인적·물적 자원을 전쟁에 강제동원하고, 많은 이들을 전장에 징집하여 생명까지 희생시켰다.

〈일제침탈사 연구총서〉는 침탈, 억압, 차별, 동화, 수탈, 통제, 동원 등의 단어로 요약되는 일제의 침략과 식민 지배의 실상과 그 기제를 명확히 밝히고자 하였다. 이를 통해 일제의 강제 병합을 정당화하거나 식민 지배를 미화하는 논리들을 비판 극복하고, 더 나아가 일제 식민 지배의 특성이 무엇이었는지, 식민 통치의 부정적 유산이 해방 이후에 어떤 영향을 미쳤는지를 밝히고자 하였다.

편찬위원회는 연구총서와 함께 침탈사와 관련된 중요한 주제들에 관하여 각종 법령과 신문·잡지 기사 등 자료들을 정리하여 〈일제침탈사 자료총서〉도 발간하기로 하였다. 아울러 일반인과 학생들이 보다 쉽게 읽을 수 있는 〈일제침탈사 교양총서〉를 바로알기 시리즈로 발간하기로 하였다.

일제의 한국 침략과 식민 지배의 역사는 광복 후 서둘러 정리해 냈어야 했지만, 학계의 연구가 미흡하여 엄두를 내기 어려웠다. 이제 학계의 연구가 어느 정도 축적되어 광복 80주년을 맞기 전에 이와 같은 작업을 할 수 있게 된 것을 다행으로 생각한다. 한일 양국 국민이 과거사에 대한 올바른 역사인식을 갖고 성찰을 통해 미래를 향해 함께 나아갈 수 있기를 기대하면서 삼가 이 책들을 펴낸다.

2024년
동북아역사재단 일제침탈사 편찬위원회

차례

발간사 4
편찬사 7

| 서장 | **식민주의와 반공의 사상통제** | 11 |

| 제1장 | **식민지 조선의 「치안유지법」** |
1. 「치안유지법」의 성립과 운용   36
2. 「치안유지법」과 독립운동   86

| 제2장 | **일제의 전향 정책과 조선인의 전향** |
1. 전향 정책의 도입과 운용   108
2. 사상범 보호관찰과 사상정화 공작   128
3. 중일전쟁기 전향의 양태와 논리   160

| 제3장 | **해방을 전후한 사상통제의 연속과 단절** |
1. 식민지 말기의 사상통제   200
2. 해방 이후의 사상통제와 전향 정책   244

| 종장 | **사상통제의 식민주의**   275

부록 293
참고문헌 363
찾아보기 373

서장
식민주의와 반공의 사상통제

1) 일제 사상통제의 보편성과 특수성

(1) 사상범과 사상통제

사상이란 무엇인가. 사상범은 누구이며 권력은 왜 사상을 통제하고자 하는가. 조지 오웰의 소설 『1984』는 음울한 통제 사회를 다뤘다. 소설에서 국가와 사회를 지배하는 권력은 사람들의 불만과 의문을 억누르기 위해 사상을 통제했다. 기록을 은폐하여 역사를 날조하고 세뇌 공작을 통해 기억을 조작했다. 혹독한 감시와 고문을 동반한 탄압이 자행되는 것은 물론이다.

소설 『1984』는 인류가 이제껏 경험한, 어쩌면 지금도 이어지고 있는 통제 사회, 전체주의를 고발했다. 소설에서는 사상범, 사상 범죄를 가리키는 thought crime, thought criminals라는 표현이 등장한다. 그리고 이를 단속하는 thought police, thought control, 즉 사상경찰, 사상통제도 등장한다. 'thought'는 사상이기 전에 생각 혹은 사고를 가리킨다. 인간의 사고 혹은 생각을 사상으로서 통제하는 것이다. 그렇다면 어떤 생각이 사상이 되는가. 많은 사람이 품고 있어 사회에서 일반적으로 받아들여지는 통념을 사상이라고는 하지 않는다. 이것을 벗어난 새로운 생각 혹은 급진적인 생각이 사상이 될 것이다.

모든 권력은 정도의 차이는 있어도 사상을 통제한다. 권력은 통제의 대상이 되는 사상에 대해 뭔가 불온한 것, 탄압받아 마땅한 것이라는 딱지를 붙인다. 그러다 보니 사상이라는 말 자체에 좋지 않은 선입견이 덧씌워졌다. 그렇다면 사상 없는 상태가 이상적일까. 이른바 통념에서 벗어나는 생각을 아무도 품지 않는 상황이 바람직할까. 이것이야말로 소설 『1984』에서 권력이 꿈꾸는 사회다. 소설이 그리는 사회에는 도처에 "무지가 힘이다"라는 구호가 적혀 있다. 가깝게는 1970~1980년대 한국에도 '이념' 서적을 압수하고 학생의 '의식화'를 막으려는 권력이 있었다. 이념이 없는 사회, 의식이 없는 사회가 건전한 사회일 수는 없다. 다른 의견을 용납하지 않는 사회는 일견 효율적으로 보일지 몰라도 여러 위기와 도전 앞에 무력하다.

거꾸로 어떠한 사상통제도 없고 표현의 자유가 무제한으로 보장되는 곳은 어떠할까. 사상의 자유는 소중하다. 그러나 최근 한국 사회의 차별금지법을 둘러싼 논의에서 알 수 있듯이 간단한 문제는 아니다. 악의적인 언어폭력과 더불어 가짜뉴스의 폐해가 점점 심각해지면서, 다른 사람의 존엄성을 해치는 행위나 언동을 규제할 필요는 사회적으로 인정받고 있다. 여러 생각 가운데 위험하고 반사회적인 사고, 사상이 존재할 수 있다. 정부가 그러한 반사회적인 사상을 통제한다면, 많은 사람이 이를 불가피한 조치라고 받아들일 것이다.

두 극단은 통하는 면이 있다. 무이념이나 무사상 그리고 차별적인 언어폭력과 반사회적인 사고를 경계해야 한다면, 우리가 지녀야 할 사상의 내용과 형식은 무엇일까. 무엇보다 권력이 사람들의 생각과 사고에 지나치게 간섭해서는 안 된다. 우리가 전체주의나 국가주의 사회의 사상통제를 부당하다고 비판하는 이유다. 소설 『1984』에서 권력은 인간의 자연스러운 욕망, 지적 호기심, 권리 주장을 반국가적인 것, 반사회적인 것으로 몰아간다. 반정부적인 행동은 물론 가족과 연인에 대한 사랑마저 반사회적인 것으로 배척하는 장면이 등장한다.

사상의 내용은 어떠할까. 민주주의와 인권을 확대하는 방향이 어느 쪽인지가 기준이 되어야 할 것이다. 그러할 때 역사와 현실 속에 나타난 여러 사상통제에 대한 이해와 비판도 가능할 것이다. 어떤 사고와 생각이 사상으로서 통제의 대상이 되었는지를 살피면 그러한 사상통제를 벌인 권력의 속성이 드러난다. 사상통제의 아픈 역사를 돌이켜 봄으로써 거꾸로 우리가 지켜야 할 가치가 무엇인지를 돌아볼 수 있다.

이 책에서는 식민지 시기 일제의 사상통제를 다룬다. 일제는 과연 어떤 생각과 사고를 불온사상이라고 규정하고 통제했는가. 일제 사상통제의 핵심적 법령은 「치안유지법」이었다. 「치안유지법」은 국체 변혁과 사유재산 부정을 처벌 대상으로 삼았다. 「치안유지법」의 적은 사회주의였다. 아울러 일제는 식민지 독립이 국체 변혁을 뜻한다고 보았다. 즉 일제 사상통제의 대상은 사회주의와 식민지 독립이었다. 식민 지배와 냉전은 20세기 세계사를 꿰뚫는 두 가지 핵심이다. 일제의 사상통제가 어디를 향했는지 살핌으로써, 반공과 식민주의라는 세계사의 모순이 중첩된 식민지 조선의 모습을 확인할 수 있다.

(2) 일제 사상통제의 제도·실태·이념

이 책은 일본 통치기 조선총독부의 사상통제와 전향 정책을 제도, 실태, 이념의 측면에서 살피고자 한다. 일제 사상통제의 중심에는 1925년에 제정된 「치안유지법」이 있었다.

먼저 법령의 성립과 변천을 포함하여 가능한 한 구체적으로 제도를 살핌으로써 일제 사상통제 정책의 실상을 드러내겠다. 일찍이 일제의 사상통제를 분석한 리차드 미첼(Richard H. Mitchell)은 「치안유지법」과 사상통제는 절대 악이며 파시즘적인 것이므로 새삼스럽게 그 제도를 설명할 필요가 없다는 풍조를 비판한 바 있다.[1] 식민지 조선의 경찰 제도를 분석

---

1 리차드 H. 미첼 저, 김윤식 역, 1982, 『日帝의 思想統制: 思想轉向과 그 法體系』, 일지사, 2쪽.

한 마쓰다 도시히코(松田利彦) 역시 "지배 정책사 연구의 경우는 지배 정책 담당자의 논리를 내재적으로 이해하고 일정한 합리적 설명을 하는 것 자체에 강한 심리적 규제가 작동"한다고 지적했다.[2] 지배 정책사 연구의 어려움을 토로한 것이라고 이해할 수 있다.

정책사 연구는 일본의 한국 통치가 지닌 가혹함을 드러내는 동시에 그러한 통치를 가능하게 했던 제도적 합리성을 놓치지 않아야 한다. 그러할 때만 일제의 침탈과 한국인의 저항이 지닌 역사적 의미를 파악할 수 있고, 나아가 일본의 한국 통치에 대한 근본적인 비판도 가능하다. 이 책을 포함한 동북아역사재단 '일제침탈사 연구총서'의 취지도 바로 그 점에 있다고 생각한다.

법과 제도가 현실에서 빚어내는 실태에도 초점을 맞추고자 한다. 제도 설계자가 미처 보지 못한 상황이 운용 과정에서 드러나기 마련이다. 사회주의 탄압을 위해 만들어진 「치안유지법」은 식민지 조선에서 민족해방, 민족자결 사상이라는 치명적인 적을 마주하게 된다. 여기서 식민지 독립은 국체 변혁에 해당한다는 「치안유지법」의 새로운 해석이 등장했다. 「치안유지법」의 운용 과정에서 식민지 독립은 사회주의와 더불어 일본 제국을 위협하는 사상의 한 축으로 포착되기에 이른 것이다.

법과 제도를 운용하는 권력뿐만 아니라 이에 대한 한국인의 저항과 대응도 시야에 넣고자 한다. 한국인의 주체적 모색 앞에서 통치자는 곤란과 시행착오를 겪게 된다. 일본인과 한국인 변호사는 「치안유지법」의 약점을 논리적으로 파고들고 때로는 관헌의 가혹한 고문을 폭로하는 용기

---

[2] 마쓰다 도시히코 저, 이종민·이형식·김현 역, 2020, 『일본의 조선 식민지 지배와 경찰』, 경인문화사, 17쪽.

를 보였다. 사상통제와 전향 정책의 의도를 넘어서는 한국인의 전향 논리는 일제를 곤란하게 만들기도 했다.「치안유지법」의 운용과 그에 대한 한국인의 대응을 살핌으로써 통치자의 의도를 굴절시키는 식민지 조선 사회라는 매질의 특성을 엿볼 수 있을 것이다.

일제 사상통제의 이념은 반공이었다. 19세기 말, 20세기 초에는 자본주의와 제국주의 폐해가 극에 달했다. 제1차 세계대전 와중에 일어난 1917년 러시아혁명으로 세계 최초의 사회주의 국가가 등장했다. 1920년대 소련과 코민테른의 지도 혹은 원조 아래 각국에서 공산당이 결성되어 구미와 일본의 노동운동과 식민지의 민족해방운동을 주도했다. 구미 열강과 일본은 반공 정책을 폄으로써 자본주의, 제국주의 질서를 지키고자 했다. 식민지 조선에서도 일제는「치안유지법」을 무기로 삼아 조선공산당을 비롯한 사회주의 운동 탄압에 나섰다.

일제 사상통제의 또 하나의 이념은 식민주의였다. 일제는 식민지 독립을 국체 변혁으로 해석하여「치안유지법」의 적용 대상으로 삼았다. 민족주의, 독립운동을 불온사상으로 규정하여 탄압한 것이다. 식민주의와 반공은 서로 북돋으며 사상통제의 두 축을 이뤘다.

반공이라는 이념은 일본과 조선이라는 경계를 넘어서기도 했다. 일본 관헌이 1925년 말에 파악한「치안유지법」에 대한 한국인의 여론 동향에 따르면, '주의자, 농촌운동자, 또는 노동운동자'가 비판적이었던 데 반해, '유식 계급, 유산 계급'은 "위험한 기획 운동을 단속하는 필요상 가장 적당한 법률"이라고 긍정했다.[3] 윤치호는 자신의 일기에 "한국인은 일본의

---

3   警務局,「大正14年 第51回帝国議会説明資料(高等関係)」(『朝鮮総督府帝国議会説明資料 第13巻』, 1998, 不二出版), 95쪽; 水野直樹, 2000,「治安維持法の制定と植民地朝鮮」,『人文学報』83, 119쪽.

통치와 러시아 볼셰비즘 사이에서 선택해야만 하기 때문에 나는 하나를 선택한다면 후자보다는 전자를 택한다"라고 적었다.[4] 이러한 윤치호마저 식민지 말기 「치안유지법」의 탄압을 받은 사실은 아이러니지만, 반공과 식민주의라는 두 이념의 결탁은 해방 후 한국 사회의 모습을 포함하여 일제 사상통제의 보편성과 특수성을 생각하게 한다.

(3) 일제 사상통제를 바라보는 시각

이 책은 아래 세 가지 관점에 유의하면서 일제의 사상통제와 전향 정책을 다루고자 한다. 첫째, 식민지 조선과 일본 본국의 관계에 주목하겠다. 일제 사상통제의 보편성과 특수성을 말할 때 반공이라는 보편적 측면과 더불어 국체, 즉 천황제를 지킨다는 특수한 측면을 지적할 수 있다. 여기서 다시 식민지 조선의 특수성을 생각한다면 민족주의와 독립운동을 사상통제의 주요한 대상으로 삼은 점을 빠트릴 수 없다. 사상통제에 담긴 식민주의는 일본 본국만 봐서는 포착하기 어렵고 식민지 조선만 봐서도 두드러지지 않는다. 일제 사상통제의 특징은 조선총독부와 일본 본국의 움직임을 함께 살필 때 비로소 드러난다.

사상통제의 기술은 식민지 조선에서 개발되고 시험되어 일본 본국으로 유입되기도 했다. 식민지 조선은 일본 제국을 제국이게끔 하는 가장 중요한 기반이었고, 중국 및 소련과 맞닿아 있는 '위험 지대'라는 점에서 사상통제의 최전선이었다. '식민지 독립이 국체 변혁에 해당하느냐'는 논쟁에서 볼 수 있듯이 일본 국체의 내포와 외연은 식민지에서 만들어졌다.

---

[4] 윤치호 저, 김상태 편역, 2001, 『윤치호 일기(1916~1943): 한 지식인의 내면세계를 통해 본 식민지 시기』, 역사비평사, 327쪽(1934년 3월 23일 일기).

도바타 세이이치(東畑精一)는 식민지에서 제국 중심으로 정책의 역류를 '역식민'(逆殖民, counter colonization)이라는 개념으로 설명한 바 있다.[5] 사상통제의 역식민은 반공과 식민주의라는 20세기 세계사의 모순이 응축된 식민지 조선의 모습을 드러낸다.

둘째, 일제 권력과 식민지 조선 사회의 관계에 주목하겠다. 지배와 탄압이라는 일방향이 아니라 사상통제가 한국 사회와 어떤 영향을 주고받았는지가 중요하다. 무엇보다 피통치자인 한국인의 주체성에 주목함으로써 때로는 두려움에 사로잡힌 통치자의 또 다른 얼굴을 그리고자 한다. 한국인의 저항과 비협조는 사상통제 기술의 발달을 가져왔다. 일제는 민중을 포섭하고 통제하기 위해 방공협회, 사상보국연맹, 대화숙을 설치하는 등 여러 궁리를 해야 했다. '경찰의 민중화'[6]라는 개념을 빌린다면 사상통제의 민중화라고 부를 만한 흐름이었다.

일제는 한국인을 일본 제국의 국민으로 포섭하기 위하여 이를 방해하는 사상, 사상범을 비국민으로 탄압, 배제했다. 여기서 사회주의와 민족주의는 가장 큰 적이었다. 식민주의와 반공을 바탕으로 한 사상통제의 전개는 한국인이 민족혁명이라는 방향 아래 주체화되는 과정이기도 했다. 민족혁명은 사회주의와 민족주의의 결합이었고, 수많은 사회주의자가 민족혁명에 헌신했다. 거꾸로 식민주의와 반공이라는 사상통제의 이념은 식민지 조선에서 펼쳐진 민족혁명론의 음화였다고 할 수 있다.

셋째, 식민지 시기와 해방 이후의 연속과 단절에 주목하겠다. 식민주

---

5 엄소정, 2019, 「도바타 세이이치(東畑精一)와 제국 일본의 식민정책학」, 『일본역사연구』 49.
6 마쓰다 도시히코 저, 이종민·이형식·김현 역, 2020, 앞의 책, 423쪽.

의와 반공에 기반해 황국신민을 창출하려는 사상통제에 맞서 많은 한국인이 민족혁명을 추구했다. 그러나 사유재산 보호를 내건「치안유지법」에 든든함을 느낀 이도 있었을 것이다. 해방 이후 냉전과 분단 속에 반공이라는 회로를 통해「치안유지법」을 계승한「국가보안법」이 만들어졌다. 일제가 고안해 낸 사상통제의 기술인 사상보국연맹과 대화숙은 우리 손에 의해 국민보도연맹으로 부활했다. 많은 이들이「국가보안법」의 희생자가 되었지만, 이 법에 의지해 질서를 지키려는 시도도 이어졌다.

해방을 전후한 사상통제의 연속과 단절은 남북한을 통틀어 국민의 창출 방향을 둘러싼 대결의 결과였다. 이러한 대결은 내적·외적 분단이라는 형태로 지금도 우리 사회에 지속되고 있다. 21세기 한국 사회에서「국가보안법」유지와 철폐 여론은 어느 한쪽도 압도적이지 않다. 건전한 사상의 자유를 모색하는 데 있어서 일제 사상통제의 아픈 경험은 중요한 시사점을 제공할 수 있다. 21세기 한국 사회에서 일제 사상통제와 전향 정책의 제도, 실태, 이념을 살피는 의의는 여기에 있다.

2) 사상통제와 전향에 관한 여러 연구

(1) 「치안유지법」과 식민지 조선

사상통제와 전향 정책 연구의 핵심은 「치안유지법」 연구에 있다. 식민지 조선에서 「치안유지법」 운용은 일본 본국의 그것과 밀접한 관련이 있었다.

한국에서 일제의 사상통제와 전향 정책에 관한 연구는 문학 연구자 김윤식이 1982년에 번역한 미첼의 『일제의 사상통제: 사상 전향과 그 법 체계』에서 시작되었다. 일제가 사상을 통제하기 위해 사용한 법 기술과 행정 기술에 관한 연구가 거의 없다는 미첼의 지적에서 알 수 있듯이,[7] 이 책은 일본 학계를 포함하더라도 해당 주제에 관한 선구적인 연구였다. 이 책은 일본 본국의 사상통제와 전향 정책에 관한 개설인데, 한국의 식민지 시기 운동사 및 사상사 연구에 중요한 토대가 되었다.

식민지 조선의 사상통제에 대해서는 일찍이 『친일문학론』(1966)을 발표해 주목을 받은 임종국이 1985년에 『일제하의 사상 탄압』을 출간했다.[8] 이 책은 1980년대 민주화 열기 속에 일제의 침략을 고발하고 친일파 청산을 촉구하는 데 기여했다. 조국, 한인섭 등 법학 연구자도 「국가보안법」을 의식하면서 식민지 시기 「치안유지법」을 분석한 시론적인 글을 발표했다.[9]

---

[7] 리차드 H. 미첼 저, 김윤식 역, 1982, 앞의 책, 2쪽.

[8] 임종국, 1985, 『일제하의 사상 탄압: 일제의 침략·지배 전술과 민족말살정책』, 평화출판사.

[9] 조국, 1988, 「한국 근현대사에서의 사상통제법」, 『역사비평』 3; 한인섭, 1991, 「치안유지법과 식민지 통제법령의 전개」, 『박병호 교수 환갑기념(II) 한국법사학논총』, 박

일본에서는 일찍부터 「치안유지법」을 중심으로 한 치안유지 체제에 관한 연구가 발표되었다. 오쿠다이라 야스히로(奧平康弘)의 선구적 연구인 『치안유지법 소사』(1977)와 더불어 오기노 후지오(荻野富士夫)의 『특고경찰체제사』(1984)가 고전적인 연구라고 할 만하다.[10] 오기노는 사상검사에 관한 연구를 발표한 데 이어, 2021년부터 「치안유지법」에 관한 연구를 잇달아 발표했다.[11] 특히 식민지 조선에 초점을 맞춘 『조선의 치안유지법』과 『조선의 치안유지법의 '현장'』은 경찰, 검찰, 사회운동 측의 방대한 1차 사료를 섭렵한 위에 회고록 등 현장의 모습을 전하는 생생한 목소리까지 수집, 정리하여 「치안유지법」 연구를 집대성했다.[12]

식민지 조선의 「치안유지법」 체제를 다룬 연구는 미즈노 나오키(水野直樹)의 연구가 독보적이다. 미즈노는 1970~1980년대 시론적인 글을 발표한 데 이어, 1999년에 정리한 보고서 『식민지 조선·대만의 치안유지법에 관한 연구』에서 본격적인 연구의 시작을 알렸다.[13] 미즈노는 일본 본국과 비교를 통해 「치안유지법」 체제의 식민지적 특수성을 밝히는 데 힘

병호 교수 환갑기념논총 간행위원회.

[10] 奧平康弘, 1977, 『治安維持法小史』, 筑摩書房; 荻野富士夫, 1985, 『特高警察体制史: 社会運動抑圧取締の構造と実態』, せきた書房.

[11] 荻野富士夫, 2000, 『思想検事』, 岩波新書; 荻野富士夫, 2012, 『特高警察』, 岩波新書; 荻野富士夫, 2021, 『治安維持法の「現場」(治安維持法の歴史Ⅰ)』, 六花出版; 荻野富士夫, 2022a, 『治安維持法(治安維持法の歴史Ⅱ)』, 六花出版.

[12] 荻野富士夫, 2022b, 『朝鮮の治安維持法の「現場」(治安維持法の歴史Ⅲ)』, 六花出版; 荻野富士夫, 2022c, 『朝鮮の治安維持法(治安維持法の歴史Ⅳ)』, 六花出版(한국어판은 오기노 후지오 저, 윤소영 역, 2022, 『일제강점기 치안유지법 운용의 역사』, 역사공간).

[13] 水野直樹, 1979, 「治安維持法と朝鮮·覚え書き」, 『朝鮮研究』 188; 水野直樹, 1986, 「日本の朝鮮支配と治安維持法」, 『季刊三千里』 47; 水野直樹, 1999, 『植民地朝鮮·台湾における治安維持法に関する研究』, 科学研究費研究成果報告書.

썼다.[14] 아울러 사상정화 공작, 대화숙, 사상범 예방구금 등 전향 정책을 포함하여 전시체제기 사상통제를 다룬 다수의 연구를 발표했다.[15] 사상검사 문제, 「치안유지법」 사형 판결도 고찰했다.[16]

일찍부터 「치안유지법」과 전향 문제에 천착해 온 장신은 관련 연구를 체계화하여 「1930·40년대 조선총독부의 사상전향정책 연구」를 2020년에 박사학위논문으로 제출했다.[17] 이 연구는 일제의 사상 전향 정책에 대해 첫째, 제도와 정책의 변화 과정과 실제 운용을 정리하고, 둘째, 조선인 사상 전향의 동기가 대부분 구금의 고통 또는 구금으로 인한 반성, 가족애, 신앙 문제였던 점을 들어 일본과 차이를 밝히고, 셋째, 김광섭과 손양원의 사례를 중심으로 형무소와 예방구금의 실태를 보였다.

---

14 水野直樹, 2000, 앞의 글; 水野直樹 저, 이영록 역, 2002, 「조선에 있어서 치안유지법체제의 식민지적 성격」, 『법사학연구』 26; 水野直樹, 2004, 「植民地独立運動に対する治安維持法の適用: 朝鮮·日本「内地」における法運用の落差」, 浅野豊美·松田利彦 編, 『植民地帝国日本の法的構造』, 信山社.

15 水野直樹, 2003, 「戰時期朝鮮における治安政策:「思想淨化工作」と大和塾を中心に」, 『歷史学硏究』 777; 미즈노 나오키, 2004, 「1930년대 후반 조선에서의 사상 통제 정책: 함경남북도의 '사상 정화 공작'과 그 이데올로기」, 방기중 編, 『일제 파시즘 지배정책과 민중생활』, 혜안; 水野直樹, 2006, 「戰時期朝鮮の治安維持体制」, 倉沢愛子 等 編, 『岩波講座 アジア·太平洋戦争 7 支配と暴力』, 岩波書店; 水野直樹, 2013, 「咸鏡北道における思想淨化工作と郷約·自衛団」, 松田利彦·陳姃湲 編, 『地域社会から見る帝国日本と植民地』, 思文閣出版.

16 水野直樹, 2008, 「植民地期朝鮮の思想檢事」, 『International Symposium 30, 日本の朝鮮·台湾支配と植民地官僚』, 国際日本文化研究センター; 水野直樹, 2009, 「思想檢事たちの「戰中」と「戰後」: 植民地支配と思想檢事」, 松田利彦·やまだあつし 編, 『日本の朝鮮·台湾支配と植民地官僚』, 思文閣出版; 水野直樹, 2014, 「治安維持法による死刑判決: 朝鮮における弾圧の実態」, 『治安維持法と現代』 28.

17 장신, 1998, 「1920년대 민족해방운동과 치안유지법」, 『學林』 19; 장신, 2000, 「1930년대 전반기 일제의 사상전향정책연구」, 『역사와 현실』 37; 장신, 2020, 「1930·40년대 조선총독부의 사상전향정책 연구」, 성균관대학교 박사학위논문.

그 밖에 한국과 일본에서 많은 연구가 이루어졌다.[18] 마쓰다의 경찰 연구에서는 사상통제와 관련하여 고등경찰, 조선방공협회가 벌인 활동에 관한 많은 정보를 얻을 수 있다. 이태훈의 조선방공협회, 황민호의 예방 구금, 나가시마 히로키(永島広紀)의 사상검사와 전향 정책, 홍종욱의 대화숙 연구를 통해 특히 전시체제기 사상통제와 전향 정책의 여러 측면이 해명되었다. 임경석은 사상검사 이토 노리오(伊藤憲郎)의 사회주의 '연구'를 분석하여 이를 한국 반공주의의 기원으로 자리매김했다. 신동운과 안유림은 사상범을 괴롭힌 예심 제도를 다뤘다.[19] 윤휘탁은 '치안숙정공작'을 비롯한 만주국의 치안유지 체제를 다뤘다.[20] 「치안유지법」과 사상통제 관련 자료집도 다수 간행되었다.[21]

일제가 펼친 사상통제의 이념과 기술은 해방 이후 반공 독재 아래에

---

18 마쓰다 도시히코 저, 이종민·이형식·김현 역, 2020, 앞의 책; 이태훈, 2014, 「일제말 전시체제기 조선방공협회의 활동과 반공선전전략」, 『역사와 현실』 93; 황민호, 2005, 「전시통제기 조선총독부의 사상범 문제에 대한 인식과 통제」, 『사학연구』 79; 永島広紀, 2008, 「日本統治下の朝鮮における転向者と思想「善導」の構図」, 『佐賀大学文化教育学部研究論文集』 12-2(永島広紀, 2011, 『戦時期朝鮮における「新体制」と京城帝国大学』, ゆまに書房 수록); 洪宗郁, 2017, 「戦時期朝鮮における思想犯統制と大和塾」, 『韓国朝鮮文化研究』 16; 임경석, 2014, 「일본인의 조선 연구: 사상검사 이토 노리오(伊藤憲郎)의 사회주의 연구를 중심으로」, 『한국사학사학보』 29.

19 申東雲, 1986, 「日帝下의 豫審制度에 관하여: 그 制度的 機能을 중심으로」, 『서울대학교 법학』 27-1; 안유림, 2009, 「일제 치안유지법체제하 조선의 예심(豫審)제도」, 『이화사학연구』 38.

20 尹輝鐸, 1996, 『日帝下「滿洲國」研究: 抗日武裝鬪爭과 治安肅正工作』, 一潮閣.

21 奧平康弘 編, 1973, 『現代史資料 45 治安維持法』, みすず書房; 荻野富士夫 編, 1996~1999, 『治安維持法関係資料集』(전4권), 新日本出版社; 방기중 편, 2005, 『일제 파시즘기 한국사회 자료집 3: 총독부의 사상통제와 전향』, 선인: 전명혁, 2020a, 『형사판결문으로 본 치안유지법 사건과 1920년대 사회주의운동』, 선인; 전명혁, 2020b, 『형사판결문으로 본 치안유지법 사건과 1930~40년대 초 사회주의운동』, 선인.

서 되풀이되었다.「치안유지법」은「국가보안법」으로, 사상보국연맹과 대화숙은 국민보도연맹으로 부활했다. 해방을 전후한 사상통제의 연속과 단절 문제에 대해서는 2012년에 제출된 강성현의 박사학위논문「한국 사상통제기제의 역사적 형성과 '보도연맹 사건', 1925-50」의 분석이 포괄적이면서 구체적이다.22 강성현은 식민지 시기「치안유지법」체제를 개괄한 후 해방 공간에서「국가보안법」의 부활과 국민보도연맹의 활동을 다뤘다. 나아가 국민보도연맹원 학살이라는 비극을 염두에 두고, 사상통제 기제가 내전이라는 급박한 상황 속에서 학살 기제로 전화하는 양상을 분석해 냈다.23

정병준은 '예비검속'에 초점을 맞춰 학살의 메커니즘을 분석했다.24 김무용은 국민보도연맹원 학살 사건을 국민 형성 과정에서 빚어진 정치학살로 분석했다.25

문준영은 법원과 검찰의 역사를 식민지 시기까지 거슬러 올라가며 분석했다.26 박원순은 국가보안법 변천사, 국가보안법 적용사, 국가보안법

---

22 강성현, 2012b,「한국 사상통제기제의 역사적 형성과 '보도연맹 사건', 1925-50」, 서울대학교 박사학위논문.

23 강성현, 2004,「전향에서 감시·동원, 그리고 학살로: 국민보도연맹 조직을 중심으로」,『역사연구』14; 강성현, 2010,「한국전쟁 전 정치범 양산 '법계열'의 운용과 정치범 인식의 변화」,『사림』36; 강성현, 2011,「1945~50년 '檢察司法'의 재건과 '사상검찰'의 '反共司法'」,『기억과 전망』25; 강성현, 2012a,「한국의 국가 형성기 '예외상태 상례'의 법적 구조: 국가보안법(1948·1949·1950)과 계엄법(1949)을 중심으로」,『사회와 역사』94.

24 정병준, 2004,「한국전쟁 초기 국민보도연맹원 예비검속·학살사건의 배경과 구조」,『역사와 현실』54.

25 김무용, 2010,「정부수립 전후 시기 국민형성의 동종화와 정치학살의 담론 발전」,『아세아연구』53-4.

폐지론으로 나누어 세 권으로 구성된 『국가보안법 연구』를 내었다.[27] 오랫동안 「국가보안법」 연구는 관변 학자가 저술한 실무지침서 성격의 글에 머물렀고, 민주화 이후에는 '감정적 고발'이 쏟아져 나오는 데 그쳤다. 박원순의 연구는 악법 비판이라는 목적을 분명히 하면서도 전문 학술서로서의 균형 감각을 잃지 않았다.[28]

(2) 제도로서의 전향과 사상으로서의 전향

전향 정책은 사상통제의 일환이다. 따라서 선행 연구를 살필 때도 사상통제와 구별되는 전향 정책 연구를 따지기는 어렵다. 일제 관헌은 가혹하면서 교묘한 전향 정책을 펼쳤고 그 결과 적지 않은 한국인이 전향했다. 다만 한국인의 전향과 그 논리를 살피다 보면, 조선총독부의 전향 정책, 즉 제도로서의 전향만으로 완전히 설명되기 어려운, 사상으로서의 전향이라 부를 만한 측면이 눈에 띈다. 이 책에서는 제도로서의 전향과 더불어 일제 전향 정책의 출발점이자 결과라고 할 수 있는 사상으로서의 전향에도 유의하고자 한다.[29]

전향이란 말은 단순한 방향의 전환 혹은 지니고 있던 사상, 신념, 주장

26　문준영, 2010, 『법원과 검찰의 탄생: 사법의 역사로 읽는 대한민국』, 역사비평사.

27　박원순, 1992a, 『국가보안법 연구 1: 국가보안법 변천사』, 역사비평사; 박원순, 1992b, 『국가보안법 연구 2: 국가보안법 적용사』, 역사비평사; 박원순, 1992c, 『국가보안법 연구 3: 국가보안법 폐지론』, 역사비평사.

28　안경환, 1993, 「〈서평〉 참혹한 두 도시 이야기: 박원순, 『국가보안법연구 1·2·3』, 역사비평사, 1992」, 『역사비평』 22, 396~397쪽.

29　사상으로서의 전향과 관련한 선행 연구 정리는 홍종욱, 2015, 「전향」, 서울대학교 역사연구소 편, 『역사용어사전』, 서울대학교 출판문화원 및 洪宗郁, 2011, 「序章 戰時期 朝鮮を読み直す」, 『戰時期朝鮮の転向者たち: 帝國/植民地の統合と龜裂』, 有志舍를 발췌·요약했다.

따위의 전환을 가리키지만, 역사학에서는 체제비판에서 체제협력으로 또는 진보적 입장에서 보수적 입장으로 사상이나 신조를 바꾸는 경우에 한정하여 사용하는 것이 일반적이다. 전향이란 개념이 이와 같은 의미로 굳어지게 된 데에는 1945년 이전 식민지 조선을 포함하여 일본 제국 차원에서 전개된 사상통제 정책 및 그 직간접적인 영향 아래 일어난 지식인의 체제 협력 혹은 진보적 입장의 포기라는 강렬한 역사적 경험이 자리 잡고 있다.

따라서 역사적 사건으로서 전향을 논할 때면 '권력의 강제'라는 측면이 중요하게 다루어져 왔다. 아울러 사상통제 정책의 직접적인 결과인 '제도로서의 전향'뿐만 아니라, 권력의 직접적인 강제에 의하지 않은 혹은 권력의 강제에 의해 촉발된 경우라도 이른바 '사상으로서의 전향'이 존재했다는 점 또한 주목되었다. 특히 '사상으로서의 전향'에 대한 착목은 전향을 동시대의 구미의 상황 혹은 1945년 이후의 유사한 역사적 경험을 설명하는 개념으로 확장할 가능성을 열어 주었다.

종전 직후 일본에서는 전향을 권력의 강제에 직면한 사회주의자들의 굴복으로 보는 시각이 일반적이었고, 이는 일본공산당의 '비전향의 신화'를 절대화했다. 이에 반해 1950년대 후반 쓰루미 슌스케(鶴見俊輔)가 주도한 '사상의 과학 연구회'가 내놓은 『공동연구 전향』은 "권력에 의해 강제되었기 때문에 일어난 사상의 변화"[30]라는 정의를 통해 강제와 자발성이 얽혀진 전향의 실상을 그려냈다. 비로소 전향이 사상사 연구의 대상이 된 것이다. 『공동연구 전향』은 전향 정책의 직접적인 대상이었던 사회주

---

30 鶴見俊輔, 1959, 「転向の共同研究について」, 思想の科学研究会 編, 『共同研究 転向』 上巻, 平凡社, 5쪽.

의자는 물론 자유주의자를 포함한 광범위한 지식인의 사례를 검증함으로써, 제도로서의 전향만이 아니라 사상으로서의 전향을 분석하기 위한 토대를 구축했다.

다만 『공동연구 전향』은 권력의 강제와 직접 관계없는 사례도 다수 다룸으로써 전향이 갖는 제도와 사상이라는 양 측면의 관계를 어떻게 이해할 것이냐는 과제를 스스로 남겼다. 한편 『공동연구 전향』과 더불어 전향의 역사상을 형성하는 데 커다란 영향을 미친 요시모토 다카아키(吉本隆明)는 권력의 강제보다 '우성 유전(遺傳)의 총체인 전통'과의 관계를 중시하여 전통의 체현자라고 할 '대중으로부터의 고립(감)'을 지식인 전향의 가장 큰 요인으로 듦으로써 사상으로서의 전향을 분석하기 위한 새로운 지평을 열었다.[31]

『공동연구 전향』의 전향론, 그중에서도 쓰루미의 방법론에 대해서 종종 역사성의 결여가 지적되었다. 스미야 미키오(隅谷三喜男)는 '전향은 완전히 역사적 개념'이라고 강조하면서 『공동연구 전향』이 '혁명의 탈색', '윤리의 탈색'[32]을 통해 전향이 가진 '변절(變節)'이라는 측면을 무시하고 전향을 단순히 '변설(變說)'로서 파악하였다고 비판했다. 스미야는 '한국이나 예전의 중국과 달리' 일본에서는 천황제를 중심으로 하는 의사(疑似) 가족 공동체가 형성되었다고 보고, 전향을 바로 그러한 공동체

---

31 吉本隆明, 1958, 「転向論」, 『現代批評』 1(『吉本隆明全著作集 第13巻』, 勁草書房, 1969에 수록).

32 혼다 슈고는 『공동연구 전향』이 내건 전향론을 '혁명의 탈색', '윤리의 탈색'이라고 파악하고 특히 '혁명의 탈색'이 지닌 문제점을 지적했다. 本多秋五, 1959, 〈書評〉 思想の科学研究会編 共同研究 『転向』 上」, 『思想』 421(本多秋五, 1960, 『増補 転向文学論』, 未来社에 수록).

로 회귀한 현상이라고 설명했다.³³ 이는 전향을 구미 사회과학과 일본 전통 사이의 갈등이 귀착된 지점이라고 이해하는 요시모토의 시각과 상통한다.

여기서 전향은 일본 고유의 사상 현상으로서 자리매김되었다. 구미의 합리주의·개인주의와 일본의 온정주의·집단주의를 대비시키면서 전향을 일본 사회 고유의 병폐로 간주하는 시각이라고 할 수 있다. 유럽의 전향이 '양심의 이름으로' 행해진 데 반해 일본의 그것은 '양심에 반해' 일어났다고 하는 혼다 슈고(本多秋五)의 분석³⁴도 같은 맥락에서 이해할 수 있다. 이러한 관점은 전향 정책의 전근대성 및 일본 지식인의 허약함을 고발하려는 의도에서 나온 것이지만, 결과적으로 전향의 원인과 결과를 모두 일본 사회 고유의 무언가에서 구함으로써 출구가 없는 닫힌 논리가 되어 버린 감이 있다. 『공동연구 전향』과는 다른 의미에서지만 마찬가지로 역사성의 결여 혹은 초역사성을 지적하지 않을 수 없다.

전향이라는 사회현상에 대한 반성에서 일본 사회의 '하나의 절대성, 균질적인 전체성'을 상대화할 수 있는 외부적인 "가공의 상상력의 '눈'"이 요청되기도 했다.³⁵ 쓰루미는 이광수(李光洙)를 다룬 하시카와 분조(橋川文三)의 논문을 언급하면서, '우리 전향 연구에 결여된 시야'라고 인정하고 "조선인의 눈으로 일본 국가를 볼 수 있었다면 일본 지식인은 15년 전쟁 하에서 가볍게 전향할 수는 없었을 것"³⁶이라고 말했다.

---

33 隅谷三喜男, 1976, 「転向の心理と論理」, 『思想』 624.
34 本多秋五, 1959, 앞의 글, 185쪽.
35 辻信一, 1981, 「〈書評〉転向論の新しい地平 上」, 『思想の科学』 7-2, 122쪽.
36 鶴見俊輔, 1978, 「文献解題」, 思想の科学研究会 編, 『改訂増補 共同研究 転向』 下巻, 平凡社, 578~579쪽.

그러나 안타깝게도 식민지 조선에서도 전향은 일종의 사회현상으로서 이른바 대량 전향이라는 형태로 일어났다. 이러한 역사적 사실을 진지하게 받아들였다면 일본적 특수성을 드러내기 위해 안이하게 조선이라는 외부성에 기대지는 않았을 것이다. 쓰루미가 말한 방법적 보편성은 대상을 일본에 제한하는 시각, 즉 일본 고유, 일본 특수의 강조와 표리일체였던 셈이다.

식민지 조선에서도 일본 본국과 마찬가지로 사상범 대책의 일환으로서 전향 정책이 적극적으로 실시되었다. 요컨대 '전향'은 반체제 사상이나 운동을 체제 내로 포섭하려는 사법 당국의 정책에서 유래했다는 점에서 일본 본국이나 식민지 조선이나 차이가 없었다. 하지만 식민지 조선과 일본 본국 사이에는 어긋나는 면이 존재했다. 조선에서는 사회주의 사상을 포기해도 민족주의라는 또 하나의 사상 혹은 사상 이전의 문제가 남았다. 따라서 조선의 전향은 곧 친일이어야만 했고, 특히 중일전쟁 이후 전시체제기에 들어서면 내선일체 구호와 결합함으로써만 전쟁 협력으로 나아갈 통로를 확보할 수 있었다.

한편 일본 본국의 경우 전통 혹은 대중으로 귀의가 지식인의 체제내화를 의미한 것에 반해, 식민지 지식인에게 전통이나 대중에 대한 주목은 조선이라는 주체성의 발견, 즉 저항의 계기로서 작용했다. 따라서 '공동체로 회귀'와 같이 어떠한 자연스러움의 회복으로 설명되는 일본 사상사의 전향 해석을 조선의 전향에 그대로 적용할 수는 없다. 저항과 협력이 복잡하게 얽힌 조선의 상황은 이른바 전향이 아닌 다른 무언가라기보다 일본의 사상사 연구가 놓쳐온 전향의 또 하나의 측면이다. 식민지의 전향만이 아니라 식민지 제국 차원에서 전향 일반에 대한 재검토가 요구되는 까닭도 여기에 있다.

조선총독부의 전향 정책 및 사회주의자 전향의 추이를 분석한 김민철, 지승준, 장신, 홍성찬 등의 연구 덕분에 1930년대 식민지 조선에서 일어난 전향의 양상을 상세하게 파악할 수 있게 되었다.[37] 다만 이들 연구는 주로 전향 정책, 즉 전향의 제도적 측면에 초점을 맞추었고, 사상사적 접근을 시도하더라도 일본의 전향에 비하여 그 논리가 빈곤하였다는 점을 지적하는 경우가 많았다. 민족 문제가 존재하는 이상 전향의 논리는 형성되기 어려웠다는 판단이었다. 요컨대 친일파 연구의 틀을 사회주의자에게 적용한 셈이다.

마쓰다 도시히코는 "공산주의자·사회주의자의 전향에는 민족주의자의 친일화와 같은 종류의 문제가 포함되어 있다고 하더라도 거기에 별개의 논리가 존재한다"는 주목할 만한 지적을 했다.[38] 이러한 문제의식 아래 조선인 사회주의자의 전향에서 고유한 논리를 읽어내려는 연구도 나왔다. 마쓰다, 이수일, 장용경 등은 여러 전향자의 생애와 사상을 면밀하게 좇음으로써 전향 전후에 보이는 사상의 연속과 단절 문제를 음미했다.[39] 전상숙은 사회주의자의 실천을 정세 변화와 교차시키면서 그들의

37　김민철, 1995, 「일제하 사회주의자들의 전향논리」, 『역사비평』 30; 지승준, 1998a, 「1930년대 사회주의진영의 '轉向'과 大東民友會」, 『史學研究』 55·56; 지승준, 1998b, 「1930년대 日帝의 '思想犯' 대책과 사회주의자들의 전향논리」, 『中央史論』 10·11; 장신, 2000, 앞의 글; 홍성찬, 2006, 「일제하 사상범보호단체 "소도회(昭道會)"의 설립과 활동」, 『동방학지』 135.

38　松田利彦, 1997, 「植民地末期におけるある朝鮮転向者の運動: 姜永錫と日本国体学·東亜連盟運動」, 『人文学報』 79, 京都大学人文科学研究所, 132쪽.

39　松田利彦, 2015, 『東亞連盟運動と朝鮮·朝鮮人: 日中戰爭期における植民地帝国日本の断面』, 有志舎; 이수일, 1998, 「일제말기 社會主義者의 轉向論: 印貞植을 중심으로」, 『國史館論叢』 79; 장용경, 2003, 「일제 植民地期 印貞植의 轉向論: 內鮮一體論을 통한 植民的 관계의 형성과 農業再編成論」, 『韓國史論』 49.

전향을 '현실적인 선택'으로서 자리매김했다.⁴⁰

재일조선인 작가인 김석범(金石範)은 조선인의 "전향으로서의 '친일'"을 사상 문제라기보다 윤리 문제로서 파악했다. 일본과 달리 조선의 전향에 대한 평가에서는 '인간의 존재 원리'라고 할 수 있는 '민족 독립'이라는 "'절대적 가치 기준'은 흔들 수가 없다"는 설명이다.⁴¹ 다만 이 책에서는 식민지라는 장소를 종주국에 비해 더 높은 윤리성이 요구되는 조건으로 받아들이기보다는 반공과 식민주의라는 세계사의 모순이 중첩되는 위치로서 되새기고자 한다. 전향에 대해서도 조선 지식인들이 총력전과 식민지라는 시공간적 조건 속에서 어떻게 민족이라는 주체를 구성하고 또 스스로 존엄을 지키고자 했느냐는 문제로서 진지하게 고찰해야 할 것이다.

일본에서도 전향 연구는 새로운 전개를 보였다. 이토 아키라(伊藤晃)는 전향을 사회주의 운동의 연장선상에서 파악했다.⁴² 이토는 천황제 반대라는, 대중으로부터 괴리된 관념적 목표를 가지고 대중을 동원하려 했던 공산당의 문제점을 지적하고, 전향자 가운데 보존되어 있었던 '비전향의 의지'를 추적했다. 구미 학계에서도 식민지 제국의 변용과 총력전이라는 세계사적 전개를 의식하면서 일본 제국 차원의 전향이 지닌 세계사적 보편성과 일본적 특수성에 주목하는 연구가 발표되었다.⁴³

---

40 전상숙, 2004, 『일제시기 한국 사회주의 지식인 연구』, 지식산업사.
41 金石範, 1993, 『転向と親日派』, 岩波書店, 29~30쪽.
42 伊藤晃, 1995, 『転向と天皇制: 日本共産主義運動の一九三〇年代』, 勁草書房.
43 Max M. Ward, 2019, *Thought Crime: Ideology and State Power in Interwar Japan*, Duke University Press; Irena Hayter, George T. Sipos, Mark Williams eds., 2021, *Tenko: Cultures of Political Conversion in Transwar Japan*, Routledge.

1990년대에 들어서 본격적으로 제기된 총력전체제론은 전향 연구에도 영향을 주었다. 총력전체제론은 전쟁 수행과정에서 사회 전체가 효율을 극대화하는 방향으로 재편성되고, 동시에 사회 구성원을 총력전의 주체로 세우기 위한 '강제적 균질화'가 진행된다고 파악한다.[44] 요네타니 마사후미(米谷匡史)는 지식인의 전시 협력을 총력전 수행과정에서 사회 변혁이 이루어질 것으로 기대한 '전시변혁' 기도로 파악했다.[45] 요네타니의 연구는 사노 마나부(佐野學)의 전향론을 전시변혁론의 원형으로 파악하는 등 사회주의자의 전향을 설명하는 데도 강한 시사점을 포함하고 있다. 전시 협력이 지닌 양의성에 주목하는 연구는 전향을 '권력의 강제'에 대한 굴복이나 일본 사회 고유의 무언가로서가 아니라 지식인의 근대화 기획, 나아가 근대 극복 노력의 정점으로서 위치 지었다는 점에서 획기성을 인정할 수 있다.

총력전체제론 및 전시변혁론은 식민지 조선의 전향에 대해서도 새로운 접근의 가능성을 제시해 주었다. 즉 조선의 경우는 일본과 달리 중일전쟁기에 들어선 뒤에 대량 전향이 발생하게 되는데, 그 배경과 관련하여 조선의 사회주의자들이 일본이 제시한 '동아신질서(東亞新秩序)' 구상으로부터 조선의 독자적인 단위로서의 발전 가능성을 보았기 때문이라는 설명이 제기되었다.[46] '내선일체(內鮮一體)'론에 담긴 '차별로부터의 탈출'이라는 측면을 지적한 기존 연구의 문제의식과도 통하는데,[47] 조선인의

---

44 山之内靖・ヴィクター・コシュマン・成田龍一 編, 1995, 『総力戦と現代化』, 柏書房.
45 米谷匡史, 1997, 「戦時期日本の社会思想: 現代化と戦時変革」, 『思想』 882.
46 洪宗郁, 2011, 앞의 책.
47 宮田節子, 1982, 『朝鮮民衆と「皇民化」政策』, 未来社(한국어판은 宮田節子 저, 李熒娘 역, 1997, 『朝鮮民衆과 '皇民化'政策』, 일조각).

전향을 일본 제국 차원의 총력전체제 형성 과정에서 조선의 지위가 향상될 것으로 기대한 일종의 전시변혁론으로 해석한 것이다.

계급해방과 민족해방을 추구하던 사회주의자들은 어떻게 반공과 식민주의를 두 축으로 하는 전향 정책 속으로 포섭되었는가. 권력의 강제를 무겁게 받아들이면서도 총력전의 전개와 식민지 제국의 변용 속에 민족혁명론이 직면한 곤란을 놓치지 않을 필요가 있다. 다만 일본 관헌은 조선인의 전향에 대해 끝까지 의심의 눈초리를 거두지 않았다. 장신은 일본 관헌이 좀처럼 '완전한 전향'을 인정하지 않았음을 지적했다.[48] 조선인이 적극적 전향으로 나서면 나설수록 굴절된 민족혁명의 논리가 두드러질 수밖에 없었다. 일제 전향 정책이 지닌 모순 그리고 제도로서의 전향과 사상으로서의 전향 사이 괴리를 확인하게 된다.

해방 후 냉전과 분단 상황에서 사상통제 기술로서의 전향 정책은 지속되었다. 최정기, 김동춘, 전상숙, 김귀옥은 반공 독재 체제 아래서 자행된 전향 정책의 역사적 성격과 가혹한 실상을 밝혔다.[49] 해방 후 전향에서도 비전향 장기수라는 짙은 그늘을 남긴 제도로서의 전향과 더불어, 특히 민주화, 탈냉전 이후 사상으로서의 전향이라는 측면도 눈여겨 볼 필요가 있다.

---

48 장신, 2020, 앞의 글, 205~211쪽.
49 최정기, 2002, 『비전향 장기수: 0.5평에 갇힌 한반도』, 책세상; 최정기, 2007, 「해방 이후 한국전쟁까지의 형무소 실태 연구」, 『제노사이드연구』 2; 김동춘, 2022, 「유신체제(1972-1979) 하 '좌익수' 전향정책의 역사정치적 성격」, 『사회와 역사』 134; 전상숙, 2005, 「사상통제정책의 역사성: 반공과 전향」, 『한국정치외교사논총』 27-1; 김귀옥, 2011, 「1960~70년대 비전향 장기수와 감옥의 일상사: 비전향 장기수의 구술 기억을 따라」, 『역사비평』 94.

제1장
식민지 조선의 「치안유지법」

1. 「치안유지법」의 성립과 운용

1) 식민지 조선의 치안과 「치안유지법」 성립

(1) 「보안법」과 「정치에 관한 범죄 처벌의 건」

일본에 의한 한국병합 이후 식민지 조선의 대표적인 치안 법령은 1907년 7월 제정된 「보안법」이었다. 「보안법」의 모태는 1900년 제정된 일본의 「치안경찰법」이었다. 일본은 한국병합 이후 「치안경찰령」 제정을 시도하였으나, 식민지 조선에는 정치적 결사가 금지되어 존재하지 않는 탓에 실현되지 않았다. 비밀결사에 대한 단속과 탄압은 「보안법」으로 가능했기 때문이다.

3·1운동이 기존의 무장투쟁이나 비밀결사와 다른 양상을 보이자 새로운 단속 법령이 필요해진 총독부는 1919년 4월 15일에 제령 제7호 「정치에 관한 범죄 처벌의 건」을 공포·시행했다. 「정치에 관한 범죄 처벌의 건」 제1조는 "정치의 변혁을 목적으로 하여 다수 공동으로 안녕질서를 방해하거나 방해하고자 하는 자는 10년 이하의 징역 또는 금고에 처한다"고 규정했다.[1] 「보안법」이 결사와 집회, '다중의 운동'을 규제한 데 반해, 「정치에 관한 범죄 처벌의 건」은 '다수 공동으로'라고만 되어 있어 예비음모를 포함하여 적용 범위가 넓어 3·1운동에 대응할 수 있었다.[2]

추상적이고 불명확한 '정치의 변혁'이라는 개념을 도입한 것도 특징

---

1 「정치에 관한 범죄 처벌의 건」(법제처 국가법령정보센터, www.law.go.kr)
2 水野直樹, 2000, 「治安維持法の制定と植民地朝鮮」, 『人文学報』 83, 105~107쪽.

이다. 「보안법」의 최고형 2년에 비해 「정치에 관한 범죄 처벌의 건」의 최고형은 10년 이하 징역 또는 금고로 1925년 제정 당시의 「치안유지법」과 같았다. 또한 제3조는 제국 밖의 제국 신민에게도 적용한다고 규정했는데, 일제의 통치권이 미치지 않는 지역에서 활동하는 한국인을 단속하려는 목적이었다.[3] 「정치에 관한 범죄 처벌의 건」이 「치안유지법」의 선구라고 이야기되는 이유다. 제정이 늦어져 3·1운동에 많이 적용되지는 않았지만 1920년대 전반 치안 법령으로서 중요한 역할을 했다.

1920년대 들어 식민지 조선에서도 사회주의 운동이 본격화했다. 1922년 2월 도쿄(東京) 유학생 단체 소속 사회주의자들이 연명하여 발표한 「전조선 노동자 제씨에게 격(檄)하여」, 이른바 '동우회(同友會) 선언'은 계급투쟁의 등장을 알렸다.[4] 조선총독부 경무국이 분석한 1922년 치안 상황에서는 '청년 사상의 신경향'으로서 '사회주의, 공산주의 사상'을 경계했다.[5] 조선총독부 고등법원 검사장은 1922년 5월 열린 검사국 감독관(지방 검사국 수석검사) 회의에 출석해 '과격 사회운동'과 '공산주의'를 언급한 뒤 「보안법」과 「정치에 관한 범죄 처벌의 건」으로 단속할 수 있다는 판단을 보였다.[6]

---

3   스즈키 케이후, 2007, 「조선 식민지 통치법(朝鮮植民地統治法)의 성격(性格): 治安維持法의 解釋과 適用」, 『법학논총』 31, 24쪽; 강성현, 2012b, 「한국 사상통제기제의 역사적 형성과 '보도연맹 사건', 1925-50」, 서울대학교 박사학위논문, 51쪽.

4   「全鮮 勞働者 諸氏의게 激하여」, 『朝鮮日報』, 1922.2.5.

5   「(大正十一年)朝鮮治安狀況」(金正柱 編, 1971, 『朝鮮統治史料 第7卷』, 韓國史料研究所), 469쪽; 마쓰다 도시히코 저, 이종민·이형식·김현 역, 2020, 『일본의 조선 식민지 지배와 경찰』, 경인문화사, 341쪽.

6   「檢事局監督官ニ對スル中村高等法院檢事長訓示」(1922.5.2)(齊藤榮治 編, 1942, 『高等法院檢事長訓示通牒類纂』, 高等法院檢事局), 18~19쪽; 水野直樹, 2000, 앞의 글, 114쪽.

1923년에는 사회주의를 문제 삼은 첫 재판이 열렸다. 잡지『신생활』이 1922년 11월에「러시아 혁명 5주년 기념호」를 낸 것이 문제가 되었기 때문이다. 1923년 1월 6일 경성지방법원은 박희도, 김명식, 신일용 등에게「정치에 관한 범죄 처벌의 건」,「신문지법」,「출판법」위반으로 징역 2년 6개월에서 1년 6개월을 언도했다. 김명식 등은 조선의 독립을 목적으로 하지 않았다고 주장했으나, 판결문에서는「정치에 관한 범죄 처벌의 건」은 "조선 독립을 목적으로 하는 범행에만 적용되어야 하는 것이 아니라, 만일 정치 변혁을 목적으로 하는 한 그 정치 변혁의 구체적 취의가 무엇인지를 막론하고 이를 적용"할 수 있다고 밝혔다.

　　1923년 8월 21일 경성지방법원은 코민테른이 주최한 극동인민대표대회에 출석한 의열단원에게「정치에 관한 범죄 처벌의 건」을 적용해 징역 5년 등의 무거운 판결을 내렸다. 이처럼 사회주의 사상 및 운동에는 「정치에 관한 범죄 처벌의 건」이 적용되는 것이 표준이 되었다. 반면 보안법은 명확한 정치적 의도를 동반하지 않는 민족 사상 분출에 적용되는 경향이 보였다.[7]

(2)「치안유지법」과 식민지 조선

　　1923년경부터 식민지 조선의 사회주의 운동은 언론을 통한 선전 활동을 넘어 적극적으로 단체를 결성하고 실천을 모색하는 모습을 보였다. 1924년 4월에는 조선노농총동맹과 조선청년총동맹이 결성되었다. 노동쟁의, 소작쟁의 등에 대처할 법령이 불충분하다고 느낀 총독부는 일본 본

---

[7] 오기노 후지오 저, 윤소영 역, 2022,『일제강점기 치안유지법 운용의 역사』, 역사공간, 30쪽.

국의 「치안경찰법」을 기초로 한 새로운 치안 입법을 검토했다. 사회주의 운동이 실천으로 드러나기 전에 단속하기 위해서였다. 그러나 일본 본국에서 「치안유지법」 제정이 진행되면서 이를 지켜보게 된다.[8]

일본에서 「치안유지법」이 제정된 배경을 이야기할 때 1920년 '모리토 사건'을 빼놓을 수 없다. 1920년 도쿄제국대학 경제학 교수 모리토 다쓰오(森戶辰男)는 러시아 출신의 무정부주의자 표트르 크로포트킨(Pyotr A. Kropotkin)의 사상을 소개하는 글을 발표했다. 우익 교수와 학생들은 모리토의 글이 사회의 안정을 해친다고 공격했고, 검찰은 「신문지법」 제42조 조헌(朝憲)문란죄 등으로 모리토를 기소했다. 유죄 판결을 받은 모리토는 대학을 떠나야 했다. 재판 과정에서는 구체적인 범죄사실보다 '국체' 관념이 쟁점이 되었는데 이는 「치안유지법」의 등장을 예고하는 것이었다.[9]

1921년에는 상하이(上海)에서 코민테른 대표를 만나고 귀국한 곤도 에이조(近藤榮藏)가 검거되었다. 곤도는 많은 현금과 암호통신문을 가지고 있었지만, 실제로 선전 활동에 착수하지 않은 까닭에 처벌할 법령이 없어 석방되었다. 비밀결사 조직과 활동을 처벌할 수 있는 「치안경찰법」 제28조가 있었지만, 이 조항은 조직에 가입한 자만을 대상으로 했기 때문이다. 이에 일본 관헌은 사회주의 사상 및 운동을 단속할 새로운 법령의 필요성을 느꼈다.

1922년 3월 사법성과 내무성이 공동으로 작성한 「과격 사회운동 취체법」 법안이 의회에 제출되었다. 법안 제1조는 "무정부주의, 공산주

---

8 마쓰다 도시히코 저, 이종민·이형식·김현 역, 2020, 앞의 책, 343쪽; 水野直樹, 2000, 앞의 글, 115쪽.

9 리차드 H. 미첼 저, 김윤식 역, 1982, 『日帝의 思想統制: 思想轉向과 그 法體系』, 일지사, 45쪽.

그 밖에 관하여 조헌(朝憲)을 문란케 하는 사항을 선전하는 또는 선전하고자 하는 자는 7년 이하의 징역 또는 금고에 처한다"라고 규정했다.[10] 이어지는 조항 등에서 볼 때 일정한 목적을 갖는 결사를 조직하는 것 자체를 범죄로 규정했다는 점에서 「치안유지법」의 원형이라고 할 만한 내용이었다.[11] 법안은 여러 차례 수정을 거쳐 귀족원을 통과했으나, '조헌 문란'의 내용이 모호하여 정치적 자유를 심하게 제약한다는 비판이 일었다. 사회와 언론의 거센 비판에 직면한 정부는 법 제정을 포기했다.[12]

1924년부터 사법성은 다시 새로운 치안 법령을 연구하여 1925년 2월 내무성과 함께 「치안유지법」 법안을 의회에 제출했다. 1925년 일본과 소련 사이에 국교가 수립되고 같은 해 보통선거 도입이 확정됨으로써 사회주의 혁명 운동이 거세질 것으로 전망되었는데, 이에 대한 일본 정부의 우려가 「치안유지법」 제정으로 이어졌다. 1922년과 달리 여론의 반대가 심하지 않은 이유는 1923년에 일어난 여러 충격적 사건 때문이었다. 6월에는 일본공산당에 대한 검거가 있었고, 9월에는 간토대지진의 충격 속에 조선인 학살이 벌어졌다. 10월에는 천황과 황태자 암살을 기도했다는 혐의로 박열(朴烈)이 체포되었다. 12월에는 사회주의자 난바 다이스케(難波大助)가 황태자를 저격하는 사건이 발생했다.[13]

「치안유지법」은 1925년 4월에 공포되어 5월부터 시행되었다. 동법 제1조는 "국체를 변혁하거나 사유재산 제도를 부인하는 것을 목적으로

---

10   奧平康弘 編, 1973, 『現代史資料 45 治安維持法』, みすず書房, 3~4쪽.
11   장신, 1998, 「1920년대 민족해방운동과 치안유지법」, 『學林』 19, 79쪽; 김현숙, 1990, 「사노 마나부(佐野學)의 轉向研究」, 연세대학교 석사학위논문, 40쪽.
12   리차드 H. 미첼 저, 김윤식 역, 1982, 앞의 책, 52~54쪽.
13   리차드 H. 미첼 저, 김윤식 역, 1982, 위의 책, 55쪽.

결사를 조직하거나 이에 가입한 자는 10년 이하의 징역 또는 금고에 처한다"라고 규정하고 미수죄도 처벌하도록 정했다.[14] 제2조와 제3조는 각각 제1조의 목적 사항 실행 협의와 선동에 대한 처벌을 규정했다. 제4조와 제5조는 같은 목적으로 소요·폭행이나 생명·신체·재산에 해를 가할 범죄를 선동한 자, 금품을 공여한 자에 대한 처벌을 규정했다. 제6조는 자수한 경우 형의 감경 혹은 면제를, 제7조는 외국에서 죄를 범한 자에 대한 적용을 규정했다.

「치안유지법」은 칙령 제175호 「치안유지법을 조선, 대만 및 화태에 시행하는 건」에 의해 일본 국내와 같은 5월 12일부터 식민지 조선에서도 시행되었다.[15] 조선인 언론은 「치안유지법」을 비판적으로 바라보았다. 1925년 2월 『동아일보』는 '정체, 국체, 사유재산 제도의 변혁을 기도하는 자'는 이미 「정치에 관한 범죄 처벌의 건」으로 단속하고 있으므로, 「치안유지법」 시행으로 인하여 오히려 적용상에 과오가 생기지 않을까 우려했다.[16] 같은 해 5월에 총독부 경무국 고등경찰과장 다나카 다케오(田中武雄)는 "제령은 그 목표가 독립운동자에게 있고 치안유지법은 무정부주의나 공산주의자에게 있을 뿐으로 실질에 있어서는 공통되는 점이 많아서 실상 제령으로도 무정부주의나 공산주의자를 넉넉히 취체할 수 있는 동시에 치안유지법으로도 독립운동자를 넉넉히 취체할 수 있는 것"이라고 밝혔다.[17]

더 본질적인 비판도 있었다. 『조선일보』는 사설에서 "치안유지법이

---

14 「치안유지법」(법제처 국가법령정보센터, www.law.go.kr).
15 오기노 후지오 저, 윤소영 역, 2022, 앞의 책, 16쪽.
16 「治安法 朝鮮에도 施行?」, 『東亞日報』, 1925.2.23.
17 「今日부터 實施하는 『特法』治安維持法」, 『東亞日報』, 1925.5.12.

가져올 조선의 치안은 조선인에게 불안을 의미하는 치안일 것"이라고 적었다.[18] 『시대일보』 사설은 「치안유지법」이 '국체'라는 애매한 개념을 사용했다고 날카롭게 비판했다. 일본 사회에서는 그다지 보이지 않은 비판이었다. 일본 본국이 아닌 식민지 조선 사회가 「치안유지법」의 근본적인 문제점을 지적한 셈이다.[19]

2) 「치안유지법」 사건의 처리 과정

사상 범죄 처리 과정을 정리하면 〈그림 1-1〉과 같다. 크게 보아 경찰에 의한 검거와 취조, 검찰에 의한 취조와 기소, 그리고 예심, 공판, 행형으로 이어졌다. 1936년 이후는 보호관찰, 1941년부터는 예방구금이 추가되었다.

(1) 경찰

식민지 조선의 경찰은 일본 본국과 비교하더라도 강력한 권한을 지니고 있었다. 「조선형사령」은 검사와 사법경찰관(헌병을 포함)에게 독자적인 강제 수사권을 부여했다. 1930년 『동아일보』는 「조선형사령」을 개정하여 검거, 취조 등 사법사무에서 경찰 순사와 헌병 상등병을 제외하고 그 담당을 순사부장 이상으로 제한한 데 대해 현명한 일이라고 평가했다. 광범한 경찰의 권한이 조선 인민의 권리를 제한한다고 본 것이다.[20]

---

18 「〈사설〉治安과 不安」, 『朝鮮日報』, 1925.3.20.
19 「〈사설〉治維法 施行에 對하야」, 『時代日報』, 1925.5.13; 水野直樹, 2000, 앞의 글, 120쪽.
20 「警官의 司法事務 取扱制限, 警部補 以上에 制限하다」, 『東亞日報』, 1930.10.6; 荻野

〈그림 1-1〉 사상 범죄 '처리' 흐름

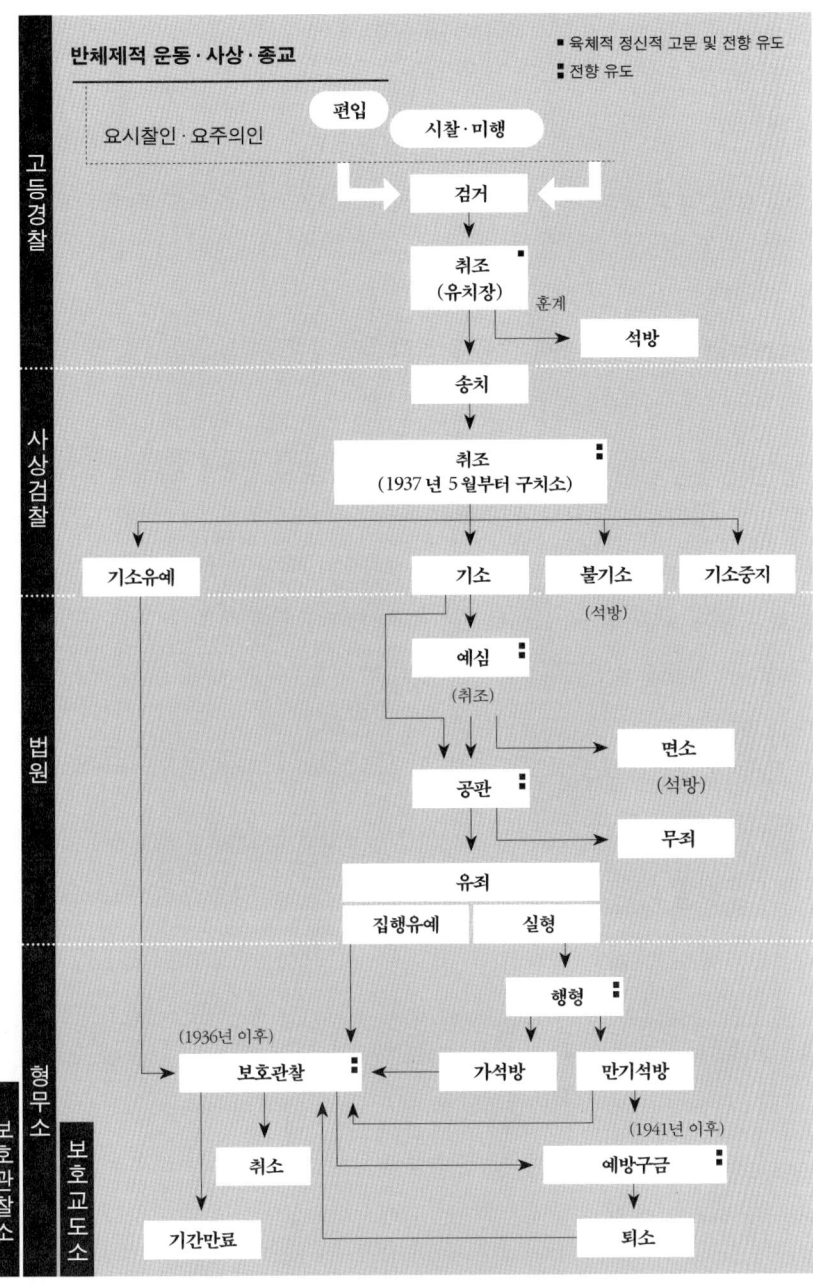

출처: 荻野富士夫, 2022b, 『朝鮮の治安維持法の「現場」(治安維持法の歷史 Ⅲ)』, 六花出版, 5쪽(오기노 후지오 저, 윤소영 역, 2023, 『일제강점기 치안유지법의 현장: 치안유지법 위반사건은 어떻게 재판받았나?』, 역사공간, 22쪽).

「조선형사령」은 사법경찰관이 검사의 명령에 복종할 의무를 지닌다고 규정했다. 그러나 이는 일본의 재판소구성법의 같은 규정을 재확인한 것뿐이다.[21] 오히려 강제 수사권을 독자적으로 보유하고 있던 점이 식민지 조선 경찰의 특징이었다. 아울러 식민지 조선의 검사는 피의자를 구인하여 3개월까지 구류(勾留)할 수 있었고, 경찰은 10일 동안 유치(留置)할 수 있었다.[22] 일본 본국과 달리 예심 판사에게 청구할 필요 없이 독자적 판단에 따라 인신구속이나 압수수색과 같은 강제처분을 할 수 있었던 점은 경찰도 검사와 같았다.[23]

1931년 총독부 고등법원 검사장은, "조선에서 사법경찰관은 내지와 달리 사건 급속을 요한다고 인정되는 때는 현행범인지 비현행범인지를 막론하고 모두 피의자의 구속 기타 강제처분을 행할 수 있는 법령상의 권한을 가진다. 그리고 수사의 단서는 경찰 관리의 탐지에서 시작하는 것이 극히 다수이므로 사법경찰관은 사범의 거의 대부분에 대해 수사 처분 전반을 행하고 그 결과가 단죄 자료가 됨으로써 그 직무가 예심판사 및 검사와 동일하게 실로 중요하다"라고 훈시했다.[24] 이러한 상황에서 경찰은 1934년 4월에 "현재 사건 취조는 검속의 갱신, 구류처분을 거듭하고 있는 실정"에 비추어 검사에게 허용된 구류 기간을 오히려 경찰에게도 허용

富士夫, 2022b, 앞의 책, 30쪽.

[21] 申東雲, 2001, 「搜査指揮權의 歸屬에 관한 沿革的 考察(I): 初期 法規定의 整備를 중심으로」, 『서울대학교 법학』 42-1, 183쪽.

[22] 경찰의 유치 기간은 1912년 「조선형사령」에서는 14일이었으나, 1924년 개정에서 10일로 단축되었다.

[23] 申東雲, 2001, 앞의 글, 185쪽.

[24] 「昭和六年八月於警察部長會議 警察部長ニ對スル松寺高等法院檢事長訓示」, 1079~1080쪽(국가기록원, www.archives.go.kr); 荻野富士夫, 2022b, 앞의 책, 30쪽.

하라고 요구할 정도였다.[25]

「행정집행령」(1914)이 정한 예비검속권 역시 경찰의 독자적인 강제처분권을 뒷받침했다. 「행정집행령」이 정한 검속은 술에 취한 자 등 구호가 필요한 자에 대한 보호검속과 "폭행, 투쟁, 기타 공안을 해할 우려가 있는 자"에 대한 예방검속으로 나뉘었다.[26] 사상통제와 관련이 있는 것은 예방검속이었다. 검속 기간은 3일이었다. 일본 본국의 「행정집행법」(1900)이 검속을 1일 이내로 정한 것에 비해 인권 침해가 심했다. 다만 검속을 반복하여 갱신함으로써 기간을 무한 연장하는 것은 일본 본국이나 식민지 조선이나 마찬가지였다.[27]

법이 정한 용어는 '검속'이지만 1920년대 후반 들어 식민지 조선의 언론에서는 '예비검속'이라는 표현이 등장했다.[28] 실제 중요한 집회 등을 앞두고 사회주의자나 민족주의자에 대한 예비검속이 자주 이루어졌다. 1931년 『동아일보』는 검속하면 3일, 유치 취조에는 10일 동안 경찰관 자유재량으로 인민의 자유를 구속하는 탓에 유치장이 사람으로 넘쳐난다고 고발했다.[29] 전시체제기 사상정화 공작이 펼쳐진 함경남도에서 경찰은 비전향자에 대하여 "경계 그 밖에 기회가 있을 때마다 예비검속을 행한다"는 대책을 세웠다.[30]

---

25 「道警察部長会議諮問事項」(1934.4)(荻野富士夫 編, 1993b, 『特高警察関係資料集成 第26巻』, 不二出版)(荻野富士夫, 2022b, 앞의 책, 32쪽에서 재인용).

26 「행정집행령」(법제처 국가법령정보센터, www.law.go.kr).

27 장신, 2023a, 「1914년 「행정집행령」 제1조와 예비검속」, 『역사비평』 145, 354쪽.

28 장신, 2023a, 위의 글, 351쪽.

29 「〈사설〉 監獄과 待遇改善」, 『동아일보』, 1931.10.21.

30 『高等外事月報』 3, 12쪽(宮田節子解説, 1998, 『十五年戦争極秘資料集 第六巻 高等外事月報』, 不二出版).

나아가 경찰은 검찰, 법원의 판단 없이 죄의 유무를 가리고 처벌하는 권한까지 가졌다. 「범죄즉결례」(1910)에 의한 즉결처분권이란 즉결심판권과 「사법경찰관리 집무규정」(1923)이 정한 훈계방면권을 말한다. 이는 「조선형사령」(1912)에 의한 강제처분권, 즉 강제수사권, 「행정집행령」(1914)에 의한 예비검속권과 함께 경찰 권력을 강화시킨 3대 주요 권한이었다.[31] 1933년 4월 고등법원 검사장은 경찰부장 회의에 참석하여 엄벌을 강조하면서도 무고한 민중을 검거, 구금하는 폐를 지적함으로써 경찰의 위법한 수법을 견제하고자 했다.[32]

일본 본국과 달리 식민지 조선에서는 검찰은 물론 경찰의 신문조서도 공판에서 증거능력을 가졌다. 「조선형사령」은 검사 및 사법경찰관에게 예심에 준하는 신문 권한을 부여했다. 경찰은 임의 진술 형식의 청취서를 작성하고 정식 검거 후에는 신문조서를 작성했다.[33] 경찰의 신문조서에서 범죄사실로 규정된 틀은 검찰의 예심 청구, 공판 청구, 예심 종결 결정을 거쳐 최종적으로 공판 판결문에 답습되었기 때문에 결정적으로 중요했다.[34]

식민 통치의 '특수사정'에서 오는 경찰의 강력한 권한 탓에, 「치안유지법」은 사법처분 외에도 경찰의 행정 경찰적 운용에도 영향을 미쳤다. 특히 경찰이 훈계방면 한 자에 대한 사찰 등을 포함하여 운동을 억압하고 위협하는 효과를 발휘했다.[35] 일본 본국의 특별고등경찰이 작성한 청취서

---

31   강성현, 2012b, 앞의 글, 202쪽.
32   「警察部長ニ對スル境高等法院檢事長訓示」(1933.4)(齊藤榮治 編, 1942, 『高等法院檢事長訓示通牒類纂』, 高等法院檢事局), 158쪽; 荻野富士夫, 2022b, 앞의 책, 129쪽.
33   荻野富士夫, 2022b, 위의 책, 33쪽.
34   荻野富士夫, 2022b, 위의 책, 52쪽.

는 예심 신문조서와 같은 일문일답식이 아니었고 공판에서 증거능력이 없었다. 일본 본국에서 경찰과 검찰의 신문조서가 증거능력을 가지는 것은 1941년「신치안유지법」시행 이후였다.[36] 일본 본국이 식민지 조선의 관행을 뒤늦게 따른 셈이다.

경찰 조사에서 고문은 일상적으로 이루어졌다. 검찰과 예심에서는 경찰의 고문 사실을 호소해도 검사나 예심판사가 귀를 기울이지 않아 기록도 남지 않았다. 이에 반해 공판에서는 피고나 변호인에 의해 고문이 폭로되었다. 재판장과 피고가 주고받은 이야기를 기록한 공판조서는 일문일답으로 기재되었는데 비교적 신빙성이 높다. 아울러 피고나 변호인이 고등법원에 상고할 때 고문 실태를 상고 취의서에서 고발하기도 했다.[37]

1927년에 열린 제1차·제2차 조선공산당 사건 공판에서 고문 문제가 불거져 사회적 반향을 일으켰다. 9월 15일 제2회 공판에서 김재봉은 조선공산당 강령 규약 제정을 둘러싼 예심 공술에 대해 "고문을 받았기 때문에 엉터리를 말했다"고 진술했다.[38] 변호인의 역할도 컸다. 10월 4일 제9회 공판에서 변호인 이인이 "어느 경찰에서 어떤 고문을 당했는가"를 묻자 홍덕유는 종로서에서 받은 고문에 대해 구체적 진술했다. 재판장이 이름을 묻자 "사카모토, 모리시타, 김면규"라는 세 명의 경찰관 이름까지

---

35   荻野富士夫, 2022b, 앞의 책, 6쪽.

36   荻野富士夫, 2021,『治安維持法の「現場」(治安維持法の歴史Ⅰ)』, 六花出版, 187쪽. 1925년 제정된 치안유지법은 1928년과 1941년 두 차례 개정되는데 1941년에는 개정의 폭이 매우 컸다. 이 책에서는 선행 연구를 존중하여 1941년 개정된 치안유지법을「신치안유지법」이라고 부르겠다.

37   荻野富士夫, 2022b, 앞의 책, 56쪽.

38 「高允相外九十三名 公判調書(第二回)」(국사편찬위원회, www.history.go.kr); 荻野富士夫, 2022b, 위의 책, 58쪽.

밝혔다. 이어지는 공방에서도 변호인 김병로, 그리고 일본인 변호인 후루야 사다오(古屋貞雄) 등이 활약했다.[39]

1927년 10월 26일 피고인 권오설 등 5명을 고소인으로 하고, 후세 다쓰지, 후루야 사다오 등 6명의 변호사를 고소 대리인으로 하여 종로경찰서 미와 와사부로(三輪和三郎) 경부 등을 폭행 능욕 모독죄로 경성지방법원 검사국에 고발했다.[40] 미와 등은 불기소 처분을 받았지만,[41] 고문 경찰에게 유죄 판결이 내려지는 일도 있었다. 1933년 함흥지방법원은 「치안유지법」 위반 사건 취조 중에 피의자를 고문하여 사망에 이르게 한 원산서 경찰관에 대해 유죄를 판결했다. 판사는 "피의자를 고문하여 범죄사실을 구성하는 것은 절대로 용서할 수 없고 이같이 얻은 범죄 증거로는 사법경찰을 신용할 수 없다"고 언도 이유를 밝혔다.[42] 다만 고문이 일상화한 데 비해 고문 경찰이 처벌을 받은 것은 식민지 시기를 통틀어 수차례에 불과했다.

드물게는 검찰이 경찰의 고문을 문제 삼기도 했다. 1931년 8월에 열린 도(道) 경찰부장 회의에서 고등법원 검사장은 "고문에 의해 자백을 강요하는 것은 수사 방법의 가장 졸렬한 것으로 증빙 서류의 신용력을 잃는 것이 적지 않다"라고 훈시했다.[43] 다만 검찰의 경찰을 향한 경고는 인권의

---

39 「高允相外九十一名 公判調書(第九回)」(국사편찬위원회, www.history.go.kr); 荻野富士夫, 2022b, 앞의 책, 59쪽.
40 荻野富士夫, 2022b, 위의 책, 61쪽.
41 『朝鮮新聞』, 1927.11.17(荻野富士夫, 2022b, 위의 책, 62쪽에서 재인용).
42 「『被疑者拷問은 不可』被告全部에게 體刑言渡」, 『東亞日報』, 1933.6.13.
43 「昭和六年八月於警察部長會議 警察部長ニ對スル松寺高等法院檢事長訓示」, 1080~1081쪽(국가기록원, www.archives.go.kr); 荻野富士夫, 2022b, 앞의 책, 71쪽.

관점에서가 아니라 사법처리 및 사상통제에 지장이 있을까 우려한 것에 지나지 않았다. 고문은 헌병대에 의한 검거, 취조에서도 행해졌다.[44]

경찰은 조사를 마친 검거자를 검찰에 피의자로서 송치할지 아니면 훈계방면 할지를 결정했다. 석방된 자는 대부분 '특별 요시찰인'으로서 고등경찰의 감시 아래 놓였다. 검거자 가운데 30~40%가 검찰에 송치되어 검사국에 수리되었다. 일본 본국의 송치자 비율이 20%를 조금 넘은 것에 비하면 꽤 높은 비율이었다.[45] 1929년 『조선일보』는, 경찰이 유죄로 인정한 사건의 과반수가 불기소되는 것은 경찰이 범죄 사건을 많이 구성하는 것을 공적으로 여기기 때문인데, 이는 사상 단속의 가혹한 시설과 더불어 조선 경찰에 고유한 무제한의 권한에 의해 조장된다고 비판했다.[46]

검찰로 송치할 때 피의자와 증인의 '신문조서' 외에 압수문서 등과 더불어 '의견서', '소행조서'가 첨부되었다. 경찰의 의견서는 사법처분의 기본적 방향을 결정지었다. 소행조서란 피의자에 관해 '성질', '소행 및 본인에 대한 세평', '개전(改悛)의 전망 유무' 등을 적은 서류였다. 의견서와 소행조서 첨부는 「치안유지법」 시행 이전부터 있던 관행이었다.[47]

1925년 9월 『조선일보』 기자 신일용이 쓴 「조선과 노국(露國)의 정치적 관계」라는 사설이 문제가 되었다. 경찰은 신일용에 대한 의견서에서 피의자의 범죄사실을 상세히 기술하고 「치안유지법」 제3조에 해당하는 범죄라고 규정했다. 아울러 과거 전력이 있고 개전의 정이 없으므로 기소처분 해야 한다고 밝혔다. 경찰이 송치 단계에서 죄목과 더불어 기소와

---

44 荻野富士夫, 2022b, 앞의 책, 78쪽.
45 荻野富士夫, 2022b, 위의 책, 79~80쪽.
46 「〈사설〉檢擧와 不起訴」, 『朝鮮日報』, 1929.8.20; 荻野富士夫, 2022b, 위의 책, 31쪽.
47 荻野富士夫, 2022b, 위의 책, 80~81쪽.

불기소 여부까지 예단한 셈이다.⁴⁸

일본 본국에서는 1930년대 전반에 경찰과 검찰이 의견서에 엄중 처분을 요구하는 등의 서술은 하지 않기로 합의했다. 검찰 측에서 볼 때 경찰의 과도한 의견 제출은 바람직하지 않았다. 이에 반해 식민지 조선의 의견서에는 기소, 기소유예 외에 적용할 조문도 명기하고 나아가 '엄중 처분 해야 함' 등의 월권적인 서술이 허용되었다. 경찰의 의견서는 범죄사실을 상세하고 과잉된 표현으로 서술했다. 검찰은 그 가운데 증거가 있어 확실히 기소할 수 있는 범죄사실을 골라 예심 청구 혹은 공판 청구를 했지만, 경찰이 제시한 구도를 벗어나지는 않았다.⁴⁹

1941년 「신치안유지법」 아래에서 경찰 의견서는 전말서 내지 수사보고서, 보고서로 명칭이 바뀌었지만 기본적인 형식은 그대로였다.⁵⁰ 공판청구서도 수사보고서의 구도를 답습했다. 다만 전시체제기에는 사상검사에 의한 고등경찰에 대한 지도가 강화되었다. 경찰의 취조와 그 집대성인 수사보고서 작성 등에도 검찰의 지도가 반영되었을 것으로 판단된다.⁵¹

(2) 검사

「조선형사령」에서 규정한 식민지 조선의 검찰권은 일본 본국의 메이지(明治) 「형사소송법」은 물론 검찰 사법 출현의 이정표로 평가되는 다이쇼(大正) 「형사소송법」에 근거한 검찰권에 비해서도 상당히 강력했다. 일

---

48 「辛日鎔 外 2名(治安維持法違反, 新聞紙法違反)」(국사편찬위원회, www.history.go.kr); 荻野富士夫, 2022b, 앞의 책, 83쪽.
49 荻野富士夫, 2022b, 위의 책, 86~87쪽.
50 荻野富士夫, 2022b, 위의 책, 92쪽.
51 荻野富士夫, 2022b, 위의 책, 95쪽.

본이 추구한 검찰 사법의 법적 구조는 식민지 「조선형사령」 체제에서 먼저 구축된 셈이다.[52]

일본 본국의 「형사소송법」에 따르면 수사 절차상 강제처분은 예심판사의 권한이었다. 검사는 '요급사건(要急事件)', 즉 일정한 요건을 갖춘 사건에 한하여 예심판사의 영장 없이 강제수사를 행할 수 있었고, 사법경찰관은 현행범의 경우에만 제한적으로 강제수사를 할 수 있었다. 그러나 식민지 조선에서는 일본의 형사소송법을 그대로 의용하면서도 이와 병렬적으로 독자적인 강제수사권을 검사와 사법경찰관에게 부여했다. 강제수사권은 인신구속, 압수수색 등을 망라했다.

조선총독부 검사는 사건이 금고 이상의 형에 해당하고 급속 처분을 요한다고 판단하면 피의자를 구인할 수 있었다. 피의자를 구인한 경우 48시간 이내에 피의자를 신문한 후, 주거 불분명, 증거 인멸 우려, 도망 우려 등 사유가 있으면 3개월까지 구류할 수 있었다. 10일 이내에 공소를 제기하지 않으면 피의자를 석방해야 한다는 규정은 있었다.[53] 검사가 예심판사의 권한을 침해하지 않도록 마련된 제한이었다. 다만 구류는 몇 번이라도 갱신된 것이 실태였다.

「치안유지법」은 재판 결과와 상관없이 사상범을 괴롭혀 전향시키기 위해 사용되었다.[54] 장기간 구류는 피의자, 피고에게 정신적인 고문이 되고 전향 유인도 되기 때문에 경찰, 검찰, 예심판사가 이를 의도적으로 활용했다. 특히 식민지 조선에서는 구류 기간이 3~4년이 되는 건 다반사

---

52 강성현, 2012b, 앞의 글, 78쪽; 申東雲, 2001, 앞의 글, 183~186쪽.
53 1912년 「조선형사령」에서는 20일이었으나, 1924년 개정에서 10일로 단축되었다.
54 奧平康弘, 1977, 『治安維持法小史』, 筑摩書房, 8쪽; 荻野富士夫, 2021, 앞의 책, 9쪽.

였다. 1934년 「치안유지법」 개정이 시도되었는데 피의자 구류 기간을 엄격화하는 내용이 들어 있었다. 예방구금 규정에 대한 반발로 「치안유지법」 개정은 실패했지만, 당시 『동아일보』 사설은 피의자의 구류 기간이 엄격화하여 일본 본국과 같은 2개월이 되고 갱신도 1회뿐이 되면 조선으로서는 '현저한 개선'이라고 평가했다.[55]

경찰이나 예심의 취조와 비교해 검사국 취조 기간은 짧았다. 「치안유지법」뿐 아니라 형사 사건 사법처분에서 일반적인 현상이었다. 피의자가 다수인 경우가 아니면 검찰은 2주간 정도 취조한 뒤 기소, 불기소 처분을 내렸다. 실질적인 취조는 경찰 단계에서 행해졌다는 전제 아래, 의견서에 담긴 범죄사실 가운데 공판에서 유죄가 될 만한 내용으로 좁혀 예심 청구서나 공판 청구서를 작성했다.[56] 물론 경찰 의견서가 부실하다고 판단하면 검사국이 보충하는 경우도 있었다. 범죄사실에 대한 상세한 취조는 다시 예심판사에게 맡겨졌다.[57]

제2차 조선공산당 사건으로 재판에 부쳐진 이준태는 1927년 10월 경성지방법원 공판에서 검찰에서 작성한 신문조서를 부인하면서, "검사가 종로서에 와서 경찰에서 말한 대로인가라고 묻길래 나중에 상세하게 말할 생각으로 일단 그렇다고 대답했는데 검사의 취조는 간단해서 그 후 사실을 상세하게 말할 기회가 없었습니다"라고 말했다.[58] 증인 신문도 경찰 조사처럼 많지 않았다.

---

55 「〈사설〉治安維持法 改正案」, 『東亞日報』, 1935.3.9.
56 荻野富士夫, 2022b, 앞의 책, 92쪽.
57 荻野富士夫, 2022b, 위의 책, 136쪽.
58 「高允相外九十一名 公判調書(第十三回)」(국사편찬위원회, www.history.go.kr); 荻野富士夫, 2022b, 위의 책, 140쪽.

검찰 신문조서가 날조되는 경우도 많았는데, 공판정에서 피고 진술 혹은 상고취의에서 일부 드러났다. 수양동우회 사건 상고취의에서 이광수는 "검사 조사 시 서기는 바로 정식 조서를 작성하지 않고 초안만을 만들었는데, 신문이 끝나고 나는 백지에 무인을 찍었다. 조서가 나중에 완성된 후 끝내 내게 읽어 주지 않았다"고 밝혔다.[59]

경찰의 고문에 의해 작성된 범죄사실을 검사 앞에서도 인정하는 경우가 많았는데 이유는 대략 두 가지로 생각된다. 하나는 경찰이 검찰에 송치할 때 불기소도 가능하니 검사 앞에서 경찰과 같은 공술을 하도록 속이는 것이다. 검사 앞에서 부인하면 검사가 화가 나서 더 무거운 형을 내리고, 예심에서도 3년, 4년씩 미결로 있게 된다고 위협했다. 또 하나는 검사 취조에 고등경찰이 직접 입회하여 피의자를 압박하는 경우였다.[60]

검찰의 취조가 끝나면 기소냐 불기소냐 하는 처분이 내려졌다. 불기소에는 기소유예, 불기소, 기소중지가 있었다. 기소유예와 불기소 경우는 검사국에서 훈계방면 했다. 기소중지는 피의자가 도망하여 소재불명으로 미검거인 경우였다. 기소중지 된 자는 이후 검거되면 검사국에서 다시 취조하여 처분을 결정했다.[61] 불기소되면 요시찰인으로서 고등경찰의 감시 대상이 되었다. 사상범호보관찰령 시행 이후에는 기소유예자도 보호관찰 대상자가 되었다.[62]

검사국 수리 인원 가운데 기소 처분 비율은 약 30%였다. 일본 본국의 기소 처분 비율은 10% 미만이었다. 일본에서 불기소, 기소유예 될 것이

---

59 荻野富士夫, 2022b, 앞의 책, 151쪽.
60 荻野富士夫, 2022b, 위의 책, 145~147쪽.
61 荻野富士夫, 2022b, 위의 책, 157쪽.
62 荻野富士夫, 2022b, 위의 책, 179쪽.

조선에서는 기소되어 단죄되는 경우가 많았다. 식민지 조선의 사법처분이 더 가혹했음을 알 수 있다.[63] 공소 제기, 즉 기소 절차로서는 지방법원 검사국에서 지방법원으로 '예심 청구서' 혹은 '공판 청구서'를 송부했다.

경찰 의견서가 '엄중 처분 바람' 등으로 끝맺는 것과 달리 예심 청구나 공판 청구는 범죄사실을 열거하는 데 그쳤다. 기소 처분이 이미 엄중 처분이었기 때문이다.[64] 예심 취조를 거쳐 면소, 혹은 공판 심리를 거쳐 무죄가 되기도 하지만, 검사국 기소 처분에 의해 유죄가 거의 확정된 것과 다름 없었다.

일본 본국의「치안유지법」위반 사건의 경우 압도적으로 예심 청구가 많았고 바로 공판으로 나아가는 공판 청구는 소수에 그쳤다. 공판 청구가 선택되는 것은 사안이 간단한 경우였다. 전체 '범죄' 가운데서는「치안유지법」외에「군기보호법」,「폭력행위처벌법」,「언론출판집회결사등임시취체법」등 치안 법령 위반이 주로 예심 청구 대상이 되었다.[65]

조선에서도 공산주의자는 대부분 예심 청구 되었지만, 민족주의자의 독립운동에 대한「치안유지법」적용에는 공판 청구가 과반을 점한 탓에 전체적으로는 공판 청구가 전체의 약 30%에 달했다.[66] 특히「치안유지법」위반자 가운데 민족주의자가 많았던 1920년대 후반에는 공판 청구가 예심 청구보다 많기도 했다.[67] 민족주의 독립운동의 경우 경찰, 검찰 단

63　荻野富士夫, 2022b, 앞의 책, 157쪽.
64　荻野富士夫, 2022b, 위의 책, 164쪽.
65　荻野富士夫, 2021, 앞의 책, 90쪽.
66　荻野富士夫, 2022b, 앞의 책, 6쪽.
67　荻野富士夫, 2022b, 위의 책, 158쪽.

계에서 피의자는 이미 범죄사실을 인정하는 경우가 많았다.[68] 공판은 범죄사실을 다투기보다 재판장이 총독정치에 대한 이해와 동의를 구하는 장이 되었다.[69] 공산주의 운동에 대한 사법처분이 특히 경찰 취조와 예심 심리에서 장기간에 걸친 것과 명확히 차이가 있었다.[70]

(3) 예심

1945년 이전 일본의 형사재판은 예심에서 실질적인 심리를 행하고 공판에서는 피고의 범죄사실을 확인하는 데 그쳤다. 예심 심리는 장기간에 걸쳐 이루어짐으로써 사회 문제가 되었다. 변호사 후세 다쓰지(布施辰治)는 저서 『공산당 사건에 대한 비판과 항의』(1929)에서 "다수의 피고를 반년, 1년, 2년이나 유폐하는 미결 구류는 애당초 부당불법 탄압"이라고 비판하고 예심 촉진 운동을 일으키자고 주장했다.[71] 사상검사 측도 장기간의 미결 구류 탓에 사상 사건의 사법 처리가 지체되는 문제를 인식하고 있었다.[72]

식민지 조선에서도 경찰 조사와 예심 심리에 오랜 시일이 소요되었다.[73] 〈표 1-1〉은 1925년에서 1933년까지 「치안유지법」 위반자를 대상으로 경찰 검거에서 검사국 송치까지 걸린 기간을 조사한 것

---

68 오기노 후지오 저, 윤소영 역, 2022, 앞의 책, 127쪽.
69 荻野富士夫, 2022b, 앞의 책, 259쪽.
70 오기노 후지오 저, 윤소영 역, 2022, 앞의 책, 129쪽.
71 布施辰治, 1929, 『共産党事件に對する批判と抗議』, 共生閣, 65~69쪽; 荻野富士夫, 2021, 앞의 책, 134쪽.
72 荻野富士夫, 2021, 위의 책, 96쪽.
73 荻野富士夫, 2022b, 앞의 책, 189쪽.

이다. 5,396명 중 6개월 이내 2,201명, 1년 이내 1,152명, 2년 이내 1,472명, 3년 미만이 510명, 3년 이상이 61명이었다. 〈표 1-2〉는 역시 1925~1933년까지 「치안유지법」 위반자를 대상으로 검찰에서 공판 청구 혹은 예심 청구 된 피고가 제1회 공판에 서기까지 걸린 기간을 조사한 것이다. 3,314명 가운데 6개월 이내가 997명, 1년 이내가 937명, 2년 이내가 941명, 3년 미만이 383명, 3년 이상이 56명이었다. 대부분 예심에 소요된 기간이었다.

1929년에 『동아일보』는 예심 일손 부족으로 3백여 명이 미결에 신음하는 상황을 "형정(刑政), 인도(人道)상 대문제"라고 비판했다.[74] 변호사로서 수양동우회 사건을 맡은 와키 데쓰이치(脇鐵一)는 스스로 예심판사를 지낸 경험에 바탕하여 "예심정에서도 마음에도 없는 공술을 하는 피고가 보인다. 이는 미결감에 1년이나 구속되어 하루라도 빨리 보석을 허용받고 싶은 기분에 예심판사에게 영합한 결과"라고 지적했다.[75] 1942년 조선어학회 사건으로 구금된 이희승도 예심 제도에 대해 "표면상으론 신중을 기하기 위한 것이라 했으나 사실은 사상범들을 더 오래 형무소에 묶어두기 위한 양두구육(羊頭狗肉)의 제도였다"라고 회고한 바 있다.[76] 식민지기 예심 제도는 미결구금의 연장을 위한 수단으로 악용된 것이다.[77]

예심판사는 피고 신문과 자료 수집, 증인 신문을 행하고 마지막으로

---

74 「豫審判事 不足으로 三百名 無期 呻吟」, 『東亞日報』, 1929.8.14; 荻野富士夫, 2022b, 앞의 책, 189쪽.

75 「독립운동판결문」(荻野富士夫, 2022b, 위의 책, 212쪽에서 재인용).

76 이희승, 1996, 『일석 이희승 회고록: 딸깍발이 선비의 일생』, 창작과비평사, 147쪽.

77 申東雲, 1986, 「日帝下의 豫審制度에 관하여: 그 制度的 機能을 중심으로」, 『서울대학교 법학』 27-1, 154쪽; 안유림, 2009, 「일제 치안유지법체제하 조선의 예심(豫審)제도」, 『이화사학연구』 38.

〈표 1-1〉「치안유지법」위반 구류 기간 조사(검거자 분)(1925~1933)

(단위: 명)

연도	10일 이내	1개월 이내	3개월 이내	6개월 이내	1년 이내	2년 이내	3년 미만	3년 이상	계
1925	–	–	4	–	–	–	–	–	4
1926	13	1	10	10	26	98	11	2	171
1927	7	–	1	28	23	38	–	–	97
1928	86	13	58	25	158	116	156	3	615
1929	132	11	27	27	139	208	11	–	555
1930	161	39	108	138	149	199	19	21	834
1931	153	45	96	46	169	216	280	35	1,040
1932	283	36	121	120	292	579	15	–	1,446
1933	125	23	214	40	196	18	18	–	634
계	960	168	639	434	1,152	1,472	510	61	5,396

출처: 拓務省管理局,「朝鮮ニ於ケル思想犯罪調査資料」(1935)(荻野富士夫 編, 1996,『治安維持法関係資料集 第2巻』, 新日本出版社, 281쪽). 1926년의 '10일 이내'와 '1개월 이내', 1927년의 '10일 이내' 값은 세로와 가로 합에 맞춰 수정함.

〈표 1-2〉「치안유지법」위반 구류 기간 조사(제1회 공판 개정까지 분)(1925~1933)

(단위: 명)

연도	10일 이내	1개월 이내	3개월 이내	6개월 이내	1년 이내	2년 이내	3년 미만	3년 이상	계
1925	–	–	4	–	–	–	–	–	4
1926	4	1	13	6	25	85	–	–	134
1927	–	1	1	27	31	25	–	–	85
1928	3	4	23	26	118	74	141	2	391
1929	2	14	30	16	137	110	4	–	313
1930	9	41	51	115	126	148	4	20	514
1931	11	42	44	13	177	98	202	34	621
1932	15	42	71	142	261	384	15	–	930
1933	–	68	69	89	62	17	17	–	322
계	44	213	306	434	937	941	383	56	3,314

출처: 拓務省管理局,「朝鮮ニ於ケル思想犯罪調査資料」(1935)(荻野富士夫 編, 1996,『治安維持法関係資料集 第2巻』, 新日本出版社, 280~281쪽).

피고를 공판에 부칠지 면소할지를 담아 '예심종결 결정'을 내렸다. 그 밖에 전향자의 상신서도 검토했다. 검찰이 경찰에서 만들어낸 많은 양의 범죄사실을 줄여서 골격을 만드는 데 중점을 두었다면, 예심은 다시 공판 심리에 필요한 살을 붙이는 작업을 해야 했다. 식민지 조선에서는 경찰과 검찰의 신문조서가 증거능력을 가졌지만, 공판 판결이 가장 많이 의거한 것은 역시 예심 신문조서였다.[78]

예심 제도는 재판의 일부로서 법적으로는 검찰과 완전히 분리된 심리 기관이었지만 실제로는 검찰 당국의 강한 견제 아래 놓였다.[79] 예심 취조 과정에서는 검사와 예심판사 사이에 긴밀한 협의가 이루어졌다. 예심 판사가 사상검사에게 지도를 받는 형태에 가까웠다고 판단된다. 피고인의 병보석 신청이 있으면 예심판사는 검사의 의견을 구해 판단했다.[80] 예심 종결을 앞두고 예심판사는 검사에게 '예심종결 의견서'를 요구했다. 예심 종결 의견서의 문장은 예심 청구 문장과 거의 같았다.[81]

예심 취조 또한 강압적인 분위기에서 진행되었고 경찰, 검찰에서 고문과 위협 아래 작성된 조서를 답습하는 경우가 대부분이었다. 조선공산당 사건으로 재판에 부쳐진 권오설, 강달영 등은 예심에서 심문을 시작하기도 전에 빈 종이에 서명하고 무인을 누르게 했다고 공판에서 증언했다.[82] 다른 피고들도 예심판사의 폭력적이고 위협적인 취조에 대해 공판에서

---

[78] 荻野富士夫, 2022b, 앞의 책, 136~137쪽.
[79] 荻野富士夫, 2021, 앞의 책, 120쪽.
[80] 荻野富士夫, 2022b, 앞의 책, 171쪽.
[81] 荻野富士夫, 2021, 앞의 책, 105쪽.
[82] 「高允相外九十一名 公判調書(第一七回)」(국사편찬위원회, www.history.go.kr); 荻野富士夫, 2022b, 앞의 책, 215쪽.

구체적으로 진술했다.[83]

이재유는 경찰과 검찰에서 작성한 내용을 예심에서 부인했지만 그대로 종결 결정이 내려졌다고 공판에서 진술했다. 이현상과 만나 공산주의 운동의 실천을 상의했다는 내용인데, 이는 경성지법 판결문에까지 이어졌다. 이재유는 판결 직전인 1938년 7월에 경성지방법원 재판장에게 제출한 청원서에서 "경찰 조서는 고문, 위조가 많고 검사 조서는 검사가 경찰서에 출장 와서 경관과 협동해서 고문하면서 만든 것"이고, "예심 조서는 와타나베 판사 때는 경찰 조서를 그대로 읽었을 뿐으로 피고인 진술이 없는데, 고바야시 판사에 넘겨져서도 거의 그대로 종결되었다"고 밝혔다.[84]

일본과 조선을 막론하고 사상검사에게 영합하는 경향이 강했던 예심판사 사이에서는 엄벌주의가 대세였다. 예심판사는 공판 회부냐 면소냐 판단을 내렸는데 대부분의 피고를 공판에 부쳤다. 1936~1940년 사이 일본 본국의 평균을 보면 「치안유지법」 위반 전체 예심종결 건 가운데 98%가 공판에 회부되었다.[85] 조선도 비슷한 상황이었다. 예컨대 1927년 3월 제1차 · 제2차 조선공산당 사건으로 예심 청구 된 104명 가운데, 99명이 공판에 부쳐졌고 면소는 5명에 그쳤다.[86] 드물게는 면소에 대해 검사가 항고하는 일도 있었다.[87]

---

83 荻野富士夫, 2022b, 앞의 책, 251쪽.
84 「治安維持法違反: 李載裕外六名訊問調書」(국회도서관, www.nanet.go.kr); 荻野富士夫, 2022b, 위의 책, 197~201쪽.
85 荻野富士夫, 2021, 앞의 책, 144쪽.
86 荻野富士夫, 2022b, 앞의 책, 216쪽.
87 荻野富士夫, 2022b, 위의 책, 171쪽.

「치안유지법」 위반 사건은 공판에서 일부 무죄가 언도되기도 했지만 대부분 유죄 판결을 받았다. 예심종결 결정은 공판 판결의 원형이었다. 예심종결 결정이 내려지면 사건 보도가 해금되었고, 신문 보도를 비롯해 일반적으로 이 시점에서 피고는 유죄로 간주되는 것이 관례였다.[88] 『조선일보』나 『동아일보』에서는 예심종결 결정에 나온 사실 관계를 보도하고 그 전문을 수록하기도 했다.[89]

(4) 공판

공판이 열리면 검사는 공판 청구서에 적혀 있는 대로 공소사실을 진술했다. 예심을 거친 경우에는 예심종결 결정이 공소사실이었다. 재판장은 '증거 조사'를 행한다고 고지하고, 사법경찰관의 피의자 신문조서, 검사의 피의자 신문조서 등을 확인했다. 재판장은 예심 신문조서를 바탕으로 하여 경찰, 검사의 신문조서를 보완적으로 이용하면서 신문을 진행했다. 검사의 논고와 구형이 있고, 변호인과 피고의 변론과 공술이 이어졌다. 피고가 변론을 마지막 기회로 삼아 전향을 밝히고 관대한 판결을 요청하기도 했다. 공판조서는 재판장의 신문과 피고의 진술을 일문일답식으로 기재했다. 검사의 논고와 구형, 변호인과 피고의 변론은 간략하게 적었다.[90]

일반적으로 「치안유지법」 위반 사건 공판은 지방법원, 복심법원 모두 2회 정도 열려 열흘 내외로 끝났다. 제2회 공판은 판결 언도뿐이므로

---

88 荻野富士夫, 2022b, 앞의 책, 233쪽.
89 荻野富士夫, 2022b, 위의 책, 236쪽.
90 荻野富士夫, 2022b, 위의 책, 242~244쪽.

실질적인 심리는 1회였다.[91] 실질적인 취조는 예심에서 끝났다고 간주되어 공판은 길지 않았다. 다만 공소사실을 부인하고 법정에서 다투는 경우 재판장과 피고 사이에 신문과 진술이 이어졌다. 재판장도 「치안유지법」 적용을 위해 고심하여 피고로부터 "결과적으로 보면 그렇다고(치안유지법 위반이라고 – 인용자) 생각합니다"라는 진술을 끌어내려고 했다.[92]

일본 본국과 식민지 조선 모두 공산당 사건에서 예외적으로 공판이 길어졌다. 제1차·제2차 조선공산당 사건 공판은 1927년 9월에 시작되어 결심까지 모두 48회 열렸다. 판결까지 5개월이 소요되었다.[93] 제1차·제2차 조선공산당 사건에서는 최고형으로 2명에게 징역 6년이 언도되는 등 의외로 가벼운 판결이 내려졌다. 「치안유지법」 운용의 혹독함은 1928년 개정 후에 드러났다.[94] 민족주의 독립운동 사건은 많은 경우 예심을 거치지 않고 직접 공판 청구 되었다. 공판에서도 범죄사실을 다툴 것이 없어 2회 정도에 끝나는 경우가 많았다.[95]

기소, 불기소 판단과 더불어 논고와 구형에서 양형을 어느 정도로 할지는 검사가 가진 권한의 근원이었다. 일본 본국의 경우 1933년 10월에 도쿄지방재판소 검사 도사와 시게오(戶澤重雄)는 사상 실무가 회동 강연에서 '형의 양정' 기준을 밝힌 바 있다. 일본공산당에 가입만 해도 5년이고 활동하면 가중되었다. 당의 목적수행은 3년이었다. 공산주의청년동맹 가입은 4년이고 물론 활동하면 가중되었다. 공산주의청년동맹의 목적수

---

91 荻野富士夫, 2022b, 앞의 책, 244쪽.
92 荻野富士夫, 2021, 앞의 책, 165쪽.
93 荻野富士夫, 2022b, 앞의 책, 248쪽.
94 荻野富士夫, 2022b, 위의 책, 253쪽.
95 荻野富士夫, 2022b, 위의 책, 256쪽.

행은 3년 혹은 2년이었다.[96]

　제1심 판결에 불복하면 공소하고 다시 상고하는 경우도 있었다. 식민지 조선에서 「치안유지법」 사건의 경우 공소 비율은 1920년대 후반에는 20% 정도였다. 판결이 불만이더라도 제2심 이후에서 양형이 완화될 가능성이 낮다고 보아 상소권을 포기하는 경우가 많았다.[97] 가끔 감형이 이루어지기도 했는데 전향을 밝힌 경우로 추정된다. 상고는 거의 없었고 하더라도 대부분 기각되었다.

　조선인 판사도 존재했다. 1927년에는 전체 판사 186명 중 31명이 조선인이었다. 1937년에는 전체 224명 중 45명으로 약 20%를 점했다.[98] 1937년 7월에 조선총독부 법무국장은 재판장, 검사정 등에 조선인을 등용하고 예심판사, 부장 혹은 차석 검사에 조선인 사법관을 우대하겠다는 입장을 밝혔다.[99] 한편 조선인 판사도 「치안유지법」 사건을 담당했지만, 전시체제기에는 조선인 판사의 관여가 줄어들었다.

　1945년 이전 일본의 재판에서 변호사의 관여는 실질적으로는 공판 단계부터 가능했다. 다만 예심단계에서 피고자와 변호사의 면회가 이루어지기도 했다.[100] 식민지 조선에서도 변호사의 활약이 눈에 띈다. 1931년 『조선일보』 기사에서는 격증하는 사상범과 중대 사건에 헌신적으로 변호

96　『昭和八年十月 思想實務家會同に於ける講演集』(1934.5)(社会問題資料叢書 第1輯, 東洋文化社, 1976)(일본 국회도서관, www.ndl.go.jp); 荻野富士夫, 2021, 앞의 책, 111쪽.
97　荻野富士夫, 2022b, 앞의 책, 270~271쪽.
98　水野直樹, 2008, 「植民地期朝鮮の思想検事」, 『International Symposium 30, 日本の朝鮮・台湾支配と植民地官僚』, 国際日本文化研究センター, 387쪽.
99　「裁判長, 檢事正等에 朝鮮人을 登用!」, 『東亞日報』, 1937.7.20; 荻野富士夫, 2022b, 앞의 책, 287쪽.
100　荻野富士夫, 2021, 앞의 책, 233쪽.

활동을 펴는 '사상 전문 변호사'가 있다고 언급했다. 허헌, 김병로, 이인을 염두에 둔 설명이었다고 보인다.[101] 이들은 제1차·제2차 조선공산당 사건을 비롯해 여러 사상 관련 사건에서 변호인으로 활약했다.

변호사에 대한 탄압도 이어졌다. 신간회 회장을 맡은 허헌은 광주학생독립운동, 민중대회 사건으로 1931년 4월 경성지방법원에서 징역 1년 6월을 받았다. 이인은 수원고등농림학교 사건으로 1930년 5월 변호사 자격 6개월 정지에 처해졌다.[102] 일본 본국에서도 1933년 이후는 변호사의 변론 내용에 대해 「치안유지법」의 목적수행죄가 물어지는 등 탄압이 심해졌다.[103]

공판은 법정투쟁의 장이 되기도 했다. 제1차·제2차 공산당 사건 피고들은 공판을 자신의 사상을 선전하는 장으로 적극적으로 활용했다. 1931년 4월 함흥지방법원에서 열린 고려청년회 함남지부 사건 공판에서는 피고들이 혁명가를 제창하며 심문에 불응하기도 했다. 피고들에게는 징역 4~5년의 중죄가 언도되었는데, 입회 검사에 의해 피고 11명의 언동이 「보안법」 위반으로 추가 기소되어 징역 6개월 형 등이 보태졌다.[104]

(5) 행형

〈표 1-3〉은 1930년대 식민지 조선의 형무소에 수감된 「치안유지법」 위반 피고인과 수형자 통계다. 피고인 수는 1932년에 가장 많았고, 그 영

---

[101] 양재하, 「법창시론 제3회: 정의의 사도-변호사」, 『朝鮮日報』, 1931.9.23.
[102] 荻野富士夫, 2022b, 앞의 책, 327쪽; 한인섭, 2012, 『식민지 법정에서 독립을 변론하다: 허헌, 김병로, 이인과 항일 재판투쟁』, 경인문화사.
[103] 荻野富士夫, 2021, 앞의 책, 233쪽.
[104] 荻野富士夫, 2022b, 앞의 책, 339~340쪽.

향으로 수형자 수는 1930년대 중반 정점에 달했다. 다수의 사상범이 수용된 형무소 상황은 총독부 관헌에게 또 다른 고민을 안겨줬다. 1935년 4월 경찰부장 회의에 제출된 전라북도 경찰부 답신에서는 형무소가 흡사 '공산 대학'과 같은 느낌이라고 적었다.[105]

형무소에서는 수형자의 일상을 철저하게 감시했다. 형기 3분의 1이 지나면 원칙적으로 6개월마다 행상(行狀) 심사를 했다. 행상표에는 '옥칙 및 규율에 관한 사항', '교회(敎誨) 및 교육에 관한 사항', '작업에 관한 사항' 등이 있고 끝으로 '사정' 항목이 있었다. 사정 칸에는 "행상 보통, 개전의 상 없음", "행상 양(良), 개전의 상 있음" 등을 적었다. 행상 심사는 가출옥 제도와 연동되었다. 형무소장이 '가출옥의 건 구신'을 올리면 총독부 법무국장이 승인하는 형태였다. 관계 서류로는 행상표 외에 판결문, 신상표, 수기 등을 첨부했다. 가출옥은 전향 여부와 불가분의 관계였다.[106]

일본 본국에서는 1934년부터 행상표를 대신하여 행상표의 사정을 정밀하게 수치화한 누진득점원부가 도입되었다.[107] 조선에서도 1937년 11월에 「조선 행형 누진처우 규칙」이 제정되었다. 당시 『동아일보』에서는 이를 치형 정책의 대혁신이라고 평가하고, 징벌형에서 교육형으로 전환함으로써 수형자의 개전을 꾀한다고 소개했다.[108]

1938년 4월 제정된 가석방 심사규정에서는 비전향자를 대상에서 제

---

105 「道警察部長會議諮問事項答申書」(1935.4), 703쪽(국가기록원, www.archives.go.kr); 荻野富士夫, 2022b, 앞의 책, 363쪽.
106 荻野富士夫, 2022b, 위의 책, 377~379쪽.
107 荻野富士夫, 2022b, 위의 책, 383쪽.
108 「"治刑政策" 大革新」, 『東亞日報』, 1937.11.10.

〈표 1-3〉「치안유지법」 위반 수형자 수

(단위: 명)

연도	피고인/신수형자	수형자
1931	778	366
1932	1,483	435
1933	891	850
1934	519	828
1935	231	701
1936	265	613
1937	247	523
1938	136	419

출처: 荻野富士夫, 2022b, 『朝鮮の治安維持法の「現場」(治安維持法の歷史 Ⅲ)』, 六花出版, 358쪽.
비고: 1931년은 9월 말, 나머지 해는 12월 말. 1931~1933년은 피고인, 1934~1938년은 신수형자.

외했다. 전향이 가출옥의 대전제가 된 것이다.[109] 1928~1940년 「치안유지법」 위반 수형자 가운데 만기석방은 2,946명, 가출옥은 479명이었다. 가출옥은 전체 출옥의 14.0%였는데, 1938~1940년만 보면 24.1%로 상승했다.[110]

1938년 10월에는 '서대문형무소 재소 사상범 중 전향자 ○○○ 외 34명'이 "국가에 대하여 진충보국을 맹세한다"라고 각자 서명한 명부를 첨부해 조선총독부에 제출했다. '전향자 ○○○'는 같은 해 7월 전선시국대응사상보국연맹 결성대회에 '서대문형무소 전향자 일동 대표'로 메시지를 보낸 김두정일 가능성이 높다.[111]

---

109 荻野富士夫, 2022b, 앞의 책, 384쪽.
110 朝鮮總督府,「思想犯保護觀察制度實施の狀況」(1941.12)(荻野富士夫 編, 1996, 『治安維持法關係資料集 第3卷』, 529쪽): 荻野富士夫, 2022b, 위의 책, 387쪽.
111 荻野富士夫, 2022b, 위의 책, 373쪽.

3) 「치안유지법」의 운용 주체

(1) 고등경찰

조선총독부 관리의 절반은 경찰이었다.[112] 식민지 조선 경찰에게 가장 중요한 과제는 민족운동에 대한 감시와 탄압이었다.[113] 1926년 4월 『경성일보』 기사를 보면 독립운동 대책을 직접 관장한 경무국 고등경찰과가 취급하는 문서는 총독부 전체 문서 가운데 4분의 1을 차지하고 소모품도 대부분을 동 과에서 사용했다.[114] 1926년 경무국은 사무분장 규정을 개정하여, 보안과, 고등경찰과, 도서과, 위생과를 경무과, 보안과, 도서과, 위생과로 재편했다. 보안과는 "고등경찰에 관한 사항, 노동자 모집 단속에 관한 사항, 외사 경찰에 관한 사항"을 담당했는데, 사무관 1인이 고등경찰을 담당했다.

일본 본국에서는 1928년 일본 공산당원을 대거 검거한 3·15사건을 계기로 특별고등경찰, 즉 특고경찰이 확충되었다. 같은 해 7월 조선에서도 사상 전담 경찰 조직이 정비, 확충되었다. 먼저 경무국 보안과에 사무관 한 명을 추가로 배치했다. 기존 사무관이 서무계, 고등계, 특별고등계를, 신설 사무관이 외사계와 조사계를 담당했다. 그 밖에 보안과에는 과장 직속으로 시찰계가 있었다.

---

112 朝鮮總督府, 『大正九年 朝鮮總督府統計年報』, 1921(일본 국회도서관, www.ndl.go.jp); 마쓰다 도시히코 저, 이종민·이형식·김현 역, 2020, 앞의 책, 16쪽.

113 千葉了, 1926, 「朝鮮警察の使命」, 『警察彙報』 237, 13쪽; 마쓰다 도시히코 저, 이종민·이형식·김현 역, 2020, 위의 책, 303쪽.

114 「高等課を廢して圖書課を新設す」, 『京城日報』, 1926.4.25; 마쓰다 도시히코 저, 이종민·이형식·김현 역, 2020, 위의 책, 304쪽.

고등계는 '정사·시사에 관한 사항, 불령 운동에 관한 사항, 귀순에 관한 사항, 마적에 관한 사항, 학교 및 학생에 관한 사항' 등을, 특별고등계는 '집회·결사·다중운동 단속에 관한 사항, 사회 사상 운동에 관한 사항, 노동쟁의·소작쟁의에 관한 사항, 요시찰·요주의인에 관한 사항' 등을 담당했다. 고등계가 민족주의 운동을, 특별고등계가 사회주의 운동을 주관하는 체제였다.

고등경찰 전체 정원도 확대되었다. 증원 목적은 '사상 단속', '재외 첩보기관 증설', '출판물 단속' 등이었다.[115] 증원 이유는 몇 해 전부터 한층 심각해진 사상운동을 조사, 단속하기 위해서였다.[116] 총독부 경무국에 11명, 도 경찰부에 41명, 사상 단속 순사 70명 등 모두 122명이 늘었는데, 1925년 당시 고등경찰 정원 182명과 비교하면 1928년에 약 70%나 증원된 셈이다.[117]

1928년 코민테른의 12월 테제 이후 벌어진 조선공산당 재건운동, 1929년 1월부터 몇 달간 지속된 원산총파업 등의 영향으로 다시 증원이 이루어졌다. 1929년 9월 '고등경찰에 관한 사무 증가'를 이유로 경무국에 경무관 및 경무관보 각 2명을 추가로 배치했다. 이들의 임무는 고등경찰 관련 범죄 사건의 조사 및 검거와 조사 자료 수집, 각 도 간 고등경찰 관련 범죄 사건의 조사 및 검거를 위한 연락 공조와 통일이었다.[118]

---

115 이상 조선총독부의 고등경찰 확충에 대해서는 荻野富士夫, 2022b, 앞의 책, 11쪽 참조.
116 「高等警察關事務從事臨時職員」(1929.5)[「朝鮮總督府部内臨時職員設置制中ヲ改正ス」, 『公文類聚』第五十三編·昭和四年·第九巻·官職門六ノ二·官制六ノ二(朝鮮總督府二)]; 마쓰다 도시히코 저, 이종민·이형식·김현 역, 2020, 앞의 책, 352쪽.
117 장신, 1998, 앞의 글, 93쪽.
118 「警務官及警務官補ノ分掌スベキ事務」[「朝鮮總督府部内臨時職員設置制中ヲ改正ス」, 『公文類聚』第五十三編·昭和四年·第九巻·官職門六ノ二·官制六ノ二(朝鮮總督府二)]; 마

1930년도 경무국 직원 수를 보면 경무과 41명, 위생과 46명, 도서과 34명, 보안과 66명이었다. 고등경찰 사무와 관련이 깊은 도서과와 보안과를 합치면 100명에 달했다. 이는 일본 본국 내무성 경무국 보안과, 도서과의 거의 3분의 2에 해당하는 규모였다. 이로써 식민지 조선에서 고등경찰기구가 확립되었다.[119]

1932년 6월 일본 본국에서는 내무성 경시청에 특별고등경찰부가 신설되는 등 특고 조직이 확충되었다. 그해 1월 일어난 이봉창 의거의 영향이었다. 식민지 조선에서도 일본의 특고경찰 확충에 편승하여 같은 해 9월 고등경찰 관련 인원이 확대되었다. 증원된 고등경찰은 총독부 본부에 1명, 도 경찰부에 경부 및 경부보 16명, 순경 157명으로 모두 174명이었는데, 1928년의 112명 증원을 넘어서는 규모였다.[120] 1932년에는 지방 고등경찰기구 확충에 중점이 두어졌다.[121]

경무국 보안과는 1933년 11월에 내부용 계간지인 『고등경찰보』를 창간하고 독자적으로 정리한 고등경찰 관련 자료를 각 경찰서에 배포했다. 창간호에는 코민테른의 12월 테제와 프로핀테른의 9월 테제 전문 번역본을 게재하여 경찰 내부에서 주지하도록 했다.[122] 1932년 3월 『조선

쓰다 도시히코 저, 이종민·이형식·김현 역, 2020, 앞의 책, 355쪽.

119 「警務局各課定員表(昭和五年度)」[「朝鮮總督府官制中ヲ改正ス」, 『公文類聚』第五十四編·昭和五年·第七卷·官職六·官制六(朝鮮總督府三)]; 荻野富士夫, 2022b, 앞의 책, 14쪽.

120 「高等警察ニ關スル事務ニ從事スル者ノ增員說明」[「朝鮮總督府部內臨時職員設置制中ヲ改正ス」, 『公文類聚』第五十六編·昭和七年·第十卷·官職九·官制九(朝鮮總督府二)]; 마쓰다 도시히코 저, 이종민·이형식·김현 역, 2020, 앞의 책, 491쪽.

121 荻野富士夫, 2022b, 앞의 책, 16쪽.

122 마쓰다 도시히코 저, 이종민·이형식·김현 역, 2020, 앞의 책, 486쪽.

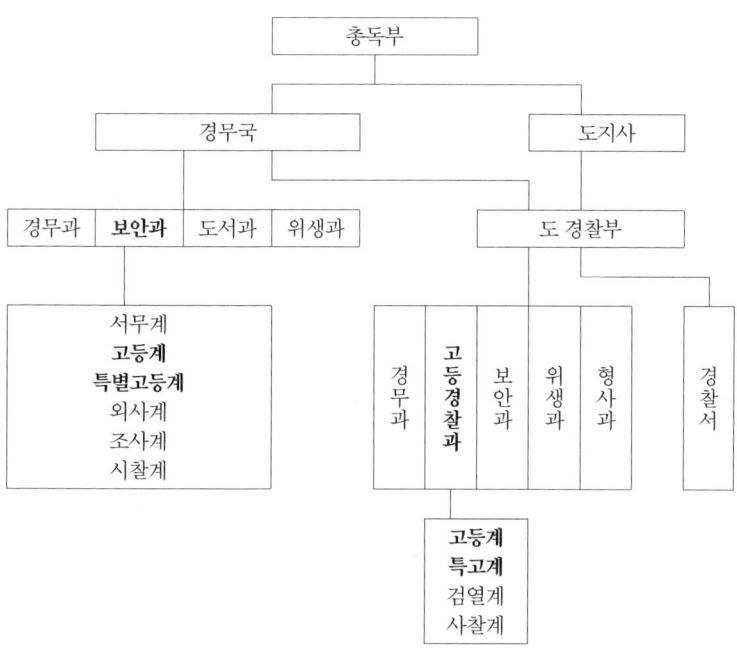

〈그림 1-2〉 고등경찰 조직도(1930년)

일보』는 사상경찰 확충에 대해 가장 중요한 문제는 사상경찰의 확대 강화를 필요로 하는 사회관계의 진전과 복잡화라고 지적했다. 그리고 고등경찰망 확대와 현재 조선의 변화하는 사회관계가 과연 균형을 얻을 수 있을지 의문을 표하면서, 무엇보다 '근원적 문제의 해명'이 필요하다고 강조했다.[123] 고등경찰에 의한 탄압보다 사회 문제의 해결이 중요하다는 지적이었다.

---

[123] 「〈사설〉 思想警察의 擴充, 根本的 問題는 무엇」, 『朝鮮日報』, 1932.3.22; 荻野富士夫, 2022b, 앞의 책, 17쪽.

제1장 식민지 조선의 「치안유지법」 69

고등경찰 증원은 1932년도에 이루어진 확충을 정점으로 하여 이후 1936년까지 비교적 소규모 인원 증가에 그쳤다.[124] 1936년 11월 각 도 경찰부 고등경찰과 경부보 이상은 111명이었다. 경부보 이상과 순사 비율을 1:3이라고 생각하면 고등경찰과 순사는 약 300명이었다. 여기에 각 경찰서 고등계를 합치면 1930년대 조선 고등경찰 총수는 1,000명에 달했다. 각 도 경찰부 고등경찰과는 과장 이하 고등계, 특고계, 검열계, 사찰계로 구성되었다.[125] 일본에서 경시청 특별고등경찰부나 부·현 경찰부 특별고등경찰과처럼 독립된 조직을 설치한 것과 달리, 조선에서는 경무국 보안과나 도 경찰부 고등경찰과가 그 직무의 일부로서 특고 사무를 관장했다.[126]

코민테른의 인민전선전술에 대한 위기감 속에 1936년 12월에도 고등경찰 증원이 이루어졌다. 다만 1930년대 중반 대중운동 탄압이 어느 정도 성과를 거두면서 농촌진흥운동이 지배 정책의 중추로 자리잡았다. "바야흐로 치안 중심 시대의 시정은 과거의 꿈이 되었고 조선 통치의 중추는 농림, 식산 양국으로 바뀌었다"고 이야기되는 시대였다.[127] 경찰 조직 내에서도 인원 배치나 이동에서 종종 고등경찰 부문이 경시되었다. 고등경찰은 농촌진흥운동과 연계, 전향자 대책 등으로 자신의 존재 의의를 찾고자 했다.[128]

1936년 4월 경무국 보안과 사무관은 「특고경찰의 직역에 대하여」 논

---

124 마쓰다 도시히코 저, 이종민·이형식·김현 역, 2020, 앞의 책, 494쪽.
125 荻野富士夫, 2022b, 앞의 책, 18쪽.
126 마쓰다 도시히코 저, 이종민·이형식·김현 역, 2020, 앞의 책, 495쪽.
127 里吉基樹, 1935, 「將來の反動へ備へよ」, 『朝鮮公論』 272.

하면서 '예방적 특고경찰 임무'를 중시했다. 이 글은 사상 전향의 조성과 전향자 지도, 지방 진흥운동에 대한 활동 등을 들고 적극적 활동을 통해 반사회적 현상을 미연에 방지할 것을 강조했다.[129]

고등경찰은 사상 범죄를 방지한다는 명목 아래 사회주의자, 민족주의자를 '요시찰인'이라는 이름으로 사찰을 벌였다. 1928년에 『동아일보』는 1919년까지 천 명에 지나지 않았던 요시찰인이 당시에는 3천 명에 이르며 작성된 요시찰인 명부를 각 도에 배부해 관리하고 있다고 보도했다.[130] 1931년 1월 잡지 『삼천리』는 조선총독부 경무국 조사에 따르면 요시찰인이 만 명에 달하고 이 숫자는 해마다 늘고 있다고 보도했다.[131]

〈표 1-4〉는 경무국 보안과가 1932년 5월 말에 조사한 요시찰인 일람이다. 조선, 일본, 국외 지역에 대해 각각 특별, 정사(政事), 노동, 보통으로 나누어 관리했음을 알 수 있다. 요시찰인 총계는 3,096명인데 범주별로 보면 특별 1,317명, 정사 1,303명, 노동 91명, 보통 385명이었다. 지역별로는 조선 64%, 일본 6%, 국외 30%였고, 조선 국내에서는 경기도, 함경남도, 함경북도 순으로 요시찰인이 많았다.[132]

1938년 5월에 경기도 경찰부장이 경무국장과 경성지방법원 검사정 앞으로 보낸 「사상범 만기 출소 후의 감상에 관한 건」을 보면, 조선공산

---

128 마쓰다 도시히코 저, 이종민·이형식·김현 역, 2020, 앞의 책, 496쪽.

129 高田柱造, 1936, 「特高警察の職役に就て」, 『警務彙報』 360; 荻野富士夫, 2022b, 앞의 책, 18~19쪽.

130 「黒標帳中의 人物 全朝鮮에 三千名, 긔미년까지는 천명에 불과, 作成된 要視察人名簿는 各道에 配付」, 『東亞日報』, 1928.7.28.

131 「要視察人 萬名」, 『三千里』 11, 1931, 43쪽.

132 「朝鮮總督府部内臨時職員設置制中ヲ改正ス」(1932.9.1), 『公文類聚』 第五十六編·昭和七年·第十卷·官職九·官制九(朝鮮總督府二), 93쪽; 荻野富士夫, 2022b, 앞의 책, 23쪽.

〈표 1-4〉 요시찰인 현황(1932년 5월 경무국 조사)

(단위: 명)

구분		경기	충북	충남	전북	전남	경북	경남	황해	평남	평북	강원	함남	함북	계
조선	특별	317	22	62	64	60	69	46	37	38	22	37	135	112	1,021
	정사	88	11	47	16	57	50	40	59	52	48	25	57	35	585
	노동	25	1	-	9	16	2	5	1	2	-	3	9	1	74
	보통	75	2	7	15	35	16	36	34	16	14	7	20	15	292
	계	505	36	116	104	168	137	127	131	108	84	72	221	163	1,972
일본	특별	9	7	7	7	20	9	4	1	3	1	7	19	3	97
	정사	4	4	1	1	7	3	4	-	2	2	2	6	1	37
	노동	4	-	-	-	6	2	-	-	-	-	-	2	2	16
	보통	3	1	-	1	16	3	4	5	-	-	-	3	1	37
	계	20	12	8	9	49	17	12	6	5	3	9	30	7	187
국외	특별	17	2	13	4	5	14	5	12	14	14	9	23	67	199
	정사	101	20	41	-	8	46	32	40	75	205	13	58	42	681
	노동	-	-	-	-	-	-	-	-	-	-	-	1	-	1
	보통	30	-	-	-	3	-	-	5	8	3	1	4	2	56
	계	148	22	54	4	16	60	37	57	97	222	23	86	111	937
계	특별	343	31	82	75	85	92	55	50	55	37	53	177	182	1,317
	정사	193	35	89	17	72	99	76	99	129	255	40	121	78	1,303
	노동	29	1	-	9	22	4	5	1	2	-	3	12	3	91
	보통	108	3	7	16	54	19	40	44	24	17	8	27	18	385
	계	673	70	178	117	233	214	176	194	210	309	104	337	281	3,096

출처: 「朝鮮総督府部内臨時職員設置制中ヲ改正ス」(1932.9.1), 『公文類聚』第五十六編・昭和七年・第十巻・官職九・官制九(朝鮮総督府二), 93쪽.

청년동맹 재건 사건으로 징역 3년을 복역하고 같은 해 4월 서대문형무소를 만기 출옥한 신수복을 고등경찰이 접촉해 "최근 사상 전향을 표명했다"고 보고하고 있다. 이미 사상범 보호관찰이 실시된 이후였지만 그와 별도로 고등경찰의 시찰과 전향 공작이 진행되었음을 엿볼 수 있다.[133]

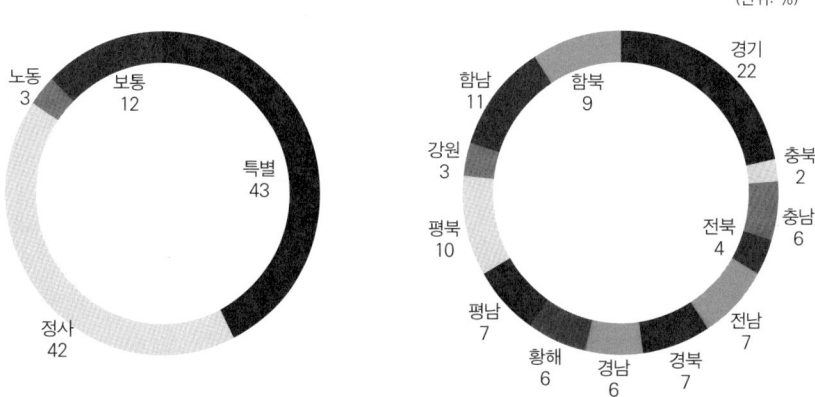

〈그림 1-3〉 요시찰인 현황(범주별, 도별)

(단위: %)

출처: 「朝鮮総督府部内臨時職員設置制中ヲ改正ス」(1932.9.1), 『公文類聚』第五十六編·昭和七年·第十巻·官職九·官制九(朝鮮総督府二), 93쪽.

(2) 사상검사

식민지 조선의 검찰 조직은 고등법원 검사국을 정점으로 경성, 평양, 대구 등 세 곳의 복심법원과 11곳의 지방법원에 검사국이 설치되었다. 그 밖에 지방법원 지청(1926년 46곳, 1945년 48곳)에는 검사분국이 설치되었다. 고등법원과 복심법원 검사국은 검사장이, 지방법원 검사국은 검사정이, 지청 검사분국은 상석검사가 조직을 이끌었다.[134]

1927년 5월에 『동아일보』는 '사상운동 취체 전문 검사' 설치 계획을 보도했다.[135] 1928년 1월에는 고등법원 검사국에 '사상계 전임 검사'로서

---

133 「京高特秘 제959호 思想犯 [愼壽福] 滿期出所後의 感想에 關한 件」(1938.5.2)(국사편찬위원회, www.history.go.kr); 荻野富士夫, 2022b, 앞의 책, 375쪽.

134 大檢察廳 編, 1976, 『韓國檢察史』(水野直樹, 2008, 앞의 글, 386쪽에서 재인용).

135 「思想運動 取締 專門 檢事 特置」, 『東亞日報』, 1927.5.6.

이토 노리오(伊藤憲郎)가 임명되었다. 식민지 조선에서 사상 사건을 전문으로 다루는 검사가 배치된 것은 이때가 처음이었다.[136] 당시 신문에서는 "사회사상 문제에 정통"한 이토가 경성복심법원 판사에서 고등법원 검사로 '영전'했다고 보도했다. 이 기사는 이토를 사상 방면 전임 검사라고 주목했다.[137] 1928년 6월에는 '사상검사'가 취조했다는, 같은 해 7월에는 조선공산당 공판에 처음으로 '사상검사'가 입회했다는 보도가 나왔다.[138] '사상검사'의 존재와 활동이 점차 사회적으로 알려졌다.

일본 본국에서는 1928년에 벌어진 3·15사건을 계기로 같은 해 7월에 공소원 검사국 7곳과 지방재판소 검사국 13곳에 사상검사 26명이 배치되었다.[139] 이와 발맞춰 같은 해 8월 식민지 조선에서도 "오로지 사상 사범 검찰 사무에 종사"할 목적으로 검사 5명과 서기 5명이 증원되었다. 증원 이유는 "근래 조선에서 사상계의 혼란 현저하여 과격한 사회사상에 관한 형사 사범 빈발하고 점점 증가 추세에 있으므로 통치상 실로 우려하지 않을 수 없다"는 것이었다.[140]

증원된 검사는 과거에 사상범 수리 건수 및 인원의 많고 적음, 관내 사상 단체 및 구성원 수를 고려하여 경성, 평양, 대구, 광주지방법원 검사국,

---

[136] 水野直樹, 2009, 「思想検事たちの「戦中」と「戦後」: 植民地支配と思想検事」, 松田利彦·やまだあつし 編, 『日本の朝鮮·台湾支配と植民地官僚』, 思文閣出版, 473쪽.

[137] 「新面目を劃する裁判所の増員異動, 特に注目されるのは思想方面専任検事」, 『朝鮮新聞』, 1927.12.27.

[138] 「사상검사 취조」, 『每日申報』, 1928.6.16; 「조선공산당 공판 '최초 사상검사 입회'」, 『中外日報』, 1928.7.28; 荻野富士夫, 2022b, 앞의 책, 104쪽.

[139] 荻野富士夫, 2000, 『思想検事』, 34~35쪽.

[140] 「朝鮮総督府裁判所職員定員令中ヲ改正ス」(1928.8.21), 『公文類聚』第五十二編·昭和三年·第六巻·官職四·官制四(朝鮮総督府); 水野直樹, 2008, 앞의 글, 388쪽.

그리고 일본 본국과 연락 관계 등을 고려하여 부산지방법원 검사국에 한 명씩 배치되었다.[141] 1929년 1월에는 고등법원 검사국 내부 규정을 개정하여, '검사분실(사상계)'을 설치했다. 이것을 일반적으로 고등법원 검사국 사상부라고 불렀다. 담당은 이토였다.[142]

일본 본국에서는 1928년 5월 사법성 형사국장 명의로 「사상계 검사 사무분장 규정」이 정리되었다. 1929년 2월 조선의 경성고등법원 검사국에서 지방법원 검사국에 하달한 통첩 「지방법원 사상사건 검찰 사무장정의 건」에서는 일본 사법성 형사국 문서와 거의 같은 사상범죄 목록을 제시하고, 그 밖에 1919년 제령 7호(「정치에 관한 범죄 처벌의 건」), 1907년 「보안법」 등 식민지 조선에서만 시행되고 있는 치안관계 특수법령 위반을 추가로 포함시켰다.[143]

식민지 조선의 첫 사상검사인 이토는 1932년에 발표한 글에서 조선에서 사상범이란 국체의 변혁, 사유재산 제도의 부인을 목표로 하는 범죄이고, 형사법상 「치안유지법」 위반, 1919년 제령 7호 위반, 「보안법」 위반 등 세 가지 위반을 중심으로 비합법적인 민족운동, 공산주의 운동, 무정부주의 운동이 처벌 대상이라고 정리했다.[144]

1930년 이후 간도 총영사관의 영사관 경찰에서 조선으로 이송되는 「치안유지법」 위반 사건이 격증하면서 재만주 조선인 사건 처리를 전문적으로 행하기 위해 검사와 예심판사의 증원이 이루어졌다. 1932년 11월

---

141 荻野富士夫, 2022b, 앞의 책, 103쪽.

142 水野直樹, 2008, 앞의 글, 387~388쪽.

143 「地方法院思想事件檢察事務章程ノ件」(1929.2.1)(齊藤榮治 編, 1942, 『高等法院檢事長訓示通牒類纂』, 高等法院檢事局), 476~477쪽.

144 伊藤憲郎, 1932, 「國際政治關係と朝鮮の刑事政策」, 『司法協會雜誌』 11-6, 66쪽.

에는 "사회사상에 감염 악화하는 자 점차 늘어나는 경향"에 대처하기 위해 함흥지방법원 검사국에 검사 1명이 배치되었다. 1933년 6월에는 간도공산당 사건에 대응하기 위해 경성지방법원 검사국에 검사 1명이 증원되었다.[145] 「조선총독부 재판소 직원 정원령」에 바탕한 사상검사 증원은 이것이 마지막이었다.[146]

1935년 8월에는 사상사건 처리를 위해 다시 검사 1명이 신의주지방법원 검사국에 배치되었다.[147] 같은 해 대구, 평양, 청진 지방법원 검사국에 사상부를 신설할 계획이었으나, 일본 본국에서 「치안유지법」 개정이 이루어지지 않으면서 좌절되었다.[148] 1942년 고등법원 검사국에 검사 1명, 경성, 함흥, 청진 지방법원 검사국에 검사 3명을 배치했다. 고등법원 검사를 확충한 것은 공소심이 생략되면서 상고심이 늘어났기 때문이었다.[149]

일본 본국에서는 1930년대 중반이 되면 거의 모든 공소원과 지방재판소 검사국에 사상검사가 배치되었다.[150] 그 뒤로도 증원이 이어졌는데 특히 1941년 11월에 26명이 늘어남으로써 정원이 합계 78명이 되

---

145 「朝鮮総督府裁判所職員定員令中ヲ改正ス」(1933.6.1),『公文類聚』第五十七編・昭和八年・第七巻・官職六・官制六(朝鮮総督府一); 水野直樹, 2008, 앞의 글, 389쪽.

146 水野直樹, 2009, 위의 글, 473쪽.

147 「朝鮮総督府裁判所職員定員令中ヲ改正ス(判検事書記通訳生増員)」(1935.7.24),『公文類聚』第五十九編・昭和十年・第十一巻・官職九・官制九(朝鮮総督府三); 水野直樹, 2008, 위의 글, 389쪽.

148 水野直樹, 2008, 위의 글, 389쪽.

149 「朝鮮総督府裁判所職員定員令ヲ改正ス(国防保安法等ノ運用等ニ関スル事務ノ為職員増減)」(1942.3.23),『公文類聚』第六十六編・昭和十七年・第四十巻・官職三十六・官制三十六(朝鮮総督府五); 荻野富士夫, 2022b, 앞의 책, 108~109쪽.

150 荻野富士夫, 2021, 앞의 책, 75쪽.

었다.¹⁵¹ 식민지 조선의 검사 정원은 지방법원, 복심법원, 고등법원 검사국을 통틀어 1930년대 전반까지는 90명 전후, 1930년대 후반 이후에도 130명 전후여서 판사 정원에 비하면 절반 정도에 그쳤다. 그중 전임 사상검사는 10명 정도에 지나지 않아, 고등경찰 인원이 1,000명 규모인 것에 비하면 압도적으로 적었다.¹⁵²

1927년 6월에 일본 사법성 형사국에 사상부가 설치되었다. 검사 이케다 가쓰(池田克)가 부장을 맡아 전반적인 사상 대책을 수립했다. 이곳이 주관하여 일본 전국의 사상검사는 물론 조선의 사상검사까지 옵서버로 참여하는 '사상 실무가 회동'이 연 2회 정도 열렸다. 식민지 조선에서는 이토가 이끄는 고등법원 검사국 사상부가 사상범 대책을 총괄했다. 이토는 1930년 9월에는 법무국 법무과 사무관도 겸임했다.¹⁵³

1929년에 작성된 「고등법원 사상계 검사 집무방침」은 '범죄의 근저인 여러 사상'의 연구·조사를 위해 조선 내외 사상 상태, 각종 계급투쟁의 실태, 각종 결사·집회, 언론 등의 조사 및 연구·조사 자료의 수집, 조사보고서의 작성·배포 등을 규정했다. 1939년경이 되면 고등법원 검사국 사상부는 조선 전체 '치안 상황의 검열 및 지휘'를 자임했다.¹⁵⁴

고등법원 검사국 사상부는 조사 연구를 통해 지방법원 검사 등에게 사상사건 처리 방법을 전파하는 역할을 맡았다. 사상사건 취조를 위해서는 사회주의 운동과 민족주의 운동의 계보, 배후관계는 물론, 조선 내외

---

151 荻野富士夫, 2000, 앞의 책, 162쪽.
152 荻野富士夫, 2022b, 앞의 책, 100쪽.
153 荻野富士夫, 2022b, 위의 책, 105~106쪽.
154 高等法院檢事局思想部, 『朝鮮思想檢察提要 第一冊』, 4~9쪽(水野直樹, 2009, 앞의 글, 474쪽에서 재인용).

정치정세에 대한 지식이 필요했다. 고등법원 검사국 사상부는 이러한 내용을 담은 다양한 내부 자료를 발행했다.[155]

먼저 1930년부터 연 1회 『조선형사정책자료』를 발행했다. 1931년 4월부터는 이토의 편집으로 『고검사상월보』를 발행했다. 같은 해 7월 시작된 일본 사법성 형사국 『사상월보』보다 빨랐다. 『고검사상월보』는 제5호부터 『사상월보』로 개제했다. 1934년 12월부터는 이름을 『사상휘보』로 바꾸고 약 3개월 간격으로 간행했다. 「치안유지법」 위반 사건이 줄어든 상황의 반영이었다.[156] 식민지 말기인 1944년 3월부터 1945년 3월까지 1년간은 『검찰요보』를 제13호까지 발행했다.

복심법원 검사국에 배치된 사상검사의 활동은 잘 확인되지 않는다. 지방법원 검사국의 사상검사는 실제 사상사건 처리와 관할지역 사상 상황 조사가 주된 직무였다. 경성지방법원 검사국 사상부는 「조선공산당 사건」(1930.8)과 같은 팜플렛을 간행하는 등 조사 연구도 일부 수행했다.[157] 사상검사가 배치되지 않은 지방법원 검사국은 차석검사가, 검사분국에서는 상석검사가 사상사건을 처리했다.[158] 식민지 조선의 사상검사는 일본 본국과 비교할 때 숫자도 적고 존재도 불명확한 부분이 있었다. 일본 본국과 같은 사상 실무가 회동도 없어서 '지방법원 차석검사, 지청 상석검사 회동'이 이를 대신했다.[159]

변호사 김병로는 1935년에 잡지 『삼천리』에 사상판사와 사상검사의

---

155 水野直樹, 2008, 앞의 글, 391쪽.
156 荻野富士夫, 2022b, 앞의 책, 118~120쪽.
157 水野直樹, 2008, 앞의 글, 393쪽.
158 水野直樹, 2009, 앞의 글, 473~474쪽.
159 水野直樹, 2008, 앞의 글, 386쪽.

면면을 소개하는 글을 실었다. 김병로가 꼽은 사상검사는 고등법원 검사국 사상부의 모리우라 후지오(森浦藤郞), 경성복심법원 검사국 이토 노리오, 평양복심법원 검사국 모리우라(겸임), 대구복심법원 불명, 경성지방법원 이토(겸임)와 사사키 히데오(佐々木日出男) 등이었다.[160] 조선인 검사도 소수 존재했지만, 이들은 사상 사건을 담당하지 않는 것이 불문율이었다.[161] 검사국 석차는 관리 등급에 의해 검사정-차석검사-삼석검사로 엄격히 순위가 정해져 있었는데, 조선인 검사는 설령 등급이 높아도 사상검사 역할을 맡는 차석검사는 될 수 없었다.[162]

「치안유지법」 연구자인 미즈노 나오키는 일본 본국의 사상 실무가 회동에 출석한 검사까지를 포함하여 넓은 의미에서 식민지 조선의 사상검사 43명의 명단을 작성했다.[163] 직원 정원령에 바탕한 사상검사, 지방법원 검사국 차석검사, 지방법원 지청 검사분국 상석검사, 보호관찰소 소장, 1941년 이후 보호교도소 소장 등이 넓은 의미에서 사상검사에 포함된다. 미즈노는 이들의 특징을 다음과 같이 정리했다.[164]

① 사상검사는 모두 일본인이었다. 조선인 검사가 사상 사건을 다루는 일은 피했다.
② 일본 본국에서 사법관을 경험한 이는 적었다. 사상검사로 일한 이

---

160 김병로, 1935, 「半島의 思想判檢事陣, 高等·覆審·地方의 三法院을 通하야」, 『三千里』7-3; 荻野富士夫, 2022b, 앞의 책, 109쪽.
161 水野直樹, 2008, 앞의 글, 387쪽.
162 水野直樹, 2008, 위의 글, 390쪽.
163 水野直樹, 2008, 위의 글, 397~400쪽.
164 水野直樹, 2009, 앞의 글, 474~475쪽.

는 1920~1930년대에 조선을 첫 임지로 한 '조선 토착' 사법관이 많아 일본 검찰과 출입은 거의 없었다.

③ 사상검사 다수는 처음부터 검사의 길을 걸었다. 판사에서 검사로 전신한 이는 많지 않았다.

④ 대부분 도쿄제국대학, 교토제국대학 등 제국대학 졸업자였다.

⑤ 연령 면에서 보면 과반이 1900년 전후 생으로 1920년대에 대학을 졸업했다.

⑥ 다수가 다이쇼 데모크라시의 세례를 받은 세대였다. 자유주의적 분위기 속에서 다양한 사상을 접한 것이 사상검사로서 직무에 활용되었다.

식민지 조선의 첫 사상검사는 1928년 1월 고등법원 검사국에 배치된 이토 노리오였다. 이토는 1930년 9월 법무국 법무과 사무관을 겸임했는데, 1929년 8월에는 '여운형 사건'을 직접 담당하기도 했다. 그는 식민지 조선을 대표하는 사상검사로서 「치안유지법」 운용 전반 10년을 주도했다.[165]

이토는 사상범에 대한 형사정책도 사상 문제에 대한 사회 정책의 일부라고 생각했다. 이토는 "사상범에 대해서도 일반 범죄에 대한 것과 같이 물론 형벌만으로는 불능하다고 믿습니다. 사상의 선도, 사회의 선도라는 것도 동시에 생각해야 합니다"라고 말했다.[166] 다만 이토의 사회 정책론적 견해는 사상범에 대한 '사회 정책'적 대처인 '보안처분', 즉 사상범

---

165 荻野富士夫, 2022b, 앞의 책, 109~110쪽.

166 朝鮮總督府學務局 編, 1930, 『思想問題講習會講演集』 第一輯, 143쪽(水野直樹, 2009, 앞의 글, 477쪽에서 재인용-).

보호관찰 처분이나 예방구금 처분 등을 추진하는 입장으로 쉽게 변할 수 있었다.[167] 또한 '사상의 선도', '사회의 개선'을 시야에 넣었지만 사상 단속 자체가 관대한 것은 아니었다.[168]

1930년 1월 이토는 「치안유지법」은 '사상'을 벌하는 것이 아니라 결사, 선동 등 위험한 '행동'을 벌해야 하고 결사, 협의, 선동을 미연에 방지하는 것이 「치안유지법」의 정신이라고 주장했다.[169] 이토는 "결코 뇌 속에 있는 사상을 벌하는 것은 아니"라며 「치안유지법」의 적용을 한정할 필요가 있다고 밝혔다. 다만 이토의 견해는 헌법에서 집회, 결사 등 권리를 인정하는 일본 본국에는 맞는 부분이 있어도 식민지 조선에서는 적용될 수 없었다. 조선에서 민족주의 운동에 「치안유지법」이 적용된 것은 이토가 고등법원 검사국 사상부에 있을 때였다.[170]

이토는 사상을 이념보다 감정적으로 다루는 것이 조선 사회주의 운동의 특성이라고 보았다.[171] 이토는 사상범 선도에 가족애를 이용하고자 했다. 전시체제기 사상통제, 특히 전향 정책을 주도한 사상검사 나가사키 유조(長崎祐三)가 조선에서 사상범을 박멸하기 위해서는 사상범의 가족도 교화할 필요가 있다고 생각한 것과는 대조적이었다.[172]

167　水野直樹, 2009, 앞의 글, 477쪽.
168　荻野富士夫, 2022b, 앞의 책, 113쪽.
169　伊藤憲郎, 1930, 「治安維持法所定の行爲-その可能性に付て」, 『朝鮮司法協會雜誌』 9-1·2, 65쪽; 荻野富士夫, 2022b, 위의 책, 112~113쪽.
170　水野直樹, 2009, 앞의 글, 478쪽.
171　임경석, 2014, 「일본인의 조선 연구: 사상검사 이토 노리오(伊藤憲郎)의 사회주의 연구를 중심으로」, 『한국사학사학보』 29, 248쪽.
172　水野直樹, 2009, 앞의 글, 478쪽.

(3) 예심판사

예심판사는 검사와 판사 사이에 끼어 존재감이 별로 없었지만, 실질적으로 가장 길게 피고인과 마주하는 관계였다.[173] 특히 사상범이 폭증하고 예심 기간이 길어지면서 사상을 전문으로 하는 예심판사를 두자는 의견이 높아졌다.[174]

1928년 11월에 경성지방법원 예심계는 기존 두 개의 예심을 세 개로 재편 확장했는데, 그 가운데 제1예심을 사상범 전문으로 할당하고 사상 전문 판사로 이름이 높던 고이 세쓰조(五井節藏)에게 담당하게 했다.[175] 고이는 1929년 6월 기준으로 혼자서 처리해야 할 사건이 26건에 319명일 정도로 사상 사건에서 큰 존재감을 보였다.[176]

1929년 9월에 사상계 예심판사가 정식으로 설치되었다. 예심 심리가 정체되고 구류가 장기화하는 데 대한 사회적 비판이 배경이었다.[177] 1938년에 첫 배치가 이루어진 일본보다 상당히 앞선 조치였다. 이로써 식민지 조선에서는 검사의 지도에 전면적으로 추종하지 않는 나름의 주체성을 지닌 사상 전문 예심판사가 등장할 수 있었다.[178]

1930년 1월에는 경성지법 예심을 넷으로 증설했는데, 제1예심과 제2예심이 사상 전문이었다. 당시 『조선일보』와 『동아일보』 기사를 보면

---

173 荻野富士夫, 2021, 앞의 책, 135쪽.
174 荻野富士夫, 2021, 위의 책, 137쪽.
175 「京城地方法院에 思想專門豫審」, 『朝鮮日報』, 1928.11.14; 장신, 1998, 앞의 글, 97쪽.
176 「豫審中의 思想犯만 三百十九人의 多數」, 『朝鮮日報』, 1929.6.14; 장신, 1998, 위의 글, 98쪽.
177 荻野富士夫, 2022b, 앞의 책, 187쪽.
178 荻野富士夫, 2022b, 위의 책, 233쪽.

판사 고이 외에 판사 와키를 주임으로 삼아 사상 예심계를 증설했음을 알 수 있다.[179] 직제상으로는 예심판사를 경성지방법원에 2명, 대구지방법원에 1명 배치한 것이 확인된다.[180] 1930년 8월에는 경성, 평양, 신의주, 대구, 부산 지방법원에 모두 5명의 예심판사를 추가로 배치했다. 1932년 4월에는 경성지법의 제4예심도 간도 5·30사건을 담당케 하여 예심 넷 중 셋이 사상 전문이 되었다. 정식 증원은 1933년 6월에 이루어졌다.[181] 그럼에도 사상사건 처리의 지연은 계속되었다.[182]

식민지 조선에서 사상 전문 예심판사의 틀을 잡은 이는 고이 세쓰조였다. 고이는 1916년에 교토제국대학 법학부를 졸업한 뒤 조선총독부 사법관 시보를 거쳐 1925년 9월에 경성지방법원 판사로서 예심을 담당했다.[183] 일본에서는 「치안유지법」 사건에서 예심판사는 검사의 보조적인 역할에 그쳤고, 따라서 예심종결 결정에 검사가 이의를 제기하는 일도 없었다. 이에 반해 식민지 조선에서는 검사가 우위에 있는 것은 변함이 없었지만, 어느 정도 예심판사의 자율성도 발휘되었다. 예컨대 예심판사 고이는 여운형의 「치안유지법」 면소를 결정하여 사상검사가 고이에게 불복하는 일이 있었다. 고이는 사상판사로서 자부심을 가져 사상검사와 거의 대등한 관계에 있었다고 보인다.[184]

---

179 「暴注하는 思想犯과 專門判事 또 增員」, 『朝鮮日報』, 1929.7.17; 「陝判事를 主任으로 思想豫審係 增設」, 『東亞日報』, 1930.1.5; 장신, 1998, 앞의 글, 98쪽.

180 「朝鮮総督府裁判所職員定員令中ヲ改正ス」(1929.9.13), 『公文類聚』第五十三編·昭和四年·第九巻·官職門六ノ二·官制六ノ二(朝鮮総督府二); 荻野富士夫, 2022b, 앞의 책, 188쪽.

181 荻野富士夫, 2022b, 위의 책, 188쪽.

182 「擔任判事의 轉出로 遲延되는 思想事件」, 『東亞日報』, 1932.7.27.

183 荻野富士夫, 2022b, 앞의 책, 185쪽.

예심정에서 판사 고이가 자행한 고문도 문제가 되었다.[185] 고등경찰만큼은 아니겠지만 상당한 신체적 폭행을 동반한 고문이 행해졌다고 보인다. 앞에서 예심 과정을 설명하면서 언급했듯이, 조선공산당 사건 공판에서 권오설, 강달영 등은 예심판사 고이가 심문이 시작되기도 전에 빈 종이에 서명을 하고 무인을 찍게 했다고 증언했다.[186] 다른 피고들도 고이 예심판사의 폭력적이고 위협적인 취조에 대해 공판에서 구체적으로 진술했다.[187]

1930년 7월 고이는 예심판사로서 「치안유지법」 위반 사건을 처리한 실적이 평가되어 고등법원 판사로 영전했다. 당시 『경성일보』는 고이의 이동을 '하이 점프'라고 표현했다.[188] 일본 본국에서는 예심에서 사상 사건 담당은 경원되었고 애당초 예심판사 자체를 공판판사에 비해 낮춰보는 경향이 있었다. 그러나 고이가 고등법원 판사로 영전한 것을 볼 때 식민지 조선의 사정은 일본 본국과 달랐다. 일본에서는 1938년 인민전선 사건 처리를 위해 도쿄지방재판소 예심에 실질적으로 사상부를 구성했다. 다만 2년 이상 사상 사건을 다룬 경험자는 3명뿐이어서, 검사국 사상부에 비교하면 일 처리가 서툴렀다.[189] 예심 사상부 설치는 식민지 조선이 앞서간 셈이다.

---

184 荻野富士夫, 2022b, 앞의 책, 232쪽.

185 荻野富士夫, 2022b, 위의 책, 209쪽.

186 「高允相外九十一名 公判調書(第一七回)」(국사편찬위원회, www.history.go.kr); 荻野富士夫, 2022b, 위의 책, 215쪽.

187 荻野富士夫, 2022b, 위의 책, 251쪽.

188 「五井さんのハイ・ジヤンプ, 豫審判事から高等法院判事に」, 『京城日報』, 1930.7.19; 荻野富士夫, 2022b, 위의 책, 185쪽.

189 荻野富士夫, 2021, 앞의 책, 137쪽.

1935년에 변호사 김병로가 잡지 『삼천리』에서 사상검사와 더불어 사상판사를 개관한 데서 알 수 있듯이,[190] 관제상 규정된 사상검사, 사상계 예심판사와 더불어 공판부에도 사상 전문 판사가 실질적으로 존재했다. 다만 공식적으로 공판부에 사상계 판사가 배치된 것은 1942년 3월이었다.[191]

사상검사, 사상계 예심판사와 마찬가지로 사상 담당 공판판사도 도쿄제국대학 혹은 교토제국대학 졸업생으로서 고등시험 사법과를 합격하고 바로 조선총독부 사법관 시보로 임명된 이가 많았다. 식민지 조선의 사법체제는 토착 사법관에 의해 기본적으로 조선 내에서 완결되는 구조였다.[192] 이러한 사정이 일본 본국과 다른 식민지 조선 고유의 사법 관행을 낳았다.

---

190 김병로, 1935, 「半島의 思想判檢事陣, 高等·覆審·地方의 三法院을 通하야」, 『三千里』 7-3.

191 「朝鮮総督府裁判所職員定員令ヲ改正ス(国防保安法等ノ運用等ニ関スル事務ノ為職員増減)」(1942.3.23), 『公文類聚』 第六十六編·昭和十七年·第四十卷·官職三十六·官制三十六(朝鮮総督府五); 荻野富士夫, 2022b, 앞의 책, 240쪽.

192 荻野富士夫, 2022b, 위의 책, 241쪽.

2. 「치안유지법」과 독립운동

1) 민족주의 운동과 국체 변혁 조항

「치안유지법」 운용에서 식민지 조선과 일본 본국의 가장 큰 차이는 조선에서는 「치안유지법」이 독립운동에 적용되었다는 점이다.

「치안유지법」 성립 과정에서 1922년에 「과격 사회운동 취체법」 법안이 제출된 바 있다. 이 법안은 단속 대상인 '조헌(朝憲)문란'에 해당하는 사례 가운데 하나로 '통치권 범위를 제한하는 사항'을 들고 그 예로서 "정부의 전복, 방토(邦土) 참절, 식민지 독립 기획, 외국과 합병 계획, 황위 부인" 등을 들었다.[193] 조헌문란은 「치안유지법」의 국체 변혁으로 이어지는 개념이었는데, 식민지 독립 기도를 천황 통치권의 부정 혹은 축소로 보아 이에 저촉한다고 해석한 것이다.

1924년 가을에 내무성이 작성한 것으로 보이는 「치안유지법 심의 재료」에도 '조헌문란 해당 사항의 예'로서 '식민지 독립 기획'이 명시되었다.[194] 1925년 3월에 열린 귀족원 치안유지법안 특별위원회에서 사법대신은 "제국의 일부분, 조선이면 조선 혹은 또는 조선의 절반이라도 그렇겠습니다만, 그것을 폐하의 통치권에서 떼어버린다는 것은, 그 영토 부분이 좁아져서 통치권 그 자체에 저촉되고, 통치권 그 자체를 빼앗는 것

---

[193] 川村貞四郎, 1933, 『官界の表裏』, 私家版, 142쪽; 水野直樹, 2000, 앞의 글, 111쪽.

[194] 內務省, 「治安維持法審議材料」(1924)(荻野富士夫 編, 1996, 『治安維持法関係資料集 第1卷』, 172쪽); 水野直樹, 2000, 위의 글, 113쪽.

이므로 이는 물론 본법에 저촉됩니다"라고 설명했다.[195]

「치안유지법」은 1925년 4월에 공포되어 5월부터 시행되었다. 법안 통과 직후 사법성 형사국이 작성한 「치안유지법 이유서」에서는 식민지 독립운동에 대한 적용을 시사했지만, 명시적으로 밝히지는 않았다.[196] 식민지 조선에서도 고등법원 검사장은 1925년 6월에 각 검사국 검사정 앞으로 보낸 통첩 「치안유지법 적용에 관한 건」에서 조선의 독립을 지향하는 결사에 대하여 「치안유지법」을 적용하도록 지시했다. 다만 이를 뒷받침할 논리적 근거는 제시하지 않았다.[197]

「치안유지법」 제1조는 "국체를 변혁하거나 사유재산 제도를 부인하는 것을 목적으로 결사를 조직하거나 이에 가입한 자는 10년 이하의 징역 또는 금고에 처한다"라고 정했다. 「치안유지법」안을 의회에 제출하기 전인 1925년 2월에 내무대신 와카쓰키 레이지로(若槻禮次郎)는 "국체, 정체 변혁은 무정부주의라고 해도 좋고, 또한 사유재산 제도 부인은 공산주의와 대체로 동일"하다고 밝혔다.[198] 「치안유지법」 입법 당시 '조헌문란'을 바꿔 말한 국체는 한정적이고 명확한 개념으로 받아들여졌고, 공산주의 단속 규정으로 여겨진 것은 '안녕질서문란'을 바꾼 사유재산 제도 부인이었다. 1928년 3·15사건 이전에 일본 본국의 공산주의 운동에 대해 국체

---

195 『第50回帝国議会 治安維持法案議事速記録並委員会議録』(社会問題資料叢書 第1輯, 東洋文化社, 1972), 710쪽; 水野直樹, 2000, 앞의 글, 114쪽.

196 水野直樹, 2004, 앞의 글, 421쪽.

197 「治安維持法ノ適用ニ關スル件」(1925.6.13)(齊藤榮治 編, 1942, 『高等法院檢事長訓示通牒類纂』, 高等法院檢事局), 476쪽; 水野直樹 저, 이영록 역, 2002, 「조선에 있어서 치안유지법 체제의 식민지적 성격」, 『법사학연구』 26, 53쪽.

198 「第50回帝国議会 衆議院 治安維持法案(政府提出)委員会 第3号 大正14年2月26日」(帝国議会会議録検索システム, teikokugikai-i.ndl.go.jp).

변혁 조항이 적용된 예는 없다.[199]

식민지 조선에서는 독립운동에「치안유지법」이 적용되었다. 민족주의 독립운동이 딱히 사유재산 제도를 부인한 것은 아니므로, 다른 하나, 즉 국체 변혁 조항에 저촉된다는 판단이었을 것이다. 병합 이후 독립운동에는「보안법」이나「정치에 관한 범죄 처벌의 건」이 적용되었다. 1919년 7월 고등법원 판결은 제국 영토의 일부를 제국 주권 통치에서 이탈시키는 것을 목적으로 하는 행위는「보안법」제7조가 말하는 이른바 '정치'에 관한 행위에 해당한다고 밝혔다.[200] 1925년 7월 같은 고등법원은 "조선을 제국의 기반(羈絆)에서 벗어나게 하는 것"에 대해「정치에 관한 범죄 처벌의 건」위반으로 판단했다.[201] 제국의 기반 운운은 후일「치안유지법」의 국체 변혁 조항을 적용할 때 사용되는 정형 어구가 된다.

1925년 6월 고등법원 판사 노무라 조타로(野村調太郎)는「치안유지법과 조선 독립운동」이라는 글에서, 조선의 독립은「정치에 관한 범죄 처벌의 건」이 정한 정치의 변혁 및「치안유지법」이 정한 국체 변혁에 해당한다고 설명했다.[202] 독립을 위한 결사 조직과 가입, 그 목적 실행을 위한 협의와 선동은 새로운「치안유지법」의 영역에 해당하고, 결사에 의하지 않은 독립운동 선전과 선동은「정치에 관한 범죄 처벌의 건」과「보안법」의 영역에 해당한다고 정리한 것이다.[203]「치안유지법」시행 초기에는 민

199　荻野富士夫, 2021, 앞의 책, 199쪽.

200　置鮎敏宏 編, 1927,『朝鮮法律判例決議總攬』, 大阪屋書店, 201쪽(諸法); 水野直樹, 2000, 앞의 글, 121쪽.

201 「독립운동 판결문」(오기노 후지오 저, 윤소영 역, 2022, 앞의 책, 52쪽에서 재인용).

202　野村調太郎, 1925,「治安維持法ト朝鮮獨立運動」,『普聲』2; 水野直樹 저, 이영록 역, 2002, 앞의 글, 55쪽.

족주의 독립운동에 대해「정치에 관한 범죄 처벌의 건」적용을 우선하거나 무죄판결이 나오는 등 관헌의 법 해석이 안정되지 않았다.[204]

「치안유지법」이 시행된 1925년 5월부터 약 3년 후인 1928년 2월까지 동 법의 확정판결을 받은 이들이 '품은 사상'에 대한 고등법원 검사국의 조사가 있다. 확정판결을 받은 51건, 111명 가운데 민족주의가 51명, 공산주의가 45명, 무정부주의가 11명이었다. 평균 형기는 공산주의가 10개월, 민족주의가 3년이었다. 적어도「치안유지법」시행 초기에는 적용 대상 숫자에서 민족주의자가 많았다. 아울러 민족주의자는 강도, 공갈, 방화 등과 병합죄가 많은 탓에 공산주의자에 비해 형기가 길었다.[205]

1928년 6월「치안유지법」이 개정되었다. 제1조를 국체 변혁에 관한 제1항과 사유재산 제도 부인에 관한 제2항으로 나누고, 국체 변혁을 목적으로 결사를 조직한 이를 최고 사형에 처하는 개악이었다. 1928년 10월 평양 복심법원은 민족주의계 고려혁명당 사건에 대해「치안유지법」제1조 제1항을 적용했다. 사유재산 제도 부인이 아닌 국체 변혁이 문제가 되었음을 명확히 한 것이다.[206]

---

203 오기노 후지오 저, 윤소영 역, 2022, 앞의 책, 37쪽.

204 오기노 후지오 저, 윤소영 역, 2022, 위의 책, 91쪽.

205 高等法院檢事局,「朝鮮治安維持法違反調査(一)」(朴慶植 編, 1989,『日本植民地下の朝鮮思想狀況(朝鮮問題資料叢書 11)』, アジア問題研究所); 오기노 후지오 저, 윤소영 역, 2022, 위의 책, 87~88쪽.

206 高等法院檢事局,「朝鮮治安維持法違反事件判決(一)」, 14~15쪽(朴慶植 編, 1989,『日本植民地下の朝鮮思想狀況(朝鮮問題資料叢書 11)』, アジア問題研究所); 水野直樹, 2004, 앞의 글, 427쪽.

2) 사회주의 운동과 국체 변혁 조항

「치안유지법」 시행 초기 사회주의 사상 및 운동에 대해서는 국체 변혁이 물어진 민족주의 독립운동과 달리, 주로 사유재산 제도 부인이 문제가 되었다. 사회주의 운동에 대해 국체 변혁을 문제 삼더라도 초점은 독립이 아닌 천황제 부인에 맞춰졌다.

1925년 9월 9일 경성 본정경찰서는 『조선일보』 기자 신일용을 "조선을 적로(赤露)의 혁명 수단에 의해 사유재산 제도를 타파하고 제국주의, 즉 우리 국체를 부인, 그 실행을 암암리에 선동하는 기사"를 작성했다고 입건했다. 19일 「치안유지법」 사건으로서 검사국에 송치하면서 첨부한 의견서에는 일본 '국체'의 대극으로서 '민주국체'를 상정했다. 10월 5일 검사 사토미 간지(里見寬二)의 공판 청구서에서도 "암암리에 민주국체를 찬양 희망하고", "우리 국체 및 사유재산 제도를 부인"했다고 지적했다.[207] 경찰과 검찰 모두 국체를 '제국주의'라고 파악하고 그 대극으로서 '민주국체'를 상정했다.

신일용 사건에서 국체, 즉 '제국주의'는 식민지 영유보다는 군주제를 가리키는 개념이었다. 1925년 4월 『조선일보』는 사설 「다시 치안유지법 실시에 대하야」에서 "조선의 정치 상태와 경제 상태가 전혀 일본의 제국주의와 자본주의의 이중 지배하에 있는 것"이라고 파악했다.[208] 경제 상태가 자본주의라면 정치 상태는 제국주의였다. 『조선일보』 사설이 말한

---

[207] 「新聞紙法違反事件ニ關スル件報告」(1925.9.9), 「意見書[辛日鎔 外二名]」(1925.9.17), 「公判請求書[辛日鎔 外二名]」(1925.10.5)(국사편찬위원회, www.history.go.kr).

[208] 「〈사설〉 다시 治安維持法 實施에 對하야」, 『朝鮮日報』, 1925.4.30; 오기노 후지오 저, 윤소영 역, 2022, 앞의 책, 45~46쪽.

'제국주의'도 천황제, 즉 군주제를 가리키는 것으로 판단된다.

1925년 11월 이른바 '신의주사건'으로 공산주의자 약 30명이 체포되었다. 제1차 조선공산당 사건이었다. 1926년 6·10만세운동을 앞두고 터진 제2차 조선공산당 사건으로 100여 명이 다시 체포되었다. 제1차 조선공산당 사건은 신의주지방법원이 예심을 담당했지만, 경성지방법원으로 이관되어 제2차 조선공산당 사건과 병합되었다. 경성지방법원에서는 판사 고이가 예심을 담당했는데 1927년 3월에 예심종결 결정이 내려졌다.[209]

1925년 12월 신의주경찰서가 작성한 제1차 공산당 사건 피의자 신문조서를 보면 박헌영은 "일본 제국의 국체는 자본주의적 국가"라고 말했다.[210] 만약 이것이 경찰 측이 강요한 대답이라면 역으로 경찰의 국체 이해를 엿볼 수 있다. 신의주지방법원 검사국 신문에서도 조이환은 "우리 국체는 자본주의이고 따라서 우리는 부인하는 것"이라고 답했다.[211] 피의자, 경찰, 검찰 모두 조선공산당이 식민지 독립을 주장하므로 국체 변혁에 해당한다는 발상은 없었다.

제2차 조선공산당 사건에서도 1926년 8월 경찰의 의견서에서 "우리나라 현 제도, 즉 제국주의, 자본주의"라는 표현이 보인다.[212] 이에 앞서

---

209 荻野富士夫, 2022b, 앞의 책, 184쪽.

210 「박헌영 외 십인 조서」, 김준엽·김창순 공편, 1979, 『한국 공산주의 운동사: 자료편 1』, 고려대학교 아세아문제연구소, 682쪽; 오기노 후지오 저, 윤소영 역, 2022, 앞의 책, 64쪽.

211 「박헌영 외 십인 조서」, 김준엽·김창순 공편, 1979, 앞의 책, 760쪽; 荻野富士夫, 2022b, 앞의 책, 138쪽.

212 「道警部補 吉野藤藏 意見書[權榮奎]」(1926.8.30)(국사편찬위원회, www.history.go.kr); 오기노 후지오 저, 윤소영 역, 2022, 앞의 책, 77~78쪽.

7월 경성지방법원 검사 사토미는 권오설 등에 대하여 "우리 제국의 국체를 변혁하고 사유재산 제도를 부인"했다고 예심을 청구했다. 사토미가 피의자 권오설을 취조한 내용을 보면 역시 국체를 자본주의라고 이해하고 있던 것이 확인된다.[213] 제2차 조선공산당 사건을 수사한 경찰과 검찰 모두 국체 인식에서 제1차 조선공산당 사건과 차이가 없었다.

　제1차·제2차 조선공산당을 병합 심리한 경성지방법원 예심정에서는 국체 인식의 변화가 엿보인다. 예심판사 고이는 줄곧 국체 변혁은 식민지 조선의 독립이라는 시각에서 심문을 했다. 1927년 2월 고이는 김재봉에 대한 심문에서 "피고들의 소위 국체의 변혁이란 조선의 독립을 의미하는가"라고 물었다. 김재봉은 그렇지 않다면서 공산 제도에서 통치권은 천황에게 있지 않고 국민이 선거한 중앙집행위원회에 있다고 대답했다. 국체를 천황제와 민주제의 문제로 본 것이다. 다만 고이는 김재봉으로부터 "우리 조선공산당은 우리 조선인의 손으로 조선 공산 제도를 실현하고자 기하기 때문에 만일 이것이 실현되기에 이르면 앞서 말한 이유로 결국 조선은 일본 제국의 기반(羈絆)을 벗어나게 됩니다"라는 말을 끌어내는 데 성공했다.[214]

　이어지는 3월의 심문에서도 자신은 공산주의자일 뿐 조선의 통치권은 모른다는 이들에게, "조선이 우리 제국의 식민지인 한 우리 제국이 조선에 공산 제도를 실현하는 것은 절대로 허용하지 않을 것은 자명한 논리, 따라서 이를 달성하려면 자연히 우리 제국의 지배를 벗어날 필요가

---

[213] 「訊問調書(權五卨外十一名治安維持法違反)」, 12쪽(국회도서관, www.nanet.go.kr); 오기노 후지오 저, 윤소영 역, 2022, 앞의 책, 78~79쪽.

[214] 「김재봉 외 십구인 조서(삼)」, 『한국 공산주의 운동사: 자료편 1』, 616쪽; 오기노 후지오 저, 윤소영 역, 2022, 위의 책, 79~81쪽.

있는 것은 당연하므로 거기에 생각이 미치지 않았을 리가 없다"고 추궁했다.[215]

3월 31일의 예심결정서는 피고들이 "조선을 우리 제국의 기반에서 이탈시키고 또한 조선에서 사유재산 제도를 부인하여 공산 제도를 실현할 목적으로써 조선공산당이라고 칭하는 비밀결사를 조직"했다고 적었다.[216] 사회주의자에게 「치안유지법」의 국체 변혁 조항을 적용하기 위한 하나의 정형이 등장한 것이다. 「정치에 관한 범죄 처벌의 건」 적용에서 발단되어 「치안유지법」을 민족주의 독립운동에 적용할 때 쓰였던 표현이 사회주의자에게 적용되기에 이른 것이다. 반공과 식민주의의 결합이라는 한국 근현대사를 옥죈 사상통제 논리가 탄생한 순간이었다.

예심 조서 내용은 판사 고이가 자신의 논리를 강압적으로 집어넣은 결과였다. 1927년 10월 경성지방법원에서 열린 공판에서 권오설은, 예심 판사가 조선만 공산 제도가 실시된다면 어떻게 되겠는가라고 묻길래 일본의 정치에서 떨어지게 될 것이라고 말하니, 그것이 바로 국체 변혁이라고 해서 입씨름을 벌였다고 진술했다. 홍덕유 역시 예심에서 같은 문답이 있었고 그렇게 되면 우리 제국의 국체를 변혁하게 되는 것 아니냐는 예심 판사의 힐문에 대해 그렇지 않다고 말했다고 진술했다.[217] 심지어 김재봉

---

215 「辛命俊 被告人訊問調書(第二回)」(1927.3.17)(국사편찬위원회, www.history.go.kr); 오기노 후지오 저, 윤소영 역, 2022, 앞의 책, 81쪽.

216 「朝鮮共産黨事件 豫審決定書內容(一)」, 『朝鮮日報』, 1927.4.3; 오기노 후지오 저, 윤소영 역, 2022, 위의 책, 83~84쪽.

217 「高允相外九十一名 公判調書(第一七回)」(1927.10.22), 「高允相外九十一名 公判調書(第九回)」(1927.10.4)(국사편찬위원회, www.history.go.kr); 오기노 후지오 저, 윤소영 역, 2022, 위의 책, 82~83쪽.

은 예심에서 고문을 받은 탓에 엉터리로 말했다고 진술했다.²¹⁸

1928년 2월 경성지방법원은 조선공산당 사건에 대해 "조선에서 사유재산제도를 부인하여 공산 제도를 실현하고 또한 조선을 우리 제국의 기반으로부터 이탈시킬 목적"을 인정하여, 국체 변혁과 사유재산 제도 부인을 담은 「치안유지법」 제1조를 적용했다. 일본 본국에서는 일본공산당이 강령에 내건 '천황제 폐절'이 국체 변혁에 해당한다는 해석에 의하여 「치안유지법」이 적용되었다.²¹⁹ 이에 반해 조선공산당 사건에서는 예심에서 등장한 조선 독립을 꾀하므로 국체 변혁에 해당한다는 논리가 공판에서 받아들여짐으로써 사회주의 운동에 「치안유지법」의 국체 변혁 조항을 적용할 수 있었다. 다만 예심에서 보인 '사유재산 제도 부인 → 일본에서 분리(조선 독립) → 국체 변혁'이라는 논리는 판결문에서는 명확하게 표현되지는 않았다.

1928년 12월 경성지방법원의 간도공산당, 즉 조선공산당 만주총국 사건 판결은 조선 독립을 꾀하므로 국체 변혁이라는 논리가 한층 완성되는 모습을 보여줬다. 판결은 "우리 일본 제국은 사유재산 제도를 구가하는 나라이므로 조선에서 이 제도를 부인하고 공산 제도를 실시하려는 것은 도저히 허용될 수 없는 것임에 따라, 이 실현을 기하려면 조선을 우리 제국의 기반에서 이탈시킴으로써 조선 독립을 꾀하는 것만 한 것이 없다고 사유한 자"라고 규정했다. 앞서 같은 해 2월 제1차·제2차 조선공산당 사건 판결에서 사유재산 제도 부인과 조선 독립 = 국체 변혁을 '또한(且)'

---

218 「高允相外九十三名 公判調書(第二回)」(1927.9.15)(국사편찬위원회, www.history.go.kr); 荻野富士夫, 2022b, 앞의 책, 196쪽.
219 水野直樹 저, 이영록 역, 2002, 앞의 글, 51쪽.

으로 잇고 있던 것과 다르다.[220] 사유재산 제도 부인과 조선 독립, 즉 사회주의 과제와 민족주의 과제가 병렬 관계에서 인과 관계로 바뀐 셈이다.

다른 하나는 사유재산 제도 부인과 국체 변혁 조항의 구분이 명확해진 것이다. 1928년 6월 「치안유지법」 개정으로 제1조 안에 제1항 국체 변혁과 제2항 사유재산 제도 부인이 구분되어 전자의 최고형은 사형으로 끌어올려졌다. 개정안 심의과정에서 사법대신은 "국민 전체로 하여금 공산당 운동이라는 것은 얼마나 우리 국가에게 중대하고 그 책임이 또한 무거운 것인가를 알게 한다는 점에서 극형까지 과할 수 있다는 것을 분명히 할 필요가 있다"라고 밝혔다.[221]

제1차·제2차 조선공산당에도 「치안유지법」이 적용되었지만, 국체 변혁이 문제가 되었는지 아니면 사유재산 제도 부인이 문제가 되었는지는 애매한 부분이 있었다. 1928년 6월 개정으로 두 조항이 분리됨으로써 이 부분이 명확해졌다. 「치안유지법」 개정 이후 일어난 간도공산당, 즉 조선공산당 만주총국 사건에 대한 판결에서는 조선공산당 활동이 국체 변혁과 사유재산 제도 부인 양쪽 모두에 해당한다고 보고 벌이 더 무거운 국체 변혁 조항으로 처벌했다.[222]

---

220 오기노 후지오 저, 윤소영 역, 2022, 앞의 책, 86쪽.
221 荻野富士夫, 1996, 「解説 治安維持法成立·「改正」史」, 『治安維持法関係資料集 第4巻』, 594쪽.
222 水野直樹, 2004, 앞의 글, 430쪽.

3) 식민지 독립과 국체 변혁

(1) 독립운동의 법률상 성질

1928년 이후 민족주의 독립운동 사건은 물론 사회주의 운동에 대해서도 '제국의 기반 이탈'은 「치안유지법」에서 정한 국체 변혁에 해당한다는 해석이 일반화되었다. 1930년 8월 제3차 조선공산당 사건 판결은 피고인들이 사유재산 제도를 철폐하고 공산사회 실현을 위한 혁명을 기도했다고 판단하면서, 먼저 그 혁명을 받아들일 수 없는 일본의 지배를 배제하고 조선의 독립을 꾀함으로써 사유재산 제도를 부인하고 프롤레타리아 독재사회를 실현하고자 했다고, 「치안유지법」의 국체 변혁 조항을 적용했다. 같은 해 11월 김복진 등 조선공산당 사건에 대한 판결에서도 같은 논리로 국체 변혁 조항이 적용되었다. 다만 판결문에서는 식민지 독립이 왜 국체 변혁에 해당하는지를 여전히 명확히 하지 않았다.[223]

조선 독립운동의 법률상의 성질을 확정하는 중요한 계기가 된 것은 1930년 7월 '신간회 철산지회' 사건에 대한 고등법원 판결이었다. 그해 4월 평양 복심법원의 제2심 판결은 이 사건을 "봉토를 참절하고 국가적 분립을 목적으로 하는 소위 국체 변혁 정도에 달하지 않는 정치 변혁으로 인정"하여 「치안유지법」이 아닌 「정치에 관한 범죄 처벌의 건」을 적용했다. 독립운동을 처단하는 키워드인 '봉토 참절'이 등장했지만, 신간회 철산지회 활동은 거기까지 이르지 않았다는 판단이었다.[224]

---

[223] 朝鮮總督府法務局, 1931, 『朝鮮獨立思想運動の變遷』; 오기노 후지오 저, 윤소영 역, 2022, 앞의 책, 156~157쪽.

[224] 오기노 후지오 저, 윤소영 역, 2022, 위의 책, 124쪽.

이에 대해 검찰은 상고 취의서에서 피고인들이 "조선인의 정치적 분리를 암시"했다면서 "우리 제국의 통치권을 배척하여 조선의 독립을 공동 달성할 목적으로 모의하고 결사를 조직한 행위"라고 주장했다. 7월 고등법원은 "조선의 독립을 달성하려는 것은 우리 제국 영토의 일부를 참절하여 그 통치권의 내용을 실질적으로 축소하고 이를 침해"하는 것이므로 "치안유지법의 소위 국체 변혁을 기도하는 것으로 이해하는 것이 타당"하다고 판결했다.[225] 후술할 1934년에 검사 사사키가 쓴 글에서는 이 판결로 "조선 독립운동의 법률상의 성질은 확정되었다"라고 평가했다.[226]

「치안유지법」 연구자 미즈노는 독립운동이 국체 변혁이라는 논리가 판례로서 확립되기 위해서는 또 하나의 판결을 기다려야 했다며 1931년 6월 고등법원의 '조선학생전위동맹' 사건 판결에 주목했다.[227] 제2심에서는 이 동맹을 "조선을 일본 제국의 기반에서 이탈시키고 또한 조선에서 사유재산 제도를 부인하고 공산 제도를 실시할 목적"을 가졌다고 규정했다. 이에 불복한 변호사 최백순(崔白洵)은 상고 취의서에서 동 결사의 "주된 목적이 사유재산 제도를 부인하는 데 있는 것"은 분명하지만, "조선을 일본의 정치에서 이탈시키는 것을 부수의 목적으로 한다고 하더라도 이로써 국체를 변혁할 목적이 있다고 단정할 수 없다"라고 주장했다.

이에 대해 고등법원은 "만일 조선의 독립을 달성하고자 하면 우리 제국영토의 일부를 참절하여 그 통치권의 내용을 실질적으로 축소하여 이를 침해하려는 것과 다름이 없으므로 치안유지법의 소위 국체의 변혁을

---

225 『朝鮮高等法院判決錄 第17卷 昭和5年』, 司法協會, 317~328쪽; 水野直樹 저, 이영록 역, 2002, 앞의 글, 56~57쪽.

226 오기노 후지오 저, 윤소영 역, 2022, 앞의 책, 126쪽.

227 水野直樹 저, 이영록 역, 2002, 앞의 글, 57쪽.

기도하는 것"이라고 상고를 기각했다. 신간회 철산지회 사건의 판결을 답습한 셈인데, 여기서 중요한 것은 "소위 국체는 단지 통치권의 소재에 관한 것일 뿐 아니라 통치권 자체의 내용도 포괄하는 개념이라고 이해하는 것이 타당"하다고 덧붙인 점이다.[228] 즉 천황주권, 국민주권 등 통치권의 소재뿐 아니라 영토의 넓고 좁음이라는 통치권의 내용을 따짐으로써 식민지 영유를 국체에 포함한 것이다.

1931년 8월 『조선일보』는 "조선 독립 목적은 국체 변혁과 동일"하다는 논리로 「치안유지법」 적용 범위를 확대하는 고등법원의 새로운 판례가 나왔다고 보도했다.[229] 신간회 철산지회 사건과 조선학생전위동맹 사건에 대한 판결을 통해 조선 독립 → 제국 영토의 참절 → 통치권 내용의 축소 → 국체 변혁이라는 도식이 판례로서 확립되었다. 두 가지 판결은 그 후 「치안유지법」 위반 사건 판결에서 누차 인용되었다. 1937년 『조선 고등법원 판례 요지류집』에도 '조선 독립의 목적과 본조(「치안유지법」 제1조 - 인용자)의 소위 국체 변혁의 목적'에 관한 판례로서 조선학생전위동맹 사건의 판결 일부가 수록되었다.[230]

식민지 조선에서 「치안유지법」 운용이 정점을 맞이한 1930년대 초반에는, 사회주의 운동에 대해 사유재산 제도 부인과 더불어 국체 변혁을 묻는 형태가 '범죄사실'의 정형으로 사용되었다. 1933년 11월 대구지방법원의 판결은, "피고인들은 모두 민족의식 치열하고 또한 사유재산 제도

---

228 『朝鮮高等法院判決錄 第18卷 昭和6年』, 司法協會, 320~324쪽; 水野直樹 저, 이영록 역, 2002, 앞의 글, 58쪽.

229 「『조선○○의 목적은 국체변혁과 동일』치유법 범위 확대, 고등법원 신판례」, 『朝鮮日報』, 1931.8.4; 오기노 후지오 저, 윤소영 역, 2022, 앞의 책, 161쪽.

230 司法協會, 1937, 『(朝鮮)高等法院判例要旨類集』, 1120쪽.

부인의 사상을 포회"하고 있다고 여기고, "조선을 일본 제국의 기반에서 이탈시킴과 더불어 조선 내에서 사유재산 제도 부인의 공산주의 사회를 실현할 것을 목적으로 하는 공작위원회라는 비밀결사에 그 목적을 알면서 가입"했다고, 「치안유지법」 제1조 제1항과 제2항을 적용했다. 제1항은 "조선을 일본 제국의 기반에서 이탈"시키는 조선 독립은 국체 변혁이라는 논리였고, 제2항은 "사유재산 제도 부인의 공산주의 사회 실현"에 대해 적용되었다.[231]

1933년 조선총독부 법무국이 낸 『조선 독립사상운동의 변천』이라는 책자는 조선공산당이 "일본 제국의 통치를 변혁하고 그 사유재산 제도를 부인"하는데, '일본 제국의 통치를 변혁'하려는 부분이 국체 변혁에 상당한다고 설명했다. 또한 "세계 프롤레타리아 국가 건설을 위해 자본주의 국가인 일본의 제국주의를 타파하고 식민지 조선의 독립을 꾀해야 한다"면서, "민족 문제의 해결은 프롤레타리아 독재의 일부가 된다"라고 서술했다. 민족 문제 해결, 즉 조선 독립이 사회주의 혁명의 전제라고 파악한 것이다.[232]

1934년 검사 사사키는 독립운동을 국체 변혁으로 보는 판례를 바탕으로 하여 「식민지 독립운동의 법률상의 성질」을 집필했다.[233] 이 글은 조선의 공산주의 결사는 조선의 공산화와 독립을 목적으로 하는데, 조선의 독립을 기도한다는 점에서는 보통의 독립운동과 아무런 차이가 없다고 판단했다. 식민지 독립은 통치권의 내용을 영토적으로 축소한다는 의미

---

231 오기노 후지오 저, 윤소영 역, 2022, 앞의 책, 73쪽.

232 朝鮮總督府法務局, 1931, 『朝鮮獨立思想運動의 變遷』; 오기노 후지오 저, 윤소영 역, 2022, 위의 책, 155~157쪽.

233 佐々木日出男, 1934, 「植民地独立運動の法律上の性質」, 『思想彙報』 1, 103~108쪽.

에서 국체 변혁인 것은 명백하다고 밝혔다.

이 글은 당시 사회주의 운동에 대한 「치안유지법」 공판에서 상투구처럼 사용되던 "조선을 일본 제국의 기반에서 이탈시킴과 더불어 조선 내에서 사유재산 제도 부인의 공산주의 사회를 실현할 것을 목적"으로 한다는 표현에 정당성을 부여했다. 또한 「치안유지법」은 보통의 독립운동을 적용 대상으로 한 것이 아니라는 반론을 소개한 뒤 법률 해석은 입법자의 의도를 넘어 국가 또는 사회에 맞춰 가야 한다면서 「치안유지법」의 확장 해석을 합리화했다.[234]

조선 독립이 국체 변혁이라는 해석은 천황제를 공격하지 않아도 국체 변혁에 해당한다는 것을 뜻한다. 식민지 영유를 국체의 내용으로 포함함으로써 일본의 국체를 새롭게 정의한 셈이다. 최인훈의 소설에 등장하는 제국의 종교는 식민지라는 표현을 떠올리게 된다.[235] 이러한 논리 구조 속에서 식민 지배에 대한 공격은 국체라는 회로를 통해 천황제에 대한 공격으로 받아들여졌다. 일본의 급진적 민주주의와 사회주의 운동에서 조선인, 재일조선인이 왜 그토록 독특한 지위를 지녔는가를 설명해 주는 듯하다. 식민지 독립이 국체 변혁이라는 논리는 조선인 사회운동과 이를 위험시하는 일제 관헌의 상호 관계 속에서 만들어졌다.

(2) 일본과 조선의 엇갈린 국체 해석

식민지 조선과 달리 일본 본국의 검찰과 법원은 조선인 사회주의자들

---

234 오기노 후지오 저, 윤소영 역, 2022, 앞의 책, 16~17쪽.
235 최인훈, 「총독의 소리」, 『신동아』, 1967.8, 480쪽; 장문석, 2017, 「주변부의 세계사: 최인훈의 『태풍』과 원리로서의 아시아」, 『민족문학사연구』 65, 15쪽.

에게 '국체 변혁' 조항을 적용하는 데 신중했다. 일본의 국체는 무엇보다 천황제였다. 조선총독부에서는 위에서 살핀 대로 조선의 독립 → 제국영토의 참절(僭竊) → 통치권 내용의 축소 → 국체 변혁이라는 논리를 폈지만, 이는 조선이 분리되면 일본의 '국체', 즉 천황제에 중대한 문제가 발생하느냐는 질문으로 이어질 수밖에 없었다. 따라서 일본 본국 정부는 신중해질 수밖에 없었다.

경성지방법원은 1929년 검거된 고려공산청년회 사건 판결에서 「치안유지법」 제1조 제1항 국체 변혁과 제2항 사유재산 제도 부인을 모두 적용했다. 교토(京都) 도시샤(同志社)대학에서 유학 중 고려공산청년회에 가담한 바 있는 박제환(朴濟煥)은 1929년 검사의 심문에 고려공산청년회의 목적이 "조선을 일본 제국의 기반(羈絆)에서 이탈시켜 조선에서 사유재산제도를 부인하고 공산 제도를 실시하고자 하는 데 있다"라고 밝혔다.[236] '고려공산청년회는 왜 조선의 독립을 그 목적의 일부로 삼고 있다고 생각하는가'라는 검사의 질문에 대해서는 "조선은 타국과 상황이 달라 일본제국의 일 식민지인데, 일본 제국은 사유재산 제도 조직의 국가이기 때문에 우리 조선에서 사유재산 제도를 부인하고 공산 제도를 실시하는 것은 도저히 허용되지 않으므로, 굳이 이를 실현하려면 자연히 그 전제로서 조선을 일본 제국의 기반에서 이탈시키는 것이 필요하기 때문에, 이것을 그 목적의 일단으로 삼고 있다"라고 답했다. 신문조서에 드러난 검사의 논리는 1928년 12월 간도공산당에 「치안유지법」 국체 변혁 조항을 적용할 때의 그것과 같다.

---

[236] 박제환과 고려공산청년회에 대해서는 홍종욱, 2016, 「교토 유학생 박제환의 삶과 실천: 문학청년, 사회주의자, 식민지 관료」, 『한국학연구』 40, 399~432쪽 참조.

다만 같은 사건에 대한 일본 교토지방재판소의 법 적용은 달랐다. 후일 조선총독부 고등법원 검사국 사상부는 고려공산청년회 사건에 대한 1931년 5월의 교토지방재판소의 판결을 소개하면서 "법의 적용에 있어서 경성은 제1조 제1항 및 제2항을 적용하지만, 교토에서는 제1조 제2항만을 적용함. 교토의 판결에 '무산계급의 독재를 거쳐 공산제 사회의 실현을 그 목적으로' 한다고 되어 있어, 이는 이른바 국체의 변혁은 되지 않는다고 생각됨. 연구 문제로 삼아야 할 것"이라고 지적했다.[237] 즉 같은 사건에 대해 경성의 법원은 국체 변혁으로 판단한 데 반해 교토의 재판소는 그렇게 보지 않은 셈이다.

변호인들도 조선공산당은 국체 변혁과 무관하다는 논리를 폈다. 1931년 10월 조선공산당 일본총국 사건 피고인 박문병에 대한 재판에서 변호인 후세 다쓰지는 조선공산당 일본총국이 "일본공산당 지부가 아니며 조선 독립을 꾀하는 것은 우리 국체를 변혁하는 것인지 아닌지가 극히 애매"하다고 주장했다.[238] 천황제 폐지를 내건 일본공산당과 달리 조선공산당은 국체 변혁에 저촉되지 않는다는 논리였다. 같은 사건 공판에서 피고인 장성조의 변호인 쓰노다 슈헤이(角田守平)는 "조선 독립은 국체 변혁, 군주제 폐지와 별개의 것으로 그 점은 동법 제1조에 해당하지 않고 사유재산 제도 부인도 사실의 날조"라고 변론했다.[239]

1932년 12월 대한민국 임시정부와 한국독립당 간부인 조용하가 일본에서 검거되었다. 일본 경찰은 검찰에 송치하면서 「치안유지법」의 국

---

237 「高麗共産靑年會日本總局關西部事件判決」, 『思想月報』 3, 1931, 34쪽; 水野直樹, 2004, 앞의 글, 437~438쪽.
238 荻野富士夫, 2021, 앞의 책, 168쪽.
239 荻野富士夫, 2021, 위의 책, 236쪽.

체 변혁 조항 위반에 해당한다는 의견서를 보냈다. 다만 고베지방재판소 검찰국은「치안유지법」을 묻는 것은 곤란하고「정치에 관한 범죄 처벌의 건」이 적당하다고 판단하여 조선으로 신병을 인도했다. 그러나 경기도 경찰부는 1933년 1월「치안유지법」위반으로 송국했다. 경성지방법원 검사국은 "조선을 제국의 기반으로부터 이탈시킬 것을 목적"으로 했으므로 국체 변혁에 해당한다고 공판을 청구했고, 법원은 구형대로 판결했다. 일본에서도 특고경찰은 독립운동에「치안유지법」을 적용했지만, 일본 검찰은「정치에 관한 범죄 처벌의 건」적용이 적당하다고 판단했다. 같은 사건에 대해 조선의 검찰과 법원은「치안유지법」의 국체 변혁 조항을 적용한 것이다.[240]

1937년 6월 일본 사법성에서 열린 제10회 사상 실무가 회동에서 식민지 독립운동에「치안유지법」국체 변혁 조항을 적용할 것인지를 확실하게 해 달라는 요청이 있었다. 독립운동이 국체 변혁 조항에 해당한다는 의견이 강했지만, 신중론도 만만치 않았다. 국체 변혁 조항의 적극적 해석과 적용을 위해서는 증거가 충분한 적당한 사례가 필요하다는 판단이었다.[241] 머지않아 바로 이러한 '적당한 사례'에 해당하는 사건이 발생했다. 1938년 8월 중국 상하이에서 일본 규슈(九州)로 건너왔다가 검거된 민족혁명당 관계자에 대해 9월 나가사키지방재판소는「치안유지법」위반 판결을 내렸다. 당시 일본 경찰이 발행한 『특고월보』는 "내지 재판소에서 민족 독립운동 단체를 치안유지법 제1조 결사로 인정하여 처단한

240　水野直樹 저, 이영록 역, 2002, 앞의 글, 62쪽.
241　『思想実務家会同議事速記録 昭和12年6月』(社会問題資料叢書 第1輯, 東洋文化社, 1976), 178쪽; 水野直樹, 2004, 앞의 글, 442쪽.

것은 이를 효시로 한다"라고 평가했다.²⁴²

1930년대 후반부터는 일본 본국에서도 하급심에서 조선 독립운동에 「치안유지법」을 적용하여 유죄 판결을 내리는 사례가 나왔다. 다만 대심원 판결은 1943년을 기다려야 했다.²⁴³ 1943년 9월 대심원은 사할린 탄광의 조선인 노동자가 동료에게 민족의식 고양을 꾀한 사건에 대해 국체 변혁 조항을 적용하면서, "치안유지법 제1조 소위 국체 변혁에는 방토의 일부를 천황 통치권에서 이탈시켜 독립 국가를 건설하는 것을 획책하는 경우를 포함"한다고 판결 이유를 밝혔다. 판결 이유의 표현은 「치안유지법」 제정 시에 사법성이 작성, 공표한 「치안유지법 이유서」의 문언을 답습한 것이었다.²⁴⁴

1930년을 전후하여 식민지 조선에서는 민족주의와 사회주의 독립운동에 「치안유지법」을 적용하는 논리가 판례로서 확립되었다. 다만 일본 본국에서는 식민지 조선과 달리 독립운동이 일본의 국체 변혁에 해당한다는 해석은 1930년대 후반에야 검토가 시작되어 1943년에 이르러서야 판례로서 확립되었다. 국체에 대한 새로운 해석, 「치안유지법」의 확대 적용 역시 식민지 조선이 일본 본국보다 앞서갔다고 할 수 있다. 독립운동에 「치안유지법」을 적용하는 것에 신중했던 이유는 식민지 영유를 국체에 포함하는 것에 대한 거부감 탓이었다. 예컨대 1943년 4월 조선 총독 고이소 구니아키(小磯國昭)는 "본시 황국 일본의 존엄한 국체는 조선이

242　內務省警保局保安課, 『特高月報』, 1938년 10월호, 131쪽; 水野直樹, 2004, 앞의 글, 444쪽.

243　水野直樹 저, 이영록 역, 2002, 앞의 글, 60쪽.

244　法曹會, 1953, 『大審院刑事判例集』 22, 246~247쪽(水野直樹, 2004, 앞의 글, 450쪽에서 재인용).

병합되지 않았던 과거와 병합 후의 현재 그리고 더욱 발전하게 될 장래를 통하여 조금의 변혁도 없습니다"라고 밝히기도 했다.[245]

---

245 水野直樹 編, 2001,『朝鮮總督諭告·訓示集成 6』, 綠蔭書房, 222쪽; 水野直樹 저, 이영록 역, 2002, 앞의 글, 59쪽.

제2장
일제의 전향 정책과 조선인의 전향

1. 전향 정책의 도입과 운용

1) 엄벌주의에서 전향 정책으로

1930년대 식민지 조선은 일제의 정치적·경제적 압박에 대한 민중들의 전국적 저항 속에서 시작되었다. 세계 대공황의 영향으로 어려움에 빠져있던 일제는 위기를 극복하기 위해 식민지 조선에 대한 착취를 강화했다. 이러한 상황에서 사회주의자들은 노동자·농민들과 연대하여 크고 작은 저항운동을 조직하면서 이념적·조직적으로 절정기를 맞게 되었다. 1930년대 초반의 공산당 재건 운동 그리고 격증한 노동쟁의·소작쟁의가 바로 이것의 표현이었다.

그러나 1930년대 초반을 지나면서 사회주의자들의 투쟁은 수그러들기 시작했다. 사회주의 운동의 쇠퇴를 낳은 직접적인 원인으로는 1920년대 말부터 계속된 사회주의자들에 대한 일제의 대량 검거를 들 수 있다. 1930년대 중반까지의 「치안유지법」 위반 사건에 대한 통계를 정리한 〈표 2-1〉을 보면 1932년까지 「치안유지법」 위반으로 검사국에 수리된 인원은 모두 1만 2,271명이고, 기소된 인원만도 3,561명에 달하는 사실을 확인할 수 있다. 1930년대 초반 사회주의 운동의 급격한 진출과 이에 대한 일제의 엄중한 탄압으로 인해 주요한 사회주의자들은 대부분 검거되었던 것으로 볼 수 있다.[1]

---

[1] 「치안유지법」이 생긴 이래 1933년까지 동법 위반으로 기소된 자 4,100명 중 민족주의자는 381명으로 전체의 9.3%였고 나머지는 대부분은 사회주의자였다. 「치안유지법」 위반으로 기소된 민족주의자 통계는 拓務省管理局, 「朝鮮ニ於ケル思想犯罪調査

〈표 2-1〉「치안유지법」 위반 사건 연도별 처분

(단위: 건, 명)

연도	수리		기소		불기소		기타		처분계	
	건수	인원	건수	인원	건수	인원	건수	인원	건수	인원
1926	45	356	27	157	16	196	2	3	43	336
1927	48	279	32	135	10	136	4	6	46	277
1928	168	1,415	98	494	52	702	14	147	164	1,343
1929	206	1,271	106	443	71	763	32	132	209	1,338
1930	252	2,661	140	690	89	1,814	19	91	248	2,595
1931	180	1,708	99	631	67	1,003	13	50	181	1,706
1932	254	4,581	139	1,011	70	2,899	27	501	256	4,411
1933	205	2,007	115	539	77	1,455	13	39	205	2,033
1934	145	2,063	84	518	30	1,332	10	29	144	1,879
1935	135	1,478	76	473	45	1,097	12	64	133	1,634

출처:「自大正十五年至昭和十年間に於ける治安維持法違反事件年度別處分調」,『思想彙報』 8, 1936.9, 58쪽.

    한편 사회주의 운동이 일정한 침체에 빠지게 된 데에는 1931년 일제가 일으킨 만주사변이 만주국의 성립이라는 일제에게 유리한 방향으로 귀착된 영향 또한 있었다. 1933년 10월 고등법원 검사장은 "만주사변이 발발하여 우리 제국의 국위를 중외에 발양하고 동양 평화를 확립했기 때문에 사상상 상당히 중대한 충동을 주어 일대 변화를 가져왔고, 한편에서 여러분이 검거 단속에 부단한 노력을 기울였기 때문에 점차 진정하여 작년 후반기부터 올해에 걸쳐 사상범의 현저하게 감소"했다고 평가했다.[2] 세계 대공황기 민족해방운동을 다룬 연구에서도 1930년대 초반 정점에

資料」(1935.3)(荻野富士夫 編, 1996,『治安維持法關係資料集 第2卷』, 283쪽) 참조.

[2] 「檢事局監督官ニ對スル境高等法院檢事長訓示(1933.10)」(齊藤榮治 編, 1942,『高等法院檢事長訓示通牒類纂』), 57쪽.

달했던 민족해방운동의 '퇴조가 시작되는 시점'을 만주사변이 일어나고 만주국이 건립된 1932년 3월로 잡았다.³

1920년대 사회주의 운동에 대한 일제의 대응 방식은 검거와 처벌을 최우선으로 하는 이른바 '엄벌주의(嚴罰主義)'였다. 1929년 고등법원 검사장 나카무라 다케조(中村竹藏)는 "세상에서 왕왕 사상은 사상의 선도와 사회제도의 개선이 아니면 근본적 교정을 할 수 없다는 논의도 있다. 나는 이상론으로서는 그것에 찬동하는 데 주저하지 않지만, 현실론으로서는 동의하지 않는다. (중략) 불온사상의 교정에는 다른 방책은 필요 없고 주된 방책으로서 엄벌의 한길만이 있을 뿐이다"라고 밝혔다.⁴ 「치안유지법」 제6조는 자수한 자의 형을 감면하거나 면제하는 내용을 담고 있었지만, 엄벌주의 분위기 속에 유명무실한 상황이었다.

고등법원 검사국이 정리한 『치안유지법 위반 조사』에 따르면 1925년 5월부터 1928년 2월까지 「치안유지법」 유죄 판결을 받은 이의 평균 형기는 징역 2년이었다.⁵ 같은 조사에서 1928년 3월에서 1930년 12월 사이에는 평균 형기가 2년 7개월로 늘었다.⁶ 사형까지 형기를 올린 개정 「치안유지법」 운용의 결과였다. 법무부 행형과가 1935년 2월 말에 조사한 「치안유지법」 수형자 형기를 보면 평균 3년 이상이었다.⁷ 1938년 6월

---

3   이준식, 1994, 「세계 대공황기 민족해방운동 연구의 의의와 과제」, 『역사와 현실』 11, 14~17쪽.

4   「警察部長ニ對スル中村高等法院檢事長訓示(1929.5)」(齊藤榮治 編, 1942, 『高等法院檢事長訓示通牒類纂』), 148쪽. '엄벌주의'에 관한 자세한 내용은 장신, 1998, 「1920년대 민족해방운동과 치안유지법」, 『學林』 19, 84~92쪽 참고.

5   高等法院檢事局, 「朝鮮治安維持法違反調査(一)」(朴慶植 編, 1989, 『日本植民地下の朝鮮思想状況(朝鮮問題資料叢書 11)』, アジア問題研究所).

6   「朝鮮治安維持法違反調査(二)」, 『思想月報』 3, 1931.

에서 1940년 6월까지, 그리고 1940년 7월에서 1943년 6월까지 조사 결과가 확인되는데 두 시기 모두 평균 형기는 2년 이하였다. 전체적으로 볼 때 1930년대 전반이 3년 이상이고 그 전후는 2년 정도였다. 1930년대 전반의 엄벌화 경향을 확인할 수 있다.[8]

일본 관헌이 전향 정책을 본격적으로 고려하기 시작한 것은 1930년대에 들어오면서부터였다. 1928년과 1929년에 걸친 일본공산당에 대한 대량 검거 후 그 처리를 고심하던 관헌은 탄압만으로는 사회주의 운동을 진정시키는 데 한계가 있다고 판단하고 전향이라는 새로운 정책을 고민하게 된 것이다.

1931년 3월 사법차관 통첩 제270호에 의해 전향이 처음으로 「치안유지법」 위반 사건 취급 방법의 하나로 정식으로 인정받게 되었다. 즉 검사에게 피고인의 태도 여하에 따라 기소를 유보할 권리가 부여된 것이다.[9] 1932년 12월에 나온 사법대신 훈령 「사상범인에 대한 유보처분 취급 규정」은 "범죄 혐의 있는 것이 명백해도 피의자의 주관 및 객관 사정에 비추어 또한 일정 기간 그자의 행상을 시찰하여 그 결과에 따라 기소 여부를 결정하는 것이 적당하다고 인정되는 경우 피의자에 대해 취하는 처분의 유보를 행한다"고 정했다. '일정 기간'은 6개월이었고 '시찰'은 신원 인수인과 경찰관이 행했다.[10] 종래의 필벌주의를 고쳐 "학생, 생도 기타 약년

---

7 「思想犯受刑者ノ罪名別刑期調」, 『思想彙報』 3, 1935.

8 荻野富士夫 編, 1996, 『治安維持法関係資料集 第2巻』, 468~469쪽; 동 『治安維持法関係資料集 第4巻』(荻野富士夫, 2022b, 『朝鮮の治安維持法の「現場」(治安維持法の歴史Ⅲ)』, 六花出版, 289쪽에서 재인용).

9 長部謹吾, 1937, 『思想犯の保護に就て(司法研究報告書 第二十一輯十)』, 司法省調査課, 53~55쪽; 리차드 H. 미첼 저, 김윤식 역, 1982, 『日帝의 思想統制: 思想轉向과 그 法體系』, 일지사, 138쪽.

자의 목적 행위에 대해서는 기소 완화 방침"을 취한 결과 기소 수가 검거 수의 약 8%에 그쳤다.[11]

1933년 일본공산당 지도자 사노 마나부(佐野學)와 나베야마 사다치카(鍋山貞親)의 성명 이후 '전향' 연쇄 현상이 발생했다. 관헌은 전향 확대를 위해 공소심도 '전향조'와 '비전향조'로 분리하여 재판했다. 도쿄공소원 판결을 보면 전향조에 대해서는 양형이 대폭 줄었지만 비전향조는 제1심과 거의 같았다. 사노는 무기징역에서 징역 15년으로 형기가 줄었다.[12] 1930년대 전반에는 전향자에 대해서는 온정주의에 입각한 집행유예 판결이 많았다. 공산주의 운동 탄압에 성공했다는 일종의 여유가 전향 표명을 적극적으로 인정하는 관대한 방책을 이끌었다.[13]

행형 단계에서도 전향 정책이 실시되었다. 일본 본국에서 전향 촉진책의 하나로서 이용된 것은 1933년 10월 사법성령으로 제정되어 1934년 1월부터 시행된 「행형누진처우령」이었다. 누진은 '구금 및 계호'에서 '접견 및 서신', '급양' 등 광범위에 미쳤다. 전향 의사를 표명하지 않는 사상범의 경우 '엄정 독거'나 혹독한 '접견 및 서신' 제한 등이 뒤따랐다.[14]

일본 사법성 행형국에서는 1933년 6월에 각 형무소장 앞으로 「치안유지법 위반 미결구금자에 관한 조사 방법 건」, 12월에는 「치안유지법 위

---

10 荻野富士夫 編, 1996, 『治安維持法関係資料集 第1卷』, 541~542쪽; 荻野富士夫, 2021, 『治安維持法の「現場」(治安維持法の歴史Ⅰ)』, 六花出版, 96쪽.

11 「治安維持法違反事件の統計比較觀察」, 『思想月報』(司法省刑事局) 15, 1935, 2쪽; 荻野富士夫, 2021, 위의 책, 95쪽.

12 小田中聡樹, 1970, 「3·15事件, 4·16事件」, 『日本政治裁判史録 昭和·前』, 第一法規出版(荻野富士夫, 2021, 위의 책, 192쪽에서 재인용).

13 荻野富士夫, 2021, 위의 책, 194·228쪽.

14 『刑政』, 1933년 11월호(荻野富士夫, 2021, 위의 책, 287쪽에서 재인용).

⟨표 2-2⟩ 전향 기준

(1) 전향자 (전향자란 국체 변혁은 물론 현존 사회제도를 비합법 수단으로써 변혁하려는 혁명사상을 포기한 자를 말한다)	가. 혁명사상을 포기하고 일체 사회운동에서 이탈할 것을 서약한 자
	나. 혁명사상을 포기하고 장래 합법적 사회운동에 진출하려는 자
	다. 혁명사상을 포기했지만 합법적 사회운동에 대한 태도 미정인 자
(2) 준전향자	라. 품고 있는 혁명사상에 동요를 일으켜 장래 이를 포기할 전망이 있는 자
	마. 혁명사상은 포기하지 않지만 장래 일체 사회운동에서 이탈할 것을 서약한 자
(3) 비전향자	바. 비전향자

출처: 「治安維持法違反未決拘禁者ニ關スル調査方ノ件」(1933.6), 「治安維持法違反受刑者ニ關スル調査方ノ件」(1933.12), 『思想事務ニ關スル訓令通牒集』(社会問題資料叢書 第1輯, 東洋文化社, 1976).

반 수형자에 관한 건」이라는 통첩을 보내, ⟨표 2-2⟩와 같이 6단계로 구분한 '개전(改悛)', 즉 뉘우쳐 고친 상태를 반년마다 보고하도록 지시했다.[15]

식민지 조선에서도 사상범에 대한 경찰의 훈계방면, 검찰의 기소유예, 형무소의 가출옥 적용 등의 형태로 사실상 전향 정책이 도입되었다. 1933년 7월 함남 경찰서장 회의에서는 "간부급의 특수한 인물들에게는 엄벌주의를 쓰되 사상이 불철저하거나 전향 가능성이 있는 자에게는 관대"한 방침을 취할 것을 결의했다. 관대한 방침이란 훈계방면이었다.[16] 같은 해 9월 독방 부족과 그에 따른 사상범의 옥내 선전 탓에 곤란을 겪던 형무소는 사상 전향자를 본인의 태도와 출감 후의 사정, 형기 등을 고려

---

15 「治安維持法違反未決拘禁者ニ關スル調査方ノ件」(1933.6), 「治安維持法違反受刑者ニ關スル調査方ノ件」(1933.12), 『思想事務ニ關スル訓令通牒集』(社会問題資料叢書 第1輯, 東洋文化社, 1976); 荻野富士夫, 2021, 앞의 책, 286~287쪽.

16 「우익으로 전향 유행과 함남 경찰 수뇌부 대책」, 『朝鮮日報』, 1933.8.10; 장신, 2020, 「1930·40년대 조선총독부의 사상전향정책 연구」, 성균관대학교 박사학위논문, 28쪽.

해 가출옥시킨다는 방침을 세웠다.[17] 같은 해 10월 고등법원 검사장도 사상 전향 정책의 도입을 인정했다.[18]

식민지 조선에도 대량 검거로 인해 검찰, 예심, 공판 과정이나 옥중에 놓인 사회주의자에게 전향이라는 새로운 정책이 적용됨으로써, 서서히 전향자가 나타났다. 〈표 2-3〉을 보면 1930년대에 들어서도 미미하던 전향자의 숫자가 1932년 정도부터는 상당한 수에 이르게 됨을 확인할 수 있다. 〈표 2-1〉을 보면 1920년대 말부터 급증하기 시작한 「치안유지법」 위반자 수가 1932년의 4,581명을 정점으로 이후 감소하기 시작했다. 사회주의 운동이 침체에 빠져들면서 전향자가 서서히 늘어났음을 알 수 있다.

식민지 조선에서 사회주의자의 전향이 발생하기 시작한 데에 대해 고등경찰은 네 가지 이유를 들어 설명했다. 먼저 만주국의 성립에 따른 일본의 국력에 대한 재인식, 둘째로 1932년 말부터 계획되어 실시되고 있는 농촌진흥운동이 성과를 거둔 점, 셋째로 일본에서 공산당 지도자 사노·나베야마의 전향 성명을 계기로 일어난 대량 전향의 영향 그리고 마지막으로 엄중한 '취체(取締)'와 '선도'의 영향을 꼽았다. 그리고 조선의 사상계에 대해서 일제는, 옥내 전향자가 속출하고 사상적 폭력행위가 현저하게 줄어드는 등 '호전의 서광'이 보인다고 평가했다.[19]

---

17 「이천이백 사상범, 형무당국이 전향을 조사」, 『朝鮮日報』, 1933.9.8; 장신, 2020, 앞의 글, 28쪽.

18 「檢事局監督官ニ對スル境高等法院檢事長訓示(1933.10)」(齊藤榮治 編, 1942, 『高等法院檢事長訓示通牒類纂』), 58~59쪽; 장신, 2020, 위의 글, 29쪽.

19 「朝鮮內に於ける思想轉向の狀況」, 『高等警察報』 3, 1934, 2~7쪽. 1936년이나 1939년 총독부 문서에서도 1930년대 초중반에 사회주의자의 전향이 발생하기 시작한 원인에 대해 비슷한 이유를 들었다(朝鮮總督府警務局, 1936, 『最近朝鮮に於ける治安狀況』,

〈표 2-3〉「치안유지법」위반자 중 전향자(고등법원 검사국 사상부 조사)

(단위: 명)

연도	1925	1926	1927	1928	1929	1930	1931	1932	1933	1934
전향자	–	–	4	15	50	73	122	337	313	473

출처:「治安維持法違反轉向者及轉向者中右翼團體ニ加入シタル者竝ニ再ビ共産運動ニ携ハリタル者」,『思想彙報』4, 1935, 181쪽.

식민지 조선에서도 1933년 하반기부터 경찰, 검찰, 예심, 공판, 행형에 이르기까지 전향 정책이 시행되었는데, 사상 전향이 가장 광범위하게 이루어진 곳은 형무소였다.[20] 서대문형무소는 1934년 5월「사상범자 행상 시찰 규정」을 만들었다. 이에 따라 모든 사상범에 대해 담임 교회사(敎誨師)가〈표 2-4〉와 같은 사상범 카드를 작성했다.[21] 교회사는 사상범의 기본 신상 외에 전향 상태와 동기 그리고 전향할 가망이 있는지를 주기적으로 관찰하여 보고했다.

1935년 6월에는「감상록 취급 규정」을 개정했다. 개정 후 당분간은 사상범과 소장이 특별히 지정한 자로 한정한 데서 알 수 있듯이 사상범 전향에 대비한 조치였다. 감상록 유무는 1938년 4월에 공포된「가석방 심사규정」에서 사상범의 가석방 여부를 결정하는 주요한 기준이 되었다.[22]

수형자에게는 전향 정도에 따라 가석방까지 이르지 않더라도 감옥생활에서 누릴 수 있는 소소한 권리가 차등적으로 부여되었다. 서대문 형무

12쪽;「時局對應全鮮思想報国連盟の活動狀況」,『思想彙報』20, 1939, 213쪽).

20 장신, 2020, 앞의 글, 30쪽.
21 西大門刑務所職員交友會, 1936,『西大門刑務所例規類纂』, 西大門刑務所職員交友會, 191쪽; 장신, 2020, 위의 글, 32쪽.
22 장신, 2020, 위의 글, 33~34쪽.

〈표 2-4〉 사상범 카드 양식

소장		교무계주임					담임교회사		칭호 제 호
미결입소	년 월 일	동기 범유					거방 공장	미결 동 방 제 공장	
피고사건		사상 정도					본적		
예심종결	년 월 일	탐독 서적 잡지류					주소		
1심 판결							씨명 생년월일 종족	년 월 일 입범죄시 년	
2심 판결		사건 개요							
3심 판결									
담당검사							직업		
판사							교육		
즉결입소	년 월 일	전향 동기					종교		
죄명		전향 상태					특기		
형명 형기	징역 년 월	전향 상황	경과 연월	있다	가망 있다	가망 없다	불상	취미	
만기	년 월 일		입소 시					성향	
소속단체			6월					가족 상황과 관계	
단체 지위			1년						
공범자수			1년 6월					가정 양부	
범죄 시 범죄장소	년 월 일 도 군		2년					생계 상태	
			2년 6월						
			3년						
주의			4년					교우 관계	
전과범수			5년					건강	

출처: 西大門刑務所職員交友會, 1936, 『西大門刑務所例規類纂』, 西大門刑務所職員交友會, 191쪽.

소는 1935년 8월 「누진처우 내규」를 정했다.[23] 전향 정도에 따라 구금, 계호, 작업, 교화, 접견 서신, 설비와 급여 등에서 차등 대우를 규정한 이 내규는 서대문형무소에서만 시행되었다. 1937년 11월에는 「조선 행형 누진처우 규칙」이 공포되어 조선 내 모든 형무소에서 시행되었다.[24]

2) 일본의 전향과 조선의 전향

조선총독부의 전향 정책은 일본 본국과 비교했을 때 차이가 있었다.[25] 1932년 1월 고등법원 검사국이 개최한 감독관 협의회는 형무소 수용능력을 고려하여 기소유예 처분 확장을 결의했지만, 사상범에 대한 기소유예 처분 확장에는 "지장 없지만 해당 사안에 대하여 미리 사법경찰관과 협의해 둘 것"이라고 소극적인 태도를 취했다.[26]

1933년 5월 『오사카마이니치신문(大阪每日新聞)』 조선판은 사상범의 유보 처분은 조선에서는 실현 곤란한데 그 이유는 보호자에 자제를 감독할 교양이 없고 경찰관에도 사찰 여유가 없기 때문이라고 보도했다.[27] 같

---

23 西大門刑務所職員交友會, 1936, 앞의 책, 207~210쪽.
24 장신, 2020, 앞의 글, 36쪽.
25 총독부 경찰과 검사국에서 진행된 전향 정책에 대한 논의는 지승준, 1998b, 「1930년대 日帝의 '思想犯' 대책과 사회주의자들의 전향논리」, 『中央史論』 10·11, 270~274쪽 참조.
26 「檢事局監督官協議會ニ於ケル注意及協議事項」(1932.1.31)(齊藤榮治 編, 1942, 『高等法院檢事長訓示通牒類纂』), 323쪽. 이 회의에서는 "훈계방면을 종래보다 일층 확장"하자는 제안에 대하여 "훈계방면은 종래 방침을 바꾸지 않고 다만 기소유예 처분에 대해서는 형무소의 수용능력을 고려하여 조금 확장할 것"이라고 부정적인 태도를 취했다.
27 「思想犯の留保處分, 朝鮮では實現困難」, 『大阪每日新聞』(조선판), 1933.5.17; 荻野富士夫, 2022b, 『朝鮮の治安維持法の「現場」(治安維持法の歴史 Ⅲ)』, 六花出版, 160쪽.

은 시기 『조선일보』도 '사상범 기소 유보 처분 시행에 대한 경찰부장회의 의견'을 소개했다. 경찰은 일본과 달리 조선은 가정에서 부형의 감독권이 없고 경찰관 부족으로 감시가 어렵다면서 기소 유보 처분 도입에 부정적이었다.[28]

당국의 전향 정책의 결과라고 할 사회주의자의 전향은 일본과 조선 사이에 서로 분명한 차이가 존재했다. 조선인 사회주의자의 전향에는 일본인 사회주의자와 달리 민족이라는 넘기 어려운 벽이 존재했다. 일제의 집요한 탄압과 주변 정세의 변화에 직면하여 비록 자신의 이념이 현실성을 잃었다고 판단한 사회주의자 하더라도, 일본이라는 다른 민족의 조선에 대한 지배를 인정하는 것은 쉬운 일이 아니었다. 이러한 상황에서 1930년대 중반까지 조선에 있어 사회주의자의 전향은 일본과 비교했을 때 아직은 미미한 수준에 그칠 수밖에 없었다.

1933년 일본공산당의 지도자였던 사노와 나베야마의 전향 성명 발표 후 일본과 조선 사회주의자의 동향을 비교해 보면 이러한 차이가 분명하게 드러난다. 당시 일본에서는 두 지도자의 전향에 고무되어 공산당이 실질적으로 궤멸에 이를 정도의 대량 전향이 일어났지만, 같은 시기 일본에서 활동하고 있는 조선인 사회주의자의 동정에 대한 일제 측의 조사를 보면 "한 사람의 전향자도 없고 오히려 내지인의 전향을 계급적 타락 내지 변절로 보면서 맹렬히 활동을 개시해 전향, 검거에 의해 조직 진영 내에 있어 내지인 구성분자의 감소에 반해서 조선인은 점차 조직 내에서 중요하게 되고 있다"라는 내용이 보인다.[29] 일본에서 발생한 「치안유지법」 사

---

28 「朝鮮思想犯父兄은 子侄監督力蔑如」, 『朝鮮日報』, 1933.5.14; 장신, 2020, 앞의 글, 26~27쪽.

건에서 조선인이 점하는 비율을 보면, 1931년 3.5%, 1932년 5.7%에 그쳤던 것이, 일본 공산당의 대량 전향이 발생한 이후인 1933년과 1934년에는 각각 10%에 달했다.[30]

식민지 조선의 사회주의자들 역시 일본에서 벌어지고 있는 사회주의자의 대량 전향에 대해 대체로 '냉담'하고 '반감'적 태도를 보였다. 일본 관헌은 사회주의자의 전향에서 보이는 일본과 조선의 이와 같은 차이에 대해, 조선인 사회주의자의 '근저에 흐르는 강렬한 민족의식과 국가적 관념에 대한 근본적 상위'를 들어 설명했다.[31]

일본 관헌은 일본의 사회주의 운동이 '단순히 마르크스주의 문헌의 독서'를 통하거나, '관념적인 의분이나 정열'에서 출발한 것과 달리, 조선의 사회주의 운동의 배후에는 '생생한 민족적 우려와 번민'이 존재한다고 본 것이다.[32] 일본 관헌은 조선인 사회주의자의 전향을 더 복잡한 문제로 인식했고, 설사 사회주의자가 전향을 표방했다 하더라도 그 진실성을 의심했다.

식민지 조선에서는 1930년대 중반까지 사회주의자의 전향이 서서히 증가 추세에 있었던 것은 사실이었으나 아직도 비전향을 고수하거나 전향에 대해 유보적인 태도를 취하고 있는 이들이 상당수를 차지하고 있었다.

일본 본국의 전향, 준전향의 기준이 식민지 조선에서도 사용되었다.[33]

---

29 「在京鮮人轉向者の情況」, 『思想彙報』 13, 1937, 198쪽.
30 「昭和三年乃至同十二年末に於ける治安維持法違反に依り起訴せられたる朝鮮人に關する調査」, 『思想月報』(司法省刑事局) 46, 1938, 1~2쪽.
31 「朝鮮內に於ける思想轉向の狀況」, 『高等警察報』 3, 1934, 7~8쪽.
32 富士原景樹, 1936, 「朝鮮に於ける思想犯の保護對策」, 『治刑』 14-9, 25쪽.
33 장신, 2020, 앞의 글, 38쪽.

〈표 2-5〉「치안유지법」위반 수형자의 전향

(단위: 명, %)

구분	1934년 말	1935년 말	1936년 말
전향자	178(21.5)	183(26.1)	190(31.0)
준전향자	226(27.3)	196(28.0)	152(24.8)
비전향자	137(16.5)	152(21.7)	177(28.9)
미조사	287(34.7)	170(24.3)	94(15.3)
총계	828(100)	701(100)	613(100)

출처:「治安維持法違反受刑者轉向狀態別累年比較」,『思想彙報』20, 1939, 287쪽.

〈표 2-5〉에서 '준전향자'로 분류된 이들은 '갖고 있던 궤격사상(詭激思想)에 동요가 있어 포기할 가능성이 있는 자'나 '궤격사상은 포기하지 않으나 일체의 사회운동으로부터 이탈할 것을 서약한 자'를 가리킨다. 전향자로 분류된 이들과 비교했을 때 준전향자는 아직 '궤격사상'을 버리지 않았다는 점에서 중요한 차이가 있었다. 다시 말하면 이들은 아직 사회주의 사상에 대한 포기를 밝히지 않은 자들로서, 결국 '전향'보다는 '비전향'에 가까운 상태에 놓여 있었다고 볼 수 있다.

전향한 사회주의자들이 밝힌 전향 동기에서도 주목할 만한 사실이 발견된다. 〈표 2-6〉은 1930년대 중반 조선과 일본의 전향자 전향 동기를 조사한 것이다. 일본 본국의 준전향을 포함한 전향 동기 분류 기준은 ① 신앙상, ② 근친애, 기타 가정관계, ③ 공산주의 이론의 청산, ④ 국민적 자각, ⑤ 성격, 건강 등 신상관계, ⑥ 구금에 의한 후회, ⑦ 기타였다.[34] 식민지 조선에서도 기본적으로 이를 따르고 '훈유·교회의 결과'를 추가했다.

〈표 2-6〉을 보면 일본에서는 '국민적 자각'이라는 전향 동기가 23.2%

---

34 荻野富士夫, 2021, 앞의 책, 286쪽.

〈표 2-6〉「치안유지법」 위반 수형자 중 전향자의 전향 동기 비교

(단위: %)

구분	조선 (1936년 3월 말)	일본 (1936년 8월 말)
근친애, 기타 가정관계	34.1	41.5
국민적 자각	2.4	23.2
성격, 건강 등 신상관계	1.8	8.3
구금에 의한 후회	34.4	7.3
주의 이론의 청산	4.3	12.5
신앙상	1.6	6.9
훈유·교회의 결과	18.7	-
기타	2.7	0.3
합계	100	100

출처: 조선인에 관한 조사는 「保護觀察ニ關スル諸調表」[「朝鮮思想犯保護觀察令ヲ定ム」(1936.12.8), 『公文類聚』第六十編·昭和十一年·第五十七巻)], 일본인에 관한 조사는 「治安維持法違反受刑者の行刑成績調」(『警察研究』 7-12, 1936, 40쪽)(水野直樹, 「植民地期朝鮮·台灣における治安維持法に關する硏究」, 1999, 43쪽) 참조.

라는 상당한 비중을 차지하고 있는 데 반해서, 조선에서는 '국민적 자각'으로 인해 전향하게 되었다고 밝힌 전향자가 거의 없는 것이 눈에 띈다. 이는 이 시기 일본에서의 전향이 어느 정도 정치적인 성격을 띠고 있었던 것에 비해서 조선의 전향은 그렇지 못했다는 것을 말해 준다. '주의 이론의 청산'이라는 항목에 대한 일본과 조선의 전향자가 보여 준 차이도 같은 맥락으로 이해할 수 있다.

이에 비해 조선에서는 '구금에 의한 후회'라는 항목을 자신의 전향 동기로 밝힌 이들이 무려 34.4%에 달하고 있지만, 반대로 일본에서는 겨우 7.3%에 그치고 있다. 이것은 이 시기 조선에서 사회주의자의 전향이 자신의 사상이나 신념에 대한 반성에서 나온 것이라기보다도 가혹한 수형 생활의 고통에서 온 결과라는 것을 보여 준다.

일본 관헌이 일본에서 활동하던 조선인 사회주의자의 전향을 분석하

면서 "내지인(內地人)과 같은 검거 전의 전향자는 거의 없고 예외 없이 검거된 후 혹은 송국 후 상당 기간 형무소 생활의 결과 전향을 표명"하는 점을 조선인 사회주의자 전향의 특징으로 보고 있는 것 역시 이러한 평가를 뒷받침해 준다.[35] 한편 양국 모두에서 많은 비중을 차지하고 있는 '근친애, 기타 가정 관계'라는 항목도 눈에 띈다.

1930년대 중반에 접어들면서 사회주의자의 전향이 서서히 늘어나고 있었지만, 아직 수적으로도 사회주의 운동의 주류적 현상은 아니었고, 또 전향의 동기를 통해 본 성격에서도 자신의 사상에 대한 반성으로부터 나온 것이 아니었다. 당시 식민지 조선의 일본 관헌은 '마르크스주의의 포기·혁명사상의 완전한 포기'만이 '참된 전향'이라고 주장했다.[36] 또한 다른 글에서는 "사상범의 전향이라는 것은 이 마르크시즘의 신념을 포기시키고, 다시 이 신념에 대신할 만한 새로운 신념을 그들에게 파악하도록 하는 것이다. 만약 이 새로운 신념을 갖지 않는 전향이 있다면, 그것은 전향이 아니라 몰락이다"[37]라고 한국인의 전향에 의심 어린 눈길을 거두지 않았다. 대다수의 한국인 전향자들이 자신의 전향 사실을 숨기고자 한 것[38]도 같은 맥락에서 이해할 수 있을 것이다.

1930년대 중반은 전향한 사회주의자에게 운동으로의 복귀와 적극적 전향으로의 진출이라는 양자 사이의 혼란과 모색이 계속되던 시기였다. 식민지 말기 재조선 일본인을 중심으로 현영섭(玄永燮) 등 일부 조선인이 참가하여 일제 정책의 선전기관으로서 활동한 녹기연맹(綠旗聯盟)은

---

35 「在京鮮人轉向者の情況」, 『思想彙報』 13, 1937, 198쪽.
36 「轉向者に對する處遇に就て」, 『思想彙報』 4, 1935, 166쪽.
37 富士原景樹, 1936, 「朝鮮に於ける思想犯の保護對策」, 『治刑』 14-9, 30쪽.
38 「鮮內に於ける思想淨化運動」, 『高等警察報』 5, 1936, 5쪽.

1932~1936년까지의 시기를 민족주의, 공산주의, 대아시아주의, 일본주의가 교착 난류하던 '동요 모색 시대'로 평가했다.[39]

적지 않은 사회주의자들이 일제의 탄압과 회유에 직면하여 운동 일선으로부터 물러났지만, 식민지 조선인으로서 '민족'을 버리고 적극적 전향으로 나선다는 것은 여전히 받아들이기 힘든 일이었다. 경우에 따라서는 민족 문제 해결에 대한 신념을 잃지 않고 다시금 운동에 가담하는 이들도 있었으나 이 또한 쉽지 않은 상황이었다. 이와 같은 동요는 1930년대 중반의 내외정세가 강제한 측면이 크다고 본다. 일본의 국제적 성장을 배경으로 한 탄압과 회유가 전향한 사회주의자의 혼란과 모색을 낳은 한 축이었다면, 아직은 유동적인 국제 정세와 끈질기게 저항을 벌이고 있는 사회주의 진영의 존재가 또 하나의 축으로 작용하고 있었던 것이다.

3) 사상범 보호단체 소도회의 활동

전향 정책을 추진하기 위해서는 사회로 복귀하는 사상범을 보호하고 관리할 이른바 사상선도단체가 필요했다. 사상선도단체는 경찰과 검찰의 적극적인 개입으로 조직되었다. 일본도 경찰이 중심이 되어 전향자 보호·선도단체를 결성했지만, 식민지 조선의 경우 사상범 관련 보호·선도단체뿐 아니라 석방된 일반 범죄자에 관해서도 보호단체가 제대로 갖춰지지 않은 상황 탓에 특히 경찰이 깊이 관여할 수밖에 없는 상황이었다.[40]

---

39 綠旗日本文化硏究所, 1939, 『今日の朝鮮問題講座(4): 朝鮮思想界槪觀』, 綠旗聯盟, 26쪽.

40 水野直樹, 2006, 「戰時期朝鮮の治安維持体制」, 倉沢愛子 等 編, 『岩波講座 アジア·太平洋戰争 7 支配と暴力』, 岩波書店, 98쪽.

1935년 3월 일본에서 「치안유지법」 개정안이 의회에 제출되어 보호관찰 제도 도입이 예상되었다. 총독부 경무국은 "조선에는 적당한 보호단체가 없기 때문에 경찰기관이 이를 대신하여 보호 감독을 담당한다"라고 규정하고 30명을 증원하는 예산안을 편성했다. 다만 법안이 폐지되어 증원은 실현되지 않았다.[41]

1934년 도경찰부장회의에 대한 경기도 경찰부 답신은 개선될 전망이 있는 사상범에 대응하기 위하여 경찰서장, 군수, 보통학교장, 지방 명망가(유지) 등으로 구성된 '청년지도위원회'를 조직할 계획을 제시했다. 전라북도 경찰부와 황해도 경찰부도 1935년도 답신에서 각각 청소년지도위원회와 청년지도기관을 설치할 계획을 밝혔다.

경기도 경찰부는 1935년도 답신에서는 더 구체적으로 '사상선도위원회' 조직 계획을 밝혔다. "사상선도위원회라는 기관을 특별히 설치하여 중앙기관으로서 도지사를 회장으로 하고 내무부장, 경찰부장을 부회장으로 하는 경기도 사상선도위원회를 그 중앙기관으로서 도청 내에 설치하고, 또한 지방에서는 부윤·군수를 회장으로 하고 경찰서장을 부회장으로 하는 지방위원회를 경찰서에 설치하게 하며, 관련 관공리, 사회사업 또는 사회공공단체의 대표 및 학식이 풍부한 또는 사상 문제에 이해관계가 있는 민간 지식인 등을 총망라하여 그 누구라도 위원이 되어 관민이 일체가 된 단체를 결성하게 하여 가까운 시일 내에 발족시키도록 한다"는 내용이었다.[42]

---

41 「治維法改正案 朝鮮適用으로, 警務局과 警保局 聯絡」, 『東亞日報』, 1935.2.7; 마쓰다 도시히코 저, 이종민·이형식·김현 역, 2020, 『일본의 조선 식민지 지배와 경찰』, 경인문화사, 492쪽.

42 朝鮮總督府, 『道警察部長會議諮問事項答申書』(1935.4)(국가기록원, www.archives.

1935년 11월에 '사상범 선도'를 목적으로 소도회(昭道會)가 결성되었다. 경기도 경찰부의 '사상선도위원회' 구상이 형태를 갖춘 셈이다. 소도회라는 이름은 같은 해 9월 도쿄에서 설립된 사상범 보호 중앙기관인 소덕회(昭德會)[43]를 본떠서 붙여졌다. 소도회가 표방한 창립 목적은 '사회연대'와 '동포상애'의 대승적 자비심에 기초하여 사상범을 '온정'으로써 훈도하고 그들의 신상 상담에도 응하며 그들에게 취직과 생업자금을 제공하고 생활지원과 의료혜택을 베풀어 줌으로써 궁극적으로 그들을 밝은 길, 즉 '소도(昭道)'로 인도한다는 것이었다.[44]

소도회 회장은 전 경기도 지사이자 조선정련회사 사장인 마쓰모토 마코토(松本誠), 부회장은 상업은행 대표이사인 박영철(朴榮喆)과 무역상 사이토 히사타로(齊藤久太郞)가 맡았다. 회원은 경성의 재계, 사회사업가로 창립 당시 일본인 74명, 조선인 40명이었다.[45]

소도회는 표면적으로는 민간단체라는 형태를 취하였지만, 소도회를 주도한 것은 경기도 지사 도미나가 후미카즈(富永文一), 경찰부장 사에키 아키라(佐伯顯) 그리고 고등경찰과장 나카무라 나오타케(中村尙武)였다. 더욱이 실무의 중심인 전임주사는 전 종로경찰서장 모리 로쿠지(森六治)가 맡았다.[46] 소도회는 경찰이 주도하고 검찰이 협력한 전향자 선도단체

---

go.kr); 마쓰다 도시히코 저, 이종민 · 이형식 · 김현 역, 2020, 앞의 책, 502~503쪽.

43 荻野富士夫, 2021, 앞의 책, 302쪽.
44 「昭道會創立趣意書」, 『昭道會一覽』(1937.11.30)(홍성찬, 2006, 앞의 글, 136쪽에서 재인용).
45 「昭道會發會式 昨日公會堂에서」, 『東亞日報』, 1935.11.27; 「生れた昭道會, 會員の醵金で事業を進む, 轉向者へ延ぶ溫い手」, 『京城日報』, 1935.11.27.
46 「赤の轉向者の上に溫い春の陽注ぐ, 京畿道の昭道會を通じて就職や復校のうれしい話は相次ぐ」, 『京城日報』, 1936.4.11; 마쓰다 도시히코 저, 이종민 · 이형식 · 김현 역,

였다. 조선인 회원인 윤치호는 "각각의 참석인원들은 지방경찰서로 소환되어 고등형사계 주임으로부터 공손하게 구제회에 가입하도록 요청받았다. 물론 아무도 '아니오'라고 감히 말할 수 없다"고 일기에 적었다.[47]

소도회는 네 가지 사업을 계획했다. 첫째, 사상 선도 보호에 관한 대책 강구, 둘째, 사상범의 교화 선도, 신상 상담, 취직 알선 및 직업 지도, 형무소에서 출소 후 인수인이 없을 경우 일시적 보호, 생산 혹은 영업에 필요한 소액 자금 대여, 셋째, 강연, 인쇄물에 의한 교화 선도 사업, 넷째, 사상 선도와 보호에 필요한 기타 시설 마련 등이다. 크게 보아 사상범에 대한 경제 지원과 사상 교화를 추진한 셈이다.[48]

그러나 실적을 보면 1936년 4월 시점에서 사상 범죄 경력을 가지고 있는 자에 대하여 취직 알선(알선 중인 자를 포함) 15명, 복학을 위한 지도 1명, 사업 자금 대여 4명이 확인되는 정도다. 조선군 참모부 자료에도 소도회가 20명을 취직 알선했다고 나오는데 소규모 취직 알선이 사업의 중심이었다고 보인다. 조선 전체에서 사상사건 석방자가 연간 500~600명에 이른 점을 고려하면 미미한 수에 불과했다.[49]

경성 소도회 이외에는 충청남도 논산, 예산, 부여, 청양 각 군에서 1935년 12월부터 다음 해 1월에 걸쳐 사상선도위원회가 결성된 것이 확인된다. 경찰서장이 위원장을 맡는 등 역시 경찰이 주도한 조직이었다. 소

    2020, 앞의 책, 503쪽.

[47] 『국역 윤치호 영문 일기 9』(1935년 11월 26일 일기)(국사편찬위원회, www.history.go.kr); 홍성찬, 2006, 앞의 글, 153쪽.

[48] 「昭道會會則」(홍성찬, 2006, 위의 글, 167쪽에서 재인용).

[49] 「昭道會の活動, 免囚保護成績がよい」, 『京城日報』, 1936.4.8; 마쓰다 도시히코 저, 이종민·이형식·김현 역, 2020, 앞의 책, 504쪽.

도회와 비슷한 규정을 두고 비슷한 목적을 내걸었는데 실제 활동은 알 수 없다.[50]

조선에서 전향자 보호·선도단체가 부진한 이유는 무엇보다 고등경찰의 예산과 인원이 충분하지 않았기 때문이었지만, 애당초 전향자 보호에 대한 부정적인 시각이 존재한 탓도 있었다. 1935년 12월 『경성일보』는 "전향자는 선전되고 보호받지만, 원래부터 충량한 국민은 취직난에 괴로워해도 어떠한 보호 지도도 받지 못한다는 것은 사상적인 측면에서 바람직하지만은 않다"고 전향자에 대한 특혜에 의문을 던졌다.[51] 전향자가 참가할 만한 합법적인 사회운동이나 자치운동 등이 1930년대 초반에 쇠퇴해 버린 것도 어려움을 더했다.

이러한 상황에서 일본과 비교하면 조선에서 사상범에 대한 보호·선도기관은 관립이나 민립이나 모두 보잘것없는 수준이었다. 경찰이 중심이 된 전향자 보호·선도단체 역시 충분한 규모를 갖추지 못하고, 경찰관 개개인이 전향자를 지도하는 데 그쳤다.[52] 사상범 보호·선도는 1936년 12월에 「조선 사상범보호관찰령」이 공포되어 7곳에 보호관찰소가 설치됨으로써 본격화했다. 사상범 보호관찰은 경무국이 아닌 법무국이 주관하게 된다.

---

50 「忠淸南道下の思想槪況竝論山·扶餘·靑陽·禮山及唐津郡各思想善導機関の活動狀況」, 『思想彙報』 9, 1936; 水野直樹, 2006, 앞의 글, 99쪽.

51 「〈社說〉轉向戰術」, 『京城日報』, 1935.12.11; 마쓰다 도시히코 저, 이종민·이형식·김현 역, 2020, 앞의 책, 504~505쪽.

52 마쓰다 도시히코 저, 이종민·이형식·김현 역, 2020, 위의 책, 505쪽.

2. 사상범 보호관찰과 사상정화 공작

1) 사상범 보호관찰 제도의 성립과 운용

(1) 「치안유지법」과 사상범 보호관찰 제도

1930년을 전후하여 일본과 조선 모두 사회주의 운동이 정점에 달했다. 수많은 사회주의자가 검거되어 사법처분을 받았다. 1930년대 중반이 되자 당국은 사회에 복귀하는 사상범을 통제할 필요를 느꼈다. 일본에서는 「치안유지법」 속에 보호관찰과 예방구금을 담은 개정안이 1934년 2월과 1935년 3월에 의회에 제출되었지만 성립되지 않았다. 이후 보호관찰 관련 내용은 별도의 「사상범보호관찰법」으로 성립되는데, 1936년 5월 공포되어 11월에 시행되었다.

「사상범보호관찰법」에 따라 일본 본국에는 22곳에 보호관찰소가 설치되었다. 소장은 사상검사 출신이 취임하거나 현직 사상검사가 겸임했다. 도쿄보호관찰소장에는 대표적 사상검사인 히라타 이사오(平田勳)가 취임했다. 소장 아래 보호사를 두었는데 전국적으로 33명이었다. 보호관찰 대상은 「치안유지법」 위반으로 사법처리 된 이들 가운데 만기석방자, 가석방자, 기소유예자, 집행유예자였다. 사상범을 다루는 경찰, 검찰, 예심, 공판, 행형이라는 다섯 단계에 보호관찰이라는 새로운 단계가 더해졌다.[53]

도쿄에서는 보호사에 경시청 특고 제2과장이었던 모리 모토이(毛利基)

---

53 荻野富士夫, 2021, 앞의 책, 302쪽.

가 가담했다. 검거 시대에서 보호관찰 시대로 전환을 상징하는 인사였다. 일본 사법성 형사국장을 지낸 이케다 가쓰(池田克)는 「사상범보호관찰법」 시행을 앞둔 1936년 11월에 발표한 글에서, 공산당 운동자에 대한 검거 시대, 행형·교화 시대를 지나 보호관찰 시대가 왔다고 밝혔다. 검거 시대는 1928년 3·15사건 이래 1935년경까지 이어졌고, 1931년경부터 행형·교화 시대가 병행하여 시작되었다고 설명했다.[54] 행형·교화시대는 곧 전향의 시대였다.

1936년 12월에 「조선 사상범보호관찰령」이 공포·시행되어 조선에도 사상범 보호관찰 제도가 도입되었다.[55] 총독부는 보호관찰 제도 실시 이유로서, 조선인 공산주의자는 조선 독립을 목적으로 하므로 극히 실행성이 풍부하고 위험성을 띠는 점, 전향의 의사를 표명한 자도 그대로 방치하면 환경 또는 사회정세에 좌우되어 다시 범행을 거듭할 우려 있는 자가 적지 않은 점을 들었다.[56] 일제는 이처럼 동요하는 사회주의자들을 잠재적인 불안 요소로 여길 수밖에 없었다. 특히 1935년의 코민테른 제7차 대회에서 합법적 공간 진출을 포함한 광범한 반파시즘인민전선의 결성을 새로운 노선으로 채택한 뒤로는 전향자에 대한 감시를 게을리할 수가 없었다.

조선에서는 경성, 함흥, 청진, 평양, 신의주, 대구, 광주 등 7곳에 사상

54　池田克, 1936, 「思想犯人教化の經驗批判」, 『警察研究』 7-11; 荻野富士夫, 2021, 앞의 책, 282쪽.

55　지승준, 1998b, 「1930년대 日帝의 '思想犯' 대책과 사회주의자들의 전향논리」, 『中央史論』 10·11, 276쪽.

56　「朝鮮思想犯保護觀察令ヲ定ム」(1936.12.8), 『公文類聚』 第六十編·昭和十一年·第五十七巻·地理·土地·都市計画·觀象·警察·治安警察·雜載; 水野直樹, 2006, 앞의 글, 100쪽.

범보호관찰소가 설치되었다. 보호관찰소장 인사에는 사상검사로서의 경험과 지식이 가장 중시되었다. 경성, 대구, 평양의 보호관찰소 소장은 전임 보도관으로서 같은 지역 복심법원 검사를 겸했다. 경성보호관찰소는 소장 외에 보도관 두 명을 더 두었는데, 이들은 경성지방법원 검사국 사상검사를 겸했다. 복심법원이 없는 함흥, 청진, 신의주, 광주 등 4곳은 전임 보도관 없이 지방법원 차석검사가 소장을 겸임했다.[57]

경성보호관찰소 소장에는 쓰쓰미 요시아키(堤良明)가 임명되었다. 쓰쓰미는 1879년생으로 고베에서 변호사를 하면서 노동운동에 참여한 적이 있는 인물이다. 1931년에 조선총독부 검사가 되어 인천지청, 목포지청 검사를 거쳐, 1936년 12월에 경성복심법원 검사국 검사를 겸임하는 경성보호관찰소 초대 소장에 임명되었다. 조선총독부는 쓰쓰미의 사회운동 경력이 사상범의 전향 공작에 도움이 될 거라고 판단한 듯하다.[58]

보호관찰소 소장으로서 쓰쓰미는 "반도 사상범에게는 민족적 특수성이 가미되어 있어 이를 제거하는 것은 하루아침에 되는 것이 아니다. 이는 긴 안목으로 통치의 실적을 올리는 것밖에 없다"고 보았다.[59] 쓰쓰미는 1937년 5월에 도쿄에서 개최된 제2회 보호관찰소장 회동에 참가하여, 조선 민족을 일본 민족에 동화시키기보다는 "조선 민족의 특이성을 인정하고 이를 포용하는 듯한 마음가짐과 자세를 가지고 보호·지도에 임할

57　水野直樹, 2008, 「植民地期朝鮮の思想檢事」, 『International Symposium 30, 日本の朝鮮·台湾支配と植民地官僚』, 国際日本文化研究センター, 393~394쪽.

58　水野直樹, 2009, 「思想檢事たちの「戦中」と「戦後」: 植民地支配と思想檢事」, 松田利彦·やまだあつし 編, 『日本の朝鮮·台湾支配と植民地官僚』, 思文閣出版, 479쪽.

59　提良明, 1937, 「全國保護觀察所長會同に關する所感」, 『法政新聞』 366, 1937.7.20; 水野直樹, 2009, 위의 글, 480쪽.

필요"가 있다고 주장했다.[60]

쓰쓰미의 민족 협화론적 입장은 중일전쟁기 사회주의자의 대량 전향을 이끌어낸 '협화적 내선일체론'과 통하는 면이 있다. 전향의 곤란성을 인정하고 점진적 변화를 중시하는 태도는 사회사업을 강조한 사상검사 이토 노리오의 입장과 유사하다. 쓰쓰미나 이토가 지닌 온정주의가 사상범 보호관찰을 뒷받침한 셈이다. 보호관찰은 원래 소년범에게 적용하던 제도이다. 사상범 보호관찰 제도는 신조와 양심의 자유를 무시하고 사상범을 소년범과 같은 계도의 대상으로 보는 문제점을 지녔다.

1936년 10월 현재 식민지 조선에서는 1928년 이래 「치안유지법」 위반으로 검거된 자가 1만 6,000명이 넘었고, 그 가운데 보호관찰의 대상인 기소유예자, 집행유예자, 가출옥자, 만기석방자는 6,383명에 달했다.[61] 그중 경성보호관찰소의 보호대상(1928~1935년간 처분을 받은 자)은 기소유예자 328명, 집행유예자 198명, 만기석방자 608명, 가출옥자 26명, 합계 1,160명이었다.[62]

처분을 결정하는 심사회 위원은 대부분 판사, 검사, 경찰관, 형무소장으로 구성되었다. 보호관찰은 당국이 지정하는 보호단체에 위탁하기도 했지만, 보호단체가 취약하여 보호관찰소가 직접 보호하는 경우가 많았다.[63] 피처분자는 일의 상황, 교유 관계 등 일상생활과 사상 상황에 대

---

60 「朝鮮出身思想犯に對する指導方針」, 『思想彙報』 12, 1937; 荻野富士夫, 2022b, 앞의 책, 405쪽.

61 法務局, 1936, 「朝鮮に於ける思想犯保護觀察制度に就て」, 『司法協會雜誌』 15-10, 66쪽.

62 「京城保護觀察所第一回囑託保護司打合會(續)」, 『司法協會雜誌』 16-11, 1937, 109쪽.

63 「思想犯保護觀察表(昭和一五年自一月至六月)」, 『思想彙報』 24, 1940, 255쪽.

해 관찰소에 보고하여 감시, 지도를 받을 뿐 아니라, 시국강연회, 신사참배, 근로봉사 등에도 참가를 강요받았다.[64]

보호관찰 기간은 2년이고 필요에 따라 갱신할 수 있었다. 보호관찰 대상자는 당초 약 6,400명이었지만, 그 후 석방된 이를 더하면 1941년 10월 말까지 모두 9,637명이었다. 이 가운데 5,115명이 보호관찰소에 수리되어 절반가량인 2,653명이 보호관찰 처분을 받았다. 전체 대상자 가운데 약 30%가 보호관찰에 부쳐진 셈이다. 그리고 1,186명에 대해 보호관찰이 갱신되었다.[65]

각 보호관찰소 단계에서 완전한 전향이 인정되어 심사가 청구되지 않은 이는 1,543명이었다. 제도 창설 이래 완전 전향에 이르러 보호관찰 처분이 해제된 이는 654명(71명은 보호관찰 2년 도중에 처분 취소, 583명은 기간 만료)이었다. 준전향자는 2년간 처분이 갱신되었고 완강한 비전향자 32명은 1941년 3월부터 실시된 예방구금 제도로 이행했다.[66]

경찰에서 훈계방면 한 이에 대한 처리도 문제가 되었다. 1937년 5월 경찰부장 회의에서 고등법원 검사장은 "최근 어느 경찰서에서 치안유지법 죄를 범한 자에 대하여 훈계방면 처분을 한 사례가 있었는데, 훈계 처분을 받은 자 가운데는 보호관찰에 대한 필요 있는 자도 있고 게다가 훈계방면 처분을 받은 자는 보호관찰 대상이 되지 않으므로 장래 치안유지법 위반 피의자에 대해서는 동 처분을 하지 말고 반드시 사건을 검사에게 송치하도록 취급해 달라"고 요청했다.[67]

64　水野直樹, 2006, 앞의 글, 100~101쪽.
65　「思想犯保護觀察制度實施の狀況」(1941.12)(荻野富士夫 編, 1996, 『治安維持法關係資料集 第3卷』), 529쪽; 荻野富士夫, 2022b, 앞의 책, 398~399쪽.
66　荻野富士夫, 2022b, 위의 책, 399쪽.

1944년 12월 말까지는 3,126명이 보호관찰 처분을 받았다. 같은 시기 일본 본국의 피처분자는 2,326명에 그쳤다. 식민지 조선의 보호관찰 제도가 일본 본국보다 훨씬 가혹하게 운용되었음을 알 수 있다.[68] 다른 통계에 따르면 1944년 8월 말까지 모두 4,100명이 보호관찰 처분을 받았다. 그 가운데 완전 전향으로 처분해제 된 이가 905명, 비전향으로 예방구금에 부쳐진 이가 89명, 현재(1944.12) 보호관찰 중인 이가 2,897명, 소재불명 9명, 기타 11명이었다.[69] 보호관찰 중인 2,897명 가운데 전향자는 873명, 준전향자 1,989명, 비전향자 16명이었다.[70]

(2) 사상범 보호관찰 제도의 실태

보호관찰은 법령에 따르면 첫째, 보호관찰소 보호사의 관찰, 둘째, 보호자 인도, 셋째, 보호단체·사원(절)·교회·병원, 기타 적당한 사람에게 위탁 등 세 가지 방법이 있었다. 어떤 방법을 취할지는 대상자의 연령, 성격, 환경, 사상 정황, 기타 사정을 참작하여 방법을 결정하면 되었다. 조선에서는 대부분 보호사의 관찰로 정해졌다. 일본과 달리 보호단체가 부실한 조선의 상황에 조선인 가정을 비롯한 보호자를 불신하는 당국의 태도가 겹쳐진 결과였다. 〈표 2-7〉을 보면 1937년부터 1939년까지 보호관찰

---

67 「警察部長ニ對スル笠井高等法院檢事長訓示」(1937.5), 3~4쪽(국가기록원, www.archives.go.kr); 荻野富士夫, 2022b, 앞의 책, 131~132쪽.

68 「朝鮮総督府保護観察所官制中ヲ改正ス」(1945.6.8), 『公文類聚』 第六十九編·昭和二十年·第二十九巻·官職二十三·官制二十三(朝鮮総督府二); 水野直樹, 2006, 앞의 글, 101쪽.

69 자료에 나온 내역을 더해도 보호관찰에 부쳐진 자의 전체 수와 맞지 않는다.

70 「昭和19年12月 第86回帝国議会説明資料」(『朝鮮総督府帝国議会説明資料 第10巻』, 1994b, 不二出版), 85쪽; 荻野富士夫, 2022b, 앞의 책, 402쪽.

대상자 3,599명의 94.6%인 3,403명이 보호사의 직접 관찰에 부쳐진 것을 확인할 수 있다.[71]

〈표 2-8〉은 사상범 보호관찰 제도를 시작할 당시 보호관찰소별 직원 배치다. 보도관은 보호관찰소장인데 앞에서 설명한 대로 경성, 평양, 대구에는 전임 보도관을 두고 나머지 네 곳은 사상검사인 검사국 차석검사가 겸임했다. 경성의 경우는 소장 외에 보도관 두 명을 더 두었다. 보호사는 후일 교체된 이까지 포함하여 모두 일본인이었는데, 직업은 형무소 교회사나 간수, 경찰서장, 경부 등의 경찰, 법원 서기 등이었다.[72]

보도관은 겸임을 포함하여 9명, 보호사는 주임관과 판임관을 더해 11명이었다. 일본은 보도관 24명이 1938년과 1939년 2년 동안 평균 2,360명을 수리한 데 비해, 조선에서는 보도관 9명이 1,755건을 수리했다. 1인당 부담으로 환산하면 일본은 98명, 조선은 195명이었다. 보호사의 경우도 일본에서 41명이 1인당 58명을 부담한 데 비해, 조선에서는 11명이 1인당 160명을 부담했다.[73] 조선총독부는 1939년부터 계속해서 보도관과 보호사 증원을 위한 예산 증액을 요구했지만 일본 본국의 심의를 통과하지 못했다.

보호사 수가 절대적으로 부족한 상황에서 촉탁 보호사의 역할이 중요했다. 보호사의 업무는 조사와 관찰로 나눌 수 있는데, 특히 관찰 업무는

---

71 장신, 2020, 앞의 글, 91~92쪽.
72 장신, 2020, 위의 글, 76~77쪽.
73 刑事課經理係,「增減內譯 – 保護觀察所職員充實其ノ他經費ノ增加」,『昭和十五年度 新規豫算要求綴』, 661~666쪽(국가기록원, 관리번호 CJA0004185, 장신, 2020,「1930·40년대 조선총독부의 사상전향정책 연구」, 성균관대학교 박사학위논문, 87~88쪽에서 재인용).

〈표 2-7〉 보호관찰 대상자의 보호 방법

(단위: 명)

구분	1937년	1938년	1939년	계
보호사 관찰	461	1,239	1,703	3,403
보호자 인도	22	24	24	70
보호단체 위탁	32	28	34	94
사원·교회 위탁	0	0	0	0
병원 위탁	3	1	1	5
적당한 자에게 위탁	4	7	16	27
계	522	1,299	1,778	3,599

출처: 朝鮮總督府法務局, 1939, 『昭和十二年 朝鮮總督府裁判所統計年報』, 134쪽; 朝鮮總督府法務局, 1940, 『昭和十三年 朝鮮總督府裁判所統計年報』, 134쪽; 朝鮮總督府法務局, 1941, 『昭和十四年 朝鮮總督府裁判所統計年報』, 136쪽(장신, 2020, 「1930·40년대 조선총독부의 사상전향정책 연구」, 성균관대학교 박사학위논문, 92쪽에서 재인용).

〈표 2-8〉 사상범보호관찰소 직원 배치

(단위: 명)

청별	보도관	보호사		서기 및 통역생		촉탁 보호사		계
		주임	판임	서기	통역생	유급	무급	
경성	1(2)	1	2	2	1	5	38	50(2)
함흥	(1)	-	2	1	1	3	17	24(1)
청진	(1)	-	1	1	1	2	10	15(1)
평양	1	1	-	1	1	3	10	17
신의주	(1)	-	1	1	1	2	10	15(1)
대구	1	1	1	1	1	3	22	30
광주	(1)	-	1	1	1	2	23	28(1)
전체	3(6)	3	8	8	7	20	130	179(6)

출처: 「朝鮮思想犯保護觀察令ヲ定ム」(1936.12.8), 『公文類聚』 第六十編·昭和十一年·第五十七卷·地理·土地·都市計畫·觀象, 警察·治安警察·雜載; 장신, 2020, 「1930·40년대 조선총독부의 사상전향정책 연구」, 성균관대학교 박사학위논문, 71쪽.

비고: 보도관의 ( )는 검사 겸무.

촉탁 보호사에게 크게 의존했다. 촉탁 보호사는 1937년 2월에 54명, 7월에 96명, 11월에 87명을 비롯해 1937년에만 모두 248명이 발령을 받았다. 당초 예정했던 150명보다 훨씬 많은 숫자였다. 촉탁 보호사는 고등계 경찰, 형무소 교회사, 군수 등의 관리와 변호사, 실업인, 종교인 등의 민간인으로 구성되었다. 관리와 민간인으로 나누어 살펴본 민족별 분포는 〈표 2-9〉와 같다. 1937년에 임명된 284명은 관리 164명에 민간인 84명, 민족별로는 일본인 203명에 조선인 45명이었다.

보호관찰의 실태는 오스미 지쓰잔(大隅實山)의 사례를 통하여 살펴볼 수 있다. 승려인 오스미는 1930년대 신흥불교청년동맹사건으로 집행유예 판결을 받고 보호관찰에 부쳐진 후 조선에 건너와 대화숙에 관계하고, 1945년 이후에는 오카야마(岡山)에서 절의 주지로 지내면서 조선인 전시동원 피해자의 유골을 공양하는 데 진력한 인물이다.[74]

오스미는 1937년 12월에 검거되어 1939년 4월 1일에 집행유예 판결로 석방되지만 보호관찰에 부쳐졌다. 보호관찰의 양상을 살필 수 있는 첫 자료는 오스미가 가나자와(金澤)보호관찰소 보호사 마쓰오카(松岡)에게 제출하기 위해 작성한 보고서이다. 보고서는 전부 13장인데 1939년 5월 4일부터 6월 4일까지의 행적이 상세하게 기록되어 있다. 1939년 8월에는 담당 보호사가 변경되는데 '보호사 구리하라 히로미치(栗原廣道)의 보호관찰에 부침'이라는 8월 11일 자 통지서가 확인된다.

그 후 오스미는 대구에 있는 광국사(光國寺) 주지 이치다 모토히로(市田元弘)의 권유로 1940년 여름 '조선 포교 조수'로서 조선에 건너와 대구

---

[74] 오스미 자료는 일본 오카야마(岡山)에 있는 유족을 방문해 열람했다. 귀중한 자료를 소중히 보관하고 계신 유족분들, 그리고 유족을 소개하고 조사의 편의를 봐 주신 오카야마상과대학의 전원자(全円子) 님께 감사드린다. 오스미와 대화숙의 관계 및 오스미에 의한 조선인 유골 공양에 대해서는 오카야마방송국 다큐멘터리(岡山放送 制作, 1999,「鏡の中の自画像: 在日教師と94翁」)와 明誠学園高等学校社会部, 1998,『友好の架け橋 part Ⅱ: 韓国研修報告集』을 참조했다.

〈표 2-9〉 촉탁 보호사의 민족별 분포(1937년 임명)

(단위: 명)

구분	관리			민간인			총계
	일본인	조선인	계	일본인	조선인	계	
경성	40	3	43	16	9	25	68
광주	27	1	28	5	3	8	36
대구	26	2	28	9	4	13	41
신의주	6	1	7	5	0	5	12
평양	17	1	18	9	0	9	27
청진	13	0	13	6	9	15	28
함흥	19	8	27	5	4	9	36
계	148	16	164	55	29	84	248

출처: 장신, 2020, 「1930·40년대 조선총독부의 사상전향정책 연구」, 성균관대학교 박사학위논문, 115쪽.

에 거주한다.[75] 오스미 일기에서는 1940년 3월 9일에 '조선에서 이치다 모토히로 스님 내산(來山)' 한 뒤, 6월 25일에 가나자와를 출발하여, 7월 2일에 대구에 도착한 것이 확인된다. 흥미로운 것은 도착 당일 대구경찰서 특고를 방문하고 다음 날에는 대구보호관찰소를 방문한 사실이다.

그 후 오스미는 대구보호관찰소로부터 '대구 보호관찰 심사회의 심의를 구함'(1940년 10월 25일 자), '보호사 히네노 나오요시(日根野直芳)의 관찰에 부치고 보호자 이치다 모토히로(市田元弘)에게 인도함'(1940년 11월 5일 자)이라는 두 통의 통지서를 받는다. 이를 통해 전입처에서 보호관찰 심사회를 열어 새롭게 보호사와 보호자를 정하여 통지한 것을 알 수 있다. 일본인이자 승려인 점을 고려해 보호자에게 인도하는 조치가 내려진 것으로 판단된다.

---

75 大隅実山(真城寺住職), 1982, 「京城の嵐 戦前の朝鮮での思い出」, 『解放の道・岡山版』, 1982.9.15.

같은 해 12월부터는 경성 호국사(護國寺)의 일연종(日蓮宗) 조선 개교 감독부에서 '포교 조수'로 일하게 된다.[76] 경성으로 주거를 옮겼을 때에도 경성 보호관찰소에서 '보호자 이치다 모토히로(市田元弘)에게 인도 처분은 이를 취소함. (중략) 본인은 견서(肩書) 주소에 전주(轉住)하여 전기(前記) 보호자의 보호적 입장 사실상 곤란한 지역에 재주함에 의함'이라는 통지와 '보호관찰사 변경통지의 건 (중략) 묘심사(妙心寺) 별원 주직(住職) 가잔 다이기(華山大義)로 변경'이라는 통지가 같은 1941년 1월 8일 자로 도착했다.

오스미는 가나자와, 대구, 경성의 보호관찰소에서 각각 통지서를 받았는데, 봉투에 기재된 발신자 정보에 차이가 있다. 가나자와보호관찰소에서 받은 봉투에는 보호관찰소라고 명기되어 있지만(〈그림 2-1〉 위), 대구와 경성의 경우는 보호관찰 대상임을 알 수 있는 정보는 일절 없다(〈그림 2-1〉 아래, '行森孚'는 대구보호관찰소장 이름). 1936년 경성 보호관찰소장 쓰쓰미는 잡지와 인터뷰에서 "무슨 조사할 일이 있거나 물어볼 일이 있을 때는 봉함 편지로써 본인에게 통지하여 조금도 다른 사람들의 눈에 띄지 않도록 할 터"[77]라고 밝힌 바 있는데, 오스미 앞의 통지서를 통해 실제 모습을 확인할 수 있다.

조선에서 사상범 통제 정책의 중핵으로서 활약한 사상검사 나가사키 유조(長崎祐三)는 "의기양양하게 출옥한 반도의 모 공산주의자는 '과거에는 사상범으로 투옥되면 출옥 후 신부감 후보가 많이 있었지만 지금은 시집올 이가 한 사람도 없을 정도로 세상은 변했다'고 비관하며 술회

76　大隅実山(真城寺住職), 1982, 앞의 글.
77　李鍾模, 1937, 「實施된 思想保護觀察令」, 『朝光』 3-6, 61~63쪽.

〈그림 2-1〉 보호관찰소 통지서(위는 가나자와, 아래는 대구)

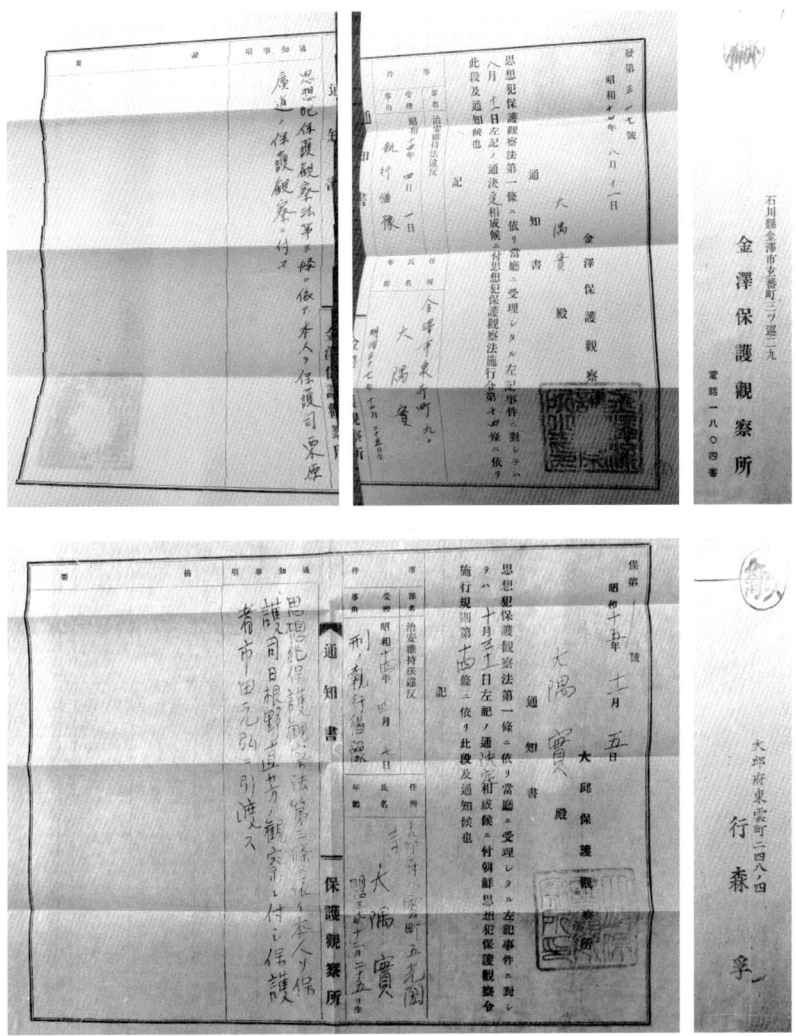

출처: 오스미 지쓰잔 유족 소장.

했다"⁷⁸고 말했는데, 이러한 인식이 위와 같은 조치의 배경이 되었을 것으로 생각된다.

2) 시국대응전선사상보국연맹의 결성과 활동

전향자 단체인 시국대응전선사상보국연맹(時局對應全鮮思想報国連盟, 이하 '사상보국연맹' 혹은 '연맹')은 일본 본국의 움직임과 연동하면서 결성되었다. 1937년 11월 일본 본국에서는 소덕회(昭德會) 주도로 전국 보호관찰소에서 한 명씩 위원을 내어 잠정시국대책전국위원회를 발기했다.⁷⁹ '보호관찰'에 머물지 않고 전향자를 '사상전'에 동원할 목적이었다. 이어 1938년 6월 20일에는 시국대응전국위원회가 개최되었는데, 그 자리에는 조선인 전향자 대표 박영희(朴英熙)와 권충일(權忠一)이 참가하여 '내선일체 강화에 관한 건'을 '협의 사항'으로 제출하는 등의 활동을 벌였다.⁸⁰

조선에서는 1938년 7월 3일에 경성보호관찰소에서 시국대응전국위원회 참가보고회가 열렸다. 그 자리에서 전국 각지로부터 모인 전향자 대표는 '전선(全鮮) 전향자의 자주적 조직 결성의 동의(動議)를 가결'⁸¹하였고 이후 그 준비가 진행되었다. 이윽고 7월 24일 총독 대리, 조선군 사령관 대리, 고등법원 검사장, 각 보호관찰소장, 보호관찰소 7곳 전향자 대표 45명, 재경성 사상사건 관계자 등 350여 명이 참가한 가운데 연맹 결성대

---

78 長崎祐三, 1939, 「時局と半島轉向者の將來」, 『昭德』 4.
79 「〈所報〉暫定時局對策全國委員會」, 『國民思想』 4-7, 1938.7.
80 「暫定時局對應全國委員會槪況」, 『昭德會報』 3-7, 1938.7.
81 京城保護觀察所, 1939, 『保護觀察制度の槪要 附 時局對應全鮮思想報国連盟の槪要』.

회가 열렸다.[82]

사회와 개회선언은 경성보호관찰소 소장 쓰쓰미가 맡았다. 전향자 박득현(朴得鉉)이 연맹 조직 준비위원회 경과보고를 하고 옥중 전향자 대표 김두정(金斗禎)이 보낸 메시지가 낭독되었다. 일본 본국의 전향자 대표도 참석했다. 일본인 전향자 대표는 일본 본국과 달리 조선총독부의 관심 덕분에 조선군 사령관 외에 총독부 고위 관리가 대거 참여했다고 평가했다. 당국의 강력한 지도 아래 결성된 점에서 일본 본국의 전향자 단체와 차이가 드러난다. 대회 결의에서는 '일본 정신의 앙양', '반국가적 사상의 파쇄 격멸', '애국적 총후 활동의 강화 철저'를 내걸었다.[83]

조직은 1939년 12월 현재 지부 7곳, 분회 63곳에 회원 2,765명이었고,[84] 1940년 말에는 지부 7곳, 분회 83곳에 회원 3,300명이 되었다.[85] 회원 수로 볼 때 보호관찰 처분을 받은 이는 거의 자동으로 가입된 듯하다. 연맹의 주된 활동은 신사참배, 근로봉사, 군사 위문, 국방헌금, 시국 강연회와 영화 상영회 개최였다. 1939년 10월에는 대회를 열어 "동아의 천지에서 적색 세력을 구축 삼제(芟除)"하고 "황국의 팔굉일우의 대이상 실현에 매진"하자는 '반(反)코민테른 결의'를 채택했다. 연맹원의 대륙진출을 원조하기 위해 중국어 강습회를 개최하고 산업보국운동에 진출도 꾀했다.[86]

---

82 「時局對應全鮮思想報国連盟結成式狀況」, 『司法保護月報』 5, 1938; 「全鮮に燃え上る 轉向者赤誠の烽火 時局對應全鮮思想報国連盟結成さる」, 『昭德會報』 3-9, 1938.

83 水野直樹, 2006, 앞의 글, 102쪽.

84 「時局對應全鮮思想報國聯盟一覽」, 1940, 24쪽.

85 長崎祐三, 1941, 「思想犯保護觀察の回顧」, 『朝鮮司法保護』 1-2, 6쪽.

86 김두정, 1939, 「新東亞建設に於ける思想報國の重要性」, 『朝鮮及滿洲』 385, 28~31쪽;

연맹 가입은 전향을 보증하는 것으로 받아들여졌다. 1938년 9월 기독교 계통의 사회운동단체인 '흥업구락부' 사건 수습을 위해 열린 윤치호(尹致昊)·신흥우(申興雨)·이춘호(李春昊)·유억겸(俞億兼)의 회합에서 사건 관계자의 국민정신총동원연맹·조선방공협회·시국대응전선사상보국연맹 가입 활동이 결의되었다.[87]

경성 콤그룹에서 활동하던 권우성(權又成)은 박헌영(朴憲永)과 만난 자리에서 "실형(實兄)의 권유에 의해 조선시국대응사상보국연맹 마산 분회에 가입하고 그 간사에 본의 아니게 뽑혔다"라고 보고했다가, "형식적 전향의 반동성을 인식하고 있지 않은가"[88]라는 질책을 받았다. 이러한 정황이었기 때문에 '위장전향' 혹은 '역전향'의 가능성도 늘 존재했다. 당국은 '표면전향을 위장하여 관헌의 눈을 속이거나 혹은 사회의 동정을 얻고자 사상보국연맹에 가맹하는 등 전향을 위한 전향에 다름없다고 관찰되는 자'[89]에 대한 경계를 늦추지 않았다.

연맹을 조선인의 자주적 조직으로 삼고자 하는 적극적인 움직임도 존재했다. 7월 결성대회에 참가한 대동민우회 회원이자 평양 재주 변호사 노진설은 "자주단체 결성 준비 위해 입성"한다고 밝혔다.[90] 법무국의 조

水野直樹, 2006, 앞의 글, 102쪽.

87 「京鍾警高秘第八二七三號ノ四 尹致昊ノ動静ニ關スル件」(京城鍾路警察署長→京城地方法院檢事正·京畿道警察部長·府內各警察署長, 1938.9.15), 「京鍾警高秘第八二七三號ノ五 集會取締狀況報告(通報)」(京城鍾路警察署長→京城地方法院檢事正·京畿道警察部長·府內各警察署長, 1938.9.20)(이상 국사편찬위원회 소장 『延禧專門學校同志會興業俱樂部關係報告』).

88 「權又成被疑者訊問調書(第二回)」(1941.3.28), 1095~1096쪽(국회도서관, www.nanet.go.kr).

89 朝鮮軍參謀部, 「昭和十四年前半期朝鮮思想運動概況」, 9쪽(국회도서관, www.nanet.go.kr).

90 「京鍾警高秘 제6284호 大東民友會員 盧鎭卨의 言動에 關한 件」(1938.7.5)(국사편찬

사에서도 연맹에 대해 '전선(全鮮) 사상 전향자를 들어 하나로 삼을 강력한 자주적 조직을 형성할 것을 목적'[91]으로 삼았다고 평가했다. 연맹 규약에서도 '자주적 사회복귀'를 내걸었고, 창립선언에서도 '소극적인 자기청산에서 적극적인 자기완성으로'[92] 나아갈 것을 표방했다.

일본의 전향자들도 이러한 측면에 주목했다. 대량전향의 물꼬를 튼 것으로 유명한 나베야마 사다치카는 1938년 10월에 『동양지광』에 투고한 글에서 '내지'의 전향자와 달리 "반도의 제형(諸兄)들이 흡사 반도 전토를 석권할 듯한 기세로 영기삽상(英気颯爽)하게 활동하시는 것은 지극히 경복"[93]할 일이라고 밝혔다. 사노 마나부도 같은 해 11월에 같은 잡지에 실은 글에서 '내지'의 전향자가 '적극성이 결여'된 데 반해 "반도의 공산당 전향자가 내선일체 운동의 선두에 서서 매우 능동성을 보이는 것은 정말 좋은 일"[94]이라고 평가했다.

사상보국연맹이라는 이름이 결성대회 자리에서 결정된 사실도 흥미롭다. 원래 '시국대응 전선 전향자 연맹' 결성을 위해 소집된 대회였지만, 일부 참가자로부터 "전향이란 신문기자들이 공산주의자를 야유하는 의미에서 만든 것이고 또한 전향자라고 하면 사회에서 (중략) 전과자를 연상하게" 된다는 의견이 강하게 나와 현장에서 명칭이 바뀌었다.[95] 결성대회

위원회, www.history.go.kr); 水野直樹, 2006, 앞의 글, 102쪽.

91 「時局對應全鮮思想報国連盟の活動狀況」, 『思想彙報』 20, 1939, 213~222쪽.
92 「全鮮に燃え上る轉向者赤誠の烽火 時局對應全鮮思想報国連盟結成さる」, 『昭德會報』 3-9, 1938, 5~6쪽.
93 鍋山貞親, 1939, 「大兄らは惠まれてゐる」, 『東洋之光』, 1-10.
94 佐野學, 1939, 「內鮮一體の三大思想的眼目」, 『東洋之光』, 1-11.
95 鄭三峯, 1938, 「全鮮轉向者大會傍聽記 全朝鮮思想保國聯盟結成!」, 『四海公論』 4-9.

모습을 담은 〈그림 2-2〉를 보면 연단 양측에 각각 '팔굉일우'와 '사상보국'이라는 현수막이 걸려 있었던 것을 알 수 있다.[96] '사상보국'이라는 새로운 명칭은 이 현수막을 보고 촉발된 것일지도 모르겠다. 대회에 참석한 일본인 전향자도 '전선의 동우(同友) 제군이 열렬한 의견을 토로'한 결과, 명칭이 '전향자연맹'에서 '사상보국연맹'으로 변경되었다고 전했다.[97]

임석한 법무국장의 동의를 얻었다고는 해도 당국이 정한 조직명을 결성대회 자리에서 바꿔 버린 셈이다. 조선인 전향자의 기세가 느껴진다. 녹기연맹도 '사상보국'을 '적극성을 가진 이름'[98]이라고 평가했다. 연맹의 조직 구성에도 자주적 운영의 가능성이 담겨 있었다. 본부의 총무와 각 지부의 지부장은 조선인 명사가 맡고 각 보호관찰소의 일본인 소장이 총무차장과 부지부장으로서 이를 보좌하는 체제였다. 본부의 간사도 조선인 전향자가 다수를 점했다.

전향자의 자주적인 움직임은 당국의 경계심을 불러일으켰다. 전향자라고는 해도 총독부 당국이나 일본인에 비판적인 견해를 가진 자는 존재했다. 신의주보호관찰소장을 거쳐 후일 대화숙 창립을 주도하는 나가사키 유조(長崎祐三)는 "연맹 본부의 간사에는 전향자 수 명이 있어 그들은 어느새 간사회라는 것을 조직하여 거기서 전향자 특유의 실행 불가능한 추상적 실천 사항을 결의하고 이 방면에 경험이 없는 민간인인 총무에게 이의 실천방식을 채용토록 하여 총무 이름으로 각 지부에 그것을 지령하

---

96 「全鮮に燃え上る轉向者赤誠の烽火 時局對應全鮮思想保國聯盟結成さる」, 『昭德會報』 3-9, 1938, 3쪽.

97 岐阜·小島玄之, 1938, 「朝鮮の印象」, 『昭德會報』 3-9, 30쪽.

98 綠旗日本文化研究所, 1939, 『今日の朝鮮問題講座(4): 朝鮮思想界槪觀』, 綠旗聯盟, 42쪽.

〈그림 2-2〉 시국대응전선사상보국연맹 결성대회

출처:「時局對應全鮮轉向者聯盟の結成式擧行, けふ京城府民舘で」,『京城日報』, 1939.7.25.

여 지부에서는 부지부장인 보호관찰소장이 역으로 전향자가 결의한 것을 실천한다고 하는 진기한 현상이 싹터 왔다"[99]고 지적했다. 결국 법무국장은 간사회 개최를 엄금했다. 어디까지나 연맹 규약 및 조직도에 의한 운영이었지만, 당국은 이를 허락하지 않았다.

일본 본국과 식민지 조선을 구분 짓는 차별적인 인식도 확실히 드러났다. 나가사키는 '내지'의 전향자는 공산주의이지만 조선의 전향자는 공산주의 외에 '국가주의적 성질'을 띤 민족주의자도 있기 때문에 '내지'의 위원회를 흉내 내어 "연맹을 전향자의 자치에 맡긴다면 그들은 점점 지도

---

99 長崎祐三, 1941,「思想犯保護觀察の回顧」,『朝鮮司法保護』1-2.

〈표 2-10〉 시국대응전선사상보국연맹 현황(1940)

본부
〔총무〕 李升雨
〔총무차장〕 山下秀樹

간사회
〔상임간사〕 栗田淸造 橫田伍一 宮本國忠 本多文映 金斗禎 兪億兼 金漢卿 張德秀 朴英熙
〔간사〕 朴得鉉 權忠一 韓相建 李寬求 崔651善 印貞植 金桂林 沈浩燮 朱仁奎 葛弘基 尹致映 尹東鳴 崔益翰 羅俊英 閔丙曾 崔鉉培 具滋玉 趙基栞 廉仁傑 朴自甲 高明子 金俊淵 (이상, 경성부 내. 지부 관내 간사는 생략)

	경성지부	함흥지부	청진지부	평양지부	신의주지부	대구지부	광주지부	
〔지부장〕	張友植	劉泰高	張憲根	李基燦	高一淸	徐丙朝	玄俊鎬	
〔부지부장〕	山下秀樹	香川愿	相良春雄	衣田克己	長崎祐三	佐々木義久	松本孝義	〔계〕
〔분회〕	11	7	5	2	10	12	16	63
〔맹원〕	596	541	343	237	240	214	584	2,765[100]

출처: 「時局對應全鮮思想保國聯盟一覽」을 바탕으로 하여 작성.
비고: 맹원과 분회는 1939년 12월 현재를 기준으로 하여 작성.

자 의식을 키워, 끝내 그들은 보호관찰소의 지도조차 거부하기에 이를 우려가 있다"[101]고 경계했다.

조선인이 수장이 되고 일본인이 이를 보좌하는 체제에 대해, 당국은 일본인과 조선인 사이의 위계의 전복[102]을 경계한 것이다. 조금 뒤의 일이

---

100 「時局對應全鮮思想保國聯盟一覽」 24쪽의 「聯盟現勢表」 수치 그대로이나 각 지부 맹원 수를 더하면 2,755명으로 합계가 맞지 않는다.
101 長崎祐三, 1943, 「朝鮮における思想輔導の現況」, 『昭德』 8-8.
102 미즈노 나오키는 전시체제기 조선의 영화를 분석하여, 영화에 비친 '민족 위계'와 그 '전복의 가능성'을 읽어 내었다. Naoki Mizuno, "A Propaganda Film Subverting Ethnic

지만 대화숙 회장을 맡은 나가사키 자신도 국어강습회에 강사로 나오던 일본인 여성에게 '반도인(半島人)'으로 오해를 받은 적이 있다. 나가사키는 '실소(失笑)'[103]했다고 적었지만, 식민지와 피식민자의 식별은 식민 통치의 근간에 닿아있는 문제였다.

'적극'성 자체도 문제가 되었다. 나가사키는 "전향자가 완전히 소극적 태도를 버리고 오로지 신사회 건설의 전사처럼 행동하기에 이르면 세인(世人)의 동정은 변하여 반감이 된다"[104]고 말했다. 연맹 스스로도 적극적인 활동이 '정치'로 비치는 것은 경계했다. 연맹 문서에 실려 있는「연맹의 활동임무」에는 "연맹은 정치에 관여하지 않고 국가총동원운동에 적극적으로 참가·협력해야 한다"면서 '연맹은 결코 정당이 아니'[105]라고 규정했다.

그러나 중일전쟁기, 특히 1938년 10월의 '동아신질서 성명' 이후에는 제국질서의 변동이 점쳐지는 가운데 조선의 지위를 둘러싸고 수많은 언설이 쏟아져 나왔다. 연맹 관계자도 적극적으로 논쟁에 참가했다. 본부 상임간사인 김한경(金漢卿)은 당시 내선일체 운동의 '방법론'을 '민족동화론'과 '민족협동론'으로 나눈 뒤 "'일체하면 동화를 의미한다'는 조급한 상식적 판단을 떠나서 현실의 실재 조건을 구체적으로 포착하기에 노력할 필요가 있다"[106]고 하여 민족협동론을 암묵적으로 지지했다. 간사인 인정식(印貞植)도 "내선일체라 하면 곧 조선어의 폐지, 조선의복의 금용

Hierarchy?: Suicide Squad at the Watchtower and Colonial Korea", *Cross-Currents* No. 5, 2012 참조.

103 長崎祐三, 1944,「日本の娘」, 綠旗聯盟 編,『大和塾日記』, 興亞文化出版株式會社.
104 長崎祐三, 1941,「思想犯保護觀察の回顧」,『朝鮮司法保護』1-2.
105 「時局對應全鮮思想報国連盟一覽」, 1940, 7쪽.
106 金漢卿, 1940,「共同運命에의 結合과 還元論」,『三千里』12-3, 47~52쪽.

등을 의미하는 것으로 생각하는 도배야말로 가이없는 인간들입니다"¹⁰⁷ 라고 말해, 급진적인 동화정책과는 거리를 두었다. 당국은 이러한 전향자의 정치적 언동에 불안을 느꼈음에 틀림없다.

3) 사상정화 공작과 조선방공협회

(1) 사상정화 공작의 실시

중일전쟁기 조선총독부의 치안유지 체제는 세 가지 층위로 구성되었다. 제1환은 사상범에 대한 감시, 통제, 전향 강요를 행하는 사상범 보호관찰 제도다. 제2환은 사상범을 낳은 조선의 지역사회와 가족을 통제하는 사상정화 공작과 조선방공협회. 제3환은 사회 전체를 감시, 통제하는 유언비어 단속이다.¹⁰⁸

1930년대 전반부터 농촌진흥운동과 관련 속에 '사상정화 운동'이 전개되었다. 좌담회, 강연회, 중견 청년단의 보도, 시찰인·시찰단체의 확대·선도 등을 통해 지역 주민을 사상적으로 교화하려는 운동이었다. 함경북도에서는 1933년 4월 이후 농산어촌 진흥운동에 호응하여 계몽 강연, 향약 기타 중견 온건 단체 설립을 통해 사상을 정화하고 각 부락에 자위단을 조직하여 경찰을 도왔다.¹⁰⁹ 함경북도 농촌진흥운동에서는 향약 활용

---

107 「時局 有志圓卓會議」, 『三千里』 11-1, 1939, 36~46쪽.
108 水野直樹, 2006, 앞의 글, 96쪽.
109 『朝鮮刑事政策資料 昭和十六年度版』(水野直樹 編, 2023, 『朝鮮治安関係資料集成 第8巻』, 不二出版), 93쪽, 미즈노 나오키, 2004, 「1930년대 후반 조선에서의 사상 통제 정책: 함경남북도의 '사상 정화 공작'과 그 이데올로기」, 방기중 編, 『일제 파시즘 지배정책과 민중생활』, 혜안, 120쪽에서 재인용).

이 강조되었다. 1932년 4월에 도지사가 각 군에 '향약 정신에 의한 시설' 상황 조사를 지시하고 같은 해 6월에는 '관북 향약'을 발표했다.[110] 향약에 경찰 등 당국을 보조하는 역할을 기대한 것이다.

사상정화 운동은 식민지 조선은 물론 일본 본국에서도 주창된 경찰의 민중화, 민중의 경찰화 슬로건을 현장에서 구체화한 것이라고 할 수 있다.[111] 1936년 11월 함경북도 경찰부 '남부 삼군 사상정화 위원회'(위원장 도지사)가 정한 '사상정화 위원회 실행 요강'은 전향자 보호, 자위단 강화, 향약 활동 촉진, 계몽 및 선도, 중심인물 양성, 산업 장려, 사회 활동(순회 진료) 등 여덟 항목을 내걸었다.[112] 남부 3군이란 적색 농민조합이 활발한 길주, 명천, 성진을 가리켰다.

당국은 함경북도 길주, 명천, 성진을 '사상적 특수지대', '사상 악화 지대'라고 부르고 사상정화를 통하여 "부형을 계몽하여 그 각성을 촉진하고 관민이 협력하여 전면적으로 청소년의 선도 교화를 도모"하고자 했다. 사상 악화의 책임을 부락민 전체에 돌리고 사상정화를 부락민 전체의 공동 책임으로 삼고자 한 것이다. 순회강연, 좌담회의 목적은 "부형의 자각을 촉진하여 자제의 교양 및 이에 대한 부형의 소견 등을 개진"시키는 데 있었다.[113] 함경남도 정평군에서 경찰은 정평 사건 석방자에 대해 '일반 부

---

110 「咸北道鄉約文完成」, 『每日申報』, 1932.7.4; 水野直樹, 2013, 「咸鏡北道における思想淨化工作と鄉約・自衛團」, 松田利彦・陳姃湲 編, 『地域社會から見る帝國日本と植民地』, 思文閣出版, 253쪽.

111 마쓰다 도시히코 저, 이종민・이형식・김현 역, 2020, 앞의 책, 135쪽.

112 「朝鮮刑事政策資料 昭和十六年度版」, 93~95쪽(미즈노 나오키, 2004, 앞의 글, 121쪽에서 재인용).

113 淸津地方法院檢事正報告, 1937, 「南三郡思想淨化工作槪況」, 『思想彙報』 11, 154・157쪽; 미즈노 나오키, 2004, 위의 글, 120~122쪽.

민'은 물론 부형, 구장 등 '신병 인수인' 등이 '무자각' 상태에서 감독을 엄하게 하지 않는 상황을 우려했다.[114]

사상 전과자를 지역 주민으로부터 격리하는 조치도 취해졌다. 함경북도 명천군 경찰은 사상 전과자를 전향 훈련생으로 칭하여 출옥 후 귀향할 때 경찰서에서 훈화한 뒤 도중까지 배웅했다. 마을에서는 청년, 부녀의 마중을 금지하고 다시 주재소에서 훈계한 후에 귀가시켰다. 더욱이 가출옥자는 복숭아색, 만기 출옥자는 붉은색으로 각각 '전향 보국'이라고 수를 놓은 완장을 차 눈에 띄게 하고 매월 한 번씩 전향의 정도를 사정했다. 길주군에서는 사상 전과자를 당분간은 관공리, 향약장, 구장, 자위단 단장, 자위단 부단장 이외 사람과 교제하지 못하게 했다.[115]

일본 본국의 전향은 사회주의자가 이념을 버리고 가족과 지역 공동체로 돌아가는 측면을 지녔다. 그러나 일본 관헌이 볼 때, 독립을 지향하는 조선의 민족주의자와 사회주의자에게 가족과 지역 공동체는 결코 안전지대일 수 없었다. 당국은 사상범뿐만 아니라 가족을 포함한 지역 공동체 전체를 불신했다. 사상정화라는 개념 자체가 제노사이드(genocide), 인종청소와 같은 의미에서 사용되는 민족정화라는 표현을 떠올리게 한다. 불순함을 견디지 못하는 두려움과 평정에 대한 욕망은 전쟁과 같은 극한 상황을 만나면 쉽게 집단학살로 이어질 수 있었다. 사상정화 공작에서는 6·25전쟁 발발 직후 벌어진 국민보도연맹원 학살 사건의 징후를 엿볼 수 있다.

---

114 「鮮內に於ける思想淨化運動」, 『高等警察報』 5, 1936, 19쪽; 미즈노 나오키, 2004, 앞의 글, 119쪽.

115 『朝鮮刑事政策資料 昭和十六年度版』, 96쪽(미즈노 나오키, 2004, 위의 글, 123쪽에서 재인용).

사상정화 운동이 강화된 형태로 실시된 곳은 농민운동이 끈질기게 전개된 길주, 명천, 성진 등 함경북도 남부 3군과 더불어 동북항일연군에 의한 조직 공작이 발각된 함경남도 국경 지대였다. 1937년 6월 김일성이 인솔하는 동북항일연군 제1로군 제2군 제6사에 의한 함경남도 갑산군 보천면 보전리 마을 습격 사건이 발생했다. 북한에서 말하는 '보천보 전투'다. 이후 갑산공작위원회(한인민족해방동맹)의 존재가 드러나면서 '혜산사건'이 발생했다. 739명이 검거되어 188명이 기소된 1930년대 후반 최대의 「치안유지법」 관련 사건이었다.[116]

보천보 전투 그리고 이와 연루된 조선 내 지하조직 적발에 충격을 받은 함경남도 경찰부는 1938년 4월에 국경 지방에 대한 사상정화 공작 실시를 결정했다.[117] 함경남도 경찰부는 사상정화 공작을 실행하기 위한 경찰 측 지도기관으로 '국경 지방 방공 공작계'를, 부락 청소년 조직으로는 '국경 지방 방공단'을 조직했다. 국경 지방 방공단은 1938년 5월부터 조직하기 시작하여, 9월까지 국경 5개 경찰서 관내 모든 부락에 결성했다. 방공단은 동·리를 구역으로 하여 18세 이상 31세 이하 청년 전부를 단원으로 했다. 청년층 주민은 강제 가입이었다.

방공단은 '경민(警民) 친화 제휴를 꾀하는 것을 목적'으로 삼아 방위부, 수양부, 영농부로 나뉘어 활동했다. 방위부는 공산주의 기타 불온사상의 침입 방지, 궁성요배, 「황국신민의 서사」 제창, 황국신민체조의 실시 등을 맡았다. 수양부는 국기 게양 및 식전 거행, 『매일신보』 및 수양 서적

---

116 조우찬, 2016, 「1930년대 중반 한인민족해방동맹의 항일투쟁의 특징과 역사적 재평가」, 『동북아역사논총』 54.

117 「咸鏡南道國境地帶思想淨化工作槪況」, 『思想彙報』 20, 1939, 8쪽; 미즈노 나오키, 2004, 앞의 글, 125쪽.

강독, 당국 배포 인쇄물 윤독, 좌담회 개최 등을 실시했다. 영농부는 농업을 장려했다. 혜산 사건 관련 석방 귀향자의 여행, 외출 등은 방공단장을 경유하여 주재소에 보고했다. 그 밖에 방공좌담회 및 영화회를 각 부락에서 실시했다.[118]

함경남도 경찰부의 조사에 따르면, 국경 지대 주민은 무지몽매한 화전민이 아니라 대부분 자작농이고 부유한 농가도 많아 교육도 활발했다. 많은 주민이 사상이 악화된 지방으로 알려진 함경남도 단천·북청, 함경북도 길주·명천·성진 등지에서 이주해 온 사람들이었다.[119] 함경남도 사상정화 공작은 김일성에 대한 혐오감을 불러일으키려고 노력했다. 국경 지방에서는 사람들이 김일성을 대단한 인물, 영웅과 같이 생각하고 있다고 지적하고, 김일성을 독립과 공산주의를 주창하는 과대 망상광(妄想狂)으로 몰아세웠다.[120] 김일성에 대한 인격적 비난에서는 해방 이후 남한에서 벌어진 반공 선전의 원형을 엿볼 수 있다.

함경남도가 제작한 『사상정화공작 자료』는 "무슨 까닭에 내선일체가 되어야 하는지, 무슨 까닭에 시국을 인식해 협력해야 하는지의 이유를 설명"해야 하며 "국경 민중의 마음속에 있는 '안개', 즉 '석연치 않은 점'을 닦아버리는 것을 직접적인 목적"으로 한다고 밝혔다.[121] 경찰은 구미 제

---

[118] 「咸南警秘第273號 國境地帶ノ防共工作ニ關スル件」(1938.6.2), 「咸南警秘第530號 國境地帶ノ防共工作ニ關スル件」(1938.8.23)(국가기록원, www.archives.go.kr); 미즈노 나오키, 2004, 앞의 글, 129~130쪽.

[119] 「咸鏡南道國境地帶思想淨化工作概況」, 『思想彙報』 20, 1939, 8쪽; 미즈노 나오키, 2004, 위의 글, 125쪽.

[120] 「國境地方防共工作計畫」(국가기록원 웹사이트 등록명은 「국경지방방공공작계밀」), 102쪽; 미즈노 나오키, 2004, 위의 글, 137~138쪽.

[121] 咸鏡南道警察部, 「思想淨化工作資料(第一輯)」(1938.6.1), 985쪽(국가기록원, www.

국의 식민 통치가 원주 민족을 멸망시켰지만, 일본의 조선 통치는 근본적 차이가 있어 조선인은 일본이라는 국가의 일분자라고 선전했다.[122]

김일성 부대와 전쟁 상황이던 함경남도 국경 지대의 사상정화 공작은 역시 전쟁 혹은 내전 상황이었던 만주의 비민(匪民) 분리 공작, 집단 부락 설정 등의 치안 정책과 유사했다.[123] 함경북도 남부 3군에서는 자위단을 조직했는데 이는 조선과 만주의 국경 지대에서 조직된 자위단에 유래했다. 1930년대 중반 간도의 집단 부락에서는 100호당 20명 정도의 자위단원을 선발하여 부락 방위 외에 군경 토벌대 길 안내 등을 맡겼다.[124] 함경북도 '사상악화 지대'의 자위단은 15세에서 30세까지 청년 남자 전체를 조직했는데, 전시동원체제의 일익을 담당했다.[125]

중일전쟁이 장기화하면서 식민지 조선 전체에 전시체제가 확립되기에 이른다. 전시체제기 조선의 치안 정책은 함경남북도에서 실시한 사상정화 공작의 경험을 전국으로 확대한 내용이었다. 예컨대 사상정화 공작의 주된 방법인 좌담회는 전시체제기 경찰 주도로 조선 전국에서 확대 실시 되었다. 1939년 8월 각 도 고등 및 외사경찰과장 사무 타합회에서는 "전선 각 도에서 일제히 사상정화 대책을 강화하고 철저히 시행하기로 방침을 결정"했다. 아울러 국민정신총동원연맹, 방공협회와 제휴도 모색

---

archives.go.kr); 미즈노 나오키, 2004, 앞의 글, 144쪽.
[122] 咸鏡南道警察部, 「思想淨化工作資料(第一輯)」(1938.6.1); 미즈노 나오키, 2004, 위의 글, 139쪽.
[123] 미즈노 나오키, 2004, 위의 글, 131쪽.
[124] 朝鮮總督府, 1936, 『間島集團部落』, 15~20쪽; 윤휘탁, 1996, 『日帝下 滿洲國 硏究: 抗日武裝鬪爭과 治安肅正工作』, 일조각 참조.
[125] 水野直樹, 2013, 앞의 글, 277쪽.

되었다.¹²⁶ 다만 사상정화 공작이 기대했던 성과를 거두지 못하자 검찰은 출옥자의 보도를 경찰서에 맡기는 대신 보호관찰소를 한층 강화하고자 했다.¹²⁷

(2) 조선방공협회의 성립과 운영

1938년 8월에 조선총독부 경무국 주도로 조선방공(防共)협회가 설립되었다.¹²⁸ 조선방공협회는 결성 목적의 하나로서 '사회주의자 선도'를 내세웠는데, 공산주의 운동의 기세가 쇠약해진 때에 이에 대항하는 대규모 조직을 만드는 것은 시기적으로 늦었다는 평가가 있었다.¹²⁹ 전향자 단체로는 이미 같은 해 7월에 시국대응전선사상보국연맹이 결성되어 있었다. 따라서 조선방공협회는 전향자를 위한 단체라기보다 폭넓게 일반 민중을 대상으로 하여 조직한 단체로서 그 활동도 전람회나 강연회를 통해 방공, 방첩을 위한 계몽운동을 펴는 것이 중심이었다.¹³⁰

조선방공협회 총재는 정무총감, 회장은 경무국장, 간사는 총독부 경무국 각 과장과 조선군 정보주임 참모 등이 맡았다. 법무국 계통인 보호관찰소나 사상보국연맹과는 달리 경무국이 주체가 된 조직이었다.¹³¹

---

126 朝鮮總督府警務局保安課, 1939, 『高等外事月報』 2, 4쪽; 미즈노 나오키, 2004, 앞의 글, 141쪽.
127 「朝鮮刑事政策資料 昭和十六年度版」, 98쪽(미즈노 나오키, 2004, 위의 글, 124쪽에서 재인용).
128 朝鮮總督府警務局保安課, 1939, 『朝鮮に於ける防共運動』.
129 石崎弘(警務局), 1938, 「思想戰漫談」, 『警務彙報』 390, 47쪽; 마쓰다 도시히코 저, 이종민·이형식·김현 역, 2020, 앞의 책, 510쪽.
130 마쓰다 도시히코 저, 이종민·이형식·김현 역, 2020, 위의 책, 510쪽.
131 朝鮮總督府警務局保安課, 1939, 『朝鮮に於ける防共運動』, 12~13쪽; 水野直樹,

1938년 11월까지 각 도 경찰부에 도 연합지부(장은 도지사), 각 경찰서에 지부(장은 경찰서장)를 두고, 지부 아래 방공단을 조직하여 지역 치안유지를 꾀했다. 지역 조직 외에 관공서, 회사, 공장 등 단체별·직업별로도 조직했다. 진주에서는 접객업자 방공단, 권번(기생 조합) 방공단이 조직되기도 했다.[132] 1939년 9월 말 시점에 253개 지부, 3만 1,000개 방공단에 19만여 단원을 갖춘 대규모 관제 조직이었다.[133]

조직 이름에 왜 방공(防共)을 넣었을까. 방공협회의 설립 이유는 1936년 10월에 체결된 '일독이 방공협정'(이탈리아는 1937년 참가 - 인용자)에 부응하고 '공산주의 사상의 철저 박멸'과 '황도 사상의 선양'을 통해 '지나사변'의 장기화에 따른 '국방적 필요'에 대응하는 것이었다.[134] 일본 본국에도 설립된 적이 없는 '전선(全鮮)을 망라하는 방공방첩망'을 구축하겠다는 것이었다.[135]

방공협정의 정식 명칭은 '반(反)코민테른 협정'이었다. 1935년 코민테른은 반파시즘인민전선전술을 채택했다. 유럽에서는 사회민주주의, 자유주의 세력을 끌어들여 스페인 내란에서 파시스트에 맞섰고, 중국에서는 국공합작이라는 민족통일전선을 지원하여 다름 아닌 일본과 대결하고 있었다. 인민전선전술은 조선의 민족운동에도 직접적인 영향을 미

2006, 앞의 글, 105쪽.

132 「券番, 接客業者 防共團을 結成」, 『東亞日報』, 1939.3.26.
133 水野直樹, 2006, 앞의 글, 106쪽.
134 朝鮮總督府警務局保安課, 1939, 『朝鮮に於ける防共運動』, 3쪽.
135 「京畿서 防共의 鐵壁陣 防共協會支部設置」, 『每日新報』, 1938.9.16; 이태훈, 2014, 「일제말 전시체제기 조선방공협회의 활동과 반공선전전략」, 『역사와 현실』 93, 134쪽.

쳤다. 1937~1938년에는 만주 지역의 조국광복회와 함경도의 항일 세력이 연결된 대규모 항일 조직이 발각된 '혜산 사건'이 벌어져 당국을 긴장시켰다.[136] 이러한 정세 속에서 조선총독부는 일본, 특히 식민지 조선 치안의 가장 큰 적인 코민테른과 공산주의 박멸을 내걸게 된 것이다.

조선방공협회의 목적은 "공산주의 사상 및 운동의 박멸 방위를 꾀함과 동시에 아울러 일본 정신의 앙양을 꾀함"에 있었다. 협회는 잡지 발행, 강연회·좌담회·전람회 개최, 사회주의자 선도 등의 활동을 폈다. 방공단 실천 요강은 '방공 사상 보급 철저'(공산주의의 오류 죄악 폭로, 인민전선운동의 배격, 적극적 방공 활동), '일본 정신 앙양'(국체 관념의 강조, 내선일체의 철저, 국민도덕의 진작), '국방 사상 강화'(시국 인식의 철저, 총후보국, 방첩 사상의 보급 철저)를 내걸었다.[137] 방공과 일본 정신 앙양이 협회 이념과 활동의 양대 축이었다. 반공과 식민주의가 결합한 상황이었다.

방공협회 규약 제3조는 방공 사상의 철저한 보급, 사상 국방의 강화, 일본 정신 앙양을 위한 사업을 4개 항으로 제시했다. ① 기관지·기타 간행물의 발행, 강연회·전람회·좌담회 등의 개최, ② 주의자의 선도, ③ 방공상 필요한 사항의 조사연구, ④ 방공에 관한 공로나 공적 있는 자의 표창 등이었다.[138] 방공협회의 가장 큰 사업은 좌담회 개최였다.

중일전쟁 발발 이후 경찰은 대대적으로 '시국 좌담회'를 열었다. 중일전쟁기 조선의 경찰 기구는 수적으로나 양적으로 적어도 1940년 전후까지는 일반 지방행정 기구에 필적하는 제일선 실무 직원을 두고 있었다.

---

136 이태훈, 2014, 앞의 글, 136~137쪽.
137 水野直樹, 2006, 앞의 글, 106쪽.
138 조선총독부 경무국 편, 김봉우 역, 1989, 『日帝植民統治祕史: 일제하 조선의 치안상황』, 청아, 391~392쪽.

1937년도 예산에서 경찰 직원 920명을 증강한 것을 비롯해 1939년까지 3년간 4,000명에 가까운 인원이 늘었다. 1940년 말 시점에서 읍면 직원 수는 2만 2,468명이었는데, 순사는 조선인 순사 8,414명을 포함해 2만 1,592명이었다.[139]

총독 미나미 지로는 중일전쟁 발발 이후 처음으로 열린 경찰부장 회의에서 "민중의 마음속으로 들어가라"라고 훈시했다.[140] 1937년 7월 총독부는 정보 계발·선전에 관한 조사·심의기관으로 조선중앙정보위원회를 설치했다. 총독부는 조선어로 된 팸플릿 「지나사변과 조선인의 각오」 50만 부를 제작하여 농어촌에 배포했다.[141] 그러나 신문, 잡지 등도 읽을 수 없는 하층 민중의 시국 인식을 철저히 해야 하는 어려움이 있었다. 농촌사회는 문자와는 아직 인연이 없는 세계였다.[142] 글을 읽지 못하는 사람이 약 70%였으므로 문자가 아닌 목소리로 호소할 필요가 있었다. 여기서 나온 것이 '시국 좌담회' 개최였다.

1937년 9월 경무국장 통첩으로 시국 좌담회가 개시되었다. 1940년 12월 시점에서 총 57만 회를 열어 모두 2,600만 명 이상을 모았다. 시국 좌담회에서는 사진, 도표, 그림연극 등을 활용했는데 평균 참가인원은 40~80명이었다. 경찰관에 의한 시국 좌담회는 당시 조선 민중이 일상적

---

[139] 마쓰다 도시히코 저, 이종민·이형식·김현 역, 2020, 앞의 책, 570~574쪽.

[140] 水野直樹, 2001, 『朝鮮総督諭告·訓示集成 4』, 綠蔭書房, 542쪽; 마쓰다 도시히코 저, 이종민·이형식·김현 역, 2020, 위의 책, 578쪽.

[141] 「時局認識パンフレット農漁村へ配布」, 『大阪毎日新聞』(조선판), 1937.9.2; 마쓰다 도시히코 저, 이종민·이형식·김현 역, 2020, 위의 책, 581쪽.

[142] 板垣竜太, 2000, 「農村振興運動における官僚制と村落: その文書主義に注目して」, 『朝鮮学報』 175; 김진균·정근식·강이수, 1997, 「일제하 보통학교와 규율」, 김진균·정근식 편, 『근대주체와 식민지 규율권력』, 문화과학사, 82쪽.

으로 가장 가까이에서 접한 권력의 모습이었다.[143]

　방공협회는 사상전람회, 영화, 연극 등을 통해 공산주의의 폐해와 악마성을 이미지화했다. 공산주의를 상징하는 대표 표상으로 '붉은 악마(赤魔)'를 적극적으로 활용했다. 공산주의는 하나의 이념이나 체제이기 전에 그 자체로 인류의 모든 삶을 파괴하는 절대적 악이라는 것이었다.[144] 또한 공산주의가 일상생활을 파괴하고 상식적 도덕률을 훼손한다는 점을 강조했다. 방공협회가 제작한 영화 〈방공의 맹세〉에서는 내선일체에 순응하며 농업에 힘쓰는 견실한 인물과 지적 허영과 냉혹함으로 가득 찬 공산주의자를 대비시켰다.[145]

　조선방공협회 설립과 방공단 조직은 함경남북도에서 전개된 사상정화 공작을 조선 전체로 확대한 것이었다. 1938년 10월에서 다음 해 2월에 걸쳐 각 지역에서 열린 '사상전 전람회'는 함경남도의 사상정화 공작을 설명하는 사진을 전시했다. 방공협회는 사상전 전람회 외에 기관지 『방공의 조선』 발행, 방공좌담회 개최, 포스터 제작, 방공표어 모집, 영화 상영, 그림 연극 상연 등 일반 민중을 대상으로 하는 활동을 전개했다.[146]

　방공단의 조직 방식과 역할도 함경도는 다른 지역과 달랐다. 다른 지역이 방공협회 지시에 따라 조직화가 시작된 데 반해 함경도는 독자적으로 방공단 설립을 준비하다가 방공협회에 참여했다. 함경도의 방공단은

143　마쓰다 도시히코 저, 이종민·이형식·김현 역, 2020, 앞의 책, 584쪽.
144　朝鮮總督府警務局保安課, 1939, 『朝鮮に於ける防共運動』, 1939, 48~56쪽; 이태훈, 2014, 앞의 글, 161쪽.
145　「防共の誓ひ」, 『防共の朝鮮』 7, 1939, 10~11쪽(이태훈, 2014, 위의 글, 164쪽에서 재인용).
146　水野直樹, 2006, 앞의 글, 106쪽.

경찰의 통제를 받으면서 대규모 대중선전을 전개한 점은 다른 지역과 같았지만, 경찰 보조조직인 자위단과 더불어 직접 국경 치안에 활용되는 특수한 역할이 부여되었다. 따라서 다른 지역에서 일반적으로 연령을 제한하지 않고 선별 가입 한 것과 달리 함경도는 18~31세 사이의 청년층 전체를 대상으로 방공단을 조직했다. 활동 역시 사상 선전보다 사회주의 세력의 활동을 막고 국경 지대 방첩 활동을 지원하는 데 맞춰졌다.[147]

중일전쟁기 조선방공협회와 더불어 대중적 방공 사상 선전활동을 주도한 단체는 시국대응전선사상보국연맹과 국민정신총동원연맹이었다. 방공협회는 초기부터 두 단체와 협조체제 구축에 주력했다. 1938년 9월 도경찰부장 회의에서 방공단과 관계기관 사이의 연락 강화를 결정하자 사상보국연맹은 방공협회가 주최하는 시국강연에 연맹 소속의 강사를 파견했다.[148]

방공협회의 가장 큰 사업은 시국 좌담회와 강연회 개최였다. 민중을 장악해 총동원체제 구축을 진척시키려는 좌담회의 목적은 큰 흐름에서는 국민정신총동원운동과 일치했다. 경찰 측도 방공협회 활동이 국민정신총동원운동을 보완하는 것으로 생각했다. 그러나 행정 말단에서 두 조직의 연계가 어느 정도 원활했는지는 알 수 없다.[149] 방공협회는 1940년 10월에 국민정신총동원연맹이 국민총력연맹으로 개편된 직후, 국민총력연맹의 방위지도부에 흡수되었다.[150]

---

147 「咸鏡南道國境地帶思想淨化工作槪況」, 『思想彙報』 20, 1939, 27쪽; 이태훈, 2014, 앞의 글, 132쪽.
148 「朝鮮思想報國聯盟 防共協會와 提携 『國民防共』運動企圖」, 『每日新報』, 1938.9.6; 이태훈, 2014, 위의 글, 149쪽.
149 마쓰다 도시히코 저, 이종민·이형식·김현 역, 2020, 앞의 책, 591쪽.

조선방공협회는 방대한 조직을 바탕으로 다양한 선전방식과 대중에 다가서기 쉬운 단순한 반공 논리를 개발하여 사회 전체의 반공화를 본격적인 추진한 단체였다. 방공협회가 시도한 선전 양식, 조직 구축 방식은 해방 이후 반공 선전기구에서도 상당 부분 활용된다는 점에서 사회적 반공 선전의 역사적 형성 과정을 확인할 수 있다.[151]

3. 중일전쟁기 전향의 양태와 논리

1) 중일전쟁기 전향의 추이와 성격

(1) 일본의 전승과 대량 전향의 발생

1937년 7월에 일어난 중일전쟁은 식민지 조선의 운명을 바꿀 수 있는 중요한 사건이었다. 조선의 독립이 조선 자체의 역량만으로 이루기 쉽지 않았고 또 식민지 제국 질서의 안정을 꾀하는 국제연맹에 의존해서 얻을 수 있는 것도 아니었다면, 만주사변에서 중일전쟁으로 이어지는 일본의 현상 파괴적 도발은 조선의 국제적 지위에 변화를 가져올 가능성을 내포하고 있었다.[152]

당시 비합법 공간에서 활동하고 있던 사회주의자들은 일제의 중국 침

---

150 「總聯防衛指導部に防共, 防諜の二班, 銃後思想を統一強化」, 『京城日報』, 1940.12.27; 水野直樹, 2006, 앞의 글, 107쪽.
151 이태훈, 2014, 앞의 글, 130~131쪽.
152 구대열, 1995, 『한국 국제관계사 연구 1』, 역사비평사, 342쪽.

략과 전시경제로 전환을 일제의 경제적·정치적 파멸 위기로 규정하고 적극적인 활동에 나섰다.[153] 일본이 국제관계 속에서 어려운 처지에 빠져들었다는 판단에 따른 것이었다.[154] 중일전쟁은 단순한 일본과 중국의 전쟁을 넘어 국제적 차원의 반파시즘 전쟁으로 규정되었고, 여기에서 일본의 궁극적인 적은 중국이 아니라 반파시즘 전선을 이끌면서 직접적으로 중국을 지원하는 소련이라는 판단이 나오게 된 것이다.

이와 같은 인식은 자연스럽게 일소전쟁에 대한 기대로 이어졌다. 일소전쟁에 대한 사회주의자들의 기대는 다가올 일소전쟁에서 소비에트를 옹호하여 일본의 패전을 돕는 동시에 소련의 지원하에 조선에서 혁명을 일으켜 일제를 타도하겠다는 전략을 담고 있었다. 일제도 당시의 상황을 "최근에 있어 공산주의 사건의 대부분이 일소(日蘇) 개전을 불가피한 사실로 보고, 일조(一朝) 유사시에 후방교란을 도모하여 패전적 역할에 힘써 조선의 독립과 공산화를 기도"하고 있다고 분석했다.[155]

실제 중일전쟁이 일어난 직후 일시적이나마 사회주의 운동이 활발한 움직임을 보였다. 1930년대 중반에 접어들면서 급격한 감소 추세를 보여 1936년 746명으로까지 떨어졌던 「치안유지법」 위반자 수는 중일전쟁이 일어난 1937년에는 1,263명으로 다시 늘어나는 모습을 보였다.[156] 이러한 분위기 속에 전향한 사회주의자들의 동요도 두드러졌다. 중일전쟁을

---

153 우동수, 1991, 「1920년대 말~30년대 한국 사회주의자들의 신국가건설론에 관한 연구」, 『한국사연구』 72, 117쪽.
154 朝鮮總督府警務局, 1938, 『最近に於ける朝鮮治安狀況』, 108쪽.
155 朝鮮總督府警務局保安課, 1939, 『高等外事月報』 1, 25쪽.
156 「치안유지법」 위반자로 검거되어 검사국에 수리된 인원의 수다(「全鮮思想事件年表」, 『思想彙報』 10, 1937, 285~288쪽; 「全鮮思想事件年表」, 『思想彙報』 14, 1938, 263~266쪽).

계기로 원산 지역에서 코민테른의 반파시즘인민전선전술을 받아들여 활동하다 검거된 '원산 그룹'의 경우 지도자와 중간 간부의 대부분이 전향한 사회주의자였던 것으로 밝혀졌다.[157] 당시 일제 측도 '인민전선운동 테제에 따른 위장전향자'의 등장에 대해 깊은 우려를 보였다.[158]

그러나 중일전쟁은 많은 사회주의자의 예상과 달리 일본에게 유리한 방향으로 진행되어 갔다. '결정적 위기'에 빠질 것으로 기대되었던 일제는 오히려 전선에서 승승장구를 달리며 중국 대륙을 장악해 나갔다. 전쟁에서 일본이 보여 준 힘은 조선의 사상계에 커다란 영향을 미칠 수밖에 없었다. 만주사변 이후 일본의 국제적 지위의 성장에 압도되어 적지 않은 사회주의자들이 변혁의 희망을 잃고 전향의 길을 걷게 된 측면이 있었다면, 나아가 중일전쟁은 일본의 실력이 국제적으로 '공인'되는 계기가 됨으로써 사회주의자들의 대량 전향을 부추기는 결과를 낳은 것이다.

1934년 경성제국대학 출신의 마르크스주의 철학자 박치우는 "현대에 있어서 이 절박한 위기를 극복하려는 노력을 대별한다면, 그것은 볼셰비즘과 파시즘일 것이다"라고 논했다.[159] 그러나 세계적인 파시즘의 성장과 중일전쟁에서의 일본의 승승장구에도 불구하고 소련은 직접적인 개입을 계속 유보하고 있었다. 소련은 중일전쟁을 통해 일본을 중국과의 전쟁에 묶어놓는 데 관심이 있을 뿐, 일본과의 전면적인 대립은 원치 않았다.[160]

---

157 朝鮮總督府警務局保安課, 1939, 『高等外事月報』 2, 12쪽.
158 朝鮮總督府警務局保安課, 1940, 『高等外事月報』 9, 6쪽.
159 朴致祐, 1934, 「危機의 哲學」, 『哲學』 2, 17쪽; 이수일, 1997, 「1930년대 사회주의자들의 현실인식과 마르크스주의 이해: '城大그룹'을 중심으로」, 金容燮敎授停年紀念 韓國史學論叢刊行委員會 編, 『韓國 近現代의 民族問題와 新國家建設』, 지식산업사, 477쪽.
160 鐸木昌之, 1993, 「滿州·朝鮮の革命的連繫: 滿州抗日鬪爭と朝鮮解放後の革命·內戰」,

이러한 상황에서 일제는 일부 사회주의자가 지닌 일소전쟁에 대한 기대를 근거 없는 것으로 몰아붙일 수 있었다. 일제는 만주 지역의 김일성이 이끄는 항일 빨치산들을 회유하기 위해 뿌린 삐라(전단)에 "최근 소련은 그 국가주의적 정책에 즉하야 상호 국내 질서 불간섭을 조건으로 하야 일본에 대하야는 그 위무(威武)에 경(傾)하야 착착 국교를 조정하고 양보를 하고 있는 현실을 아는가 모르는가"라고 적었다.[161] 대동민우회도 코민테른을 중심으로 한 국제 공산주의 운동이 소련의 외교정책에 종속되어 있다고 비판하고, 사회주의자를 향해 소련에 대한 기대를 버리라고 주장했다.[162]

소련의 자국 이기주의적인 노선에 대한 전향한 사회주의자들의 비판이 존재하는 가운데 소련의 '평화 외교' 정책은 계속 이어져 마침내 1939년 8월 독일과 불가침조약 체결에까지 이르게 되었다. 1938년 영·불·독·이가 소련 견제를 목적으로 체결한 '뮌헨협정'에 의해 반파시즘인민전선의 구축이 실패로 돌아가자, 1939년 소련 대외정책의 기조는 '전쟁 절대 회피'로 잡혔다. 독소불가침조약은 바로 이러한 상황에서 나온 것으로서, 소련의 외교정책이 종래의 친영·불·미로부터 친일·독·이 정책으로 대전환을 이룬 것을 의미했다.[163]

1939년 8월의 독소불가침조약은 그나마 존재하던 반파시즘인민전선 전술에 대한 기대를 완전히 저버리는 사건이었다. '지나(支那) 및 기타에

『近代日本と植民地』 6, 岩波書店, 34쪽.

161 「金日成等 反國家者에게 勸告文」, 『三千里』 13-1, 1941, 208쪽.
162 「人民戰線と國民戰線(新變革原理の概要)」·「大東民友會の結成竝其の活動概況」, 『思想彙報』 13, 1937, 60~61쪽.
163 「コミンテルンの解消と今後の見透」, 『思想彙報續刊』, 1943, 114~116쪽.

있어 아직 위로부터의 인민전선전술이 유효적절한 곳에 있어서는 의연히 전술을 지속할 것'이라는 소련의 방침이 있었지만,[164] 이미 중국에서도 국공 분열의 움직임이 나타나고 있었다.[165] 나아가 소련은 같은 해 9월 일본과의 국경분쟁이었던 노몬한 전투에 대해 휴전협정을 맺음으로써 일소 관계의 개선을 꾀했다. 중국공산당도 이러한 소련의 '평화정책'을 지지함으로써, 일소 관계의 개선은 2년 동안 지속되어 온 국공합작을 깨트리는 한 요인으로써 작용하게 되었다.[166]

이러한 상황에서는 공산주의 그룹의 내부에서도 소련의 국내외 정책의 정당성에 대한 의문이 존재할 수밖에 없었다. 경성 콤그룹의 일원이던 권우성은 "프랑스 인민전선의 패배는 소련의 숙청 공작에 의해 프랑스 민중의 공산당에 대한 신뢰가 약해"졌기 때문이라고 보면서, "소련의 세계혁명 정책이 항상 성공한다고는 생각하지 않는다"는 입장을 보였다.[167] 김태준도 "의문을 품고 있던 민족주의 문제나, 국제노선의 의미, 소련에서 조선인의 중앙아시아 이주 문제, 소련의 폴란드, 베사라비아(루마니아의 일부-인용자)의 합병 문제" 등을 박헌영에게 질문했다는 기록이 보인다.[168]

특히 "소련이 백색 제국주의를 매도하면서 폴란드를 병탄하고 핀란드까지도 어찌해서 정복한 것이냐"는 김태준의 질문을 받은 박헌영은 "조

---

164 「コミンテルンの新方針」,『高等外事月報』6, 1939·1940, 114쪽.
165 이승휘, 1989, 「抗日戰爭」,『講座 中國史 7』, 지식산업사, 218쪽.
166 진형주, 1986, 「1930年代 日本과 歐美列强間의 外交關係가 中·日戰爭에 미친 影響에 關하여」, 이화여대 정치외교학과 석사학위논문, 67쪽.
167 京城地方法院檢事局, 「權又成被疑者訊問調書」,『李觀述外十五名治安維持法違反事件』, 1941, 1109~1110쪽.
168 京城地方法院, 「金台俊被告人調書(二回)」,『李觀述外十五名治安維持法違反事件』, 1942.

선에 있어 구일(舊日)의 좌익 분자가 동일하게 품고 있는" 의문이라고 말했다.[169] 당시 사회주의자들 사이에 있어 소련의 대내외 정책의 정당성에 대한 의심은 한 두 사람에 국한되는 것이 아니었음을 알 수 있다. 이와 같은 사회주의자들의 동요는 중일전쟁 이후 더욱 강화된 일제의 탄압과 아울러 이 시기 사회주의 운동의 침체를 낳은 주요한 원인의 하나로 작용하였을 것으로 생각된다.

〈표 2-11〉은 중일전쟁기를 중심으로 「치안유지법」 위반자에 대한 당국의 처분을 정리한 것으로 이 시기 사회주의 운동의 침체를 잘 보여 주고 있다. 앞서 말한 바와 같이 중일전쟁의 발발 직후 「치안유지법」 위반자의 수가 일시적으로 늘어나기도 했으나, 시간이 지남에 따라 그 숫자가 점점 줄어 1940년에는 298명으로 1925년 「치안유지법」이 실시된 이래 가장 적은 수치를 보이게 되고 말았다.

일제 측은 당시의 상황을 "금차 지나사변의 발발에 즈음하여 현저히 국민정신의 앙양"을 보이면서 "사상 전향자가 속출하여 반도 사상계의 호전은 완전히 격세지감을 보이기에 이르렀다"라고 평가했다.[170] 사회주의자 검거 기사가 신문 지면을 뒤덮던 1930년대 초반과 비교하면 실제로 사회 분위기가 많이 바뀐 것이다. 1940년 「치안유지법」 위반자 수 298명은 사회주의 운동이 정점에 달했던 1932년의 4,581명과 비교하면 약 15분의 1에도 미치지 못한다(〈표 2-1〉 참조).

경성 콤그룹의 일원으로 활동하게 된 김태준도 경성 콤그룹의 존재를

169　京城地方法院檢事局, 「金台俊被疑者訊問調書」, 『李觀述外十五名治安維持法違反事件』, 1941, 1264~1265쪽.

170　「咸鏡南道元山府を中心とせる朝鮮民族解放統一戰線結成並支那事變後方攪亂事件の概要」, 『思想彙報』 21, 1939, 179쪽.

〈표 2-11〉「치안유지법」 위반 사건 연도별 처분

(단위: 건, 명)

연도	수리		기소		불기소		기타		처분계	
	건수	인원	건수	인원	건수	인원	건수	인원	건수	인원
1936	127	746	60	276	45	431	16	27	121	734
1937	91	1,263	51	409	31	799	8	51	90	1,259
1938	82	987	36	283	38	601	6	93	80	977
1939	55	736	41	360	16	376	-	-	55	736
1940	43	298	30	165	13	127	0	6	43	298

출처:「全鮮思想事件年表」,『思想彙報』 10, 1937, 285~288쪽;「全鮮思想事件年表」,『思想彙報』 14, 1938, 263~266쪽;「全鮮思想事件年表」,『思想彙報』 18, 1939, 203~206쪽;「全鮮思想事件年表」,『思想彙報』 22, 1940, 246~248쪽;「最近に於ける治安維持法違反事件に關する調査」,『思想彙報』續刊, 1943, 15~25쪽.

처음 알게 되었을 때의 느낌을 "국민총력운동이 부르짖어지고 있는 시국 하에서 공산주의 비밀단체가 조직되어 있는 것에 놀랐다"라고 진술한 바 있다.[171] 박헌영 역시 이현상을 만난 자리에서 "지나사변을 계기로 하여 종래의 동지 가운데는 전향한 자도 대부분"이라고 말했다.[172]

전향의 증가는 〈표 2-12〉의 「치안유지법」 위반 수형자에 대한 조사에서 확인된다. 대량 검거 시대인 1930년대 초중반에서 멀어지면서 「치안유지법」 위반 수형자 수는 줄었지만, 그 가운데 전향자가 차지하는 비중은 점점 늘었다. 특히 중일전쟁 이후 '준전향자'가 줄어든 점이 주목된다. 앞 시기 상당한 비중을 차지하던 이들이 중일전쟁을 거치면서 대부분 사회주의 사상의 완전한 포기를 뜻하는 '전향자'로 돌아선 것이다. 사상범 보호관찰로 대표되는 일제의 탄압과 감시 강화와 더불어 사회주의 운동

171　京城地方法院檢事局,「金台俊被疑者訊問調書」,『李觀述外十五名治安維持法違反事件』, 1941, 1237~1238쪽.

172　京城地方法院,「李鉉相被告人訊問調書(一回)」,『李觀述外十五名治安維持法違反事件』, 1942.

〈표 2-12〉「치안유지법」 위반 수형자의 전향

(단위: 명)

시기	전향자	준전향자	비전향자	미조사	총계
1934년 말	178	226	137	287	828
1935년 말	182	196	152	170	701
1936년 말	190	152	177	94	613
1937년 말	196	113	118	96	523
1938년 말	219	44	108	48	419

출처: 「治安維持法違反受刑者轉向狀態別累年比較」, 『思想彙報』 20, 1939, 287쪽.

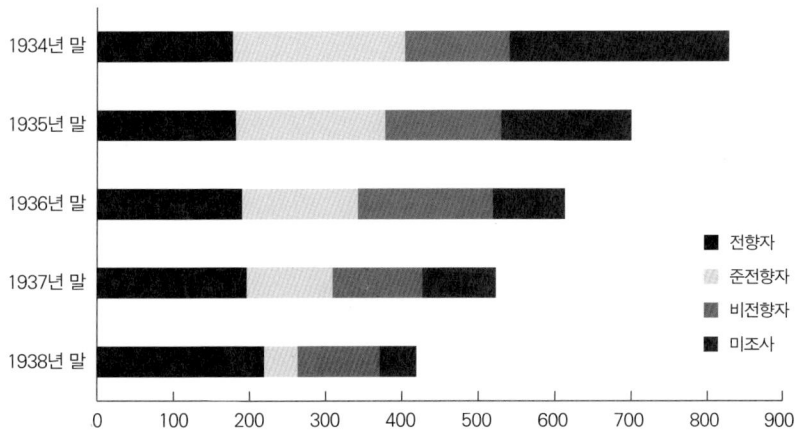

〈그림 2-3〉「치안유지법」 위반 수형자의 전향

출처: 「治安維持法違反受刑者轉向狀態別累年比較」, 『思想彙報』 20, 1939, 287쪽.

의 침체, 중일전쟁에서 일본이 보여 준 힘, 소련의 소극적 태도 등이 복합적으로 작용한 결과였다.

　녹기연맹은 중일전쟁 이후 조선 사상계가 혼란과 모색의 시기를 지나 비로소 '신일본 건설 운동 시대'로 접어들었다고 평가했다. 녹기연맹을 분석한 정혜경·이승엽은 당시 전향이 증가한 이유로서 중일전쟁에서 드러난 일본의 강력한 힘에 대한 확인과 조선 독립은 도저히 불가능하다는 정세 판단을 들었다.[173] 식민지 조선의 중일전쟁기는 1930년대 중반 '동요 모색' 시기와 구별되는 '대량 전향' 시대라고 부를 수 있을 것이다.[174]

1930년대에 들어서면서 서서히 증가하던 사회주의자의 전향은 중일전쟁을 거치면서 큰 폭으로 증가하는 모습을 보였다. 〈표 2-13〉을 보면 전쟁이 시작된 지 1년이 조금 지난 1938년 말에 일제 측이 행한 조사에 의하면 재감 사상범 1,298명 중 전향자는 모두 776명인데, 그중 중일전쟁 후 전향을 밝힌 자가 427명으로, 1년이라는 짧은 기간 동안 전향자가 폭발적으로 늘어났음을 보여 주고 있다. 마찬가지로 요시찰인·요주의인의 경우에도 전향자로 분류된 2,834명 가운데 1,518명이 중일전쟁이 시작된 이후 비로소 전향을 밝힌 것으로 나와 있다.[175]

다만 재감 사상범과 요시찰·요주의 인물의 '전향 태도'에는 뚜렷한 차이가 있다. 재감 사상범의 경우 전향이 69.7%에 이르고 비전향이 17.6%, 심경불명이 12.7%에 그쳤다. 반면 요시찰·요주의 인물은 전향이 50.4%이지만, 심경불명이 36.3%, 비전향도 23.2%를 차지했다. 석방된 상태에서 조사를 한 요시찰·요주의 인물의 경우 재감 사상범과 달리 비교적 자유롭게, 심경불명이나 비전향을 밝힌 것으로 판단된다. 완전 전향자는 요시찰·요주의 인물에서 제외되었을 가능성도 존재한다.

---

173 정혜경·이승엽, 1999, 「일제하 綠旗聯盟의 활동」, 『한국근현대사연구』 10, 355쪽; 宮田節子 저, 李熒娘 역, 1997, 「일본의 조선지배의 본질」, 『朝鮮民衆과 '皇民化'政策』, 일조각, 167쪽; 徐椿, 1939, 「朝鮮に於ける愛國運動」, 『綠旗』, 37쪽.

174 綠旗日本文化研究所, 1939, 『今日の朝鮮問題講座(4): 朝鮮思想界槪觀』, 綠旗聯盟, 6쪽.

175 朝鮮總督府警務局, 1938, 『最近に於ける朝鮮治安狀況』, 17~20쪽.

〈표 2-13〉 전향자 추이(1939년 10월 말 조사)

(단위: 명)

구분	사변 전 전향	사변 후 전향	심경 불명	비전향	합계
요시찰	338	517	947	684	2,486
요주의	942	1,279	1,812	1,081	5,114
소계	1,280 (16.8%)	1,796 (23.6%)	2,759 (36.3%)	1,765 (23.2%)	7,600
재감 사상범	122 (10.8%)	665 (58.9%)	143 (12.7%)	199 (17.6%)	1,129

출처: 朝鮮總督府警務局保安課, 1940, 『高等外事月報』 9, 7쪽.

재감 사상범의 경우 중일전쟁 발발 후 전향자가 압도적으로 많다. 다만 1930년대 후반 「치안유지법」 평균 형기가 2년 정도인 걸 생각하면 큰 의미는 없는 수치다. 중일전쟁 이후의 전향 실적을 강조하려는 당국의 의도가 엿보인다.

〈표 2-14〉는 보호관찰 처분을 받았을 당시 전향 상태를 조사한 것이다. 완전 전향과 준전향의 합이 90% 이상인 것이 눈에 띈다. 「치안유지법」 수형자 전향 조사, 재감 사상범 전향 조사와 비교할 때 전향자의 비율이 높고 비전향자의 비율이 낮다. 형무소를 거친 만기석방자, 가출옥자 외에 기소유예, 집행유예 처분자도 보호관찰 대상이었기 때문이라고 생각된다.

수형자 통계와 비교할 때 완전 전향자보다 준전향자가 훨씬 많은 것도 차이가 있다. 전체 보호관찰 대상자 가운데 보호관찰이 필요 없는 약 20%, 즉 그야말로 완전한 전향자가 이미 제외된 상태였기 때문이라고 판단된다. 그렇다면 〈표 2-14〉에 보이는 '완전 전향자'라는 표현 자체가 모순적이다. 완전 전향이라면 보호관찰에 부칠 필요가 없기 때문이다. 중일전쟁기 형무소와 보호관찰소의 공식적인 전향 기준은 변화가 없었지

〈표 2-14〉 보호관찰에 부쳐졌을 때 전향 상태

(단위: 명)

구분	1937	1938	1939	1940	1941	1942	계
완전 전향자	99	241	157	147	191	78	913
준전향자	359	486	296	272	396	362	2,171
비전향자	48	36	21	24	24	2	155
계	506	763	474	443	611	442	3,239

출처: 朝鮮總督府法務局, 1939, 『昭和十二年 朝鮮總督府裁判所統計年報』, 133쪽; 朝鮮總督府法務局, 1943, 『昭和十六年 朝鮮總督府裁判所統計年報』, 151쪽; 朝鮮總督府法務局, 『朝鮮司法一覽 昭和十八年版』, 126쪽(장신, 2020, 「1930·40년대 조선총독부의 사상전향정책 연구」, 성균관대학교 박사학위논문, 208쪽).

만, 당국 측의 전향 개념은 이미 사상범 보호관찰 제도 실시 때 변화한 셈이다.

사상범 보호관찰 정책에 깊게 관여한 사상검사 나가사키 유조는 1938년 11월의 글에서 조선에서는 내지에 비해 '역전향'이 많고 조선인의 전향은 '사대주의 사상'에 의한 것으로 일본의 국력에 외복한 결과에 지나지 않는 것을 그 특징이라고 한 다음, "참 전향은 사상의 전환이기 때문에 하나의 사상을 버리는 것만으로는 아직 전향이 아니다. 혁명사상을 포기하는 동시에 일본 정신에 눈뜨고 이를 파악하지 않으면 안 된다"라며 전향 기준을 바꿀 것을 주장했다.[176]

〈표 2-15〉는 1940년 6월 말 현재 보호관찰 처분자에 대한 전향 실적이다. 조사 대상은 위에서 언급한 〈표 2-14〉를 참조할 때 1937년에서 1940년 6월 정도까지 보호관찰 처분을 받은 이였다. 보호관찰에 처해졌을 때와 비교하면 전향자가 늘고, 준전향자와 비전향자는 모두 줄었다. 당국으로서는 보호관찰의 성과를 보여 주는 수치라고 판단했을 것이다. 같

---

[176] 長崎祐三, 1938, 「思想犯防遏(二)」, 『治刑』 16-11, 11~12쪽.

〈표 2-15〉 보호관찰 처분자 전향 상황

(단위: 명)

구분	보호관찰 처분 당시	1940년 6월 말
전향자	579(29.3%)	1,049(53.2%)
준전향자	1,280(64.9%)	827(41.9%)
비전향자	114(5.8%)	54(2.8%)
기타	–	43(2.1%)
계	1,973(100%)	

출처: 「朝鮮思想犯保護觀察制度 ノ 實施卜 該制度運營二關スル將來 ノ 計畫」, 『昭和十六年度 新規豫算要求綴』, 450쪽(장신, 2020, 「1930·40년대 조선총독부의 사상전향정책 연구」, 성균관대학교 박사학위논문, 209쪽).

은 기간 처분 취소나 기간 만료로 보호관찰 처분에서 해제된 사람은 모두 389명이었다. 이들은 일부 재범자를 제외하고 대부분 '충량한 황국신민'으로 복귀한 것으로 분석되었다. 다만 천 명이 넘는 전향자 가운데 389명만 처분이 해제된 데서 볼 때 역시 이 표에서 말하는 '전향자'는 당국이 볼 때 진정한 전향자는 아니었다.[177]

(2) 개인적 전향에서 사회적 전향으로

전향자가 밝힌 전향 동기도 살펴보자. 〈표 2-16〉은 사상범 수형자의 전향 동기에 대한 조사다. 수형자 전향 상황을 조사한 통계에 비추어 볼 때 조사 대상은 전향자와 준전향자를 포함했다고 보인다. 전향 동기 분류는 일반적인 7항목에 형무소의 특징을 드러내는 '훈유·교회의 결과'가 추가되었다. 이 항목이 상당한 비중을 차지하는데 형무소 전향 공작의 성과로 선전되었을 것이다.

중일전쟁의 영향이 본격화하지 않은 1938년 3월까지 조사에서는 '근

---

177 장신, 2020, 앞의 글, 209쪽.

〈표 2-16〉 사상범 수형자 전향 동기

(단위: 명)

구분	1936년 3월	1937년 6월	1938년 3월	1942년 6월
신앙상	6	10	3	2
근친애, 기타 가정관계	128	141	137	67
국민적 자각	9	6	15	40
주의이론의 청산	16	14	15	18
성격·건강 등의 신상관계	7	9	7	3
훈유·교회의 결과	70	95	92	81
구금에 의한 후회·반성	129	166	131	201
기타	10	5	3	4
계	375	446	403	416

출처: 「朝鮮思想犯保護觀察令ヲ定ム」(1936.12.8), 『公文類聚』 第六十編·昭和十一年·第五十七卷·地理·土地·都市計畫·觀象, 警察·治安警察·雜載; 「思想犯受刑者諸表」, 『思想彙報』 12, 1937, 185쪽; 「思想犯受刑者諸表」, 『思想彙報』 15, 1938, 219~220쪽; 富士原景樹, 1942, 「轉向の基本問題管見」, 『朝鮮司法保護』 2-12, 35~36쪽(장신, 2020, 「1930·40년대 조선총독부의 사상전향정책 연구」, 성균관대학교 박사학위논문, 197~198쪽).

〈그림 2-4〉 사상범 수형자 전향 동기

(단위: 명)

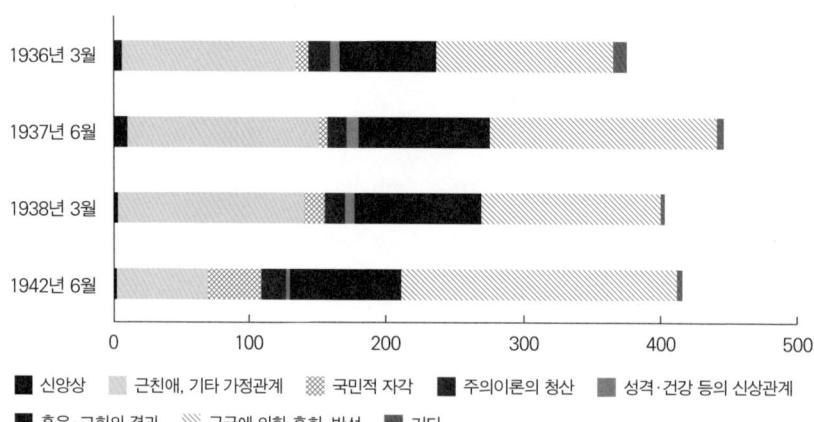

출처: 「朝鮮思想犯保護觀察令ヲ定ム」(1936.12.8), 『公文類聚』 第六十編·昭和十一年·第五十七卷·地理·土地·都市計畫·觀象, 警察·治安警察·雜載; 「思想犯受刑者諸表」, 『思想彙報』 12, 1937, 185쪽; 「思想犯受刑者諸表」, 『思想彙報』 15, 1938, 219~220쪽; 富士原景樹, 1942, 「轉向の基本問題管見」, 『朝鮮司法保護』 2-12, 35~36쪽(장신, 2020, 「1930·40년대 조선총독부의 사상전향정책 연구」, 성균관대학교 박사학위논문, 197~198쪽).

<표 2-17> 피보호관찰자 전향 동기

(단위: 명)

구분	1937	1938	1939	1940	1941
신앙상	1	3	4	4	5
가정관계	172	228	153	108	170
국민적 자각	51	173	103	69	74
이론 청산	66	70	20	28	56
성격·건강 등의 신상관계	36	19	22	13	20
구금에 의한 후회	126	218	140	184	246
기타	6	16	11	13	16
계	458	727	453	419	587
※ '국민적 자각'과 '이론 청산'의 비율	25.5%	33.4%	27.2%	23.2%	22.1%

출처: 朝鮮總督府法務局, 1939, 『昭和十二年 朝鮮總督府裁判所統計年報』, 133쪽; 朝鮮總督府法務局, 1943, 『昭和十六年 朝鮮總督府裁判所統計年報』, 151쪽(장신, 2020, 「1930·40년대 조선총독부의 사상전향 정책 연구」, 성균관대학교 박사학위논문, 200쪽).

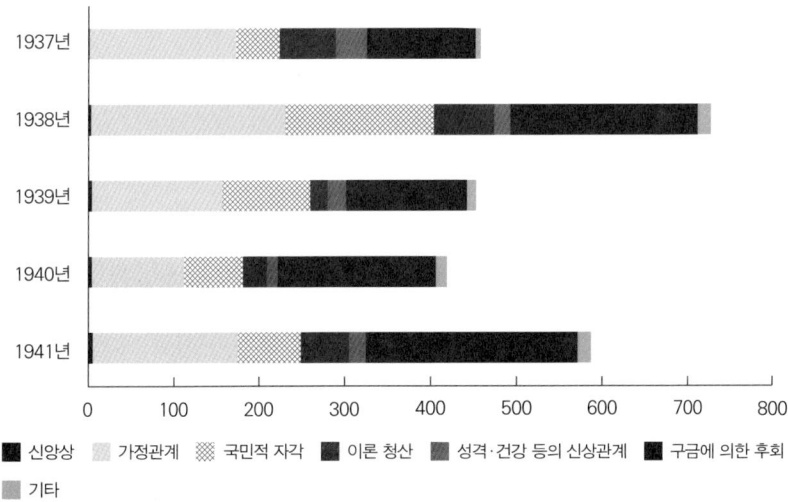

<그림 2-5> 피보호관찰자 전향 동기

(단위: 명)

■ 신앙상　▨ 가정관계　▧ 국민적 자각　■ 이론 청산　▨ 성격·건강 등의 신상관계　■ 구금에 의한 후회
▨ 기타

출처: 朝鮮總督府法務局, 1939, 『昭和十二年 朝鮮總督府裁判所統計年報』, 133쪽; 朝鮮總督府法務局, 1943, 『昭和十六年 朝鮮總督府裁判所統計年報』, 151쪽(장신, 2020, 「1930·40년대 조선총독부의 사상전향 정책 연구」, 성균관대학교 박사학위논문, 200쪽).

친애, 기타 가정관계', '구금에 의한 후회·반성' 등이 압도적이다. 중일전쟁을 거쳐 태평양전쟁에 들어선 1942년 조사에서는 '국민적 자각', '주의 이론의 청산' 등이 다소 늘었지만, 그래도 '구금에 의한 후회·반성'을 고른 이가 다수다. 다만 중일전쟁의 영향이 잘 드러났을 1938년 하반기부터 1941년 통계가 없어 아쉽다.

중일전쟁기 전향자가 밝힌 전향 동기 통계로는 보호관찰소에서 벌인 조사 내용이 확인된다. 앞의 수형자 조사와 마찬가지로 전향자와 준전향자를 더한 조사다. 역시 '가정관계', '구금에 의한 후회'가 가장 많지만, 수형자 통계와 비교할 때 '국민적 자각'과 '이론 청산' 같은 사회적 성격의 전향 동기가 꽤 나타나는 점이 눈에 띈다. 특히 '국민적 자각'이 상당한 비중을 차지한 사실은 보호관찰의 성과로서 선전되었을 것이다. 두 항목을 합하면 1938년에는 33.4%, 1939년에는 27.2%를 점했고 앞뒤 시기는 그보다 낮게 나타났다. 중일전쟁의 전황이 사회적 성격의 전향을 늘렸다고 할 수 있다.

조선군 참모부가 작성한 「조선 사상운동 개황」에도 중일전쟁기 전향자가 밝힌 전향 동기 조사가 실려 있다. 조선군 헌병대 자료에 같은 자료가 실려 있는 것으로 볼 때 헌병대가 작성한 자료로 판단된다. 사회주의자와 민족주의자를 따로 조사했는데 〈표 2-18〉은 둘을 합쳐 정리한 것이다.

이 조사에서는 '사변에 따른 시국인식', '국민적 자각', '이론상 오류와 개심' 등 사회적인 성격의 전향 동기가 대부분을 차지하고 있다. 수형자 조사, 피보호관찰자 조사에서도 중일전쟁기에 사회적 성격의 전향 동기가 다소 증가하는 경향을 확인할 수 있었지만, 이 조사는 상당히 극단적인 결과를 보여 준다. '사변에 따른 시국 인식'은 일반적으로 등장하는 '국민적 자각'과 비슷한 성격으로, '사변', 즉 중일전쟁이 사회주의자와 민족

〈표 2-18〉 조선군이 조사한 전향 동기

(단위: 명)

구분	1938년 전반기	1938년 후반기	1939년 전반기	1939년 후반기	1940년 전반기
사변에 따른 시국인식	167	122	240	84	123
국민적 자각	-	-	-	63	-
이론상 오류와 개심	16	52	69	4	46
신앙 또는 가정애	31	35	24	40	135
구금의 고통	3	7	8	32	75
교회·지도·훈육	54	12	50	40	105
기타	29	26	14	-	5
계	300	254	405	263	489

출처: 朝鮮軍參謀部,「昭和十三年後半期朝鮮思想運動槪況」(昭和十四年二月),「昭和十四年前半期朝鮮思想運動槪況」(昭和十四年八月三十一日),「昭和十四年後半期朝鮮思想運動槪況」(昭和十五年二月二十八日),「昭和十五年前半期朝鮮思想運動槪況」(昭和十五年八月)(宮田節子 編·解說, 1991,『十五年戰爭極秘資料集 第28集 朝鮮思想運動槪況』, 不二出版); 朝鮮郡參謀部朝鮮憲兵隊司令部,「昭和十四年 朝鮮治安關係一覽表」(「昭和14年朝鮮治安関係一覽表の件」, 密大日記 第6冊 昭和15年, アジア歷史資料センター), 10쪽.

비고: 1938년 전반기 수치는 1938년 합에서 1938년 후반기 수치를 제하여 산출함. 그 가운데 '구금의 고통'과 '기타'는 합(공산 11, 민족 21)만 알 수 있어 후반기 두 항목 비율에 맞춰 배분함.

주의자의 전향에 미친 영향을 포착하려고 설정된 항목으로 판단된다.

다만 이 조사는 누구를 대상으로 했는지가 불분명하다. 1938년 전향 동기 조사가 실려 있는 조선 헌병대 사령부가 작성한 「쇼와14년 조선 치안관계 일람표」에는 헌병대 편입 요시찰인 339명, 경찰 편입 요시찰인 3,181명에 관한 통계가 함께 실려 있다.[178] 만일 3,000명 이상의 요시찰인 가운데 애초 보호관찰에 부쳐지지 않았거나 도중에 처분해제를 받은 완전 전향자 300~400명 정도를 대상으로 한 조사였다면 〈표 2-18〉과

---

[178] 朝鮮郡參謀部朝鮮憲兵隊司令部,「昭和十四年 朝鮮治安關係一覽表」(「昭和14年朝鮮治安関係一覽表の件」, 密大日記 第6冊 昭和15年, アジア歷史資料センター), 3~4쪽.

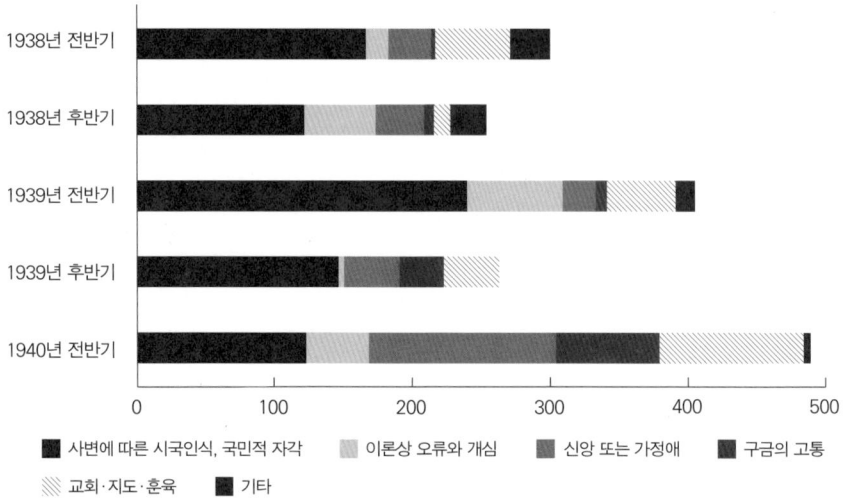

〈그림 2-6〉 조선군이 조사한 전향 동기

(단위: 명)

출처: 朝鮮軍參謀部,「昭和十三年後半期朝鮮思想運動槪況」(昭和十四年二月),「昭和十四年前半期朝鮮思想運動槪況」(昭和十四年八月三十一日),「昭和十四年後半期朝鮮思想運動槪況」(昭和十五年二月二十八日),「昭和十五年前半期朝鮮思想運動槪況」(昭和十五年八月)(宮田節子 編·解說, 1991,『十五年戰爭極秘資料集 第28集 朝鮮思想運動槪況』, 不二出版); 朝鮮郡參謀部朝鮮憲兵隊司令部,「昭和十四年 朝鮮治安關係一覽表」(「昭和14年朝鮮治安関係一覧表の件」, 密大日記 第6冊 昭和15年, アジア歷史資料センター-), 10쪽.

비고: 1938년 전반기 수치는 1938년 합에서 1938년 후반기 수치를 제하여 산출함. 그 가운데 구금의 고통과 기타는 합(공산 11, 민족 21)만 알 수 있어 후반기 두 항목 비율에 맞춰 배분함.

같은 사회적인 성격의 전향 동기가 다수를 차지하는 결과가 가능했을지 모르겠다. 조선군의 조사에서는 전쟁에 적극적으로 협력하는 조선인의 모습을 그리려는 의도가 엿보인다. 아울러 적어도 완전한 전향자 사이에서는 전향이 더 이상 개인적 공간으로의 후퇴가 아닌 사회적·정치적 상황 변동에 대한 적극적 대응일 수 있었음을 말해 준다.[179]

---

[179] 이수일은 전향한 사회주의자 인정식에 대한 연구에서 〈표 2-18〉의 자료를 바탕으로 조선인 사상·운동가들의 주된 전향 동기는 이른바 '시국인식'이었다는 점을 밝혔다 (이수일, 1998,「일제말기 社會主義者의 轉向論: 印貞植을 중심으로」,『國史館論叢』79,

2) 대동민우회의 이념과 활동

전향자 자신의 조직을 만들려는 움직임도 있었다. 1936년 2월 이각종(李覺鍾)이 주간을 맡고 이항발(李恒發), 한신교(韓愼敎) 등 전향한 사회주의자 십여 명이 참가하여 백악회(白岳會)를 결성했다. 이각종은 조선총독부 관료 출신으로 1930년대 중반까지 잡지『신민(新民)』을 발행했고 이후 내무국과 학무국 촉탁으로 있으면서 황민화 정책에 깊이 가담한 인물이다. 백악회는 전향자에 대한 보호 사업으로서 거주지 알선 및 여비 보조, 요양 알선과 치료비 보조, 취직 알선 및 산업 자금 대여, 복교·취학 알선, 가족 위문, 변호인 소개·알선, 수양회 및 좌담회 개최, 농장 경영 등을 계획했다.[180]

전향자 사이에는 백악회가 전향자 보호단체에 머문 점을 비판하고 국가주의를 이념으로 하는 전향자의 사상운동이 필요하다는 주장이 제기되었다. 이에 1936년 9월 대동민우회가 창립되었다. 창립총회에서 선출된 임원은 아래와 같다.[181]

이사장: 안준(安浚)
이　　사: 고덕환(高德煥), 김연식(金演植), 이동락(李東洛), 유공삼(柳公三), 김도산(金濤山), 최원호(崔瑗浩), 이승원(李承元), 주채희(朱埰熙), 차재정(車載貞), 조승환(曺昇煥), 주련(朱鍊), 곽현(郭炫)

98쪽).
180 「三千里 機密室: 思想轉向者와 白岳會」, 『三千里』 8-4, 1936, 27쪽; 지승준, 1998a, 「1930년대 사회주의진영의 '轉向'과 大東民友會」, 『史學研究』 55·56, 758쪽.
181 「大東民友會創立」, 『朝鮮日報』, 1936.9.22.

감사장: 박형남(朴亨南)

감　사: 오성환(吳成煥), 이용규(李鎔珪), 이효진(李孝鎭)

안준, 유공삼, 이승원은 백악회에도 참여한 바 있다. 대동민우회는 여전히 이각종이 자금 조달을 맡는 등 백악회를 확대 개편한 성격을 띠었다.[182] 창립 당시 120명이던 회원은 1937년 10월 말에는 175명, 1938년 후반에는 205명으로 늘었다.[183]

대동민우회는 창립위원회 단계였던 1936년 8월에 『동아일보』 일장기 말소 사건에 대해 규탄 성명을 발표하는 등 사상 단체로서의 성격을 명확히 했다. 대동민우회가 내건 강령은 다음과 같다.

① 우리는 대국가주의 의식을 강조하여 국가 전체의 번영을 위해 노력한다.
② 우리는 조선인의 정치적·경제적 지위의 향상을 기한다.
③ 우리는 국가적 통제경제 확립을 익성(翼成)하며 근로대중의 생활 안정을 도모한다.
④ 우리는 공산주의 기타 반국가적 일체의 사상계열을 배격한다.
⑤ 우리는 시대의 진운에 적응하는 도덕을 수립하여 국민정신의 통일을 기한다.[184]

---

[182] 「三千里 機密室: 辛泰嶽氏는 白岳會와 無關係」, 『三千里』 8-6, 1936, 28쪽; 지승준, 1998a, 앞의 글, 760쪽.

[183] 朝鮮軍參謀部, 「昭和十三年後半期朝鮮思想運動槪況」(昭和十四年二月)(宮田節子 編·解說, 1991, 『十五年戦争極秘資料集 第28集 朝鮮思想運動槪況』, 不二出版); 지승준, 1998a, 위의 글, 759쪽.

대동민우회 활동은 중일전쟁 발발 이후 본격화했다. 1937년 7월 19일 발표한 「우리의 슬로건」에서는 "일본은 동아의 지도자이지 침략자가 아니"라면서 "지나를 응징하여 동아를 백인의 침략으로부터 지키자"고 주장했다. 같은 날 경성중앙기독교청년회관에서 주최한 시국강연회에는 이사장 안준, 이사 차재정, 이사 주련 외에 육군 소좌 이봉우, 『오사카아사히신문』 지국장 스즈키 마사후미(鈴木正文) 등이 연사로 나섰다. 그 밖에 대동민우회는 출전군인 환송, 군인 가족 위문, 시사 강좌 개최 등의 활동을 벌였다.[185]

대동민우회는 코민테른을 중심으로 한 국제 공산주의 운동이 소련의 외교정책에 완전히 종속되어 있음을 비판하고, 사회주의자들에게 소련에 대한 기대를 버릴 것을 주장했다.[186] 공산주의를 대신할 새로운 세계관으로서는 '대국가주의(大國家主義)'를 주장했다. 여러 민족이 '합작'하여 하나의 국가를 형성하여 '종합적 대동(大同) 문화'를 이룬다는 논리였다. 오늘날 '일민족 일국가는 무의미'하며 대국가주의를 통하여 '근대 민족문제를 해결'할 수 있다고 주장했다.[187] 또한 "앞으로의 조선은 (민주사변 이후 이미 편린을 보였지만) 완전히 일본의 식민지인 것을 그치고 일본 국민으로서의 권리 의무의 평등은 온갖 생활 분야에서 인정되어져서 동포적 협력

---

184 「大東民友會の結成竝其の活動槪況」, 『思想彙報』 13, 1937, 43쪽.

185 「大東民友會の結成竝其の活動槪況」, 『思想彙報』 13, 1937, 76~77쪽; 지승준, 1998a, 앞의 글, 760~762쪽; 水野直樹, 2006, 앞의 글, 99쪽.

186 「人民戰線と國民戰線(新變革原理の槪要)」·「大東民友會の結成竝其の活動槪況」, 『思想彙報』 13, 1937, 60~61쪽.

187 「大東民友會ノ發起ニ當リ同志諸君ニ告ク」·「大東民友會の結成竝其の活動槪況」, 『思想彙報』 13, 1937, 39쪽.

과 상호부조의 협동체로서의 지위에 높여져야 한다"[188]고 주장했다.

조선이 더 이상 일제의 식민지가 아니라는 주장이다. 특히 '일본의 식민지인 것을 그치고'라는 표현은 이제까지는 식민지였다는 것을 인정하는 듯한 태도로서 중일전쟁이 조선의 정세에 커다란 변화를 가져왔다는 인식을 엿볼 수 있다. 전향 이전의 민족혁명론과 변화된 상황에서의 전향을 모두 합리화할 수 있는 논리였다. 조선 민족이 일본이라는 대국가 속에 참가함으로써 '일본 국민으로서의 권리 의무의 평등은 온갖 생활 분야에서 인정되어져서 동포적 협력과 상호부조의 협동체로서의 지위'를 누릴 수 있다는 주장은, 중일전쟁기 한국인 전향자들이 일본의 동아협동체론의 영향을 받아 전개한 민족협화론을 선취한 것으로 판단할 수 있다.

3) 중일전쟁기 조선인의 전향 논리

(1) 굴절된 민족혁명론

1938년 11월 「치안유지법」 위반으로 옥중에 있던 인정식은 「아등(我等)의 정치적 노선에 관해서 동지 제군에게 보내는 공개장」이라는 일종의 전향 선언을 발표한다. 인정식의 글은 당시 가장 대중적인 종합 잡지였던 『삼천리』에 실렸다는 점에서 사회적 파급 효과가 컸다.[189] 1933년 일본 공산주의자의 대량 전향을 이끌었던 사노와 나베야마의 전향 선언 「공동 피고 동지에게 고하는 글(共同被告同志に告ぐる書)」 발표를 방불케 하는 형

---

[188] 「人民戰線と國民戰線(新變革原理の槪要)」·「大東民友會の結成竝其の活動槪況」, 『思想彙報』 13, 1937, 71~72쪽.

[189] 印貞植, 1938a, 「我等의 政治的 路線 – 에 關해서 同志諸君에게 보내는 公開狀」, 『三千里』 10-11.

식이었다.[190]

1907년 평안남도 용강(龍岡)에서 태어난 인정식은 평양고등보통학교에서 배운 뒤 일본으로 건너가 호세이(法政)대학 예과에 입학했다.[191] 1927년 9월 고려공산청년회에 가입하고 1928년 5월에는 조선공산당에 입당하여 활동하지만, 1929년 6월에 체포되어 「치안유지법」 위반으로 투옥되었다. 1934년 11월 가출옥으로 석방된 후 1935년 조선중앙일보사에 기자로서 입사했다. 이후 한국의 농촌, 농업을 분석하는 글을 발표한 뒤 1937년에 일본어로 『조선의 농업 기구 분석』이라는 대표작을 발표하게 된다.[192] 이 책은 일본 마르크스주의 경제학의 강좌파적 입장에 서서 조선 농업·농촌의 반(半)봉건성을 지적하는 내용이었다.

인정식은 기자, 학자로서 활동하면서도 민족운동에 관심을 잃지 않았다. 1937년 9월에 인정식은 이재유 그룹의 일원인 박진홍(朴鎭洪)과 수차례 접촉한 것이 확인된다.[193] 같은 해 11월에는 '인민전선사건' 관련으로 검거되지만 곧 석방되었다.[194] 1938년 3월에는 '공화계' 사건으로 다시 검거되었다. 고향 청년들의 반일적인 독서회 활동과 연결되어 있다는 혐의였다. 그러던 중 전향 선언을 공개하고 풀려나게 되었다.

인정식의 전향 선언을 살펴보자. 먼저 '동지 제군'이라는 말에 "종래

---

190 「共同被告同志に告ぐる書」, 『東京朝日新聞』, 1933.6.10.

191 인정식의 생애에 대해서는, 이수일, 1992, 「인정식선생의 생애와 농업경제사상」, 『印貞植全集 1』, 한울, 5~16쪽 참조.

192 印貞植, 1937, 『朝鮮の農業機構分析』, 白揚社.

193 김경일, 1993, 『이재유 연구: 1930년대 서울의 혁명적 노동운동』, 창작과비평사, 262쪽.

194 「人民戰線事件東署, 繼續活動」, 『東亞日報』, 1937.11.23.

조선의 공산주의자 제군만이 아니라 널리 민족주의적 노(老) 전사 제씨까지도 포함"한다고 특별히 밝히고 있는 점이 눈에 띈다.[195] 사회주의자뿐 아니라 민족주의자도 사상범, 즉 「치안유지법」 위반으로 처벌되던 식민지 조선의 상황이 드러난 듯하다. 전향 선언의 전제는 무엇보다 중일전쟁에서 일본이 보여 준 힘이었다. 인정식은 "지나(支那) 사변이 발발되어 이미 1년이 넘은 그동안은 일본 제국을 경제상의 또는 정치상의 유일 절대의 맹주로 하는 東亞의 재편성 과정"이 진행되었다고 보았다. 인정식은 이를 '동아의 대세'라고 부르면서 이는 "역전할 수는 절대로 불가능하다는 것이 객관적 정세를 냉정하게 판단할 줄 아는 모든 지성의 일치되는 결론"이라고 강변했다.[196]

전향의 논리는 크게 두 가지였다. 첫째는 마르크스주의 농업 이론 비판이었다. 여기서는 농업 문제 전문가로서의 자신의 마르크스주의 경제학 지식을 활용했다. 소련 콤아카데미 소속인 루드비히 마자르(Ludwig Madjar)의 표현을 가져와 "사람이 말(馬)을 구축하고 호미와 낫이 「트락타-」의 도입을 배제"한다고 중국 농촌의 봉건성을 고발했다. 그리고 일본의 중국 점령 및 통치로 인해 "농업 생산에 대한 봉건적인 질곡이 전적으로 제거되는 동시에 근대적 개량 농구의 도입과 농민에 대한 기술적 지도를 통하야 생산 기술의 근대화, 생산력의 놀낼 만한 증대 관개 사업의 국가적 합리화 토지 풍옥(豊沃)의 증진 농민 생활의 미증유의 번영 등 일련의 발전 과정이 약속될 것"이라고 낙관했다.[197]

---

195 印貞植, 1938a, 앞의 글, 50쪽.
196 印貞植, 1938a, 위의 글, 50~51쪽.
197 印貞植, 1938a, 위의 글, 54~55쪽.

조선에 대해서도 "마르크스주의적 공식론의 원리에 의하면 합병 이래 조선의 농촌은 외래 자본의 압도적인 영향을 받아 농촌 계급 분화의 과정"을 밟아야 하고, 한쪽에서 토지가 집중되고 다른 한쪽에서 농민의 토지로부터 분리가 일어나야 하지만 "농촌의 현실은 이러한 공식론의 원리의 적용을 철저히 거부하고 있다"라고 주장했다. 인정식은 총독부의 통계를 바탕으로 하여 농가 일 호당 경지 면적이 증가하고, 단위 면적당 미곡 생산량도 증대했다고 설명하고 이는 "조선 농촌의 일반적 번영과 농민 생활의 향상의 과정을 가장 단적으로 표시"한다고 주장했다.[198]

전향 선언이 발표된 한 달 뒤인 1938년 12월에 인정식은 『치형(治刑)』에 일본어로 「마르크스주의의 아시아에서의 부적응성」이라는 글을 발표했다. 역시 마르크스주의 및 코민테른 비판에 중점을 둔 글이었는데, 여기서도 "조선의 농촌문제 연구에서 마르크스주의적 방법의 완전한 실패"를 지적하고 "나 자신 그 한 사람"이었다고 밝혔다. 인정식은 마르크스주의 농업 이론이 이야기하는 '계급 분화' 대신에 조선에서는 '자작농 창정'이 이루어졌다고 주장했다. 핵심은 '농공병진(農工竝進)'이었다. 인정식은 '농공병진'은 세계사상 유례가 없는 '우리 제국'만의 현상이라고 주장하고, 이를 마르크스주의 이론의 아시아 사회에의 '부적응성'을 보여 주는 증거로서 받아들였다.[199] 『치형』은 조선총독부 법무국 산하 형무소 행정 관계자들이 모인 치형협회(治刑協會)의 기관지였다. 인정식의 전향이 사법당국의 관여 속에 이루어진 것임을 알 수 있다.

두 번째 전향 논리는 내선일체를 통한 민족문제 해결에 대한 기대

---

198 印貞植, 1938a, 앞의 글, 57쪽.
199 印貞植, 1938b, 「マルクス主義の亞細亞に於ける不適應性」, 『治刑』 16-12, 28쪽.

였다. 먼저 인정식은 "한 개의 민족으로서 조선인의 영원한 행복과 번영"이 "과거 십수 년 동안 우리들의 생활 기록에 있어서 우리들이 해결하려 한 중심의 과제"였다고 민족에 대한 애정을 표현했다.[200] 인정식이 바란 것은 내선일체를 통한 '내선 민족의 완전한 평등화'였다. 이를 위해 "임무를 다한 후에 권리를 요구하자! 금일의 조선인은 결코 가련한 식민지 백성이 아니다"라면서 이를 "조선 민족에 대한 정치적 요구"라고 불렀다.[201] 평등과 권리에 대한 요구에서는 사상가로서의 자세가 엿보인다. 또한 인정식은 "참된 의미의 전향이란 것은 일체의 기회주의와 또 정치상의 무관심을 근본적으로 배제하지 않으면 안 된다"고 밝혀, 전향이 개인적인 문제가 아니라 정치적·사회적 성격의 것이어야 함을 강조했다.[202]

앞에서 언급한 『치형』에 실은 글에서도 "동조동근(同祖同根)인 두 민족이 언어, 풍속, 습관 등 일체의 소이(小異)를 버리고 대동(大同)으로 나아가 완전히 합체"하는 것은 "역사적으로 보아 위대한 진보적 현상"이라고 내선일체를 옹호했다. 그리고 역시 "내선일체에서 내지인과 완전한 합체화, 평등화를 보증받게 되는데 경제적, 정치적, 문화적으로 내지인과 완전히 평등화"를 기대했다. 조선인이 짊어져야 할 '국민적 의무'로서 "지원병제도를 다시 의무병제도로 확대 강화"하자고 역설한 점이 눈에 띈다.[203]

계급 문제와 민족 문제 해결은 식민지 사회주의자의 놓칠 수 없는 두 가지 과제였다. 그리고 일본 정부는 「치안유지법」을 휘둘러 이를 국체 변

---

200 印貞植, 1938a, 앞의 글, 51쪽.
201 印貞植, 1938a, 위의 글, 59쪽.
202 印貞植, 1938a, 위의 글, 52쪽.
203 印貞植, 1938b, 앞의 글, 32쪽.

혁과 사유재산 부인으로 처벌했다. 식민주의와 반공의 사상통제는 민족해방과 계급해방을 내건 민족혁명론과 거울 쌍과 같은 관계였다. 인정식의 전향 선언에 드러난 농공병진 및 자작농 창정을 통한 계급 문제 해결, 내선일체를 통한 민족 문제 해결에 대한 기대는, 일본 정부의 힘으로 식민지 사회주의자의 오랜 과제를 풀려는 굴절된 민족혁명론이었다.

인정식이 전향 선언에서 사용한 평등, 권리, 정치, 요구와 같은 말에서 그에게 사회운동가적 면모가 지속되고 있음을 엿볼 수 있다. 1933년 전향 선언을 발표한 뒤에도 한동안 반코민테른 천황제 사회주의를 주창했던 사노 마나부의 행적을 연상케 한다. 사노와 인정식의 전향은 모두 굴절된 혁명론이었다. 인정식의 전향 선언은 중일전쟁에서 일본이 보여 준 힘에 위축되어 굴복한 정도에 머물렀지만, 1939년 이후 일본 정부에 참여한 혁신 좌파가 주창한 동아협동체론에 호응하면서 인정식을 포함한 조선의 전향 좌파는 본격적인 전향 논리를 전개하게 된다.

(2) 민족협화론과 통제경제론

중일전쟁 개전 이후 연전연승을 거두자 일본 정부는 무력으로 중국 국민정부를 굴복시킨다는 방침을 견지했다. 그러나 중국 국민정부는 1938년 10월 주요한 거점인 우한과 광둥을 잃은 뒤에도 항전 의지를 굽히지 않았다. 전선이 교착되자 일본 정부는 화평을 통한 전쟁 종결을 모색하게 된다. 여기서 나온 것이 11월에 고노에 후미마로(近衛文麿) 수상이 발표한 '동아신질서' 성명이었다. 중국의 민족주의를 인정하고 일본이 주도하고, 만주국·중국이 참여하는 일종의 연방 국가를 만들자는 제안이었다.[204]

동아신질서 성명은 흔히 당시 일본 수상의 이름을 따 '고노에 제2차 성명'으로 불린다. 1938년 1월 16일 일본 수상 고노에는 중국 국민당 정부와 '상대하지 않겠다'는 내용의 제1차 성명을 발표한 바 있고, 12월 22일에는 동아신질서 성명을 구체화한 「고노에 3원칙」(선린우호, 공동방공, 경제제휴)을 담아 제3차 성명을 발표했다.[205] 세 차례에 걸친 '고노에 성명'의 전문은 「사변의 진로: 제국 정부의 3성명」이라는 제목으로 인정식의 전향 선언이 실렸던 『치형』에 정리되었다.[206] 조선총독부 사법 당국도 일본 정부의 동아신질서 구상에 촉각을 세우고 있었다.

동아신질서 성명은 혁신 좌익의 제국 재편 구상인 동아협동체론을 일본 정부의 방침으로 채택한 것이었다. 1937년 6월 수상에 취임한 고노에의 사설 정책연구단체인 '쇼와(昭和) 연구회'에 미키 기요시(三木清)를 비롯한 좌파 지식인들이 결집했다. 고도국방국가 구축을 지향하는 군부, 혁신 관료와 더불어 지식인, 사회운동가 등이 형성한 혁신 좌익은 기성정당, 재벌 등 현상유지파와 갈등 관계에 있었다.

혁신 정책 추진의 중심기관은 1937년 10월에 설치된 '기획원'이었다. 1938년부터는 기획원에 의해 '물자동원 계획안'을 비롯한 각종 경제 통제 조치가 잇달아 시행되었다.[207] 한편 혁신파 주도의 신체제운동에 대한 재벌이나 기성정당 측의 비판도 끊이지 않았다. 재계는 "신체제는 빨갛다"라고 비판하면서, 경제 신체제는 결국 "우리 경제계를 파괴하고, 우

---

204 도베 히데아키, 2017, 「중일전쟁기 조선 지식인의 동아협동체론」, 홍종욱 편, 『식민지 지식인의 근대 초극론』, 서울대학교 출판문화원.

205 문명기, 1998, 「中日戰爭 初期(1937~1939) 汪精衛派의 和平運動과 그 性格」, 서울대 동양사학과 석사학위논문, 26~54쪽.

206 「事變の進路: 帝國政府の三聲明」, 『治刑』 17-3, 1939, 9~11쪽.

207 原朗, 1997, 「國家總動員」, 『日本歷史大系17 革新と戰爭の時代』, 山川出版社, 140쪽.

리나라를 러시아와 같이 하려는 것"이라는 우려를 보였다.[208]

미키 기요시는 '동양 통일'과 '자본주의 문제 해결'을 과제로 내걸고 동아협동체와 신체제 실현을 꾀했다. 미키는 일본이 서구 열강을 대신해 중국을 제국주의적으로 지배하겠다는 생각을 버려야 한다고 주장했다. 그리고 일본의 제국주의적 팽창을 억제하려면 자본주의 문제를 해결할 수밖에 없다고 보았다. 따라서 동아협동체 형성을 위해서는 일본 자본주의 변혁이 핵심적 문제라고 설명했다.

동아협동체론이 나온 배경에는 중국의 민족 문제에 대한 재인식이 있었다.[209] 동아협동체론의 또 하나의 중요한 부분은 국내 정책에 있어 반자본주의적 혁신정책의 표방이었다. 동아신질서 구상을 이론적으로 기초한 오자키 호쓰미(尾崎秀實)는 처음부터 '국내 자본주의 진영'과의 '강력한 마찰'이 있을 것으로 예상하였고,[210] 미키 기요시도 "국내에서의 혁신과 동아협동체의 건설과는 불가분의 관계"에 있다고 하면서,[211] "일본 자신도 이번 전쟁을 계기로 자본주의 경제의 영리주의를 초월한 새로운 제도로 나아갈 것이 요구"된다고 주장했다.[212]

다만 중국 국민정부를 이끈 장제스(蔣介石)는 동아신질서 구상에 대해 즉시 거부의 뜻을 밝혔다. 그러나 동아신질서 성명과 동아협동체론은

---

208 升味準之輔, 1972, 「序說」, 『「近衛新体制」の研究(年報政治学 1972)』, 日本政治学会, 16쪽.
209 尾崎秀實, 「동아협동체의 이념과 그 성립의 객관적 기초」(1939.1), 최원식·백영서 편, 1997, 『동아시아인의 '동양'인식: 19~20세기』, 문학과 지성사, 40쪽.
210 尾崎秀實, 「동아협동체의 이념과 그 성립의 객관적 기초」(1939.1), 47쪽.
211 三木清, 「東亞思想の根據」(1938.12), 『三木清全集 15』, 岩波書店, 325쪽; 함동주, 1996, 「中日戰爭과 미키 키요시(三木清)의 東亞協同體論」, 『東洋史學研究』 56, 173쪽.

일본 정부와 혁신 좌익의 의도를 넘어 식민지 조선에서 큰 반향을 일으켰다. 잡지『삼천리』는 발 빠르게 1939년 1월에「동아협동체와 조선」특집을 꾸렸다. 특집에는 다음 세 편의 글이 실렸다.

① 김명식(金明植),「건설의식과 대륙진출」
② 인정식(印貞植),「동아의 재편성과 조선인」
③ 차재정(車載貞),「동아신질서와 혁신」

김명식은 초기 사회주의 운동에 큰 족적을 남긴 인물이다. 1891년 제주도 조천에서 태어난 김명식은 일본에 건너가 와세다(早稻田)대학 전문부 정치경제과에서 공부했다. 1920년 동아일보사 설립과 동시에 입사하여 주필로서 활약했다. 1922년 한국 최초의 사회주의 재판이라고 불리는 신생활사 사건에 연루되어 투옥되었다. 감옥에서 얻은 병을 치료하고자 일본 오사카(大阪)로 건너갔으나 그곳에서 다시 투옥되었다. 김명식은 1920~1930년대에 걸쳐 평론가로서 신문과 잡지에 다양한 글을 투고하였다.[213]

인정식은 앞에서 소개했다. 차재정은 1902년 충남 논산에서 태어났다. 1922년 도일하여 이듬해 1923년에 메이지(明治)대학 법과에 입학하지만, 간토(關東)대지진 탓에 학업을 접고 귀국했다. 이후 사회주의 운동에 가담하여 1929년 광주학생운동 당시「치안유지법」위반 혐의로 체

---

212 三木清,「신일본의 사상 원리」(1939.1), 최원식·백영서 편,『동아시아인의 '동양'인식: 19~20세기』, 54쪽.
213 김명식의 사상과 실천에 대해서는 洪宗郁, 2011,『戰時期朝鮮の転向者たち: 帝国/植民地の統合と亀裂』, 有志舎, 제2장 참조.

포되어 1932년 10월에 석방되었다. 1936년 이후 전향자 단체인 백악회 (白岳會), 대동민우회(大東民友會) 등의 간부로 이름을 올렸다.[214]

세 사람은 동아협동체론에 대한 기대 속에 새롭게 조선의 운명을 개척하자고 주장하였는데, 그 논리는 대략 두 가지로 정리할 수 있다.

첫째, 일본 정부의 반자본주의적 혁신 정책에 호응하는 통제경제론이었다. 김명식은 파시즘은 '국가적 독재 사상과 민족적 배타 관념' 탓에 동아협동체 건설원리로서 적당하지 않다고 주장하고, 신건설의 원리로서 '데모크라시', '콜렉티브', '휴머니즘' 등 세 가지를 제안했다.[215] 콜렉티비즘(collectivism), 즉 공산주의와 친화적인 집산주의를 경제 원리로서 제시했다. 인정식과 차재정은 『삼천리』 같은 호에 실린 좌담회에서 혁신 정책에 대한 기대를 밝혔다. 인정식은 "혁신주의의 특징은 반공산임과 동시에 반자본적입니다"라고 설명했다.[216] 차재정 역시 "혁신주의란 것은 반공산인 동시에 반자본적"이며 "일체의 자본가적 착취와 이윤을 위한 혹사와 또 식민지적 착취와 내지 압박을 반대"한다고 밝혔다.[217]

둘째, 동아협동체를 통해 민족문제를 해결하려는 민족협화론이었다. 김명식은 "신동아의 연방문제는 인류사에 있어서 신기원을 지을 것"이라며 조선인도 '신동아협동체의 건설'에 적극적으로 참가하여 '신운명의 제일보를 개척'하자고 주장했다. 또한 신건설에 '공헌'하기 위해 '조선 민중

---

214 차재정의 경력은 친일인명사전편찬위원회, 2009, 『친일인명사전』, 민족문제연구소 참조.
215 金明植, 1939, 「建設意識과 大陸進出」, 『三千里』 11-1(홍종욱 편, 2017, 『식민지 지식인의 근대 초극론』, 서울대학교 출판문화원에 수록), 74쪽.
216 「時局有志圓卓會議」, 『三千里』 11-1, 1939, 40쪽.
217 「時局有志圓卓會議」, 『三千里』 11-1, 1939, 46쪽.

은 일지(日支) 양 민족 간에서 조화역'을 맡아야 한다고 판단했다.[218] 인정식은 "동아협동체의 완성을 전제로 하고서만 금후의 민족적 운명을 논하지 않으면 안 되게 되었다"고 보고, 내선일체에 의하여 "내지의 모든 정치제도—보통선거제, 부현제, 의무교육제 등이 내지와 동일한 정도로 조선에도 확대연장 되어야 할 것"이라고 주장했다.[219] 차재정은 "동아신질서 내에 포괄되는 제민족 사회는 그 자주적 이익이 존중되고 개성, 전통, 문화가 한 가지 존중되어야 할 것"이라고 밝혔다.[220] 세 사람 모두 조선이 동아신질서, 동아협동체에 참여함으로써 조선의 지위가 향상될 것으로 기대했다.

식민지 사회주의자의 전향 논리 속에서 일본의 혁신정책에 대한 기대 즉 통제경제론과, '진정한' 내선일체에 대한 기대 즉 민족협화론은 동전의 양면처럼 결합되어 있었다. 인정식은 "혁신세력은 반자본적이고 또 반착취적이기 때문에 이 혁신세력의 대두의 필연성에 있어서 내선일체의 필연성을 보는 것"이라면서 그래야만 "식민지로서의 조선을 완전히 지양하고 조선민족과 야마토(大和)민족을 합하야 한 개의 보다 고급의 개념을 가진 신일본민족에로 통일"할 수가 있다고 보았다.[221]

차재정 역시 "일본의 혁신은 동아협동체, 동아신질서의 수립과 상관 불가분의 관계"라고 보았다. 그는 "동아의 경륜은 자본주의 일본으로서

218　金明植, 1939, 「建設意識과 大陸進出」, 70~71쪽.
219　印貞植, 1939, 「東亞의 再編成과 朝鮮人」, 『三千里』 11-1(홍종욱 편, 2017, 앞의 책에 수록), 84·99쪽.
220　車載貞, 1939, 「東亞新秩序와 革新」, 『三千里』 11-1(홍종욱 편, 2017, 위의 책에 수록), 106쪽.
221　「時局有志圓卓會議」, 『三千里』 11-1, 1939, 40~41쪽.

도 가능한 일이나 그것에는 제국주의적임을 요하고 대외적으로 제국주의적임에는 국내적으로 자본주의임을 요함으로 그것은 국내의 반자본의 제조건으로 말미암아 불가능"하다면서, 일본 국내의 반자본 혁신 움직임이 대중국, 대조선 정책에도 변화를 가져올 것으로 기대했다.[222]

중일전쟁기 미디어에 드러난 한국인 사회주의자의 전향 논리는 통제경제론과 민족협화론으로 정리할 수 있다. 전향자의 통제경제론에서는 사회주의와 연속성을 쉽게 확인할 수 있고 이는 계급 문제 해결의 가능성을 비쳤다. 민족협화론은 진정한 내선일체를 통해 민족문제를 해결할 수 있다는 기대였다. 통제경제론과 민족협화론은 일본 정부의 혁신정책에 바탕한 동아신질서 구상, 동아협동체론에 의해 나름의 설득력을 갖출 수 있었다. 경찰, 검찰, 법원, 형무소에서 펼쳐진 사법당국의 집요한 전향 정책의 압박 속에, 일본 정부의 동아신질서 구상이 지닌 굴절된 민족혁명론이라는 성격이 일종의 논리적·심리적 탈출구로 기능함으로써, 중일전쟁기 한국인 사회주의자의 대량 전향이 벌어졌다고 판단된다.

(3) 강요된 전향의 흔적

중일전쟁 발발 이후 사상통제는 더욱 엄격해졌다. 동아협동체와 내선일체라는 달콤한 구호가 미디어를 장식했지만, 한국인의 사상과 운동에 대한 통제와 탄압은 더욱 촘촘하고 혹독해졌다. 1938년 3월 연희전문 상과 교원 백남운(白南雲)은 동료인 이순탁(李順鐸), 노동규(盧東奎) 그리고 '경제연구회' 소속 학생들과 함께 체포되었다. 이른바 연희전문 경제연구회 사건이었다. 일제 관헌은 경제연구회 활동을 '인민전선전술을 방불'케

---

222 車載貞, 1939, 「東亞新秩序와 革新」, 107쪽.

한다고 규정했다.[223] 백남운은 조선학 운동에도 적극적으로 참여하고 『조선사회경제사』(1933), 『조선봉건사회경제사(상)』(1937)을 펴낸 식민지 조선을 대표하는 마르크스주의 경제학자였다. 여기서는 백남운 그리고 이순탁이 옥중에서 작성한 전향서를 살펴보고자 한다.

'감상록' 등의 이름을 달고 있는 전향서는 무자비한 검거와 수년에 걸친 견디기 어려운 조사 및 구금의 과정에서 생산된 텍스트였다. 따라서 전향서에 적혀 있는 내용을 근거로 지식인의 전향 및 협력을 이야기하는 것은, 갖은 회유와 협박으로 그와 같은 텍스트를 생산해낸 일본 제국주의의 의도를 그대로 받드는 것에 지나지 않으므로 신중해야 한다. 다만 전향서는 식민주의와 반공이라는 사상통제의 결과이기도 하다는 점에서, 이를 통해 거꾸로 전향 정책의 방향성을 엿볼 수 있다. 『삼천리』와 같은 미디어에 등장한 전향 논리와 마찬가지로 옥중에서 작성된 전향서도 역시 계급과 민족 문제, 즉 통제경제론과 민족협화론이 주된 논리였다.[224]

먼저 통제경제에 대한 입장을 살펴보면, 백남운은 1939년 5월 경성지방법원의 예심판사에게 제출한 「감상록」에서 "현대의 논자로서 자본주의제의 폐해를 인정하지 않는 자는 없다. 그러나 광구(匡救)의 방법은 결코 공산사회 그것에 한정된 「특권」이 아니라는 것을 믿기에 이르게 되었다"고 밝힌 뒤, '자본주의 경제기구의 붕괴론'에 대해서도 "최근의 통제경제의 조직화 등을 고찰하는 한 다소의 변경은 피할 수 없지만, 경제기구의 토대 자체는 미동도 하지 않을 것"이라고 적고 있다.[225]

---

223 洪性讚, 1994, 「일제하 延專商科의 經濟學風과 '經濟研究會事件'」, 『연세경제연구』 1.
224 백남운의 전향서에 대한 분석은 홍종욱, 2011, 「'식민지 아카데미즘'의 그늘, 지식인의 전향」, 『사이間SAI』 11에서 가져왔다.
225 白南雲, 「感想錄」(1939.5.30), 『李順鐸外二名 治安維持法違反』(국사편찬위원회 소장),

이순탁 또한 1939년 6월에 작성한 「사상전향록」에서 프란츠 오펜하이머(Franz Oppenheimer) 등의 경제이론을 원용하여, "대규모 생산은 경쟁의 범위를 좁게 하여, 용이하게 수요될 상품의 양을 예측함으로써 생산에 통제를 행하기 쉽다"고 분석하고, "온정주의의 발로, 사회정책의 실시, 통제경제의 강화"가 자본주의로 하여금 "무산자의 혁명적 단결을 조장"하는 쪽으로 흐르는 것을 억제하고 있다고 평가했다.[226] 이와 같은 통제경제에 대한 옹호는 사회주의 이론과의 연속이라는 측면에서 보더라도 전향 좌파들이 가장 쉽게 내세울 수 있는 주장이었다. 이는 일본 지식인들의 전향에서도 공통적으로 확인되는 경향이다.

식민지 조선인의 전향의 특징이 잘 드러나는 지점은 역시 민족 문제였다. 독립이라는 선택지를 고려할 수 없었다는 전향의 본질적인 한계를 전제할 때, 제기될 수 있는 논리는 일본 민족과 조선 민족의 협화밖에 없었다. 이순탁은 위의 「사상전향록」에서 "민족의 흥망성쇠는 고대 이래의 지나(支那)를 보고, 민족의 혼성은 현대국가인 북미합중국을 바라볼 때, 오늘날 문화적으로 낮고 민족적으로 약한 조선인이 굳이 자립적으로 그 생존을 지키려고 할 필요는 없다"면서 "오히려 문화적으로도 높고 민족적으로도 강한 일본 민족의 지도하에 생존 발달을 이루어 세계에 어깨를 나란히 할 수 있는 민족이 되는 것이 하등 불합리하지 않고 도리어 유리"하다고 설명했다.[227] 한편 "조선인에게는 전래의 조선인적 감정이 있고 그것은 오랫동안 역사, 언어, 풍속, 습관 내지 자연적 환경 등에 의해 행해진

2829쪽.

226 李順鐸, 「思想轉向錄」(1939.6.23), 『李順鐸外二名 治安維持法違反』(국사편찬위원회 소장), 2888~2889쪽.
227 李順鐸, 「思想轉向錄」(1939.6.23), 2866~2867쪽.

실생활로부터 자연스럽게 양성된 것이기 때문에, 그것을 일시적으로 들어내고 이 대신에 바로 일본인적인 감정을 집어넣는 것은 용이하지 않"다는 점도 덧붙였다. 조선 독자의 문화와 전통에 대한 고려가 느껴지는 대목이다.[228]

백남운의 「감상록」에서도 일본의 위대함을 칭찬하는 상투적인 표현을 사용하고 있지만, 그보다는 자신의 조선사 연구를 돌아보는 부분에서 아시아적인 특수성에 대한 강조가 엿보여 주목된다. 먼저 1937년에 간행한 『조선봉건사회경제사(상)』에 대해, "봉건제의 특수성을 강조한 점은 제1권의 경우와 현저하게 다르다"고 자평했다.[229] '제1권'이란 1933년에 발표한 『조선사회경제사』를 가리킨다. 『조선사회경제사』는 한국사에도 세계사적인 보편적 발전법칙이 관철되어 있음을 설명하는 데 주력한 나머지 사적 유물론을 도식적으로 적용한 측면이 있다는 비판이 당시부터 존재했다.[230] 이에 반해 4년 뒤에 발표한 『조선봉건사회경제사(상)』은 1930년대 이후 아시아적 특수성에 대한 일본 및 조선 학계의 연구를 반영한 것으로 평가할 수 있다.

백남운은 「감상록」을 통해 이전의 자신의 연구를 마르크스주의에 대한 '연애'에 비유하여, "연애는 맹목적이라고 말해지듯이 이지적 판단력이 어쩌면 감정적인 흥분상태에 사로잡혀 있었다. 그리하여 마르크스주의 유물사관 자체에 대해서는 마치 마마 자국이 보조개로 보이는 것과 같은 마음에서 거의 비판적으로 재독할 여유조차 갖지 않았다"고 반성하

228　李順鐸, 「思想轉向錄」(1939.6.23), 2898~2899쪽.
229　白南雲, 「感想錄」(1939.5.30), 2826~2827쪽.
230　四方博, 1941, 「朝鮮」, 『社會經濟史學』 10-11·12, 103쪽.

였다. 이어 역사의 '특수성' 및 '제약성'이 인정되는 한 "마르크스의 역사 이론 체계에 있어서는 중대한 재비판이 기도되지 않으면 안 된다"라는 말로, 조선 및 아시아의 특수성에 주목할 필요성을 강조했다.[231] 비록 전향서의 서술이지만 백남운 자신의 실제 연구 방향의 변화에 비추어 볼 때, 단지 강요에 의한 기술이라고 치부하기는 어려운 내용이라고 할 수 있다.

백남운은 「감상록」 말미에서 '장래의 방침'을 이야기하면서 "기회가 허락된다면 「통제경제연구소」, 「동양문화협회」 등과 같은 기관을 창설하여 학문적으로 봉사"하고 싶다는 뜻을 밝혔다.[232] 스스로 자신의 앞길을 통제경제 옹호와 민족협화 추진으로 설정한 셈이다.

사회주의 혁명가이자 역사학자인 이청원의 전향서도 살펴보자. 일본에 건너가 노동운동 지도자로 활약한 이청원은 「치안유지법」 위반으로 수차례 검거와 석방을 되풀이한 뒤 『조선사회사독본』(1936)을 펴내는 등 역사학자로서도 두각을 나타냈다. 그러던 중 1940년에 다시 「치안유지법」 위반으로 검거되었다.[233] 일본 관헌 문서에 담긴 '1941년도 사상특별연구원 판사 樋口勝 보고서'인 「좌익 전력자 전향문제에 대하여」에는 다른 일본인 전향자와 더불어 이청원이 '예심 판사에게 상신한 전향의 심경'을 분석하고 있다.[234]

이청원은 일본의 전시 통제경제가 자유경제를 제약하는 상황, 특히 재

231　白南雲, 「感想錄」(1939.5.30), 2826~2827쪽.

232　白南雲, 「感想錄」(1939.5.30), 2840쪽.

233　內務省警保局, 「在日朝鮮人運動日誌」(1940), 『特高月報』(朴慶植 編, 1976, 『在日朝鮮人関係資料集成 第四卷』, 三一書房), 1051쪽.

234　이청원의 전향서에 대한 분석은 홍종욱, 2021, 「1930년대 마르크스주의 역사학의 아시아 인식과 조선 연구」, 『한국학연구』 61에서 가져왔다.

계와 갈등하며 신체제를 추진하는 군부의 역할에 기대를 걸었다.[235] 이청원은 일본이 중국의 민족주의를 승인한 것을 긍정적으로 평가했다. 이는 명백하게 동아신질서론을 의식한 것이다. 이청원은 이를 '동양공동체'라고 받아들인 뒤, 일본, 만주국, 중국 외에 조선도 하나의 구성원으로서 역할을 해야 한다고 밝혔다. 일본의 의도를 넘어서는 주장이었다. 이청원은 일제가 내세운 내선일체를 조선인에 대한 차별을 없애는 기회로 삼고자 했다.[236] 일본 관헌은 이청원이 '계급적 입장'과 '좌익적 상식'에서 벗어나지 못했다고 경계했다. 또한 내선일체를 '평면적 절대 평등'으로 받아들인다고 비판했다.[237] 이청원의 전향 논리 역시 통제경제론과 민족협화론으로 요약할 수 있다.

1938년 원산 그룹 사건으로 검거된 경성제국대학 출신 사회주의자 이강국의 자술서도 살펴보자.[238] 이강국이 1939년 8월에 검사에게 제출한 「스스로를 말한다」라는 제목의 자술서는 전향서라고 보기에는 어려운 내용을 담고 있다. 따라서 자술서 가운데 일본의 아시아 침략을 옹호하는 내용 등은 찾아볼 수 없지만, 다무라 도쿠지(田村德治)의 「협화전쟁이므로 성전」이라는 주장에 대해서는 전반적인 '이론의 빈곤' 속에서 그나마 '최고 수준'의 논리를 갖추었다고 평가하고 있어 주목된다.[239]

---

235 「(十六)李靑垣事平昌秀吉の場合」, 『思想硏究資料 特輯 第九十五号 左翼前歷者の転向問題に就て』, 司法省刑事局, 1943.8(『社會問題資料叢書 第1輯』, 東洋文化社, 1972), 594쪽.
236 「(十六)李靑垣事平昌秀吉の場合」, 596~599쪽.
237 「(十六)李靑垣事平昌秀吉の場合」, 595·599쪽.
238 이강국의 자술서에 대한 분석은 홍종욱, 2011, 앞의 글에서 가져왔다.
239 李康國, 「自らを語る」(1939.8.17), 『方龍弼外四十三名 治安維持法等違反』(국사편찬위원회 소장), 8375쪽.

『개조(改造)』, 『중앙공론(中央公論)』과 더불어 당시 일본 3대 종합잡지 중 하나였던 『일본평론(日本評論)』의 1938년 12월호에 실린 다무라의 위 글은 "장래에 있어 국제사회가 필연적으로 수 개의 대영토 단위적이자 밀집 영토적인 국가, 즉 접지적(接地的) 대영토 국가에 의해 조성(組成)될 것"이라고 보고, 아시아에서도 "일본·만주 및 지나 등이 필연적으로 일대국가(一大國家)를 형성"할 것으로 예상했다. 또한 "이 일대국가의 성립이 있더라도 그것이 먼저 연방적 구성을 채용할 것" 그리고 "이 연방적 구성의 일대국가의 성립에 앞서 필연적 과정으로서 먼저 일대국가 연합이 출현할 것"이라고 일종의 공정표를 제시하면서 현실적으로 '동아 국가연합', 즉 '동아 연합'을 건설할 것과 그를 위해 '만방협화(萬邦協和)의 국제주의 정신'이 중요함을 강조했다.[240]

후일 유진오는 이강국이 1943년에 풀려난 것에 대해 "이강국 군은 자기가 몇 해 옥 속에 있는 동안에 세상이 정반대로 달라졌는데 대동아전쟁 칙어를 보니 인제는 아시아의 제민족이 모두 자유·평등·독립을 누리게 되었으니 그것은 바로 자기가 바라던 바라는 뜻의 글을 써냈다는 것이었다"[241]고 회고했는데, 같은 맥락에서 이해할 수 있는 내용이다. 이강국의 위의 기술은 전향을 표명한 것으로 보기는 어렵지만, 역으로 조선인이 전향을 할 경우 통제경제론 외에는 민족 간의 협화만이 거의 유일한 채택 가능한 논리였음을 말해 준다.

이상에서 투옥되어 사법당국의 전향 정책에 직접적으로 노출된 한국의 사회주의자의 전향서를 살펴보았다. 이들이 밝힌 주된 전향 논리는

---

240 田村德治, 1938, 「協和戰爭の確信とその根據」, 『日本評論』 13-13, 70~76쪽.
241 兪鎭午, 1977, 『養虎記: 普專·高大 三十年의 回顧』, 高麗大學校出版部, 104쪽.

『삼천리』 등 미디어에서 전개된 전향 좌파의 논리와 마찬가지로 통제경제론과 민족협화론이었다. 이는 1930년대 중반까지의 민족문제와 계급문제에 대한 고민을 굴절된 형태로 계승한 것이었다. 식민지 조선에서는 적극적 전향이라 부를 만한 경우에도 그 안에 굴절된 민족혁명론이라 할 요소를 감추고 있었다. 따라서 일본 관헌은 한국인의 전향을 끝까지 신뢰하지 못하고 경계를 늦추지 않았다. 전향 정책 자체가 지닌 모순이 드러난 결과라고 할 수 있다.

제3장
해방을 전후한
사상통제의 연속과 단절

1. 식민지 말기의 사상통제

1) 사상범 예방구금의 도입과 실태

1941년 2월에 「조선 사상범예방구금령」이 공포되어 3월부터 시행되었다. 1941년 3월에는 일본 본국에서 예방구금 조항이 담긴 개정 치안유지법, 즉 「신치안유지법」이 공포(5월 시행)되었기 때문에 조선에서도 예방구금의 법적 근거는 「신치안유지법」으로 바뀌었다. 일본 사법성은 1934년과 1935년에 예방구금 제도를 넣어 「치안유지법」 개정을 시도했지만 실패한 바 있었다. 예방구금은 식민지 조선이 일본 본국보다 두 달 빨리 실시된 셈이다.

조선총독부는 조선의 '특수사정'을 이유로 예방구금 제도 도입이 시급하다고 강조했다. 1940년 11월 총독부가 작성한 「조선 사상범예방구금령 이유와 설명」에서는 다음과 같은 이유를 들었다. ① 조선은 직접 대륙 및 소련과 접양하고 있기 때문에 공산주의 사상 침입 방어상 특수 지위를 지닌다, ② 조선이 우리 제국의 대륙 전진 병참기지인 특수 사명을 가중받는 사정에 비추어 반도의 사상정화는 초미의 급무이다, ③ 반도 사상범인은 그 의식 정도가 낮다고 해도 극히 실행력이 풍부하고 현저하게 흉포성을 지닌다, ④ 반도 사상범인은 전부 편협 고루한 민족의식 사상을 포회하여 사상운동 거의 전부가 이 민족주의 의식을 근저로 하고 있으므로 사상 전향이 극히 곤란하다 등이었다.[1]

---

1 「朝鮮思想犯予防拘禁令ヲ定ム」(1941.2.7), 『公文類聚』第六十五編·昭和十六年·第

사상범 예방구금 제도 도입이 급한 이유로는 무엇보다 형기를 끝낸 비전향 사상범이 농민운동이 다시 일어나고 있는 길주, 명천, 성진 등 함경북도 남부 3군이나 항일 빨치산 영향이 남아 있는 함경남도 국경 지대로 돌아가서 사태가 악화될 수 있다는 점을 들었다.[2]

예컨대 1939년 4월에 함경남도 정평에서 검거된 '반일 인민전선 조선 지도기관 결사 및 무장봉기 후방교란 기도사건'으로 35명이 기소되었는데, "거의 전부가 사상전과자이고 적어도 일찍이 운동에 관계해 기소유예 또는 미죄 방면 처분을 받은 자뿐 아니라 보호관찰 처분에 부쳐진 자도 다수 혼입"되어 있었다.[3] 이러한 사태를 우려한 당국은 어떻게든 비전향 사상범의 석방을 막고자 했다.

조선총독부는 사상범 예방구금 제도 도입의 필요성을 끌어내기 위해 전향 관련 통계도 멋대로 해석했다. 당국은 1939년 10월 말 현재 「치안유지법」 위반 수형자 총수 641명 중, 비전향자가 467명으로 약 73%를 차지한다고 강조했다. 다만 이 숫자는 준전향자를 비전향자로 둔갑시켜 만들어낸 숫자였다. 당국은 전향 정책의 성과를 선전할 때는 준전향자를 전향자에 포함시키기도 했다. 필요에 따라 자신의 의도를 반영한 통계를 만들어낸 것이다.[4]

百二十八卷; 오기노 후지오 저, 윤소영 역, 2022, 『일제강점기 치안유지법 운용의 역사』, 역사공간, 360~361쪽.

2 「朝鮮思想犯予防拘禁令ヲ定ム」(1941.2.7), 『公文類聚』第六十五編・昭和十六年・第百二十八卷; 水野直樹, 2006, 「戰時期朝鮮の治安維持体制」, 倉沢愛子 等 編, 『岩波講座 アジア・太平洋戰爭 7 支配と暴力』, 岩波書店, 113쪽.

3 「昭和十四年度に於ける鮮內思想運動の概況」, 『思想彙報』 23, 1940, 65쪽; 荻野富士夫, 2022b, 『朝鮮の治安維持法の「現場」(治安維持法の歷史 Ⅲ)』, 六花出版, 417쪽.

4 「조선사상범예방구금령안 이유서」, 『예방구금관계참고서류』(1940)(국가기록원,

조선총독부의 노력이 결실을 맺은 결과인지, 일본 본국에서는 관련 예산이 삭제되었지만, 식민지 조선에서는 '조선의 특수성을 가미'해서 1940년도 내에 예방구금 제도 실시가 정해졌다.[5] 얼마 지나지 않아 일본 본국에서도 예방구금을 담은 「치안유지법」 개정안이 준비되었는데, 조선총독부 당국자는 본국의 법이 성립되면 예정대로 1940년도 내에 예방구금이 실시되지 못할까 우려하기도 했다.[6]

1941년 「신치안유지법」은 예방구금을 상세하게 규정했다. 예방구금 대상은 「치안유지법」 위반 만기 석방자, 집행유예로 사상범 보호관찰에 부쳐진 자로서 다시 「치안유지법」 위반 '죄를 범할 우려가 현저'한 자였다. 즉 보호관찰 처분 대상에서 기소유예자를 제외한 자가 예방구금 대상이었다.[7]

「신치안유지법」에 따르면 형무소장 및 보호관찰소장이 해당자를 지방재판소 검사국 검사에게 예방구금을 신청하고, 검사가 타당하다고 판단하면 예방구금심사회의 의견을 들어 재판소에 청구했다. 재판소는 본인의 진술을 듣고 예방구금을 결정했는데, 재판소의 심판 절차는 비공개였고 변호인의 도움을 받을 수 없었다.[8]

예방구금 처분을 받으면 조선에서는 '보호교도소'라 불린 형무소와

---

www.archives.go.kr); 水野直樹, 2015, 「朝鮮における思想犯予防拘禁制度とその実態」 (未定稿), 6쪽.

5 「國民思想統一에 拍車, 豫防拘禁令 遂實施」, 『朝鮮日報』, 1940.1.5; 「問題中의 豫防拘禁制度, 思想犯前科者에 限定」, 『東亞日報』, 1940.1.8.
6 水野直樹, 2015, 앞의 글, 7쪽.
7 「치안유지법」(법제처 국가법령정보센터, www.law.go.kr).
8 荻野富士夫, 2021, 『治安維持法의 「現場」(治安維持法의 歷史 Ⅰ)』, 六花出版, 317쪽.

다름없는 시설에 수용되었다. 예방구금 처분은 2년이 기한이었지만, 몇 번이라도 갱신이 가능했다.[9] 범죄를 저지르지 않은 자를 죄를 범할 우려만으로 예방구금 한다는 점에서 죄형법정주의에서 크게 일탈한 제도였다.[10]

법무국장 미야모토 하지메(宮本元)는 예방구금 제도를 "치안유지법, 보호관찰 제도 운용과 더불어 총후 국내에 한 사람의 반국가사상 포회자도 없게 하여 반도 사상의 통일에 대한 장애를 철저하게 제거"하기 위한 것이라고 설명했다.[11] 행형, 보호관찰, 예방구금의 3단 구성을 통해 치안유지법 체제가 완성된 셈이다.[12]

「신치안유지법」 시행 직후인 5월 20일에 문순용이 처음으로 예방구금 처분을 받았다.[13] 조선총독부는 당초 예방구금 처분에 신중을 기했지만, 반년 정도 지나면서 운용을 엄격하게 해서 비전향자를 모두 예방구금에 처했다.[14] 1941년 11월 말까지 예방구금에 처해진 이는 40명이었다. 보호관찰 처분을 받던 자 29명과 만기석방자 11명이었다.[15]

1944년 9월 시점에서 누계 89명이 예방구금 처분을 받았는데, 퇴소

---

[9] 水野直樹, 2006, 「戰時期朝鮮の治安維持体制」, 倉沢愛子 等 編, 『岩波講座 アジア・太平洋戦争 7 支配と暴力』, 岩波書店, 114쪽.

[10] 荻野富士夫, 2021, 앞의 책, 316쪽.

[11] 宮本元, 1941, 「治安維持法と國防保安法とに就て」, 『治刑』 19-6, 7쪽; 水野直樹, 2015, 앞의 글, 9쪽.

[12] 「思想犯豫防拘禁令制度の實施に當たりて」, 『治刑』 19-4, 2쪽; 荻野富士夫, 2022b, 앞의 책, 419쪽.

[13] 「豫防拘禁二年, 非轉向者へ初の適用」, 『京城日報』, 1941.5.21.

[14] 水野直樹, 2015, 앞의 글, 10쪽.

[15] 「昭和16年12月 第79回帝国議会説明資料」(『朝鮮総督府帝国議会説明資料 第5卷』, 1994a, 不二出版), 64~65쪽.

24명, 사망 4명, 집행정지 2명을 제외하고 59명이 수용되어 있었다. 59명은 비전향 20명, 준전향 이상 25명, 비전향은 아니지만 아직 준전향에 이르지 않은 자 14명이었다. '준전향 이상'은 "황민적 수련에 정진할 결의가 있어 제 행사, 훈련에 노력할 마음가짐이 보임"이라는 정의에서 보듯 거의 전향과 다름없었다.[16] 1945년 5월 말까지 일본 본국의 예방구금 인원이 65명인 것과 비교할 때 식민지 조선이 더 혹독하게 운용되었음을 알 수 있다.[17]

수용 시설은 법령상 명칭은 예방구금소였지만 식민지 조선에서는 교화 지도를 강조하기 위해 '보호교도소'로 통칭했다. 해방 후 한국에서 형무소를 교도소로 부르고 있는 것과 묘한 연속성이 확인된다. 보호교도소 소장은 사상검사 출신이었다. 보호관찰 제도, 예방구금 제도는 사상검사에 의해 운영되었다. 보호교도소장 오사카 모리오(大坂盛夫)는 예방구금에 대해 "불령 도배에 대해서도 관용적인 보호교도의 손을 아끼지 않는 이 제도의 참 정신은 아마도 서양류의 사고방식으로서는 이해할 수 없는 바일 것"이라면서, 이를 징역이나 금고와는 성질이 다른 '보안처분'이라고 강조했다.[18]

보호교도소는 1942년 시점에는 서대문형무소 구치장 2층 독거 59개 방을 사용했지만, 1943년 12월에 충청북도 청주형무소 안에 건물을 신축하여 이전했다. 일본 본국의 예방구금소장은 1945년 이후 남긴 회고에

---

16 「昭和19年12月 第86回帝国議会説明資料」(『朝鮮総督府帝国議会説明資料 第10巻』, 1994b, 不二出版), 86쪽; 水野直樹, 2015, 앞의 글, 16쪽.
17 荻野富士夫 編, 1996, 『治安維持法関係資料集 第4巻』, 726쪽; 水野直樹, 2006, 앞의 글, 114쪽.
18 「保護教導所開廳」, 『京城日報』, 1941.3.12; 水野直樹, 2015, 앞의 글, 12~13쪽.

서 "조선의 예방구금소는 형편없는 상태였다"라고 말했다.[19] 다만 보호교도소에 갇혔던 김철수는 "감방에다 칼도 넣어 주고 연필도 넣어 주고 내 맘대로 글 쓰고 거 안에 있거라 그 말이여. 그리고 다다미 깔아주데. 다다미방에서 있게 되고 책상이랑 놓아줘. 그러게 자유만 구속을 했어. 밥 먹는데, 사사로운 것 사다도 먹고, 그리고 고 안에서 운동을 허도, 저그가 와서 똑 죄수 취급을 허듯기 혀"라는 회고를 남겼다.[20] 형무소와 비슷한 방식이었지만 상대적으로 자유로운 환경이었다고 생각된다.

한편 조선의 보호교도소는 일본 본국의 예방구금소와 달리 수용자를 세 개의 '계급'으로 나누어 '사상 상태', 즉 전향 정도에 따라 누진 처우를 했다. 전향 정도에 따라 처우를 바꾸는 것, 그 밖에 교화에서 '국체명징 관념'이나 '황국의 도'를 중시한 것은 일본 본국에는 없던 식민지 조선의 특징이었다.[21]

예방구금을 예비검속과 혼동하는 경우가 많다. 특히 해방 이후 예방구금을 가리켜, 조선정치범 예비구금령 혹은 예비검속법이라는 표현을 사용했다.[22] 1945년 10월 미군정청 법령 제11호로 「치안유지법」 등 철폐 선언을 할 때, 사상범예방구금령을 'the preliminary imprisonment act'로 번역하고 한자로 '예비검속법'이라고 오역한 탓이 크다.[23] 예방구금은 행

---

19 山辺健太郎, 1973, 「初代予防拘禁所長に聞く」(『現代史資料(45) 治安維持法』, みすず書房, 付録月報, 水野直樹, 2015, 앞의 글, 13쪽에서 재인용).

20 한국정신문화연구원 현대사연구소 편, 1999, 『遲耘 金錣洙』, 한국정신문화연구원 현대사연구소, 139쪽.

21 水野直樹, 2015, 앞의 글, 8쪽.

22 제주4·3사건 진상규명 및 희생자 명예회복 위원회, 2003, 「제주4·3사건 진상조사보고서」, 438~439쪽.

23 『미군정청 관보』 1-1(원주문화사 복각판), 1992, 118쪽.

형, 보호관찰에 이은 사법처분이다. 범죄를 저지를 가능성 있는 자를 일시적으로 유치장 등에 구속하는 경찰처분인 예비검속과는 다르다.[24]

2) 대화숙(大和塾)의 이념과 운영

(1) 이데올로기에서 생활로

식민지 조선의 치안유지 체제는 1940년을 지나면서 하나의 전환점을 맞았다. 예방구금 제도 실시가 결정되고 사상보국연맹이 대화숙으로 개편되고 방공협회는 국민총력연맹으로 흡수되었다. 이러한 움직임은 일본 본국에서 신체제 운동이 일어나 대정익찬회가 결성되는 흐름을 의식한 것이지만, 조선의 치안 상황 변화와 전시체제 확립에 보조를 맞춘 측면도 컸다. 중일전쟁기 치안유지 체제를 세 층위로 나누어 설명하였는데, 1940년 이후에는 제1환이 대화숙 및 사상범 예방구금 제도, 제2환은 방공협회가 국민총력연맹에 통합됨으로써 제3환과 융합하는 형태를 띠었다.[25]

일본 본국의 보호관찰 제도 운용은 1940년 전후로 성격이 바뀌었다. 초기의 '보호'에 중점을 둔 화려하고 적극적 활동에서 점차 '관찰'에 중점을 둔 실질적 내성적 방향으로 이행했다.[26] 1939년 단계에서는 '보호'와 '사상 지도'가 운용의 기축이었는데, 예컨대 특고경찰은 보호관찰소의 '보호'와 '사상 지도'가 전향자를 지나치게 우대한다는 비판과 불만을 보

---

24 水野直樹, 2015, 앞의 글, 1쪽.
25 水野直樹, 2006, 앞의 글, 96쪽.
26 平野利, 1942, 「思想犯保護觀察制度の一考察」, 『昭德』 7-10, 6~17쪽; 荻野富士夫, 2021, 앞의 책, 304쪽.

였다.²⁷ 1940년 5월 열린 제5회 보호관찰소장 회동에서는 보호관찰 양태가 보호에서 관찰로 전환하는 전조가 보였다. 이듬해 1941년 5월에 열린 제6회 회동에서는 "종래는 오로지 자모(慈母)의 태도로서 접했다. 관찰소는 대상자를 노려보지 못한다는 점에서 엄부(嚴父)의 위엄을 결락했다"는 자기비판이 나왔다.²⁸

식민지 조선에서도 유사한 경향이 확인된다. 무엇보다 전향자 단체인 사상보국연맹이 해소되고 새롭게 대화숙이 만들어졌다. 조선인 전향자의 자주적이고 적극적인 움직임에 불안을 느낀 당국은 사상범을 통제하기 위한 새로운 방식을 모색했는데, 그 중심에는 사상검사 나가사키 유조가 있었다. 나가사키는 1930년에 조선에 건너와 대구지방법원 사법관 시보를 거쳐 전주지방법원 검사국 검사 등을 지낸 뒤 1936년에 경성지방법원 검사국 검사와 경성보호관찰소 보도관을 겸임했다. 1939년 신의주보호관찰소 소장에 임명되었고, 1941년 2월에는 사망한 쓰쓰미 요시아키(堤良明)의 후임으로 경성보호관찰소 소장에 취임했다.²⁹

나가사키는 철저한 천황주의자였다. 나가사키는 "나는 보호관찰의 목표는 내선을 막론하고 대상자를 천황을 위해 기꺼이 죽는 인간으로 만들어 내는 데 있다고 생각한다. 일찍이 내지에서 조선인의 특이성을 인정하면서 조선인 대상자를 지도하려는 논의도 있었지만 나는 그에 반대해 왔다. 조선인의 특이성을 일본적인 것으로 바꿔 가는 것이 조선 통치의

27　荻野富士夫, 2021, 앞의 책, 307쪽.
28　「第六回保護觀察所長會同」(1941.5)(荻野富士夫 編, 1996, 『治安維持法関係資料集 第3巻』); 荻野富士夫, 2021, 위의 책, 313쪽.
29　水野直樹, 2009, 「思想検事たちの「戦中」と「戦後」: 植民地支配と思想検事」, 松田利彦・やまだあつし 編, 『日本の朝鮮・台湾支配と植民地官僚』, 思文閣出版, 481쪽.

이념이자 우리의 대상자 지도이념이어야 한다"라고 밝혔다. 나아가 "이제 조선 민족이라는 것은 어쩌면 존재하지 않는 것이 아닐까 (중략) 조선 민족 또한 일본 민족 속으로 해소하여 그 모습을 지우고 있다"라고까지 말했다.[30]

나가사키는 이토 노리오, 쓰쓰미 요시아키를 잇는 식민지 조선을 대표하는 사상검사였다. 다만 나가사키는 조선의 특수성, 조선인의 처지에 관심을 두고 사회사업론, 민족협화론적 주장을 편 이토나 쓰쓰미와는 입장이 달랐다. 나가사키의 발상은 중일전쟁기 식민지 조선을 규정한 내선일체라는 논리를 넘어서는 것이었다. 조선 민족이 존재하지 않는다면 일본과 조선이 하나라는, 즉 내선일체라는 구호도 필요 없기 때문이다. 나가사키의 등장은 조선인의 적극적 시국 참여를 끌어낸 협화적 내선일체론의 소멸을 뜻했다. 중일전쟁기라는 독특한 사상 공간은 막을 내렸다.

후술하겠지만 대화숙의 가장 큰 특징의 하나는 사상범과 아울러 가족까지 수용하는 것이었다. 사상범뿐 아니라 그 가족까지 통제하는 대화숙 방식은 일본 내지에는 없었다. 이를 고안해 낸 나가사키는 "사상범을 낳은 오염된 가정 혹은 사상 범인에 의해 오염된 가정을 정화"해야 한다고 주장했다. 명백히 사상정화 공작의 문제의식을 계승하고 있음을 엿볼 수 있다.[31]

대화숙은 이데올로기가 아니라 생활에 중점을 두었다. 녹기연맹 기관지 『녹기(綠旗)』에 실린 대화숙 탐방기는 "사상보국연맹에는 아직도 전향

30　長崎祐三, 1944, 「朝鮮に於ける思想輔導と皇民化」, 『司法輔導』 9-4, 11~14쪽(水野直樹, 2009, 앞의 글, 483쪽에서 재인용).

31　長崎祐三, 1941, 「思想犯保護觀察の回顧」, 『朝鮮司法保護』 1-2, 10쪽; 水野直樹, 2006, 앞의 글, 111~112쪽.

기분이 덜 빠진 입만 놀리는 자도 많았다"면서 대화숙에서는 "이론보다는 실천을, 형식보다는 혼을, 전향자의 날카로운 혼의 수련을 행했다"[32]라고 소개했다. 총독부 기관지 『조선』에 실린 대화숙 방문기에서도 "여기서는 이론투쟁은 전연 행하지 않는다. 오직 '행(行)' 뿐이다", "이론투쟁에 의해 전향시키려고 해도 그건 무리한 주문이다. 따라서 여기서는 '정(情)'의 생활에서 출발하면서 일본 정신을 파악시키는 것을 모토로 삼는다"[33]고 설명했다.

대화숙은 처음에는 사상보국연맹 신의주지부가 경영하는 '학원(學院)'의 명칭이었다. 신의주에서는 국경노동조합에 야학부를 두고 형편이 어려운 아동을 모아 가르쳤다. 연맹원 및 가족을 대상으로 한 '국어', 즉 일본어 강습을 "미취학자 300여 명을 모아 연맹원 스스로 교편을 잡고 국어를 교수"하는 것으로 확대한 것이다.[34] 사상보국연맹 신의주지부 사업 가운데 또 하나 특이한 것은 일요학교 운영이었다. 평안도는 기독교 세력이 강한 지역이기 때문에 일요일에 예배에 가는 자가 많았다. 일요학교는 이를 견제하고 조선인을 황국신민으로 삼기 위해 운영되었다.[35]

1940년 5월에는 늘어나는 아동을 수용하기 위해 지방 유력자로부터 기부금을 얻어 '학원'을 신축하였는데, 이를 대화숙이라고 명명했다.[36] 나아가 신의주에서는 '주택과 교실과 수산장(授産場)'[37]을 갖춘 시설을 도입

---

32 「のび行く若き半島の心 京城大和塾をみる」, 『綠旗』 6-10, 1941, 70쪽.
33 沖中守夫, 1942, 「新義州大和塾訪問記」, 『朝鮮』 325.
34 「更に夜學部愛國班, 飛躍する思想聯盟新義州支部」, 『京城日報』, 1939.8.24.
35 「新義州保護觀察所管內狀況」, 『思想彙報』 21, 1939, 166쪽; 水野直樹, 2006, 앞의 글, 102~103쪽.
36 「新義州 大和塾 五日에 落成式」, 『每日新報』, 1940.4.28.

〈표 3-1〉 식민지 말기 사상범 통제 제도

경찰 · 검찰 · 형무소 (치안유지법)		보호교도소 (조선 사상범예방구금령, 1941.3)	
↑검거 ↓불기소 등	기소유예 · 집행유예 ↓ 가출옥 · 만기석방	↑예방구금처분	↓퇴소 등
	보호관찰소(조선 사상범보호관찰령, 1936. 12)		
사회	시국대응전선사상보국연맹(1938.7) → 대화숙(1941.4)		

했는데, 이는 일본 '내지'와는 다른 조선 고유의 방식이었다. 이러한 신의주 모델이 사상범 통제의 새로운 방식으로 전국에 퍼져 같은 해 12월에는 경성대화숙이 열리게 되었다.[38] 그리고 1941년 2월에 나가사키가 경성보호관찰소 소장으로 부임한 것을 전후하여 전국적으로 사상보국연맹이 해소되고 재단법인 대화숙이 발족되기에 이르렀다.

1941년 4월 17일, 시국대응전선사상보국연맹의 지부들은 각각 독립된 재단법인 ○○대화숙으로 발족했다.[39] 재단법인의 설립은 연맹 단계부터의 숙원이기도 했다.[40] 재단법인 광주대화숙의 자료를 바탕으로 하여 대화숙의 조직과 구성을 살펴보자.

먼저 대화숙의 회장은 보호관찰소장이 맡았다.[41] 연맹에서 보인 위계

37　長崎祐三, 1943, 「朝鮮における思想輔導の現況」, 『昭德』 8-8.
38　「京城大和塾, 十四日부터 開塾」, 『每日新報』, 1940.12.11.
39　高原克己, 1941, 「大和塾の設立とその活動」, 『朝鮮』 317.
40　「時局對應全鮮思想報國聯盟一覽」, 1940, 14쪽.
41　「財團法人光州大和塾寄付行爲」, 『昭和十六年六月 財團法人光州大和塾要覽』(방기중 편, 2005, 『일제 파시즘기 한국사회 자료집 3: 총독부의 사상통제와 전향』, 선인).

의 전복을 바로잡은 셈이다. 회원은 "본회의 취지에 찬동하고 본회의 사업에 봉사·협력하고자 하는 사람 가운데 소정의 수속을 거친 자를 통상회원으로 삼는다"고 정하고 "다만 사상범보호관찰법 소정의 대상자는 모두 본회원으로 삼는다"고 규정했다. 통상회원 회비는 연액 1원이었다. 가입을 위해서는 신청서를 제출해야 했지만 사상보국연맹의 회원은 따로 가입 절차가 필요 없었다.[42] 또한 '회원 가운데 본숙 내에 기거하는 자'를 숙생으로 규정했다. 기거하지 않아도 '본숙 수산장(授産場)의 종업원'은 숙생으로 간주했다. 그리고 숙장 1명과 부숙장 1명을 두었다.[43] 경성대화숙의 예를 보면 보호관찰소 소속 보호사 중 1명이 숙장을 맡았다.

보호관찰 대상자라면 자동적으로 회원이 되는데 연 1원의 회비도 부과되었으므로 가혹한 조치라고 아니할 수 없다. 조선공산당 사건으로 투옥된 적이 있는 김철수(金錣洙)의 회고에 따르면 광주보호관찰소로부터 사상보국연맹 회비 14개월분 1원 40전을 내면 신설된 예방구금소에 들어가지 않아도 된다는 말을 들었지만 거절했더니 '서대문형무소에 신설된 소위 예방구금소에 수용되었다'고 한다.[44] 김철수는 1940년 여름으로 기억했지만 예방구금이 시작된 것은 1941년이고, 광주보호관찰소 자료 등에 따르자면 그의 예방구금이 확정된 것은 1941년 10월이다.[45] 1940년은 1941년의 잘못이고 사상보국연맹이 아니라 대화숙이었다고

---

42 「財團法人光州大和塾寄付行爲施行細則」,『昭和十六年六月 財團法人光州大和塾要覽』.

43 「財團法人光州大和塾生規定」,『昭和十六年六月 財團法人光州大和塾要覽』.

44 한국정신문화연구원 현대사연구소 편, 1999,『遲耘 金錣洙』, 한국정신문화연구원 현대사연구소, 31쪽.

45 「豫防拘禁決定確定ニヨリ處分取消者表」,『昭和十七年三月 提出書類 光州保護觀察所』(방기중 편, 2005,『일제파시즘기 한국사회 자료집 3』);「昭和十六 / 二十年 豫防拘禁執行原簿 大邱覆審法院檢事局」(국가기록원, www.archives.go.kr).

생각된다. 회비 액수는 위에서 살핀 대화숙 규정과 거의 일치한다.

보호관찰소와 대화숙은 일체가 되어 운영되었다. 『녹기(綠旗)』에 실린 경성대화숙의 기사에는 직원으로서 "長崎 씨 아래 中山元次, 本多文映, 齊賀七郎 등 세 씨"가 등장하는데,[46] 나가사키(長崎)는 경성보호관찰소장이며 나머지 세 명은 총독부 직원록[47]에 실린 경성보호관찰소 소속 보호사 세 명과 일치한다. 그 가운데 나카야마(中山)는 다른 기사에서는 숙장으로 소개되었다. 법무국은 1941년 5월에 각 보호관찰소장 앞으로 대화숙 전임주사에게 보호사의 직무를 촉탁하겠다는 문서를 보내 적임자의 추천을 요구했다.[48] 실제로 청진에서는 '농민도장' 계획과 관련해서 수원농림전문학교 조교수 출신인 이시와타 마사하루(石綿政治)를 전임주사로 추천하여 법무국의 승인을 받았다.[49] 한편 대화숙은 '보호단체'로도 지정되었다. 「사상범보호관찰령」 시행규칙에 따라 이미 '경성구호회(京城救護會)' 외 16곳이 보호단체로 지정되어 보호사업을 행해 왔는데 1941년 7월에 새롭게 7곳의 대화숙이 보호단체로 지정된 것이다.[50] 그때까지 보호관찰소-보호단체-사상보국연맹 체제로 운영되던 것이 이 단계에서는 대화숙을 중심으로 일체화된 것을 알 수 있다. 나가사키는 '관존민비'가 '동양

---

46 「のび行く若き半島の心 京城大和塾をみる」, 『綠旗』 6-10, 1941, 71쪽.

47 『朝鮮總督府及所屬官署職員錄』(한국학자료통합플랫폼, kdp.aks.ac.kr).

48 「大和塾專任主事ニ對スル保護司ノ職務囑託ノ件」(法務局長→各保護觀察所長, 1941. 5.29)(국가기록원, www.archives.go.kr).

49 「大和塾專任主事ニ對スル保護司ノ職務囑託ノ件」(保秘第71號, 淸津保護觀察所長→法務局長, 1941.8.28), 「保護觀察所保護司職務囑託辭令案」(法務局長→各保護觀察所長, 1942.2.28)(국가기록원, www.archives.go.kr).

50 「思想犯 保護를 强化 - 七處의 大和塾에서 新生活 指導」, 『每日新報』, 1941.7.30; 「朝鮮總督府告示 第1142號 朝鮮思想犯保護觀察令施行規則第二條ノ規定ニ依リ左ノ保護團體를 指定ス」, 『朝鮮總督府官報』 第4355號, 1941.7.30.

인의 특질'이라면서 '민간단체로 성공한 것은 없다. 연맹도 관에서 지도해야 한다'[51]라고 주장한 적이 있다. 대화숙의 운영은 이러한 판단을 구체화한 것으로 보인다.

다음은 대화숙의 시설을 살펴보자. 경성과 평양은 기독교계 학교의 건물을 전용했다. 경성대화숙은 당국의 탄압으로 1940년 10월에 휴교에 들어간 감리교신학교 교사를 사용했다.[52] '웅장한 4층의 서양식 건물'[53]에 대해 나가사키는 "새롭게 설비하려면 좀처럼 이렇게는 못 한다"라고 자랑스럽게 말했다.[54] 윤치호(尹致昊)가 신흥우(申興雨)에게 들었다면서 일기에 적은 내용에 따르면 건물 사용료는 연 4,800원이었다.[55] 당시 신문에서는 '대동광업사 사장 月城鍾萬 씨의 경제적 지원'이 컸다고 보도했다.[56] '月城鍾萬'은 경주(월성은 경주의 옛 이름) 이 씨인 이종만(李鍾萬)의 창씨명이다.

평양대화숙은 1941년에 김인정(金仁貞)이 무상으로 제공한 인정도서관 대강당을 사용했는데,[57] 1942년에 구 성서학교 건물을 이용하여 2곳의 도장을 열고 각각 '미즈호(瑞穗)'와 '세이메이(淸明)'이라고 이름 지

---

51 長崎祐三, 1941, 「思想犯保護觀察の回顧」, 『朝鮮司法保護』1-2.
52 李成森, 1977, 『監理敎와 神學大學史 監神大七〇周年記念 1975』, 韓國敎育圖書出版社, 228·234쪽. 감리교신학교는 竹添町(지금의 충정로)와 冷泉町(지금의 냉천동) 2곳에 교사가 있었는데, 대화숙이 사용한 것은 竹添町의 교사였다. 감리교신학교는 1941년 6월에 冷泉町의 교사에서 재개교한다(「神學校 새 出發 新世代牧師를 養成」, 『每日新報』, 1941.5.31).
53 高原克己, 1941, 「大和塾の設立とその活動」, 『朝鮮』317.
54 「京城大和塾訪問記」, 『文敎の朝鮮』, 1942.10, 28~29쪽.
55 「1940.12.14.」, 『尹致昊日記 十一(韓國史料叢書第19集)』, 國史編纂委員會, 361~362쪽.
56 「日本精神修鍊道?-京城大和塾, 今日盛大한 發會式」, 『每日新報』, 1940.12.15.
57 「大和塾에 道場-平壤金仁貞女史特志」, 『每日新報』, 1941.6.6.

었다. 1941년에 성서학교 측에 대실을 신청했을 때에는 신성한 장소라며 거절당했지만, 1942년 가을에 적산(敵産)관리인을 통해 건물을 빌렸다고 한다.[58] 기독교에서 사상보국으로 공간 성격의 변용은 시대의 변천을 잘 보여 준다. 이광수(李光洙)는 이와 같은 상황을 두고 '일본정신에 대항하기 어려웠던 서양정신의 패퇴'[59]라고 표현한 바 있다.

다른 지역도 기존 건물을 매수하거나 새 건물을 지어 대응했다. 함흥대화숙의 경우, 수산(授産), 국어보급 강습, 강연, 좌담회 등을 행할 '황도수련도장'을 교외에 건축할 계획인데,[60] 1941년 2월 현재 기금 7만 원이 모여 곧 도장 건설에 착수한다는 기사가 확인된다.[61] 청진대화숙에서는 국유지를 빌려 도장, 직원 숙사, 9채의 농가 외에 농장을 갖춘 '농민도장'을 조성하는 계획이 추진되었다.[62] 신의주는 나가사키가 보호관찰소장으로 있으면서 대화숙 모델을 만들어낸 곳이다. 총독부 기관지 『조선』에 실린 방문기에 따르면 운동장, 수산(授産)시설, 보호사 주택에 신사(神社)까지 갖춘 도장에 숙생 11가족이 입거 중이고, 이와 별도로 여학생 교육을 담당하는 대화 가정숙(大和家庭塾)도 경영했다.[63] 대구대화숙은 '대봉병조(大峰丙朝)(徐丙朝 - 인용자) 씨 외 수 씨로부터 대액(大額)의 기부'를 받아

58　朱永涉, 1943, 「平壤大和塾」, 『國民文學』 3-1, 125~126쪽.

59　香山光郎(李光洙), 1941, 「行者」, 『文學界』 8-3, 81쪽. 이 글의 존재는 경희대학교 국어국문학과 장문석 님을 통해 알 수 있었다.

60　「『大和塾』으로 發足 咸興思想報國聯盟 解消」, 『每日新報』, 1941.1.17.

61　「咸興大和塾의 基金 벌써 七萬圓造成 解氷되는대로 道場建設着手」, 『每日新報』, 1941.2.18.

62　「大和塾專任主事ニ對スル保護司ノ職務囑託ノ件」(保秘第71號, 清津保護觀察所長 → 法務局長, 1941.8.28)(국가기록원, www.archives.go.kr).

63　沖中守夫, 1942, 「新義州大和塾訪問記」, 『朝鮮』 325.

전 대구일보사의 사옥을 매수하여 1941년 7월에 이전했다.[64] 광주대화숙은 990평의 부지에 집회장, 숙사, 사택, 창고, 교실 겸 수산시설 등 7채의 건물과 원예장을 갖추었다.[65]

(2) 황도 정신 수련회의 실태

대화숙에서의 사상범 연성은 '수용되어 수산(授産) 사업에 종사하는 대상자 및 그 가족', 즉 장기 입숙자 대상 활동과 '적의(適宜) 적당한 기간 입숙시켜 군대식 규율하에 불언실행(不言實行)의 행(行)적 맹훈련을 실시하여 심신을 단련'[66]하는, 즉 단기 입숙자 대상 활동으로 나눌 수 있다. 여기서는 후자의 대표적인 예로서 1941년 3월 10일~4월 9일에 경성대화숙에서 열린 제1회 '황도정신수련회'[67]를 통해 사상범 연성의 일단을 살펴보고자 한다. 〈표 3-2〉는 이 수련회에 참가한 오스미 지쓰잔이 남긴 일기에서 해당 부분을 발췌한 것이다.

가나자와 → 대구 → 경성으로 주거를 옮기면서 보호관찰을 받던 오스미는 1941년 2월 26일에 나카야마(中山) 보호사(대화숙장)의 전화를 받고 경성보호관찰소를 방문한다. 거기서 '대화숙에 30명을 선발하여 신심단련을 위해 3월 10부터 한 달간 입소'시킨다는 얘기를 듣고 신임 소장에게도 인사를 했다. 신임 소장은 다름 아닌 나가사키 유조였다. 유일한 일본인 참가자이자 승려이기도 했던 오스미는 본인의 연성은 물론 다른 참

---

64 「大邱大和塾-新舍屋으로 移轉」, 『每日新報』, 1941.7.4.
65 『昭和十六年六月 財團法人光州大和塾要覽』, 5~6쪽.
66 高原克己, 1941, 「大和塾の設立とその活動」, 『朝鮮』 317.
67 「마음은 勿論貌樣 皇國臣民이 되였소 修了式 앞둔 大和塾生들 體驗談」, 『每日新報』, 1941.4.8; 「굳센 再出發 誓約 오늘 大和塾修了式擧行」, 『每日新報』, 1941.4.10.

〈표 3-2〉 오스미 지쓰잔 일기(1941.3.10~4.9)

3.10(월)	午后 五時, 觀察所에 參集. 會員三十名, 朝鮮神宮 參拜 後, 六時半頃 大和塾에 들어감. 第三班에 編入. 長崎 所長의 訓辭 있음. 七時半頃부터 華山大義師의 禪學 講話에 이어 座禪 實習. 相當 지쳤다.
3.11(화)	午前 六時 三十分 起床, 七時 朝禮, 라디오 體操, 七時 三十分 朝食. 以后 適當한 時間에 出勤.* 午后 六時 歸塾, 点呼. 六時半 夕食, 七時 講義, 九時 座禪, 十時 就寢. 以下 每日 이를 반복. (*오스미는 護國寺로, 다른 사람은 각자의 직장으로)
3.16(일)	今夜는 各自 家庭에 돌아가* 休息 時間을 받았다. (*오스미는 護國寺로 감.)
3.18(화)	彼岸 入日. 大和塾 入 一週間의 感想을 적어, 中山 塾長에게 提出.
3.21(금)	午前中 十時半까지 塾 안팎 掃除. 午後 六時부터 長崎 所長 新의주에서 當所 轉任 歡迎會 및 橫田 保護司 敎導所 轉任 送別會. 參會者 六十名, 會費 五十錢.
3.22(토)	夕食時 스키야키 먹음. 有志 七名의 기부에 의한 것.
3.23(일)	新村의 延喜【禧】專門學校 耕地를 千坪余 土作하여, 파와 시금치를 뿌림.* 二里 往復으로 매우 疲勞했다. 四時 해산. 歸寺 途中 세브란스 病院에 李澤順【李順鐸】氏 병문안. 다행히 經過良好. (*대화숙에서의 식량으로 쓰기 위해)
3.24(월)	結岸 法要 午後 二時부터. 저녁, 大浦貫道 氏가 大師의 十大求心에 대해 講話. 九時 十分부터 座禪. 요즘 매일 저녁, 妙心寺 相川 氏 来塾 指導. 왠지 몸이 무거움.
3.25(화)	志願兵訓練所 見學을 위해 六時 起床. 見學은 사정에 의해 나만 불참. 高橋라는 總督府 官吏의 創案에 따른 日本體操라는 것을 指導받았다.
3.26(수)	黑田 監督*에게서 彼岸의 手當으로 二円 五十錢 支給 받음. 大和塾 入塾 때문에 五円 收入 減, 아니 그 이상임. 물론 精神的으로는 높은 것을 얻을 수 있지만. 밤늦게 설사로 고생함. (*절의 감독)
3.27(목)	午前 一時半頃부터 數回에 걸쳐 설사, 때문에 一日 休養. 大和塾에서의 休養도 괜찮음. 友松의 「佛敎人生觀」(眞理 貳월호)를 읽음. 新聲【聞?】報導에 依하면, 朝鮮 기독교 反日反戰 祈禱文을 信徒 配布하여 檢擧됨.
3.28(금)	昨日 得度式을 올린 者에게 新發■의 山田 씨로부터 二円 菓子料를 받음. 聖기독傳(詩集)一와 詩集 山田芳夫의 「菊의 歷史」를, 또한 「新文化」(세르판 改題)四月號 等 購入. 華山老師의 講話. 十時 行事 終. 華山老師의 講話는 정말 좋았다. 我宗에 저런 사람이 없는 것이 아쉬움.
3.29(토)	저녁, 가마【蒲勳】少佐, 滿洲見聞에 대해서와 在滿朝鮮人 問題와 關係해서 今後 鮮人의 行方 등에 대해 의견 開陳. 목이 멜 것 같은 내용이었다.
3.30(일)	午前 八時半 全員 出發, 九時半頃 新村 着. 바로 農耕에 들어가 先日의 約 倍를 一時半頃 終了. 延禧專門學校 食堂에서 白, 李 그리고 또 한 二班 사람의 배려로 中食을 대접받음.* 너무 많이 먹어 夕食後까지도 고생함. 그리고 배탈이 난 듯함. 저녁, 南總督의 代理로 近藤 秘書官이 視察 및 一席의 訓話가 있음. 九時 三十分頃 座禪에 들어감. (*도시락을 먹음.)
3.31(월)	監督으로부터 今月分으로 十五円 支給받음. 톨스토이傳 第一卷 購入, 五.○. 今夜는 절에서 잘 수 있다.
4.1(화)	三月分 菓子값 三十円. 未決出所 滿二年 記念日임. 그 當時를 回想하니 실로 感慨無量해짐. 가장 의미 있고 싶음. 京子 씨에게 發信.

4.2(수)	總督府의 大關 氏로부터 日本學에 대해 講義를 들음. 新義州 淨土宗의 사람으로 林靈法* 君의 先輩인 某 氏가 大和塾 見學. 新興佛青의 그 後에 대해 질문을 받음. 생각지도 못한 일임. 신발 등 購入. (*新興佛教青年同盟 關係者)
4.3(목)	휴일이므로 休暇를 받았다. 持參한 짐 속의 書籍 가운데 武尾(大邱) 씨에게서 借用한 法화經要品講의 等을 꺼냄. 三木清編「現代哲學辭典」三.八〇을 購入. 헌책으로 昭和國民讀本을 사다.
4.4(금)	今夜의 講師는 朝鮮軍 報道部 少將의 講話에 이어 四五人의 사람 사이에 意見 交換이 行해졌다. 國民으로서의 또는 臣道實踐이라는 것의 根本的인 것은 무엇인가라는 물음에 대해서는 모두 답할 수 없는 것이 있었다.
4.5(토)	書店에 依賴했던 實用書道講座 三冊 도착, 一円 八十錢. 夕食으로는 스키야키를 香山光郎 文士로부터 기증받음. 잘 먹음. 講演 없음. 各班 생각을 나누는 時間을 보내고, 九時 座禪에 들어감. 明日 仁川行 때문에 種痘를 맞음. 瀬戸醫院으로부터의 證明 가지고 있지 않아 다시 맞음.
4.6(일)	午前 五時 五十分 起床. 毎日의 行事를 마치고 七時半 汽車로 仁川 理研을 見學. 이어 月尾島에서 놂. 潮湯에 들어가고, 中食을 먹고, 四時 京城驛 歸着. 自家에서 一泊을 허락받음.
4.7(월)	저녁, 長崎 所長의 배려로 장어구이를 먹음.
4.8(화)	觀察所 主催 送別會. 食後 各自의 入塾 感想 發表會를 가짐. 法院 關係 사람들 및 京日, 朝鮮, 毎新의 記者 列席.
4.9(수)	朝禮後 記念 撮影. 京日을 위해, 별도로 班長이 掃除하는 모습을 찍음. 九時頃 退塾式 擧行. 各自 歸途. 저녁, 毎新의 懇親會에 出席.

출처: 明誠学園高等学校社会部, 1998, 『友好の架け橋 part Ⅱ: 韓国研修報告集』에 실린 오스미 본인에 의한 정리를 참조함.
비고 *는 본인 주기, 【 】는 인용자 주기, ■는 판독 불능.

가자에 대한 좌선의 지도 등을 기대받았다고 보인다. 오스미는 이 수련회를 '위장 전향자'를 위한 것으로 판단했다.[68]

3월 10일에 회원 30명은 조선신궁을 참배한 후 세 반으로 나뉘어 입

---

68 2월 26일 일기에서는 '思想犯豫防拘禁令■■僞裝轉向のうたがい有ると見せ■'(■는 판독 불능)와 같이 해당 부분을 스스로 지웠다. 전후의 회고에서는 '위장전향자'를 위한 연성회였다고 분명히 밝혔다. 大隅実山(真寺住職), 1982, 「京城の嵐 戰前の朝鮮での思い出」, 『解放の道·岡山版』, 1982.9.15 참조.

숙했다. 이광수(李光洙)가 쓴 소개 기사에 따르면, 1반은 백남운(白南雲), 2반은 최익한(崔益翰), 3반은 장덕수(張德秀)가 각각 반장을 맡았다.[69] 첫 날부터 '華山大義師'의 지도 아래 좌선의 실습이 행해졌다. 가잔 다이기(華山大義)는 묘심사(妙心寺) 경성별원의 주지로서 당시 오스미의 '관찰보호사'이기도 했다. 이광수에 따르면 "둘째 날, 셋째 날은 숙생 중에 오스미(大住)(大隅의 잘못 – 인용자)라는 중 한 분이 있어서 지도"했지만 그 다음 날은 '키는 9척이오, 눈은 움쑥 들어'간 '대단히 무서운 스님'이 왔다고 한다. 윤치호의 동생으로 흥업구락부 사건으로 체포되어 기소유예 처분을 받은 윤치영(尹致暎)도 대화숙 체험을 말하면서 '뚱뚱한 일본 중놈이 나와 불경을 읽고 정신을 차리라고 하며 냉수를 머리에 끼얹는 짓도 하였다'[70]고 회고했다. 오스미는 좌선을 지도한 승려로서 '보호사인 가잔 다이기(華山大義) 사(師), 보교사(補教師)로서 법제(法弟)인 가잔 게이코(華山惠光) 사(師)와 아이카와(相川) 사(師)'를 들었다.[71]

입숙 기간에는 매일 오전 6시 30분에 기상하여, 7시에 조례와 라디오 체조를 하고, 7시 30분에 조식을 든 뒤, 각자의 직장으로 출근했다. 이광수는 '대화숙 국어강습소에서 교수하는 직분을 맡은 이 3~4인 이외에는 다 직장으로' 갔다고 설명했다. 오스미의 경우는 호국사(護國寺)로 갔다. 오후 6시에 귀숙하여 점호를 받고 6시 반에 석식 그리고 7시부터는 강의가 이어졌다. 다양한 주제로 강의가 열렸는데 그중 조선인으로서 조선군 소좌였던 가마 이사오(蒲勳, 한국 이름 鄭勳)의 이야기가 인상적이었던 듯

69　香山光郎, 1941, 「大和塾修養會雜記」, 『新時代』 4.
70　尹致暎, 1991, 『東山回顧錄: 尹致暎의 20世紀』, 삼성출판사, 137쪽.
71　大隅実山(真城寺住職), 1982, 앞의 글.

하다. 오스미는 '목이 멜 것 같은 내용'이라고 적었고, 이광수도 강의 내용을 '옛날 조선 일을 생각해 보시오. 같은 조선인끼리도 반대당이면 사족을 멸하지 아니하였는가. 그런데 반일본적사상을 가진 조선인을 30년이 넘도록 살려둔다는 것은 국가가 얼마나 관용한가를 보이는 증거요'라고 인용하여 소개했다. 그 밖에 이광수는 나카무라 히데다카(中村英孝) 편수관의 국사강화(國史講話)가 사흘간 이어졌다고 소개했다. 강의가 끝난 후에는 9시에 좌선, 10시에 취침이었다.

신촌에 있던 대화숙 농장에도 두 차례 동원되었다. 오스미는 3월 23일 농장에서 돌아오는 길에 세브란스 병원에 이순탁(李順鐸)의 병문안을 갔다. 이순탁은 연희전문학교 상과 교원으로 재직 중, 1938년 '적색 교수 그룹'[72]으로 지목되어 투옥된 바 있었다. 이순탁은 함께 입숙한 것이 확인되는데,[73] 도중에 병원 신세를 질 일이 생긴 듯하다. 3월 30일에 오스미는 작업 후에 연희전문 식당에서 백남운, 이순탁이 준비한 도시락을 먹었다. 백남운도 연희전문 교원으로 이순탁과 같은 사건으로 투옥되었다. 두 사람은 이 사건으로 이미 학교에서 쫓겨난 상태였지만 예전의 인연으로 학교 시설을 이용한 것으로 보인다.

수련회에서 제1반 반장도 맡은 백남운은 후일 제출한 감상문에서 "세인은 혹은 규율을 구속으로만 곡해할지 모르지만 스스로 기쁘게 제약받는 곳에 법열(法悅)의 세계가 전개되는 것을 체인(體認)하였다"[74]라고 적

72　홍종욱, 2011, 「'식민지 아카데미즘'의 그늘, 지식인의 전향」, 『사이間SAI』 11, 112쪽.
73　香山光郎, 1941, 「大和塾修養會雜記」, 『新時代』 4.
74　「大和塾第一回思想善導講習會受講生ノ感想內査ニ關スル件」(1941.4.18)(京高特秘第966號, 京畿道警察部長→京城地方法院檢事正·京城保護觀察所長 등)(국사편찬위원회 소장 「경성지방법원검사국문서」). 4월 30일의 오스미 일기에도 '대화숙 퇴숙의 감상을

었다. 백남운은 대화숙에서 행한 강연을 바탕으로 하여『동양지광(東洋之光)』1942년 6월호에「통제경제의 윤리성(統制經濟の倫理性)」이라는 글을 발표했다. 다만 이른바 전향자로서 적극적으로 활동한 형적은 없다. 해방 직후에 나온『친일파군상(親日派群像)』이라는 책에서는 백남운과 다른 두 사람을 들어 '대화숙 일을 돕는다고 각기 유혹과 위협을 당하면서 국민총력연맹 부과장 등의 지위를 교묘히 단호히 배척'[75]했다고 긍정적으로 평가했다.

이광수가 좌선을 지도한 오스미를 언급한 것은 위에서 밝힌 대로인데, 두 사람은 수련회 종료 후에도 얼마간 관계를 유지했다. 오스미 일기에는 1941년 5월 10일에 '香山(이광수의 창씨 - 인용자) 씨의 안내로 동대문 바깥(外) 개운사(開運寺), 대원암(大圓庵), 청량(淸涼) 등등을 견학'이라는 기술이 있다. 오스미는 5월 22일에 '내지'로 돌아갔는데, 그 후로도 11월 20일에 '가야마(香山, 이광수의 창씨) 씨의 무죄판결을 축하하는 엽서를 보냄', 12월 4일에 '가야마(香山) 씨로부터 답장이 옴'이라는 내용을 보아 서신 왕래가 이어진 듯하다. 전후의 회고에서는 당시 이광수가 '조선과 일본은 불교도로서 손을 잡을 수 있다'고 말했다고 전했다.[76] 이광수는 대화숙 소개 기사의 말미에 '제1회 수양회가 끝나고 이어서 다른 인원으로 제2회, 제3회 이 모양으로 반복할 예정이라고 합니다. 당분간은 보호관찰에 부(付)함이 된 사람만을 훈련하지마는 장래에는 반드시 이에 국한하지 아니하리라고 합니다. 지식계급 전체를 이 모양으로 훈련할 생각이라 합

적음'이라는 기술이 보인다.
75 民族政經文化硏究所 編, 1948,『親日派群像』(『親日派罪狀記』, 1993, 수록), 354쪽.
76 大隅実山(眞城寺住職), 1982, 앞의 글.

〈그림 3-1〉 제1회 황도정신수련회 참가자

출처: 大隅實山 유족 소장.
비고: 앞줄 오른쪽부터 장덕수, 최익한, 백남운, 나가사키 유조, 이광수. 둘째 줄 왼쪽부터 이순탁, 김남천. 셋째 줄 오른쪽에서 두 번째 오스미 지쓰잔(검은 외투).

니다'[77]라고 적었다. 실제로 4월 29일~5월 16일의 일정으로 제2회 수련회가 열렸다. 5월 16일의 수료식에는 오스미도 참가했다. 그러나 유사한 형식의 수련회는 더 이상 열리지 않았다. 〈그림 3-1〉은 제1회 수련회 참가자 사진이다. 위에서 언급한 인물 외에 문학자 김남천(金南天)의 참가가 확인된다.[78]

대화숙의 다른 사업으로서는 1941년 5월 '부여신궁 어조영(御造營)

77　香山光郎, 1941, 「大和塾修養會雜記」, 『新時代』 4.
78　良淑生, 1941, 「文壇往來」, 『內鮮一體』 2-6.

근로봉사대'가 눈에 띈다. 장덕수를 봉사대원 대표로 삼아, 나가사키 경성 보호관찰소장 인솔하에 전국 7곳 대화숙 숙생대표 90여 명이 일주일의 일정으로 부여를 방문하여 '근로봉사'에 임했다.[79] 신문에는 "모두가 사회적 지위와 상당한 신분을 가젓스나 여기서는 어데까지나 순박한 일개의 봉사작업자의 충성된 마음 하나로 정성을 다할 뿐"[80]이라고 소개되었다. 종료 후 6월 1일부터 헌금모집이 시작되어 12월 13일에 1,228원 70전을 부여신궁봉찬회에 헌납했다.[81] 1941년 12월 14일에는 경성보호관찰소에 숙생 350명이 모여 대화숙 탄생 1주년 기념식을 겸한 '선전포고 조서(詔書) 봉독식'을 거행했다. 나가사키 소장의 훈화가 있은 뒤 숙생을 대표해서 장덕수, 백남운, 인정식 세 사람이 답사를 하고, 현제명(玄濟明)의 반주로 군가를 제창했다.[82] 사전에 신문기사에는 '당야 출석하는 숙생은 금 50전씩을 가지고 오기를 바라다'[83]라고 안내되었다. 회비에 더해 이러한 헌금 등의 부담도 적지 않았을 것이다. 1942년 11월 중순에는 1주일의 일정으로 특별연성회가 열렸다. 징병제 실시를 앞두고 조선사법보호협회에서는 전국 7곳의 대화숙에서 모범적인 숙생 70명을 선발하여 군사강연·군사훈련·병영 및 훈련소 시찰 등을 실시했다. 대표는 인정식(창씨명 桐生一雄)이었고 연성회 종료 후에 43원을 모아 군 애국부에 헌금했다.[84]

---

79 「大和塾員 扶餘에, 聖地에서 勤勞奉仕」, 『每日新報』, 1941.5.22 ; 「大和塾奉仕隊 昨夜, 聖地扶餘로 出發」, 『每日新報』, 1941.5.23.

80 「聖地奉仕 扶餘週間特電, 大和塾生들과 儒林團等 赤誠의 聖鍬部隊陸續, 扶餘神宮奉仕 每日 三四百名, 三日間을 合宿奉仕 勤勞隊中에 異彩인 大和塾生들」, 『每日新報』, 1941.5.26.

81 「扶餘神宮에 千二百圓, 御造營費로 全鮮大和塾生獻金」, 『每日新報』, 1941.12.16.

82 「銃後思想戰에 挺身 大和塾, 周年記念式에 赤誠을 披瀝」, 『每日新報』, 1941.12.15.

83 「大和塾一周年記念」, 『每日新報』, 1941.12.12.

광주대화숙 규정에서는 대화숙에 기거하는 자를 숙생이라고 불렀지만, 위 기사들에서 숙생은 회원과 같은 의미를 쓰이고 있는 듯하다.

끝으로 청진대화숙의 '농민도장' 계획을 통해 장기입숙의 실태를 살펴보고자 한다. 농민도장의 목표는 '함경북도에 거주하는 사상범 전과자의 심신을 단동하고, 농업을 통해 황도일본의 진수를 파악케 하여 천황귀일의 신념 및 실력을 계배(啓培)하고, 함경북도의 사상정화와 농촌진흥에 정신(挺身) 기여 할 중견인물을 양성하여 사상보국의 대정신을 현현(顯現)'하는 데 두어졌다. 규모는 '도내 각 군에서 선출한 사상 전향자 가운데 처대(妻帶)한 자 6호', '단기훈련생으로서 사상 전향자 또는 준전향자인 자 1기 30명', 그리고 '전체를 통일할 주사(主事) 1명'이었다. 입숙 기간은 '보통훈련농가'의 경우 매년 3월부터 다음 해 3월까지 13개월이었고, '단기훈련생'은 각 2개월을 1기로 삼았다.[85] 규모나 기간에서 차이는 있겠지만 사상범을 장기에 걸쳐 기거 혹은 통근시키면서 농업이나 기타 수산(授産)에 종사시키는 방식은 모든 대화숙에서 공통적으로 도입하고 있었다고 생각된다.

(3) 사상통제에서 사회통제로

국어강습회는 대화숙을 대표하는 사업이었다. 국어는 물론 일본어를 가리킨다. 그때까지 교풍회(矯風會)에 위탁했던 경성보호관찰소 국어강습회가 대화숙으로 이관되는 등,[86] 대화숙은 사상보국연맹이나 다른 단

---

84 「愛國의 赤誠譜」, 『每日新報』, 1942.11.29.

85 「大和塾專任主事ニ對スル保護司ノ職務囑託ノ件」(1941.8.28)(保秘第71號, 淸津保護觀察所長→法務局長, 국가기록원 소장, 「조선총독부기록물」).

86 津田節子, 1944, 「はしがき-浅野さんを想ふ-」, 綠旗聯盟 編, 『大和塾日記』, 興亞文化

체에서 운영하던 국어강습회를 이어받아 이를 대폭 확장했다. 이는 나가사키 유조의 신념에 의해 뒷받침된 면이 크다. 300명 이상의 희생자를 낸 1937년의 백백교(白白敎) 사건 주임검사였던 나가사키는 '조선인은 국어를 모르기 때문에 무지하고 참혹한 범죄를 범한다. 국어를 말하는 것을 좋아하지 않는 자는 나쁜 사상의 소지자'[87]라는 생각을 가지고 있었다. 동시에 나가사키는 '전향자가 교단에 서서 미취학자에게 국어를 교수함으로써 자기를 수양하면서 국은(國恩)에 조금이라도 보답'[88]하는 효과를 노렸다. 요컨대 국어강습회를 통하여 사상범 연성과 국어 보급이라는 두 가지 목적을 달성하고자 한 것이다. 1939년 4월 사상보국연맹 신의주지부에서 사상범을 국어강습회 강사로 삼는 모델이 생겨나,[89] 대화숙 창립을 전후하여 전국으로 확대되었다. 경성대화숙 주임인 가네미쓰 요시오(金光芳雄)는 "아무 실천 업시 반도민중의 황국신민화운동을 이론화하여가지고 표면으로만 떠드는 소위 이론주의자와 시국 뿌로카들을 배격"한다면서 "내선일체론도 이론을 떠나 실천적으로 드러가 적극적 진전을 보게 되고 내선일체는 먼점 국어해득이란 '모-토'로 전선(全鮮)에 국어해득운동을 일으키고 국어강습회를 개최"하게 되었다고 설명했다.[90] 국어강습회는 '이론'보다 '실천'이라는 대화숙의 이념을 상징하는 사업이었다.

국어강습회 실태를 살펴보자. 먼저 죽첨정(竹添町)의 경성대화숙에서는 오전, 오후, 저녁 3부로 나뉘어 오전에는 국어를 '상당히 알고 있는

出版株式會社.

87 長崎祐三, 1942, 「大和塾の國語敎育」, 『綠旗』 7-6, 158쪽.
88 長崎祐三, 1943, 「朝鮮における思想輔導の現況」, 『昭德』 8-8.
89 高原克己, 1941, 「大和塾の設立とその活動」, 『朝鮮』 317.
90 「國語普及의 目標」, 『每日新報』, 1941.7.17.

12~13세의 큰 아이들', 오후는 '토막민 아이들'을 포함하여 '국어를 조금도 모르는 8~9세의 아이들', 저녁에는 '직공이나 하녀(女中)나 가정부인이 섞인 200명 정도'에게 국어를 가르쳤다.[91] 강사는 모두 경성대화숙 '회원'이었다.[92] 경성에서는 이곳을 비롯하여 부내 8곳에서 국어강습회가 열려 1941년 10월 현재 계 2,000명의 수강자가 있었다.[93] 여기에 수원, 개성, 평택, 대전 각 1곳을 더해 경성대화숙 관할 국어강습소는 계 12곳이었다.[94] 예컨대 개성대화숙에서는 6개월 과정으로 국어강습회를 운영하여 1941년 4월 현재 이미 제1기 강습생 110명이 수료하고 제2기생 150명이 수강 중이었다.[95]

1941년 6월에는 며칠 간격으로 경성대화숙 강당에서 관내 국어강습회 강사회의(약 40명 참가), 연희전문 운동장에서 국어강습회 제3부 제1회 졸업기념 원유회(園遊會) 및 운동회(120명 참가), 다시 경성대화숙 강당에서 국어강습회 제1회 졸업식(졸업생 100명)이 잇달아 개최되었다. 또한 수강생들은 거리로 나가 정오묵도를 장려하고 폐품회수운동도 벌였다.[96] 마치 정규학교처럼 조직적이고 체계적으로 움직이고 있던 것을 알 수 있다. 1942년 6월에는 요리점 점원 등 저녁에 일하는 사람들을 위해 17세부터 35세까지 청년 50명을 대상으로 주간부를 두고 1년 과정으로 국어 외에 산술, 국사, 지리, 음악 등을 가르쳤다. 또한 징병적령자만을 대상으로 한

---

91 「のび行く若き半島の心 京城大和塾をみる」,『綠旗』6-10, 1941, 68쪽.
92 小山元昭, 1943,「京城大和塾」,『國民文學』3-1, 123쪽.
93 「のび行く若き半島の心 京城大和塾をみる」,『綠旗』6-10, 1941, 69쪽.
94 高原克己, 1941,「大和塾の設立とその活動」,『朝鮮』317.
95 「開城大和塾 國語講習會開講式」,『每日新報』, 1941.4.25.
96 「大和塾國語講習會, 廢品回收, 園遊會開催」,『每日新報』, 1941.6.13.

야간부의 국어강습회도 시작되었다.[97] 1942년 5월에 징병제 실시가 공포된 것을 의식한 조치였다. 사회교육기관으로서의 성격을 강화하는 동시에 징병제 실시라는 시국의 요청에도 부응하고자 하는 모습이 엿보인다.

평양에서는 사상보국연맹 평양지부 시절인 1940년 6월 10일에 시내 명성(明星)학교에서 제1회 국어강습회가 열렸다. 10세 이상 남녀 50명에게 국어, 산술, 수신(修身)을 가르치고 별도로 공민과(公民科)를 두어 보통학교 졸업 정도의 남자도 수용했다. 기간은 6개월로 매일 저녁 8시부터 2시간 수업을 하여 12월 10일에 제1회 졸업생을 배출했다. 대화숙 창립 후에는 인정도서관 강당을 빌려 대화숙 국어강습회를 열어 15세 이상 남녀 각 50명에게 1년에 걸쳐 매일 저녁 7시부터 9시까지 국어만을 가르쳤다. 1943년 현재 제5기생 100명이 수강 중으로 그때까지 졸업생은 남녀 약 500명이었다. 새롭게 개설한 청명(清明)도장의 제1회 강습은 1942년 10월 12일부터 시작되었다. 징병적령을 앞둔 청소년 약 100명을 대상으로 매일 저녁 7시 반부터 9시 반까지 수업을 행했다. 기간은 6개월이고 교재는 조선총독부 발행 국어교본을 사용했다.[98] 평양 관할인 해주에서도 사상보국연맹 해주지부 시절인 1940년 7월부터 가정부인 및 가정 사정으로 교육을 받지 못한 부녀에게 국어를 강습했다. 기간은 1년으로 1941년까지 2회에 걸쳐 수료생 80명을 배출했다.[99]

신의주대화숙은 20평의 교실 두 곳을 마련해 남자반과 부인반에서 한 곳씩 사용했다. 1942년 6월 현재 오전은 '성조(星組)'가 120명, '국조

---

97 「夜間勤務者爲해 晝間國語講習會」, 『每日新報』, 1942.6.25.
98 朱永涉, 1943, 「平壤大和塾」, 『國民文學』 3-1, 125~126쪽.
99 「國語講習好績, 海州大和塾支部의」, 『每日新報』, 1942.8.15.

(菊組)'가 112명, 낮에는 '매조(梅組)'가 123명, '앵조(櫻組)'가 96명, 저녁에는 '송조(松組)'가 120명, '죽조(竹組)'가 96명으로 합하여 668명(열거된 숫자 합은 667명 - 인용자)인데,[100] 부내의 다른 사무실에서 가르치고 있는 60명을 더하면 전체 수강자는 700명이 넘었다. 국어 외에 산술, 수공(手工), 창가, 유희(遊戲) 등도 가르쳤는데 교사는 숙생으로 무보수였다. 수업연한은 2년이지만 이 강습회를 졸업하면 국민학교 4년간의 학력을 갖출 수 있다고 선전되었다. 1940년 1월 15일에 시작되어 1942년에 제1회 졸업생을 배출했는데 그중에는 국민학교 5학년으로 검정 편입 한 자도 있었다.[101] 그 밖에 광주대화숙에서는 국어를 습득하지 않은 15세 이상 30세 미만 부녀를 대상으로 매일 저녁 2시간의 야간강습을 열었다. 수강자는 시내 유치원에서 60명, 대화숙 내에서 60명이었고, 회원이 교사를 맡았다.[102] 청진대화숙에서도 1941년 6월 "사회사업의 첫머리로 十五일부터 맹목한 부여자를 모아노코 무료로 국어강습회"를 열었다. 모집 인원 100명으로 자격은 '15세 이상 부녀자'였다.[103]

1941년 10월 현재 대화숙 국어강습회 전체의 규모를 보면, 경성대화숙은 12곳에서 2,094명, 함흥은 2곳에서 140명, 청진은 1곳에서 160명, 평양은 2곳에서 254명, 신의주는 7곳에서 1,172명, 대구는 1곳에서 100명, 광주는 3곳에서 250명으로 계 28곳에서 4,170명이었다. 또한 1941년 8월 20일 현재, 국어강습회를 마친 사람은 2,000명에 다다

---

100 자료의 수치 그대로이나 각 조를 더하면 667명으로 합계가 틀리다.
101 「신의주대화숙 訪問記(二)」, 『每日新報』, 1942.4.24; 沖中守夫, 1942, 「新義州大和塾訪問記」, 『朝鮮』 325.
102 『昭和十六年六月 財團法人光州大和塾要覽』, 12~13쪽.
103 「清津大和塾講習生募集」, 『每日新報』, 1941.6.15.

랐다.[104] 대화숙 국어강습회의 5년간 수강자는 3만 명이 넘었다.[105] 나아가 나가사키는 1942년에 『녹기(綠旗)』에 게재한 글에서 대화숙 국어강습회를 위해 국민학교 시설을 개방할 것을 제안했다.[106] 조선인의 국민학교 취학률이 충분하지 않은 상황에서 대화숙을 보조적인 국민교육 기관으로 운영하려는 의도가 엿보인다. 잡지 『국민문학(國民文學)』에서는 1943년 1월호와 2월호에 걸쳐 「국어보급 현지 보고」를 게재했는데, 기사에서 다룬 곳은 전주 권번(全州券番), 전주 완산(完山) 국민학교, 경성대화숙, 평양대화숙, 함경남도 영흥(永興), 도원(桃源) 국민학교 등이었다. 총독부의 국어보급 정책에서 대화숙이 차지하는 비중을 엿볼 수 있다.

국어강습회와 더불어 대화숙을 특징지은 2대 사업의 하나는 수산(授産)이었다.[107] 경성대화숙에서는 응용미술 간판 포스터 작성, 종이상자 제조, 명함 인쇄를 행했다. 광주대화숙에서는 양재(洋裁), 신의주에서는 찬합(折箱), 나무젓가락(割箸) 제조 등이 이루어졌다. 토지를 확보해서 농사를 짓기도 했다. 광주대화숙에서는 숙 내에 양봉(養蜂), 표고버섯, 약초, 채소 등의 재배장을 설치했다. 청진대화숙에서는 앞서 밝힌 대로 농민도장 설립을 추진했다. 경성대화숙에서도 당시로서는 교외에 해당하는 신촌에서 4,000평의 밭을 경작하여 채소를 재배했다.[108] 단기입숙 한 오스미 등이 이곳으로 농사일에 동원된 것은 위에서 살핀 대로이다. 수산(授産)은

---

104 高原克己, 1941, 「大和塾の設立とその活動」, 『朝鮮』 317.
105 『昭和二十年度 朝鮮年鑑』, 京城日報社, 1944, 177쪽.
106 長崎祐三, 1942, 「大和塾の國語教育」, 『綠旗』 7-6, 159쪽.
107 「국어보급을 一대목표로, 즐거운 시국학교 "大和塾", 참된 황국신민이 여기에서 배출」, 『每日新報』, 1941.7.10.
108 高原克己, 1941, 「大和塾の設立とその活動」, 『朝鮮』 317.

'자기의 경영에 의해 이윤을 올려 그 이윤으로 가난한 조선동포를 교육' 한다는 이념하에 행해졌고, '자본주의적인 조작은 전혀 존재하지 않는다' 라는 설명에서 보이듯 식민지 말기 통제경제 사상과 결부되었다.[109] 대화숙 수산(授産)의 전체 규모는 '투자액은 1,700만 원, 생산품연액 3,600만 원, 종업자 1,100여 명'에 이르렀다.[110]

대화숙은 사회를 대상으로 강연회나 좌담회를 개최하고, 숙사 등의 시설을 이용한 합숙연수도 다수 기획했다. 1941년 2월에는 경성대화숙에서 황도(皇道)학회 주최로 제1회 '일본정신 수도(修道) 강습회'가 열려, 쓰다 세쓰코(津田節子)가 중심이 된 부인좌담회 등도 그 일환으로 개최되었다.[111] 1941년 7월에는 평양대화숙과 평양보호관찰소가 공동으로 '지나사변 4주년 기념 대강연회'를 열었다.[112] 1942년 4월 23일부터 한 달간은 대화숙 주최, 매일신보사 후원으로 '일본정신 박람회'가 서울 장충단에서 열렸다. '건국관, 보물관, 무훈관(武勳館), 총후부인관(銃後婦人館), 대화숙관' 등 10개의 진열관이 설치되어,[113] 하루 평균 입장자 5,000명(입장료 대인 50전)[114]의 성황을 이뤘다. 1943년 6월에는 병영견학단이 경성대화숙을 숙소로 삼아 강연회와 병영 체험에 참가했다.[115] 이밖에 대화숙 시

---

109 沖中守夫, 1942, 「新義州大和塾訪問記」, 『朝鮮』 325.
110 『昭和二十年度 朝鮮年鑑』, 京城日報社, 1944, 177쪽.
111 「日本精神을 修練, 皇道學會서 講習會」, 『每日新報』, 1941.2.7.
112 「支那事變記念講演, 平壤大和塾主崔로」, 『每日新報』, 1941.7.5.
113 「燦爛한 皇國의 史實陣列 崇嚴한 國體를 明徵, 大和塾主催 本社後援 日本精神大博覽會 四月三日부터 獎忠壇에서」, 『每日新報』, 1942.4.3.
114 「感嘆을 連發 板垣軍司令官, 精神博에」, 『每日新報』, 1942.5.9.
115 「軍國의 感激을 體驗, 明日徵兵朝鮮에 報答할 決意鐵石, 父老婦人兵營見學團의 成果 多大, 本社主催」, 『每日新報』, 1943.6.15.

설은 총독부 내부의 연수에도 사용되었다. 1941년 7월에는 4일간의 일정으로 '검사국 징수(徵收)주임 연성회'가 경성대화숙에서 열렸다. 법무국, 경성, 평양, 대구에서 모인 75명이 합숙하면서, 나가사키 관찰소장의 강연을 듣고 묘심사의 가잔 다이기(華山大義)에게 좌선 지도를 받았다.[116]

대화숙 활동 가운데 특기할 만한 것은 여성교육에 대한 관심이다. 위에서 다룬 국어강습회 실태에서도 여성에 대한 관심과 고려가 확인된다. 평양에서는 남녀를 같은 비율로 모집했고, 신의주에서도 남녀반을 균등하게 하나씩 운영했다. 특히 청진, 광주, 해주 등에서는 여성만을 대상으로 삼았으므로 대화숙 국어강습회 전체 수강자를 보면 여성의 비중이 더 컸을 것으로 생각된다. 실제 나가사키는 '지금까지 무시된 여성의 교육'[117]을 문제 삼아 적극적으로 관심을 보였다. 1941년 현재 학령인구의 국민학교 취학률은 남성이 64.3%인 데 비해 여성은 26.5%에 그쳤다. 여성의 '불취학'[118]이 두드러지는 가운데 대화숙 국어강습회는 정규교육에서의 젠더적 비대칭성을 보완하는 역할을 자임한 셈이다.

국어강습회에서는 다수의 여성 교사가 활약했다. 녹기연맹 부인부원 8명은 매주 월요일 경성대화숙을 찾아, '도화(圖畵), 수공(手工), 말하기 등의 정조(情操) 교육부터 예절, 몸가짐'[119]까지를 가르쳤다. 시국미담류의 이야기지만, '실업가의 영양(令孃)'으로 소개된 김재경(金載璟, 창씨명 山本

---

116 「昭和十八年七月 檢事局徵收主任會同關係綴 法務局刑事課」(국가기록원 소장, 「조선총독부기록물」).
117 長崎祐三, 1942, 「大和塾の國語敎育」, 『綠旗』 7-6, 159쪽.
118 김부자 저, 조경희·김우자 역, 2009, 『학교 밖의 조선여성들: 젠더사로 고쳐 쓴 식민지교육』, 일조각.
119 「のび行く若き半島の心 京城大和塾をみる」, 『綠旗』, 1941.10.

和)이 여학교 졸업 후에 대화숙의 사명에 감격하여 교사를 지원했을 뿐만 아니라 일체의 보수를 거절한 일화는 신문과 잡지에서 몇 번이고 다뤄졌다.[120] 신의주대화숙에서는 국어강습회와 별도로 '대화가정숙(大和家庭塾)'을 경영했다. 1941년 7월에 '소학교를 마친 미혼의 반도부인' 45명이 입숙하여, 고등여자학교 교유(教諭) 자격을 갖춘 '내지인' 부인 전임강사 세 명에게 지도를 받았다.[121] 수업연한은 1년이었다. 교육 목표는 '순일본인적 생활양식을 숙생의 머리속에 배어들게 하여 자연스럽게 일본인적인 사고방식과 시각'을 가지도록 하는 데 있었다.[122] 그 밖에 평양대화숙에서는 1942년 2월에 전시하 가정부인의 계발운동을 철저히 하기 위한 '부인대강연회'을 열었고,[123] 경성대화숙에서는 1943년 3월 기독교 부인대표 90명의 연성회를 개최하는 등[124] 여성을 대상으로 한 활동을 벌였다.

사회복지에 대한 관심도 두드러졌다. 경성대화숙은 1940년 12월에 감리교신학교 건물을 사용하게 되었을 때 '불우한 노유자(老幼者)를 보호 육영' 하기 위한 '대화보양원(大和保養院)'을 동시에 개설했다.[125] 보양원 개설에는 '대삼세권(大森世權)'의 지원이 컸다고 보도되었다.[126] 국어강습회를 소개하는 기사에서는 수업료가 무료이고 학용품도 무상으로 제공된다는 사실을 거듭 강조했다. 특히 경성대화숙 국어강습회의 경우 '토막

---

120 金載璟, 1941, 「京城大和塾女教師: 一週間の手記」, 『三千里』 13-9; 「のび行く若き半島の心 京城大和塾をみる」, 『綠旗』 6-10, 1941.

121 高原克己, 1941, 「大和塾の設立とその活動」, 『朝鮮』 317.

122 沖中守夫, 1942, 「新義州大和塾訪問記」, 『朝鮮』 325.

123 「婦人大講演會, 平壤大和塾主催」, 『每日新報』, 1942.2.23.

124 「地久節을 奉祝 女教徒鍊成 朝鮮耶蘇教長老會에서」, 『每日新報』, 1943.3.4.

125 「京城大和塾, 十四日부터 開塾」, 『每日新報』, 1940.12.11.

126 「日本精神修鍊道? 京城大和塾, 今日盛大한 發會式」, 『每日新報』, 1940.12.15.

민 아이들'을 비롯해 '가난해서 학교에 갈 수 없는 아이들'이 다수 참가하고 있었던 사실을 강사의 수기를 통해 알 수 있다.[127] 경성대화숙 인천지부에서는 1943년 5월에 '적빈(赤貧)자'와 '노동자'를 위한 '대화숙 실비(實費) 의원'을 열었다.[128] 또한 경성대화숙에서는 1943년 11월에 임효정(林孝貞, 창씨명 大山盛子)을 주사로 삼아 탁아소를 설치했다. 탁아소는 주간에 한해 무료로 운영되었는데, '근로부인층에 낭보'[129]라고 선전되었다. 여성의 사회 진출을 권하는 전시체제기의 시대 조류에 부응하는 조치였다.

대화숙과 문화인의 합작 혹은 유착이 활발히 벌어진 것도 흥미롭다. 활동의 장을 찾는 문화인과 전시 동원 그리고 국민화를 위한 선전 미디어를 필요로 하는 당국의 의도가 일치한 결과였다. 음악 부문부터 살펴보자. 1941년 11월에는 대화숙 주최로 '국민음악의 밤'이 부민관에서 개최되었다.[130] 여기에는 식민지 조선을 대표하는 음악가들이자 해방 후 한국의 음악계를 주름잡게 되는 현제명(玄濟明), 계정식(桂貞植), 김자경(金慈璟) 등이 출연했다. 당일 수입은 대화숙에 기부했다. 그 후로도 대화숙은 국민음악의 밤을 계속해서 개최했다.[131] 1943년 4월에는 현제명(창씨명 玄山濟明) 주도로 대화숙 내에 경성음악연구원이 개설되어, 연습실과 악기를 완비하고 신진을 지도했다.[132] 1942년 5월에 결성된 '경성 후생(厚生) 악

127　中津川郁子, 1942, 「大和塾のこどもと共に」, 『綠旗』 7-4, 131~132쪽.
128　「仁川大和塾서 實費醫院設置」, 『每日新報』, 1943.5.14.
129　「晝間託兒開所, 勤勞婦人層에 朗報」, 『每日新報』, 1943.11.8.
130　「國民音樂의 밤, 大和塾 主催로 明日, 府民舘에서」, 『每日新報』, 1941.11.9.
131　桂貞植, 1942, 「大衆의 健全娛樂希求, 多彩한 十一日, 十二月中의 音樂會」, 『朝光』 8-2, 78~79쪽.
132　「音樂 硏究院 新設, 玄濟明氏 等이 指導」, 『每日新報』, 1943.3.13.

단'도 같은 시기에 대화숙으로 사무소를 이전했다.[133] 경성음악연구원은 해방 후에 경성음악학교로 개칭한 후 서울대학교 음악대학으로 개조되었다. 서울대학교 음악대학의 초대학장은 현제명이었다.[134] 식민지 조선의 '국민음악'의 향방을 생각할 때 흥미로운 사례다.

연극 부문에서는 경성대화숙 주최, 매일신보사 후원, 현대극장 출연으로 1942년 4월에 경성부민관에서 상연된 〈북진대(北進隊)〉가 주목할 만하다. 러일전쟁기에 일본을 도와 철도부설작업에 참가한 일진회(一進會)의 활동을 다룬 연극이었는데, 공연 팸플릿[135]에는 샤쿠오 도호(釋尾東邦)가 일진회 회장 이용구(李容九)를 치켜세우는 글을 실었다. 그 외 경성대화숙 회장 나가사키 유조는 '이 극을 세상에 보내 여러 제현과 함께 내선일체 선각자의 영(靈)을 달래고 싶다'는 글을 게재했다. 현대극장 대표 유치진(柳致眞)은 국민연극연구소 연구생 모집으로 시작된 현대극장의 1년간 활동을 돌이키며, '더욱 다채로운 연극을 시도하여 종래 자칫하면 개념에 사로잡히기 쉬웠던 국민연극의 보다 넓은 분야'를 개척하겠다는 결의를 밝혔다. 연출을 맡은 주영섭(朱永涉)은 '소박한 사실주의 내지 자연주의'가 아니라 '진정한 사실주의를 기조로 하여 구성적·역학적·낭만적 면을 흡수'한 곳에 '국민연극의 하나의 성격'이 있다고 주장했다. 또한 1943년 6월에는 평양대화숙 부설 '청명극단(淸明劇團)'이 평양 출신인 주영섭 등이 중심이 되어 창립되었다.[136] 극단 이름은 평양대화숙의 '청명도장(淸明道場)'을 따른 것으로 보인다.

---

133 「樂團消息」,『每日新報』, 1943.4.27.
134 서울대학교 음악대학, 1997,『서울대학교 음악대학 50년사 1946-1996』, 2쪽.
135 「연극 '北進隊' 팜플렛」(전 14쪽, 독립기념관 소장).
136 「淸明劇團創立 平壤大和塾附屬」,『每日新報』, 1943.6.15.

미술은 경성대화숙 미술부가 중심이 되어 수산(授産) 사업과의 관련 속에 전개되었다. 미술부에는 조각과, 공예과, 초상화과, 도안과가 설치되었는데, 특히 조각과는 금속류 헌납운동으로 징발된 동상의 대용품 제작으로 활기를 띠었다.[137] 시멘트나 마그네슘 등의 재료를 이용한 금속 대용 간판 제작도 추진되어, 1942년 경성상공장려관 주최 대용품 전람회에서 수상한 것을 계기로 각 지방에 특약점을 설치하고 적극적으로 공업화를 꾀했다.[138] 조각과 주임 윤효중(尹孝重, 창씨명 伊東孝重)은 배재(培材)중학교와 진명(進明)고등여학교 교원으로 있으면서, 대화숙에서 금속 대용품 개발과 미술 지도에 임했다. 특히 윤효중은 대화숙 아틀리에에서 작업한 '현명(弦鳴)'이라는 작품으로 1944년 조선미술전람회에서 특선에 뽑혔다. '현명'은 치마저고리를 입고 활을 쏘는 여성의 전신상인데 전쟁과 여성의 사회진출이라는 당시의 사회상을 형상화한 작품이었다. 윤효중은 "시국의 진전에 따라 조선의 여성들이 각 방면에서 발랄한 활동을 하고 잇슴으로 그 자태를 그리고 아울러 조선 의복의 미를 표현"했다고 말했다.[139] 이 작품은 해방 후 중고등학교 미술 교과서에 실리는 등 한국 미술을 대표하는 성과로서 간주되고 있다. 윤효중 자신도 이승만 대통령 흉상을 제작하는 등 한국 사회에서 크게 활약했다.

영화와 관련해서는 배우의 입숙이 확인되는 정도다. 조선영화회사는 새롭게 모집한 연기연구생 12명을 1941년 12월에 경성대화숙에 입숙시켜 '정전(征戰)하 영화인으로서 황국신민이 될 정신적 훈련'을 받게

---

[137] 「應召銅像模型製作 大和塾美術部서 代用品으로 注文에 酬應, 大和塾美術部談」, 『每日新報』, 1943.6.4.
[138] 「金屬代用看板 京城大和塾에서 製作」, 『每日新報』, 1943.7.9.
[139] 「時日急迫하여, 伊東孝重氏 談」, 『每日新報』, 1944.6.2.

했다.¹⁴⁰ 기간은 1주일이었다. 또한 대화숙은 1942년 7월 군 보도부의 후원을 얻어 이시이 바쿠(石井漠)의 '국민무용' 공연을 주최했다. 경성부민관에서 사흘간 공연한 뒤 지방을 순회하는 일정이었다.¹⁴¹ 문학 관련으로는 『아세아 시집』(1942)을 낸 김용제(金龍濟, 창씨명 金村龍濟)에게 1943년 4월에 경성대화숙으로부터 '모범 사상 전사(戰士) 표창'이 수여되었다.¹⁴² 김용제는 국어강습회 강사로 있다가 요절한 아사노 시게코(淺野茂子)를 기리기 위해 간행된 『대화숙일기(大和塾日記)』(1944)에도 추도시 「종(鐘)」을 부쳤다.¹⁴³

대화숙은 여성교육, 사회복지 등 다양한 사회활동을 벌이고, 문화인과의 합작을 통해 '국민음악', '국민연극' 등을 전개했다. 총독부라는 식민지 국가의 국민 만들기 기획이 비로소 사회 깊은 곳까지 미치게 되었다는 점에서 전시체제기 조선 사회는 식민지 근대의 정점이었다고 평가할 수 있다. 조관자(趙寬子)는 현제명 등 식민지 말기 조선에서의 문화인들의 활동에 대해 언급한 뒤 국가정책과 문화생산의 협력체제는 남북한으로 그대로 이어졌다고 분석한 바 있다.¹⁴⁴ 문화인과의 합작에 더해 국어강습회 및 수산 등 전시체제기 조선에서의 대화숙의 활동은 사회에 대한 깊은 개입을 특징으로 한다는 점에서, 해방 후 한반도에서의 국가와 사회의 관계

---

140 「朝映演技研究生 大和塾에 入塾」, 『每日新報』, 1941.12.24.

141 「石井漠國民舞踊 大和塾主催, 軍報導部 後援으로 廿三日부터 三日間, 府民舘서」, 『每日新報』, 1942.7.18.

142 金村龍濟, 1942, 『亞細亞詩集』, 大東文化社; 『每日新報』, 1943.5.1.

143 綠旗聯盟 編, 1944, 『大和塾日記』, 興亞文化出版株式會社.

144 趙寬子, 2006, 「脱/植民地と知の制度-朝鮮半島における抵抗-動員-翼賛」, 倉沢愛子 等 編, 『岩波講座 アジア·太平洋戦争 3 動員·抵抗·翼賛』, 346쪽.

를 예고하는 것이었다.

　대화숙 모델은 일본 본국에도 도입이 고려될 만한 것이었다. 일본 본국의 치안 당국으로서도 예방구금 제도가 충분히 기능하고 있지 않다는 불만이 있었다. 1945년 8월에 열린 홋카이도 사상 실무가 회동에서는 기소유예자라도 훈계하고 석방하지 말고 "사상연성도장에 수용하고 주로 근로를 통하여 국체관념 철저에 힘써"야 한다는 주장이 나왔다. 대화숙 방식의 일본 본국으로 역류, 즉 역식민 가능성을 보여 준 장면이었다.[145]

3) 「신치안유지법」과 전시 치안유지 체제

　1937년 7월 열린 재판소 및 검사국 감독관 회의에서는 "사상범 보호관찰 제도 실시에 따라 검찰 및 재판상 고려할 점 여하"를 논하였는데, 각 지역에서 출석한 검사들은 집행유예 확대 등 '관대한 조치'를 주장하는 이들과 '위협주의' 입장을 취한 이들로 의견이 나뉘었다. 관대한 조치는 「치안유지법」 사건 감소에 비추어 사법처분을 통해 통제할 수 있다는 자신과 여유에서 나온 것이었다. 그러나 중일전쟁이 발발하여 치안을 강화할 필요가 대두하면서 그러한 목소리는 사라졌다.[146]

　일본 본국에서도 1930년대 전반에는 전향자에 대해서 온정주의에 입각해 집행유예 판결이 나왔지만 전시체제기가 되면 엄벌주의 판결이 증가했다. 특히 1930년대 후반 인민전선 사건으로 경계감이 강해지면서 잠

145　「資料 敗戦直前の思想実務家会同記録」, 『季刊現代史』 3, 1973, 231~243쪽; 荻野富士夫, 2021, 앞의 책, 74쪽.

146　荻野富士夫, 2022b, 앞의 책, 161~162쪽.

재되어 있는 공산주의 운동 및 사상을 적발하기 위해 전향의 관대한 평가에 대한 수정이 요구되었다.[147]

전시체제기 일본 치안 당국은 판결의 엄격화를 추진했다. 치안 당국은 사상전의 전사라는 자부가 있었다. 1938년 9월 대심원 검사 이케다 가쓰는 나가사키, 나고야 사상 실무가 회동에서 전향 평가의 엄격화를 요구했다.[148] 같은 자리에서는 판결이 전반적으로 가벼워져 집행유예가 많아진 것에 대해 '피고의 주관 상황', 즉 합법적인 활동이므로 '국체' 변혁이나 '사유재산 제도'를 부인할 의도가 없었다는 변명이나 전향 의사 표명을 지나치게 중시한다는 비판이 제기되었다.[149] 1939년 8월 히로시마 공소원 관내 사상 실무가 회동에서 동 공소원 차석검사 마사키 아키라(正木亮)는 비상시에는 '건전한 국민감정'에 의거해야 한다면서 죄형법정주의 포기를 주장하기까지 했다.[150]

이러한 흐름을 배경으로 1941년 3월 「신치안유지법」이 성립하여 5월부터 시행되었다. 1928년 개정된 「치안유지법」이 7조로 구성되었던 데 비해 「신치안유지법」은 3장 65조의 방대한 조문으로 이루어졌다. 먼저 제1장 '죄'(제1조~제16조)를 보면 결사 조직과 목적수행 행위 외에도 지원 결사(제2조), 준비 결사(제3조), 집단(제4조)과 각각의 목적수행에 대

---

147 荻野富士夫, 2021, 앞의 책, 194·228쪽.
148 荻野富士夫, 2021, 위의 책, 227쪽. 다만 이 책에서 제시한 사료에서는 이케다의 해당 발언이 생략되어 있다. 『控訴院管內思想實務家會同議事錄 昭和13年度 札幌, 長崎, 名古屋』(社會問題資料叢書 第1輯, 東洋文化社, 1977), 76·256쪽 참조.
149 『控訴院管內思想實務家會同議事錄 昭和13年度 札幌, 長崎, 名古屋』(社會問題資料叢書 第1輯, 東洋文化社, 1977), 124~129쪽; 荻野富士夫, 2021, 위의 책, 72쪽.
150 『控訴院管內思想實務家會同議事錄 昭和14年度 廣島, 長崎』(社會問題資料叢書 第1輯, 東洋文化社, 1978), 105쪽; 荻野富士夫, 2021, 위의 책, 73쪽.

한 처벌 규정을 신설했다. 제5조에서는 집단을 제외하고 결사 목적수행을 위한 협의, 선동, 선전을 처벌했다. 전체적으로 형기를 연장하고 금고형을 삭제하는 등 엄벌주의를 채택했다.[151]

제2장 '형사수속'(제17조~제38조)에서는 첫째, 검사에게 구인·구류·신문에 대한 극히 광범위하고 일원화된 강제처분권(강제수사권)을 부여하고, 둘째, 변호인의 수 및 자격 제한 규정을 설치해 변호권 행사를 제한하며, 셋째, 항소심(공소심)을 생략했다.[152] 제3장은 '예방구금'(제39~제65조)에 관한 조항이었다. 「신치안유지법」이 시행되면서 조선의 사상범예방구금령은 이것으로 대체되었다.

「신치안유지법」에서는 국체 '변혁' 외에 국체 '부정'이라는 새로운 죄가 추가되었다. 예컨대 제7조는 "국체를 부정하거나 신궁 또는 황실의 존엄을 모독할 수 있는 사항을 유포하는 것"을 문제 삼았다.[153] 아울러 국체 변혁 조항을 확장 해석하여 조선의 역사와 문화에 관한 연구를 「치안유지법」으로 처벌하는 일이 벌어졌다.[154] 1942년 발생한 조선어학회사건의 고등법원 판결에서는 "고유 언어 보급 통일과 같은 간접적, 소극적인 문화운동이라고 하더라도 국체 변혁의 위험 없다고 단정할 수 없"다고 적었다. 공판에서 변호인은 「치안유지법」의 부당한 확장해석이라고 비판하면서 "조선어사전 편찬과 조선어문의 정확 통일화에 의해 국체가 변혁된다고 말하는 것은 얼마가 견강부회가 심한가"라고 지적했다. 고등법원

---

151 荻野富士夫, 2022b, 앞의 책, 314쪽.
152 강성현, 2012b, 「한국 사상통제기제의 역사적 형성과 '보도연맹 사건', 1925-50」, 서울대학교 박사학위논문, 65~66쪽.
153 오기노 후지오 저, 윤소영 역, 2022, 앞의 책, 279쪽.
154 오기노 후지오 저, 윤소영 역, 2022, 위의 책, 306~307쪽.

은 1945년 8월 패전 이틀 전에 내린 판결에서 조선어학회를 "합법적 문화운동이라는 이름에 숨어 조선 독립을 목적으로 하는 결사"라고 규정했다.

「신치안유지법」이 시행되면서 경찰, 검찰, 예심, 공판, 행형, 보호관찰, 예방구금에 이르는 사법처분 전반을 사상검사가 통괄하는 체제가 확립되었다. 「치안유지법」 체제는 1920~1930년대를 거치면서 사상검사의 권한을 강화하는 쪽으로 변화해 왔다. 일본 본국에서 1930년대 후반에는 사상검사가 특고경찰을 지도하는 체제가 완성되었다. 각 지방재판소 검사국은 '특고주임회의'를 열어 다양한 요구를 했다.[155] 1940년 5월 열린 사상 실무가 회동에서 나고야지방재판소 검사국 검사는 '특고의 지도감독 강화'를 언급하면서 '사상 국방의 제일선에 선 우리의 손발인 특고'라는 표현을 사용했다.[156] 사상검사는 겨우 수십 명이었지만 엘리트 의식을 가지고 약 1만 명에 이르는 특고경찰에 대해 사상범죄 단속의 주도권을 잡고자 했다.[157]

1941년 「신치안유지법」 시행에 따라 검사의 특고경찰에 대한 지휘통제가 강화되었다. 검거 시에는 검사의 구인, 구류장이 필요하게 되어 행정집행법 등을 이용한 검속은 인정하지 않게 되었다.[158] 경찰의 신문도 검사의 명령에 바탕해 이루어지게 되었다.[159] 식민지 조선에서도 「신치안유지

---

155 荻野富士夫, 2021, 앞의 책, 34쪽.
156 『思想実務家会同議事録 昭和15年5月』(社会問題資料叢書 第1輯, 東洋文化社, 1972), 191쪽.
157 荻野富士夫, 2021, 앞의 책, 67쪽.
158 荻野富士夫, 2021, 위의 책, 25쪽.
159 荻野富士夫, 2021, 위의 책, 36쪽.

법」이나 후술할 「국방보안법」이 적용되는 사건에 관한 한 「조선형사령」
의 특례를 배제하여 사법경찰관도 검사의 명령이 없으면 일체의 강제수
사를 할 수 없게 되었다.[160] 1941년 5월 총독부 고등법원 검사국 검사장
마스나가는 「신치안유지법」에 대해 명실공히 검사를 중심으로 하는 일원
적 수사체제를 수립한 점에서 실로 획기적 입법이라고 평가했다.[161]

식민지 조선에서도 사상검사의 권한은 강화되어 갔다. 1939년 총독
부 고등법원 검사국이 정한 분담 사무를 보면, 조사연구와 그 성과 간행
에 더해 지방법원 검사국 감독, 고등경찰·출판경찰 사열을 포함했다.
1930년대 말에는 조선 전체 치안 상황을 검열 및 지휘하는 기관이 된 것
이다.[162] 수적으로도 1941년이 되면 검사 수가 130명을 넘어서면서 사법
처분 전반을 지휘하고 감독할 역량을 갖추게 되었다.

「신치안유지법」 시행에 따라 일본 본국에서는 경찰관의 '신문조서'와
검사의 '신문조서'가 비로소 증거능력을 가지게 되었다.[163] 예심 신문조서
가 일문일답식으로 기재되어 공판에서 증거능력을 가진 것과 달리 특고
의 청취서는 주로 공술 요약으로서 증거능력은 인정받지 못했다. 흥미로
운 것은 식민지 조선의 경우 「조선형사령」에 의해 경찰과 검찰의 신문조
서가 줄곧 증거능력을 인정받았다는 점이다. 1941년 「신치안유지법」 시
행에 따라 일본 본국도 식민지 조선의 방식을 도입하게 된 셈이다. 사법

160　강성현, 2012b, 앞의 글, 65~66쪽.

161　「檢事局監督官ニ對スル增永高等法院檢事長訓示」(1941.5)(齊藤榮治 編, 1942, 『高等法院檢事長訓示通牒類纂』), 112쪽; 오기노 후지오 저, 윤소영 역, 2022, 앞의 책, 362쪽.

162　『昭和十四年度新規予算要求書綴』(국가기록원 소장, 日政文書·法務)(水野直樹, 2008, 「植民地期朝鮮の思想検事」, 『International Symposium 30, 日本の朝鮮·台湾支配と植民地官僚』, 国際日本文化研究センター, 392쪽에서 재인용).

163　荻野富士夫, 2021, 앞의 책, 187쪽.

처분 방식에서 식민지에서 본국으로의 역류, 즉 역식민 현상을 확인할 수 있다.

식민지 조선에서는 1941년 이후 기소 건수와 인원이 다시 늘었다. 기소 기준이 낮아지면서 비교적 경미한 민족 독립 언동에 대해서도 사법 처단이 강화되었다. 예심 청구에 대한 공판 청구의 비율도 다시 역전되었다. 공판 청구는 「치안유지법」 시행 초기에 범죄사실이 명확한 민족주의 독립운동에 대해 주로 적용된 바 있다. 1941년 5월 고등법원 검사는 검사국 감독관에 대하여 "국방보안법 및 개정치안유지법 적용을 받을 사건에 대해서는 입법 정신에 비추어 운용상 가능한 한 예심청구 하지 말고 바로 공판에 청구"하라고 지시했다.[164]

1920~1930년대 식민지 조선에서 일정한 비율로 공판 청구가 이루어진 데 반해 일본 본국에서는 대부분 예심이 청구되었다. 그러나 1940년대 들어 일본에서도 공판 청구 비율이 늘어났다. 1941년에는 기소 전체의 9%, 1942년 17%, 1943년에는 39%로 증가했다. 「신치안유지법」 시행에 따라 대상 범죄가 늘어나면서 예심판사에 의한 재취조가 필요 없는 간단한 사례가 출현했고, 여기에 인력 부족이 겹쳐 예심을 생략하게 되었다.[165] 다만 공판청구가 많은 것이 식민지 조선의 특징이었다는 점을 생각한다면, 사법처분에 한해서는 일본의 전시체제는 식민지 조선의 일상이 본국으로 역류한 결과라고 말할 수 있다. 그 밖에 「신치안유지법」은 변호권 제한을 규정했다.[166] 사법처분의 신속화·간략화가 「신치안유지

---

164 「檢事局監督官ニ對スル齊藤高等法院檢事希望事項」(1941.5.7)(齊藤榮治 編, 1942, 『高等法院檢事長訓示通牒類纂』), 306쪽; 荻野富士夫, 2022b, 앞의 책, 159쪽.

165 荻野富士夫, 2021, 앞의 책, 91쪽.

166 荻野富士夫, 2021, 위의 책, 175쪽.

법」의 입법 정신이었다.[167]

「신치안유지법」을 보완하는 전시 치안 법령으로서는 「조선임시보안령」과 「국방보안법」이 있었다. 1941년 12월 일본 본국에서는 대미 개전에 맞춰 전시 입법으로서 조언비어(造言飛語), 인심혹란(人心惑亂)을 단속하기 위한 「언론·출판·집회·결사 등 임시취체법」이 시행되었다. 식민지 조선에서도 이에 대응하여 같은 시기에 제령 제34호로 「조선임시보안령」이 공포·시행되었다. 「조선임시보안령」은 안녕질서 유지를 명목으로 언론, 출판, 집회, 결사 등을 단속하는 전시 법령이었다.[168] 특히 제20조는 "시국에 관한 조언비어를 한 자는 2년 이하의 징역, 금고 또는 2,000원 이하의 벌금에 처한다"고 규정했다.[169] 전체적으로 일본 본국의 「언론·출판·집회·결사 등 임시취체법」을 따랐지만, 일본과 달리 조선에는 '정사(政事)'의 존재를 인정하지 않았기 때문에 대신에 '공사(公事)에 관한 결사'라는 표현이 사용되었다.[170]

「국방보안법」은 전시 방첩을 위해 모든 이적 행위를 처벌하는 법령이었는데 1941년 법률 제49호로서 3월에 공포되어 칙령 제541호에 의해 5월부터 시행되었다. 부칙에서 정해 일본 본국은 물론 조선, 대만, 사할린에서도 바로 적용·시행되었다.[171] 「국방보안법」은 제1장 '죄'(제1조~제15조), 제2장 '형사수속'(제16조~제40조)으로 구성되었다. 제1조에서는 국가기밀을 "국방상 외국에 대하여 비닉해야 하는 외교, 재정, 경제, 기타

---

167 오기노 후지오 저, 윤소영 역, 2022, 앞의 책, 365쪽.
168 장신, 2023b, 「1941년 「조선임시보안령」의 제정과 운용」, 『역사문제연구』 51.
169 「조선임시보안령」(법제처 국가법령정보센터, www.law.go.kr).
170 水野直樹, 2006, 앞의 글, 115쪽.
171 강성현, 2012b, 앞의 글, 200쪽.

에 관한 중요한 국무에 관계된 사항"이라고 정의했다. 제3조에서는 국가기밀을 "외국에 누설한 때에는 사형이나 무기 또는 3년 이상의 징역에 처한다"고 정했다.[172]

1944년 법률 제20호로 「국방보안법 및 치안유지법의 전시특례에 관한 건」이 정해졌다. 1심 판결에 불복한 항소심에 대해 "조선에 있어서는 적용하지 않는다"라고 규정했다. 식민지 조선에서는 1심 판결이 곧 결심이 되었다.[173] 「신치안유지법」은 전시 법령인 「국방보안법」 및 「조선임시보안령」과 긴밀하게 연동하면서 전시체제기 조선의 치안유지 체제를 지탱했다. '평시의 전시법'이자 '예외상태법'으로 1925년에 등장한 「치안유지법」이 1941년에 이르러 본령을 발휘하기에 이른 것이다.[174]

---

172 「국방보안법」(법제처 국가법령정보센터, www.law.go.kr).
173 스즈키 케이후, 2007, 「조선 식민지 통치법(朝鮮植民地統治法)의 성격(性格): 治安維持法의 解釋과 適用」, 『법학논총』 31, 28쪽.
174 강성현, 2012b, 앞의 글, 8쪽.

2. 해방 이후의 사상통제와 전향 정책

1) 「치안유지법」에서 「국가보안법」으로

(1) 미군정의 치안유지 체제

1945년 8월 15일 조선총독부로부터 치안유지를 위임받은 여운형은 사상범과 경제범 석방을 우선 조건으로 내걸었다. 이에 따라 8월 15일 당일 서대문형무소에서 많은 사상범이 풀려난 데 이어 17일 아침에는 사상범예방구금령으로 갇혀 있던 이들이 청주보호교도소에서 석방되었다. 조선총독부와 여운형의 교섭에는 경성보호관찰소 소장이었던 사상검사 나가사키 유조가 역할을 했다. 나가사키는 8월 16일 여운형의 휘문중학교 연설에도 동행했다.[175]

다만 1945년 10월경 나가사키는 보호관찰소 등의 공금을 조선인 치안대에 건넨 혐의로 체포된다. 1946년 3월 경성지방법원은 나가사키에게 횡령죄를 적용하여 징역 1년 6월을 선고했다. 돈을 건네받은 좌익세력을 견제하기 위한 미군정과 보수파의 행동이었다고 추측되는데, 신문 보도에서는 "조선해방운동을 탄압하는 데 가진 포학(暴虐)한 수단을 감행하던 대화숙(大和塾)과 보호관찰소장"이라는 사실에 초점이 맞춰졌다.[176]

대화숙도 규탄의 대상이 되었다. 미군정하에서 설치된 남조선과도입

---

[175] 水野直樹, 2009, 앞의 글, 489쪽.

[176] 「長崎祐三에 一年六個月 言渡」, 『서울신문』, 1946.3.21; 水野直樹, 2009, 위의 글, 489쪽.

법의원이 정한 '부일협력자' 규정에서는 '민족정신에 배반하고 일본 제국주의에 영합할 목적으로 설립된 정치적·경제적·사회적 문화적 단체에 관계한 자'라는 조항을 두고 그 단체로서 녹기연맹 등과 함께 대화숙을 들었다.[177] 사상통제에 앞장선 사상검사는 가혹한 식민 통치를 체현하는 존재로서 그 가운데 일부는 해방 직후 법정에서 유죄 판결을 받았다. 하지만 한국의 치안유지 체제는 일본에서 미국으로 주체가 바뀐 채 지속되었다.

미군정의 헌법적 위상을 가지게 되는 태평양 미국육군 총사령부 포고 제1호가 9월 7일에 일본 요코하마에서 최고지휘관 더글라스 맥아더(Douglas MacArthur) 명의로 발표되었다. 전체 6조 가운데 제3조에서는 "점령군에 대하야 반항 행동을 하거나 또는 질서 보안을 교란하는 행위를 하는 자는 용서 없이 엄벌에 처함"이라고 밝혔다. 포고 제1호 제3조의 집행, 즉 사법권 행사에 관한 규정인 포고 제2호도 같은 날 발표되었다. 포고 제2호는 "항복문서의 조항 또는 태평양 미국육군 최고지휘관의 권한 하에 발한 포고, 명령, 지시를 범한 자, 미국인과 기타 연합국인의 인명 또는 소유물 또는 보안을 해한 자, 공중치안, 질서를 교란한 자, 정당한 행정을 방해하는 자 또는 연합군에 대하여 고의로 적대행위를 하는 자는 점령군 군율회의에서 유죄로 결정한 후 동 회의의 결정하는 대로 사형 또는 타형벌에 처함"이라고 규정했다.[178]

미군정은 식민지 시기 일제가 만든 법 가운데 폐기해야 할 악법을 정

---

177 「附日者等修正案」, 『東亞日報』, 1947.4.24. 4월 22일 입법의원 제57차 본회의에 상정된 수정안의 내용이다. 7월 2일에 확정된 최종안에서는 단체명은 열거하지 않았다.

178 「태평양미국육군총사령부(포고제1호-제4호)」(국가기록원, www.archives.go.kr)

했는데, 1945년 9월 21일의 일반명령 제5호와 동년 10월 9일의 군정법령 제11호를 비교하면 주목할 만한 후퇴가 확인된다. 폐기되는 법이 12개에서 7개로 줄면서, 「국방보안법」, 「조선임시보안령」 등이 제외된 것이다. 「조선임시보안령」(1941)은 태평양전쟁에 돌입하면서 안녕질서 유지를 명목으로 언론, 출판, 집회, 결사 등을 단속하고자 제정된 전시 법령이었다. 「국방보안법」(1941)은 전시 방첩을 위해 모든 이적 행위를 처벌하는 법령이었다.[179] 아울러 11월 2일의 군정법령 제21호 제1조에서는 이미 폐지한 법령을 제외하고 식민지 시대 법령의 전반적인 존속을 규정했다. 조선총독부 재판소령이 유효하므로 식민지 사법기구 역시 존속되었다. 각급 법원과 이에 부치 내지 병치된 검사국의 틀도 유지되었고 심지어 식민지 말기 전시 특례하의 2심 제도도 지속되었다.[180]

미군정의 대표적인 치안 법령으로는 1945년 10월 30일의 군정법령 제19호를 들 수 있다. 이 법은 국가적 비상시의 선언, 노무자의 보호, 폭리에 대한 보호, 민중의 복리에 반한 행위에 대한 공중의 보호, 신문 기타 출판물의 등기 등의 항목으로 이루어졌다. 다만 미군정 사령관 하지는 이 법이 "불온 사태를 처리하기 위한 근본적인 조처가 되지 못한다"라고 지적했다.[181]

1946년 5월 4일의 군정법령 제72호는 제1조에서 미군정에 반하는

---

179 강성현, 2010, 「한국전쟁 전 정치범 양산 '법계열'의 운용과 정치범 인식의 변화」, 『사림』 36, 69쪽.
180 강성현, 2011, 「1945~50년 '檢察司法'의 재건과 '사상검찰'의 '反共司法'」, 『기억과 전망』 25, 107쪽.
181 박찬표, 1997, 『한국의 국가형성과 민주주의: 미군정기 자유민주주의의 초기제도화』, 고려대학교 출판부, 82~83쪽.

〈표 3-3〉 형무소 재소자 추이

(단위: 명)

시기	재소자 수	시기	재소자 수	시기	재소자 수	시기	재소자 수
1942	22,026	1946.04	12,428	1947.02	20,379	1947.12	20,718
1943	22,733	1946.05	14,170	1947.03	19,848	1948.01	21,098
1945.08	1,618	1946.06	15,805	1947.04	20,282	1948.02	21,217
1945.09	1,544	1946.07	17,324	1947.05	20,555	1948.03	22,446
1945.10	2,262	1946.08	17,452	1947.06	19,833	1948.04	22,141
1945.11	3,357	1946.09	18,940	1947.07	19,777	1948.05	22,331
1945.12	4,792	1946.10	19,720	1947.08	19,263	1948.06	22,033
1946.01	6,725	1946.11	19,718	1947.09	20,652	1948.07	22,321
1946.02	8,313	1946.12	20,016	1947.10	21,458		
1946.03	10,932	1947.01	19,998	1947.11	21,372		

출처: 박찬표, 1997, 『한국의 국가형성과 민주주의: 미군정기 자유민주주의의 초기제도화』, 고려대학교 출판부, 119쪽.

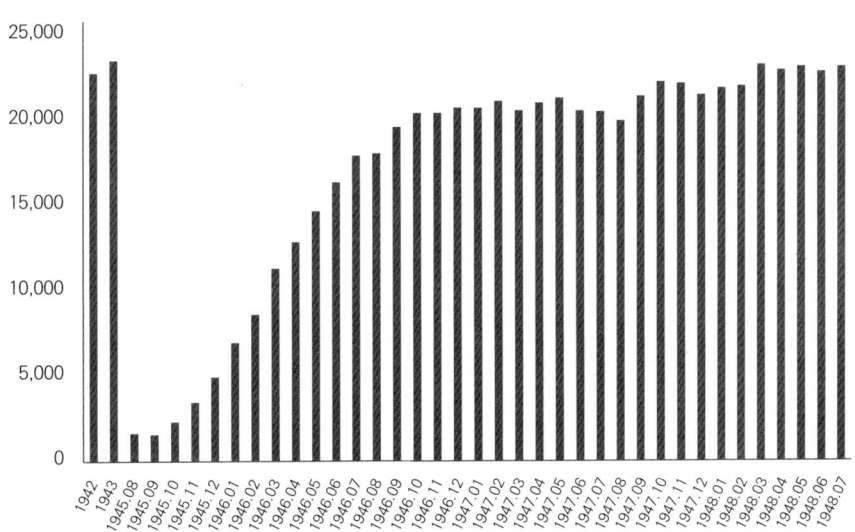

〈그림 3-2〉 형무소 재소자 추이

(단위: 명)

출처: 박찬표, 1997, 『한국의 국가형성과 민주주의: 미군정기 자유민주주의의 초기제도화』, 고려대학교 출판부, 119쪽.

범죄 행위를 무려 82개 나열했다. 여기에 대해서는 비민주적이라는 반발이 일었고 6월 17일에는 대법원장 김용무가 이 법령의 정지에 관한 담화를 발표하기에 이르렀다. 결국 6월 18일 군정장관 아서 러취(Archer L. Lerch)는 실시 유보를 발표했다. 다만 러취는 포고 제2호에 대해 어떤 행위가 위반 행위가 되는지 알 수 없다는 불평이 있었기 때문에 구체적인 행위를 열거했을 뿐이지 죄목을 더 추가한 것은 아니라고 설명했다. 즉 군정법령 제72호가 없어도 같은 행위를 포고 제2호로 처벌할 수 있다는 뜻이었다.[182]

1946년에 좌익에 대한 탄압이 거세지면서 정치범이 늘어났다. 포고 제2호와 군정법령 제19호가 주로 동원되었다. 피검자들 반 이상이 검찰에 의해 불기소 처분되어 석방되었음에도 불구하고 형무소 수형자는 계속 늘었다. 1945년 12월부터 매달 2천 명씩 늘어 1946년 10월 항쟁을 거친 후에는 거의 2만 명에 달했다. 전체 수형자 규모는 거의 식민지기 수준에 육박했다.

(2) 「국가보안법」의 제정

1948년 12월에 「국가보안법」이 제정되었다. 그해 9월에 내란 행위 특별조치법이라는 이름으로 긴급동의안이 발의되었지만 큰 진전이 없었는데, 10월 여순사건의 충격 속에 서둘러 제정이 이루어진 것이다. 아울러 같은 해 9월 제정된 「반민족행위 처벌법」을 억누르려는 의도도 있었다. 「국가보안법」과 「반민족행위 처벌법」의 관계에서는 식민주의와 반

---

[182] 「法令七十二號停止」, 『東亞日報』, 1946.6.18; 「72號違反者釋放」, 『東亞日報』, 1946.6.19; 강성현, 2010, 앞의 글, 73쪽.

공의 결합이라는 식민지 시기로부터 이어지는 구도를 확인할 수 있다.

11월 3일 『자유신문』에 공개된 「국가보안법」 초안은 내란 행위 처벌을 규정했다.[183] 그러나 내란 행위는 구형법의 내란죄로 처벌할 수 있다는 이유로 삭제되고 또한 법의 핵심이 변란 '행위' 처벌에서 변란 '목적'의 결사와 집단 구성 및 가입 처벌로 바뀌었다. 이러한 새로운 초안이 11월 9일 국회 본회의에 상정되었다. 소장파 의원들은 「국가보안법」이 「치안유지법」과 다르지 않으며 민주적 헌법정신에 배치된다고 폐기를 주장했다. 공산당뿐만 아니라 '선량한 남녀노소', '애국지사' 등 전 국민을 탄압할 우려가 있다는 주장이었다.[184] 당시 신문 등에서도 「국가보안법」을 「치안유지법」의 재현이라고 비판했다.[185]

결국 1948년 12월 1일 「국가보안법」이 공포, 시행되었다. 아래에서는 사상검사 오제도가 1949년 8월에 지은 『국가보안법 실무제요』 내용을 따라가면서 「국가보안법」 조항을 살펴보겠다.[186] 『국가보안법 실무제요』는 「국가보안법」 운용의 교과서처럼 여겨졌고 오제도의 회고에 따르면 초판만 1만여 권 팔렸다고 한다.[187]

---

[183] 「政府顚覆에 重刑, 國家保安法 草案 起草」, 『自由新聞』, 1948.11.3.

[184] 「제1대 국회 제1회 제99차 국회 본회의(1948년 11월 09일)」, 「제1대 국회 제1회 제105차 국회 본회의(1948년 11월 16일)」(국회회의록, likms.assembly.go.kr/record); 강성현, 2012b, 앞의 글, 211~212쪽.

[185] 「국가보안법의 반향, 미군은 철퇴하지 말아야 하나」, 『새한민보』 37(2-20), 1948.12.13(전상숙, 2005, 「사상통제정책의 역사성: 반공과 전향」, 『한국정치외교사논총』 27-1, 91쪽에서 재인용).

[186] 강성현, 2012a, 「한국의 국가 형성기 '예외상태 상례'의 법적 구조: 국가보안법(1948·1949·1950)과 계엄법(1949)을 중심으로」, 『사회와 역사』 94, 94~98쪽 참조.

[187] 吳制道, 1949, 『國家保安法實務提要』, 서울地方檢察廳; 「그때 그일들 〈141〉 吳制道 (7) 「保安法實務提要」의 著述」, 『東亞日報』, 1976.6.19.

제1조는 "국헌을 위배하여 정부를 참칭하거나 그에 부수하여 국가를 변란할 목적으로 결사 또는 집단을 구성한 자"에 대한 처벌을 규정했다. 오제도는 '국헌'은 "대한민국의 근본조직을 규정하는 헌법을 지칭한다"고 설명하고 국가란 "대한민국의 국체, 즉 아국의 기본조직을 지칭"한다고 밝혔다. 「치안유지법」에 담겨 있던 '국체'라는 개념이 눈에 띈다. 이어 '국체'란 헌법 제2조의 "대한민국의 주권은 국민에게 있고 모든 권력은 국민으로부터 나온다"는 조항에 비추어 '민주공화국 국체'를 말한다고 설명했다.[188]

오제도는 '국가 변란'을 "민주공화국 단체를 폐하고 군주 단체 또는 일계급 일정당 독재 단체를 수립한다거나 대한민국의 영토의 전부 혹은 그 일부를 대한민국의 통치권으로부터 이탈시키는 것"이라고 규정했다. 군주제와 공산주의 모두를 배척하는 규정이었다. 동시에 '국가 변란'은 일본 구형법상의 내란죄에서 규정한 '조헌문란'과 유사한 개념이라고 설명했다. 「치안유지법」의 국체가 천황제=군주제인 데 반해 「국가보안법」의 국체는 민주공화국으로 달랐지만, 양쪽 모두 특히 공산주의에 맞서 현존하는 질서를 지키려는 점에서는 일치했다.

국가 변란에 대한 처벌에서 구형법의 내란죄와 다른 점은, 구체적인 국가 변란 행위가 아니라 그러한 "목적으로 결사 또는 집단을 구성한 자"를 처벌한다는 데 있었다. 실체적인 범죄 행위가 일어나기 전에 '목적', 즉 사상을 판단해 처벌한다는 점에서 명백히 「치안유지법」을 계승한 법이었다.

제2조는 살인, 방화, 파괴 처벌을 규정했다. 사상범, 정치범을 폭력을

---

[188] 吳制道, 1949, 앞의 책, 47~48쪽; 전상숙, 2005, 앞의 글, 98쪽.

휘두르는 파렴치범으로 규정한 셈이다. 특히 제2조에는 금고형이 없는데 이에 대해 당시 신문에서는 "정치범, 사상범이 아니고 파렴치범인 까닭에 입법자의 관용이 없"다고 해설했다.[189] 또한 대통령은 살인, 방화, 파괴 행위를 한 결사나 집단의 해산을 명할 수 있도록 정했다. 이에 근거해 남조선 노동당과 그 산하 정치, 사회 단체가 불법화되었다.

제3조에서는 목적 혹은 목적 사항의 실행을 협의, 선동 또는 선전을 한 자는 10년 이하의 징역에 처한다고 정했다. 「치안유지법」의 목적 실행죄, 협의죄, 선동죄를 합쳐 놓아 애매하고 광범한 적용이 가능하도록 했다. 제5조에서는 자수를 하면 형을 경감 또는 면제할 수 있다고 정했다.

「국가보안법」은 좌익은 물론 다양한 반정부 세력을 탄압하는 데 적극적으로 활용되었다. 1949년 한 해 동안 「국가보안법」 위반으로 경찰에 검거된 피의자는 무려 11만 8,621명이었다.[190] 1949년 6월에는 「국가보안법」을 이른바 국회 프락치 사건에도 적용했다. 검거된 의원들은 「반민족행위 처벌법」 제정과 반민족행위 특별조사위원회 활동에 적극적이었던 소장파 의원들이었다. 이들은 「국가보안법」 제정에도 반대하고 여러 개혁 정책을 주장했다. 「국가보안법」이 좌익뿐만 아니라 '애국지사' 탄압에 이용될 수 있다는 우려가 현실화한 셈이다.

1949년 12월 검찰이 주도하여 「국가보안법」 개정이 시도되었다. 「국가보안법」 조문과 그 법을 운용하는 실무방침 사이의 괴리를 해결하기 위해서였다. 1949년 「국가보안법」 전부개정의 내용은 1948년 「국가보

---

189 민병훈, 「國家保安法解說(中)」, 『서울신문』, 1948.12.4; 강성현, 2012b, 앞의 글, 216쪽.
190 박명림, 2002, 『한국 1950: 전쟁과 평화』, 나남출판, 319쪽.

안법」의 연장이었지만 그보다도 1941년 「신치안유지법」과 흡사하다는 점에서 주목된다.[191] 여기서는 강성현의 연구를 바탕으로 하여 개정안 내용을 살펴보자.[192]

첫째, '목적수행을 위한 행위를 한 자' 처벌을 규정했다. 1928년 「치안유지법」 개정 때 등장한 개념으로 결사와 집단 구성의 목적을 판단해 처벌하는 것을 넘어 목적수행에 도움이 되는 모든 행위를 처벌하려는 것이다. 다만 오제도의 『국가보안법 실무제요』에도 이미 '목적수행'이라는 용어가 등장하므로 식민지 시기 이래 관행을 다시 명문화한 것이라고 볼 수 있다.

둘째, '지원 결사' 처벌을 규정했다. 이는 1941년 「신치안유지법」에서 등장한 개념이다. 1949년 「국가보안법」은 1941년 「신치안유지법」과 유사한 점이 많다.

셋째, 엄벌주의를 강화해 형기가 전반적으로 늘어나고 금고형은 아예 삭제되었다. 「국가보안법」 위반자를 사상범, 정치범이 아니라 파렴치범으로 보려는 시각과 관련이 있었다. 엄벌주의 극단화는 단심제로 드러났다. 정부는 「국가보안법」 위반 사건 폭주와 처리 지연, 미결수 증대에 따른 형무소 수용상황 악화를 이유로 단심제를 채택했다.

넷째, 선고유예, 집행유예를 통한 '보도구금제'를 규정했다. 단순 부화뇌동자로 분류되는 피고인을 단심으로 처리한 후 형 선고 이전의 미결수와 형 선고 이후의 기결수를 대상으로 일정 기간 '관찰'에 부쳐 '전향'을 유도하려는 정책이었다. 이미 활발하게 활동하던 국민보도연맹을 보도구

---

191 강성현, 2010, 앞의 글, 80쪽.
192 강성현, 2012b, 앞의 글, 101~105쪽.

금제와 쌍으로 운용하고자 했다. 시국대응전선사상보국연맹과 사상범보호관찰소의 관계를 본뜬 것이었다. '구금'이라는 점에서 사상범예방구금령의 성격도 지녔다.

다섯째, 부칙에서 "본법 시행 전의 행위에 대하여도 적용한다"고 명시했다. 법률 불소급 원칙에 어긋나는 조항인데, 국회 프락치 사건에 소급 적용 하려는 의도였다고 판단된다.

1949년 「국가보안법」 전부개정은 12월 19일 공포되었지만 시행되지는 않았다. 그러나 법 운용의 현실에서는 1948년 공포, 시행 때부터 1949년 「국가보안법」이 이미 '실무적으로 시행'되었다고 볼 수 있다.[193]

1950년 4월에 이루어진 부분 개정에서는 단심제가 쟁점이 되었다. 정부 측 개정안은 단심제를 기본으로 하고 사형을 선고받은 자에 한해 대법원에 상고 기회를 주는 것이었다. 이에 반해 국회 법사위 수정안은 삼심제 보장이었다. 정부 측 안을 지지한 곽상훈은 "친일파를 처단하는 반민법도 단심제"라고 단심제를 옹호했다.[194] 「국가보안법」을 둘러싼 논의는 계속해서 「반민족행위 처벌법」을 의식하면서 이루어졌다. 결국 법사위 안이 통과되었다.

1950년 「국가보안법」은 1949년과 비교할 때 삼심제 환원, 구류갱신 제한, 소급효 폐지라는 긍정적인 변화를 담았다. 여기에는 주한 미국 대사관이 예컨대 소급 처벌 규정이 유엔 인권선언에 어긋난다고 지적한 영향이 있었다. 국회 법사위는 미국 대사관의 지지를 업고 정부안에 대항할

---

[193] 강성현, 2012b, 앞의 글, 106쪽.

[194] 「제1대 국회 제6회 제31차 국회 본회의(1950년 02월 15일)」, 「제1대 국회 제6회 제32차 국회 본회의(1950년 02월 16일)」(국회회의록, likms.assembly.go.kr/record); 강성현, 2012b, 위의 글, 229쪽.

수 있었다.[195] 다만 어렵게 찾은 삼심제는 개정 한 달 반 만에 6·25전쟁이 일어나면서 비상상태를 이유로 단심제로 돌아가 버렸다.

「국가보안법」 위반으로 경찰에 검거된 피의자 수는 1949년 11만 8,621명에 1950년 상반기 약 4개월 동안 3만 2,018명을 더해 약 16개월 동안 15만 639명에 달했다. 그 가운데 11만 2,246명이 검찰로 송치되고 다시 3만 8,213명이 재판에 부쳐졌다.[196] 검찰의 기소율은 약 34%였다. 검거된 15만 639명 가운데 11만 2,426명이 수사 및 기소 단계에서 석방되었는데, 「국가보안법」의 오남용이 심각했음을 알 수 있다.[197]

(3) 사상 검찰의 형성

미군정기 검찰의 위상은 초라했다. 미군정은 경찰을 수사 주체, 검사를 기소 주체, 판사를 공판 주체로 상정했다. 따라서 검사의 직무 및 권한을 조정하여 검찰권을 수사 단계에서 배제하고 소추 기능에 한정했다. 경찰에 대해서도 사법권, 즉 「범죄즉결례」(1910)에 근거한 즉결심판권은 박탈했다.[198] 다만 악법적 요소가 더 강한 경찰의 강제처분권(강제수사권)과 예비검속권(행정검속권)은 제한하지 않았다. 결과적으로 미군정은 검찰보다는 경찰에게 힘을 실어준 셈이었다. 검찰은 대륙법의 형사절차에 무지한 미군정이 단순하게 영미법적 시각에서 검찰권을 제약한다고 이해했다.[199]

---

195 김정기, 2008, 『국회 프락치사건의 재발견 1』, 한울아카데미, 287~293쪽.
196 박명림, 2002, 앞의 책, 319쪽.
197 강성현, 2012b, 앞의 글, 99쪽.
198 문준영, 2010, 『법원과 검찰의 탄생: 사법의 역사로 읽는 대한민국』, 역사비평사, 653~671쪽.

1946년 2월 검사총장 김찬영은 검찰사무에 관한 건을 하달해 사상 검찰 부활을 꾀했다. 그러나 사상 사무를 독점해 왔던 일본인 검사가 없는 탓에 사상 검찰 구축은 여의치 않았다. 1946년 5월에 터진 조선정판사 위폐사건은 사상 검찰이 부활하는 중요한 계기가 되었다. 이 사건을 통해 담당 검사 조재천를 비롯하여 여러 젊은 검사가 피고인들에 대한 취조 및 심문 과정에서 공산주의를 학습했다.[200] 서울지검 검사였던 조재천은 식민지 시기 판사와 검사로 근무한 경력이 있었다. 사상검사로 이름을 날리게 되는 선우종원은 조선정판사 위폐사건을 가리켜 "공산당과 나와의 싸움은 이때부터 시작되었다"고 회고한 바 있다.[201]

1946년 12월 미군정 사법부장 김병로의 사법부령으로 대검찰청, 고등검찰청, 지방검찰청이 설치됨으로써 검찰 조직은 식민지 시기 이래 법원에 병치된 상태에서 벗어났다.[202] 다만 1948년 5월 「법원조직법」, 8월 「검찰청법」이 공포될 때까지 사법 조직의 기본 틀은 식민지 시기와 유사했다.[203] 검찰은 1947년부터는 조재천이 부장을 맡은 정보부를 강화하여 좌익관계 소요·파업·테러 사건 등의 수사 및 기소 지휘를 전담시키고자 했다. 다만 자체 정보 수집이 빈곤한 탓에 결국 경찰에 의존할 수밖에 없었고, 식민지 시기 사상 검찰의 위상은 회복하지 못했다.[204]

1948년 8월 공포된 과도검찰청법은 검찰권이 강화되는 중요한 계기

---

199 선우종원, 1992, 『사상검사』, 계명사, 30쪽; 강성현, 2011, 앞의 글, 115~116쪽.
200 강성현, 2011, 위의 글, 118쪽.
201 선우종원, 1998, 『격랑 80년: 선우종원 회고록』, 인물연구소, 94쪽.
202 문준영, 2010, 앞의 책, 632~633쪽.
203 강성현, 2011, 앞의 글, 110쪽.
204 강성현, 2011, 위의 글, 119쪽.

가 되었다. 이 법으로 첫째, 검찰 조직이 법원에서 완전히 분리·독립했다. 이로써 검찰은 법원 병치에서 오는 심리적 종속감에서 벗어났다. 둘째, '검사동일체 원칙'을 규정하여 상명하복의 일사분란한 조직을 꾀했다. 다만 사법부장의 지휘권을 명시함으로써 정치적 간섭을 초래할 소지를 남겼다. 셋째, 검찰 직속의 사법경찰 기구를 설치했다. 대검 정보과, 지검 수사과의 서기관과 서기가 사법경찰 직무를 수행할 수 있도록 하여 검찰이 수사 주재자임을 재천명했다. 과도검찰청법과 이를 계승한 1949년 12월의 검찰청법은 검찰 중심의 수사 지휘와 수사기관의 일원화라는 검찰의 의지를 표현했다. 검찰은 반공 사법체제의 컨트롤 타워로서 사상전의 최일선에 나서기 시작했다.[205]

다만 내전과 학살 상황에서 검찰의 입지는 무장력을 갖춘 경찰과 군에 비해 좁을 수밖에 없었다. 여순사건 와중인 1948년 10월 23일에 광주지검 순천지청 검사 박찬길이 좌익 검사로 몰려 경찰에 즉결 처형당하는 일까지 벌어졌다.[206] 군은 4·3사건과 여순사건을 거치면서 남로당과 한독당 계열을 '숙군'하고 반공과 이승만 정권의 보루로 거듭났다. 군 방첩기관도 성장했다.[207] 경찰 역시 4·3사건과 여순사건을 계기로 양적 팽창을 거듭해, 1948년 11월 약 35,000명에서 1950년에는 5만 명으로 늘어났다. 경찰은 좌익뿐만 아니라 반이승만 세력을 광범위하게 사찰, 예비검속 했다.[208]

---

205 문준영, 2010, 앞의 책, 800~812쪽; 강성현, 2011, 앞의 글, 135쪽.
206 김득중, 2009, 『'빨갱이'의 탄생: 여순사건과 반공 국가의 형성』, 선인, 323~329쪽; 강성현, 2011, 위의 글, 131~132쪽.
207 강성현, 2012b, 앞의 글, 265쪽.
208 김득중, 2009, 앞의 책, 458~459쪽; 강성현, 2014, 「한국전쟁기 예비검속의 법적 구

1948년 12월 「국가보안법」 시행은 사상 검찰이 반공의 최전선에 나서는 계기가 되었다. 서울지검 정보부는 부장검사 장재갑을 중심으로 검사 오제도, 선우종원, 정희택을 배치하여 사상 검찰 재조직을 위한 거점으로 기능했다. 12월 16일 검찰총장 권승렬이 고검장, 지검장에게 하달한 통첩 「건국에 방해되는 범죄 처단에 관한 건」에서는, 종래 납치, 감금, 파괴, 살상 등 정치적 색채를 띤 사건의 관계자를 정치범으로 취급하였지만, "앞으로 이러한 도배들을 건국을 방해하는 반역 도배로 취급"하라고 지시했다.[209]

12월 27일에 열린 전국 검찰 감독관 회의에 서울지검 명의로 제출된 '자문답신안'은 오제도가 작성했는데 내용은 다음과 같다. ① 사상범과 그 용의자에 대한 사전 사찰제도의 확립, ② 중점 적극 수사체제의 확립, ③ 공산주의에 대한 감염을 예방하고 반국가분자를 뿌리 뽑기 위해 엄벌주의로 그 형을 통일할 것, ④ 엄벌과 동시에 사상의 시정으로 공산당이 공산당을 때려잡는 반공전위대로 내세울 수 있는 교화·전향 운동을 적극 펼 것, ⑤ 공소보류처분제를 신설, 전향 가능자와 죄상이 경미한 자는 일정 기간 책임감독자에게 보증 인수케 하고 사상을 선도해서 감시했다가 재범의 위험이 없을 때 관용할 것 등이다.[210]

⑤의 공소보류처분제는 식민지 시기 일본 검찰이 전향을 유도하기 위

조와 운용 및 결과」, 『사회와 역사』 103, 17쪽.

209 「건국에 방해되는 범죄 처단에 관한 건」(1948.12.16, 검찰총장→각고등검찰청검사장, 각지방검찰청검사장, 각지방검찰청지청장)(국가기록원, www.archives.go.kr);「溫情的 處斷 一擲, 反國家의 徒輩에 警告」,『東亞日報』, 1949.3.20; 강성현, 2010, 앞의 글, 91쪽.

210 「그때 그일들 〈141〉 吳制道 (7) 「保安法實務提要」의 著述」, 『東亞日報』, 1976.6.19; 강성현, 2011, 앞의 글, 124쪽.

해 사용한 '유보 처분'에 다름 아니었다. 구체적인 운용 실태는 알 수 없지만, 사실상 기소유예로서 그에 상응하는 효과를 거둘 수 있었을 것이다. 참고로 공소보류는 1958년 12월 「국가보안법」 폐지 제정 때 등장하여, 1963년 3월 법무부령 공소보류자관찰규칙 제정으로 구체화했다.[211] 「국가보안법」 시행에 발맞춰 사상 검찰은 적극적으로 수사에 임하고 기소권을 활용하여 전향 정책을 실시함으로써, 반공 전선에서 검찰의 존재감을 높였다.

검찰권 강화의 핵심은 경찰로부터 수사지휘권을 찾아오는 것이었다. 1945년 12월 미군정청 법무국장 훈령으로 검찰의 역할이 기소 지휘에 국한됨으로써 경찰에 대한 수사 지휘가 불가능했다. 1948년 과도검찰청법으로 이를 폐지했지만, 수사 지휘는 현실적으로 잘 이루어지지 않았다. 1949년 6월 「국가보안법」 시행 이래 첫 중대 사건인 국회 프락치 사건을 계기로 검사의 경찰에 대한 수사 지휘가 비로소 본격화했다.[212]

1949년 4월 창설된 국민보도연맹의 최고 지도위원회는 6명 가운데 4명이 서울지검장을 비롯한 정보부 검사였고 나머지 둘은 경찰이었다. 1949년 12월에 대검, 서울고검, 대구고검 그리고 각 지방검찰청에 정보부를 설치하고, 대검, 고검, 지검의 차장검사를 정보부장에 임명했다. 식민지 시기 검사국 사상부를 운영하는 방식을 빼닮았다. 이 정보부가 보도연맹을 관리, 운영했다. 사상 검찰의 산실인 서울지검 정보부가 공식적으로 제1정보부로 재편되면서, 오제도가 부장검사로 승진해 제1정보부장이 되었다. 이로써 전국 검찰의 정보부를 연계하는 사상 검찰 진용이 일

---

211 강성현, 2012b, 앞의 글, 254쪽.
212 강성현, 2011, 앞의 글, 129쪽.

차적으로 완성되었다.²¹³

대한민국 건국 초기를 대표하는 사상검사 오제도는 1950년 2월 도쿄를 방문했다. 도쿄에서 1945년 이전 판검사로 이름이 높다가 공직에서 추방된 일본인 변호사를 만난 오제도는 일본의 "사상전의 미약함을 논파"했다. 반공 전선의 사상검사로서의 자부심이 느껴진다. 오제도는 한국에서 "8·15 이후의 젊은 일선 경찰관이나 판검사가 능숙한 수완을 발휘하고 있다"고 설명했지만, 일본인 변호사는 "일제 때의 고등계 사법 관리가 전직해 있으므로 그 세련된 수완으로 공산당의 정책에 대하기 때문"이라고 이해했다.²¹⁴ 사상통제의 포스트 콜로니얼이라고 할 만한 대화였다.

2) 국민보도연맹의 조직과 운영

(1) 국민보도연맹의 조직

「국가보안법」이 시행되면서 사상범이 양산되었다. 1949년 말 전국 19개 형무소(지소 포함) 수형자는 3만 5,000명이 넘었고, 1950년 1월에는 다시 약 4만 8,000명으로 격증했다.²¹⁵ 「국가보안법」을 운용한 첫 16개월 동안 검거된 15만 639명 가운데, 수사 단계에서 3만 8,393명이 풀려났고 기소 단계에서 기소유예 처분으로 다시 7만 4,033명이 석방되었다.²¹⁶ 사법 당국으로서는 엄벌 처분과 병행해 사상범 혹은 사상범이

213　강성현, 2011, 앞의 글, 136쪽.
214　吳制道, 1954, 『붉은 群像』 改訂4版, 希望出版社, 122~123쪽.
215　최정기, 2007, 「해방 이후 한국전쟁까지의 형무소 실태 연구」, 『제노사이드연구』 2, 79~80쪽.
216　박명림, 2002, 앞의 책, 319쪽; 강성현, 2010, 앞의 글, 81쪽.

될 소지가 있는 이들을 체제 내로 포섭하기 위한 전향 정책을 고민해야 했다.

오제도는 『국가보안법 실무제요』(1949)에서 사상범은 확신 범죄이기 때문에 이를 방지하고 근절하기 위해서는 일벌백계의 '최엄벌주의'로 임하는 동시에 사상의 시정·교화, 즉 '전향' 정책이 필요하다고 주장했다. '교화·전향' 운동에 대해서는 「국가보안법」 위반자 가운데 "불기소(기소유예) 처분을 받는 자 또는 형여자(刑餘者)에 대해서 그 소속 반장, 동회장 기타 유지와 가장 가까운[最寄] 경찰서와 긴밀한 연락을 취하여 (중략) 내심으로 완전 전향 함과 동시에 우리 민국을 절대 지지 육성할 수 있게 할 보호 지도기관을 급속히 국가 예산으로 전국적으로 방방곡곡에 설치"해야 한다고 논했다.[217]

이러한 취지에서 1949년 4월 서울시경 회의실에서 국민보도연맹이 창립되었다. 6월 5일에는 명동 구 국립극장에서 공식적인 결성식을 가졌는데, 총재는 내무부 장관, 부총재는 내무부 차관, 법무부 차관, 대검찰청 차장, 참사는 국방부 차관 등 21명, 이사장으로는 서울시경 국장이 이름을 올렸다.[218] 전향자의 실질적 대표인 간사장은 박우천이 맡았다. 맹원은 좌익 전향자 500여 명이었다.[219] 내무부 주도의 간부진이었는데 실질적 운영은 서울지검 정보부와 서울시경 사찰과가 맡았다. 서울지검 정보부 검사 오제도와 서울시경 사찰과장 최운하는 국회 프락치 사건 수사에서도 깊이 공조했다.

---

217 吳制道, 1949, 앞의 책, 39~40쪽; 전상숙, 2005, 앞의 글, 94~95쪽.
218 김선호, 2002, 「국민보도연맹의 조직과 가입자」, 『역사와 현실』 45, 297~298쪽.
219 강성현, 2004, 「전향에서 감시·동원, 그리고 학살로: 국민보도연맹 조직을 중심으로」, 『역사연구』 14, 67~68쪽.

「반민족행위 처벌법」에 따라 결성된 반민족행위 특별조사위원회(반민특위)는 국민보도연맹이 공식적인 결성식을 열기 하루 전인 6월 4일에 서울시경 사찰과장 최운하를 체포했다. 6월 3일에 열린 반공대회에 모인 군중들이 반민특위를 습격한 사건의 배후라는 혐의였다. 이에 서울시경, 철도경찰대 등 경찰 조직이 크게 반발하는 가운데 6일에는 사복경찰들이 반민특위를 습격하는 사건이 일어났다. 이로써 반민특위는 무력화되고 최운하는 풀려났다. 앞서 「국가보안법」 제정 및 운용이 「반민족행위 처벌법」을 강하게 의식한 점을 언급했는데, 국민보도연맹 또한 「반민족행위 처벌법」 그리고 반민특위와 갈등 속에 결성되었음을 확인할 수 있다.[220]

　국민보도연맹 취의서는 조직 창설 목적으로, 하나는 남로당의 탈당자를 포섭, 전향, 보도하여 대한민국 국민으로 만들겠다는 것, 다른 하나는 사상에는 사상으로 맞서 이론적으로 무장해 남북로당 계열을 압도, 타파하겠다는 것을 밝혔다.[221] 국민보도연맹은 식민지 시기 전향자단체인 시국대응사상보국연맹이나 대화숙을 계승한 것이었다. 당시 정부는 사상범 보호관찰소를 설치할 여력이 없는 상황이었기에 국민보도연맹은 부분적으로 보호관찰소의 역할까지도 떠맡아야 했다. 한편 '보도연맹'이라는 이름은 식민지 시기 학생 선도 조직의 이름과 같다. 사상범을 계도의 대상으로 보는 시각이 드러나 있다고 할 수 있다.[222]

　오제도는 국민보도연맹이 자신의 아이디어였다고 강조했는데, 그 아

220　이강수, 2003, 『반민특위 연구』, 나남출판, 207~214쪽.
221　강성현, 2012b, 앞의 글, 268쪽.
222　정병준, 2004, 「한국전쟁 초기 국민보도연맹원 예비검속·학살사건의 배경과 구조」, 『역사와 현실』 54, 98~99쪽; 최규진, 2012, 「'불량학생 숙청'과 보도연맹」, 『내일을 여는 역사』 46.

이디어는 스스로 1940년에 신의주지방법원 검사국 서기로서 근무한 경험과 관련이 있었을 것이다. 오제도가 부임했을 당시 신의주지방법원 검사국의 사상검사로서 신의주보호관찰소 소장을 맡고 있던 이는 다름 아닌 대화숙의 창시자 나가사키 유조였다. 오제도와 쌍벽을 이룬 사상검사 선우종원도 국민보도연맹에 대해 사상보국연맹과 대화숙에서 착상을 얻은 것이라고 증언했다.[223] 한편 북한에서는 1946년 말부터 건국사상총동원운동이 전개되었다. 해방 직후 남북한 모두에서 일제 말 전시체제기와 유사한 사상통제 및 대중동원이 시도된 셈이다.[224]

　1949년 11월 국민보도연맹 조직 개편으로 "내무부, 법무부, 국방부 3부 장관이 최고 책임을 지고 운영 방침을 수립해 검찰청에 지시하면 검찰청이 이를 실시"하는 것이 정해졌다. 또한 중앙본부를 중심으로 각 지방에 지부를 가지는 독자적인 전국 조직을 만들기보다 각 지부를 해당 지방의 검찰청의 하부에 두고 관할하기로 했다.[225] 최고지도위원회는 서울지검장, 서울지검 차장검사, 검사 2명, 서울시경국장, 서울시경 사찰과장 등 6명으로 구성했다. 서울지검 차장검사 장재갑은 정보부장을 맡고 있었다. 검사 2명은 오제도와 선우종원이고 시경 사찰과장은 최운하였다. 창립 초기 서울시경국장이 이사장을 맡았던 것과 비교할 때 검찰의 입지가 강화되었다.[226]

223　강성현, 2012b, 앞의 글, 13쪽.

224　水野直樹, 2006, 앞의 글, 118쪽.

225　「無限하다! 이 抱擁, 自首한 南勞黨員 前過 묻지않는다」, 『東亞日報』, 1949.11.27; 김선호, 2002, 앞의 글, 299쪽.

226　「南勞黨根滅運動을 展開, 自首期間終了後에 繼續해서」, 『水産經濟新聞』, 1949.12.1; 김선호, 2002, 위의 글, 300쪽; 강성현, 2012b, 앞의 글, 272쪽.

창립 초기에는 전향자 대표인 간사장 아래 조사부를 두어 자수 전향자에 대한 정보, 심문, 사찰 기능을 수행했다. 조직 개편 후에는 조사부를 심사부와 합쳐 실로서 독립했다. 자수자에 대한 조사를 전향자에게 맡기는 것이 부적절하다고 판단한 것이다.[227] 조직 개편으로 전향자 대표인 간사장의 권한과 입지는 축소되었고, 전반적으로 전향자의 정치적·주체적 조직으로서의 성격이 약해졌다. 이러한 변화는 식민지 시기 시국대응사상보국연맹이 대화숙으로 개편한 것과 일맥상통한다.

서울시 연맹은 행정단위별 지역 조직 외에 직장별 조직을 갖췄다. 직장 내 연맹원이 100명 정도가 되면 하나의 지부로 조직하고 100명이 넘으면 특별지부로 관리할 계획이었다.[228] 지방조직은 도연맹-시군연맹-면리연맹-부락과 반 단위 세포로 위계화된 거대한 조직이었다. 각 지방검찰청은 정보부를 신설해 사상 검찰의 진용을 강화하고, 각 지검의 정보부를 도 단위의 국민보도연맹 관리 및 운영 중심으로 삼았다.[229]

국민보도연맹원은 계속 늘어났다. 먼저 1949년 이후 「국가보안법」 위반으로 검거된 15만 명은 의무적 가입 대상이었다. 1949년 10월 25일부터 11월 말까지 약 5주간의 남로당원 자수 선전 주간에 전향한 자수자는 약 4만 명이었다. 이들도 물론 국민보도연맹에 가입해야 했다. 가입 대상은 대한민국 정부 수립 이후가 아닌 10월 항쟁 가담, 미소공동위원회 지지 등 미군정 시기 사건으로 소급했다. 예컨대 한독당 계열 등 좌익이 아닌 민족단체, 사회단체 성원도 국민보도연맹에 가입시켜 '관제 빨갱이'

---

227 강성현, 2012b, 앞의 글, 273쪽.
228 강성현, 2012b, 위의 글, 278쪽.
229 김득중 외, 2007, 『죽엄으로써 나라를 지키자: 1950년대, 반공·동원·감시의 시대』, 선인, 140쪽; 강성현, 2012b, 위의 글, 280~281쪽.

를 양산했다.[230]

국민보도연맹 가입과 운영 실무를 담당한 경찰에는 가맹 할당량이 주어졌다. 경찰은 비료 배급, 땅 분배, 교육 기회 제공, 신분 보장 등 갖은 혜택과 유인책을 내세우며 국민보도연맹원을 늘려갔다.[231] 연맹원의 정확한 규모는 알 수 없지만, 오제도와 선우종원은 약 30만 명이었다고 밝힌 바 있다.[232] 국민보도연맹에 가입한 후에도 관헌의 의심 어린 눈초리는 거두어지지 않았다. 맹원은 자신의 활동을 자백하고 함께 활동한 이들의 명단을 적은 '양심서'를 제출해야 했다. 국민보도연맹은 울타리 없는 수용소였고 전향자 보도단체라기보다는 통제단체에 가까웠다.[233]

(2) 국민보도연맹의 운영과 학살

국민보도연맹의 활동을 살펴보자. 서울 서대문구 서소문동 국민보도연맹 중앙본부에서 1949년 8월 19일부터 23일까지 5일 동안 제1기 간부 양성 훈련이 실시되었다. 민국당 선전부장 함상훈이 "내외정세와 소련의 세계정책"에 대해, 검사 오제도가 「국가보안법」에 대해 강의를 했다.[234] 이어 8월 24일부터 약 두 달 동안 제2기 간부 양성 교육을 실시했다. 강의와 강연, 시험을 통해 사상과 교양을 재교육하고 구보, 행진 등 연성을 통한 체력훈련, 숙식을 같이 하며 근로봉사를 하는 등의 생활 훈련을 실시했다.[235] 형식과 내용에서 식민지 말기 대화숙에서 실시한 '황도

---

230 강성현, 2012b, 앞의 글, 293~299쪽.
231 김선호, 2002, 앞의 글, 322쪽; 강성현, 2012b, 위의 글, 300~301쪽.
232 吳制道, 1969, 『追擊者의 證言』, 希望出版社, 78쪽; 선우종원, 1992, 앞의 책, 172쪽.
233 김득중 외, 2007, 앞의 책, 156~158쪽.
234 강성현, 2012b, 앞의 글, 306쪽.

정신 수련회'를 연상시키는 행사였다.

국민보도연맹은 대화숙과 마찬가지로 전향자에 대한 보도와 통제를 넘어 선전, 선동을 통해 대중을 동원하는 단체로 바뀌어 갔다. 그러한 선전, 선동 과정에 전향자가 폭넓게 활용된 것은 대화숙과 같았다. 보도연맹 관계자의 회고에 따르면 동 연맹은 국어강습소를 운영했다. 식민지 시기 대화숙의 가장 중요한 사업 가운데 하나가 국어(당시 일본어)강습소였다는 사실은 단순한 우연이라고 보기 어렵다. 아마도 같은 자리에서 같은 사람이 식민지 말기에는 일본어를 가르치다가 건국 초기에는 우리 글을 가르쳐야 했을 것이다.

1949년 10월 말에서 11월에 걸친 남로당에 대한 자수 선전 기간을 지나면서 사회주의자의 또 한 번의 대량 전향이 일어났다. 이즈음 문화예술계 인사들이 집단적으로 국민보도연맹에 가입하여 문화실을 조직했다. 초대 문화실장은 국문학자 양주동, 제2대 실장은 시인 정지용이 맡았다. 문화실 아래는 문학부, 음악부, 미술부, 영화부, 연극부, 무용부, 이론연구부를 두었다.[236] 현제명은 〈국민보도연맹가〉를 작곡했다.[237] 음악가 현제명의 후원자는 대화숙에서 국민보도연맹으로 바뀐 셈이다.

이 밖에도 각종 반공 강의, 강연회, 좌담회, 문학회, 연주회, 발레·무용·연극 공연과 영화 상영 등 다채로운 행사가 기획되었다. 1949년 12월 18일에 종로초등학교에서 국민사상 선양대회가 열렸다. 맹원 1만여 명이 동원된 가운데 간사장 박우천이 과거를 청산하고 민국에 충성을

---

235 강성현, 2012b, 앞의 글, 307쪽.
236 강성현, 2012b, 위의 글, 273쪽.
237 강성현, 2012b, 위의 글, 308쪽.

다하겠다고 결의를 표명했다. 전향자 인정식은 북한 괴뢰 집단에 보내는 메시지를 낭독했다.[238] 인정식은 식민지 말기에도 전향자로서 반공 선전에 앞장선 바 있다. 해방 이후 조선공산당의 농업이론가로 활약했지만, 결국 다시 전향하여 국민보도연맹에 동원된 것이다.

1950년 1월 8~10일에는 시공관에서 국민예술제전이 열려 전향자뿐 아니라 일반 대중들로부터 큰 호응을 받았다.[239] 지방에서도 강의나 강연회 형식의 사상 순화 교육, 반공 교육이 이루어졌다.

국민보도연맹은 기관지 『애국자』를 발행했다. 1949년 10월 1일 창간호에 실린 창간사는 "신판 제국주의인 공산독재의 세계 침략 사상"을 비판하고 "진정한 민주주의를 원리로 한 민족주의 사상"을 주창했다. 오제도는 1949년 12월 15일의 제5호에 실은 글에서 "진정한 민주주의적 민족 사상"은 "우리 민족적 도의와 전통에 적응한 국체 관념에 입각해야 할 것"이라면 "이 대통령 각하의 일민주의의 건국이념의 정의성과 필연성을 철저히 체득"하자고 주장했다.[240] 오제도가 생각하는 국체 관념에 입각한 민족 사상은 이승만의 '일민주의'였다. 공산주의와 자본주의 지양을 내건 일민주의는 양우정 등 전향자가 만들어낸 이념이었다. 이승만 정권의 이념은 전향의 논리에 다름 아니었던 셈이다. 양우정은 국민보도연맹 최고지도위원을 지냈다.[241]

---

238 「反共의 意氣衝天, 國民思想宣揚大會盛大」, 『東亞日報』, 1949.12.20; 강성현, 2012b, 앞의 글, 313쪽.

239 「오늘 保道聯盟 國民藝術祭典」, 『경향신문』, 1950.1.8; 강성현, 2012b, 위의 글, 314쪽.

240 오제도, 1957, 『사상검사의 수기』, 창신문화사, 144~145쪽; 강성현, 2012b, 위의 글, 312쪽.

241 후지이 다케시, 2012, 『파시즘과 제3세계주의 사이에서: 족청계의 형성과 몰락을 통

1950년 북한의 남침으로 6·25전쟁이 발발했다. 개전 후 3~4개월 동안 대한민국 군경에 의해 전국적으로 국민보도연맹원 학살이 벌어져 약 10만 명이 목숨을 잃었다.[242] 박명림은 한국전쟁기 대량 학살을 '국내 평정(internal pacification)'이라고 규정하고, '이념적 정화(ideological purification)'가 '인간 청소'를 낳았다고 지적했다.[243]

국민보도연맹원 학살은 식민지 시기 이래 사상통제 기제가 실제 전장에 놓이면서 학살 기제로 전화한 결과였다.[244] 식민지 시기 일본 관헌은 사상 악화지대에 대한 '사상정화'를 꾀했다. 이러한 치안 당국의 불안은 6·25라는 전쟁 상황, 그것도 상대를 절멸하지 않으면 자신의 존재가 보장받을 수 없는 내전 상황 속에서 제노사이드로 드러난 것이다. 초기 대한민국은 내전 상태의 '비상 국가'였다.[245]

3) 반공의 사상통제

(1) 내전이 남긴 사상범

1951년 대한민국 형무소에 수용된 수형자 가운데 '사상범'의 비중은 무려 67.2%였다. 내전과 학살의 와중에서 형무소는 포로수용소에 가까

해 본 해방8년사』, 역사비평사, 235쪽.
242 진실·화해를 위한 과거사 정리 위원회, 2009, 『국민보도연맹사건 진실규명결정서』, 진실 화해를 위한 과거사 정리 위원회.
243 박명림, 2002, 앞의 책, 361·775쪽.
244 강성현, 2012b, 앞의 글, 447~448쪽.
245 김무용, 2010, 「정부수립 전후 시기 국민형성의 동종화와 정치학살의 담론 발전」, 『아세아연구』 53-4.

운 상황이었다. 사상범 비중은 1956년 41.6%, 1961년에는 11.2%로 내려갔다.[246] 6·25전쟁에서 수많은 희생을 겪고 나라를 지켰지만 대한민국은 수천 명의 사상범을 안고 출발할 수밖에 없었다. 사상범은 내전을 딛고 확립된 분단국가 대한민국의 피할 수 없는 그늘이었다.

1955년에 서대문형무소 신축이 이루어졌다. 1956년에는 사상 전향이 공식 제도로 확립되었다. 그해 4월 나온 법무부 장관 명의 공문 '좌익수형자 동태 조사 보고에 관한 건'은 좌익수를 '전향, 미전향, 전향 불능 등으로 기재하여 3개월마다 극비문서로 취급하여 보고할 것'을 지시했다.[247] 그해 10월의 가석방심사규정 제7조 제2항은 "국가보안법 위반 등 수형자에 관하여는 특히 그 사상의 전향 여부에 대하여 심사하고 필요한 때에는 전향에 관한 성명서 또는 감상록을 제출하여야 한다"고 정했다.[248] 형무소 내 처우에서는 비전향자에 대한 노골적인 차별이 자행되었다. 법무부는 1956년 첫해에 전체 좌익수 중에 전향자가 62%, 1957년에는 74%였다고 기록했다.[249]

1961년 5·16군사정변 이후 전국의 사상범 장기수를 대전교도소에 모아 특별 사동의 독거 감방에 수용했다. 1950년대 포로수용소형 감옥 체제가 종언을 고하고 식민지 시기 감옥 체제가 부활한 셈이다. 1961년 8월까지 대전교도소에 모인 비전향 좌익수는 모두 758명이었다.[250]

---

246 法務部矯政局, 1988, 『矯正收容統計百年譜 1』.

247 김동춘, 2022, 「유신체제(1972-1979) 하 '좌익수' 전향정책의 역사정치적 성격」, 『사회와 역사』 134, 92쪽.

248 진실·화해를 위한 과거사 정리 위원회, 2010, 「전향공작 관련 인권침해 사건」, 『2009년 하반기 조사보고서 8』, 530쪽.

249 최정기, 2002, 『비전향 장기수: 0.5평에 갇힌 한반도』, 책세상, 43쪽.

1964년 '좌익수형자의 사상 전향 심사방안 추가 지시'에서는 전향 심사 단계를 반성 촉구, 전향 공작, 공작 결과 및 동정 파악, 전향 심사, 전향문 발표 등 다섯 단계로 설명했다. 그리고 전향 심사를 할 때 각 지구의 중앙정보부에 의뢰하여 관계관이 참석하도록 했다.[251]

1968년경 김신조 사건이 계기가 되어 비전향 좌익수를 다시 대전, 광주, 전주, 대구 등 네 곳 교도소에 분산 수용 했다.[252] 1969년 5월에는 법무부 훈령 「교정누진처우규정」(이후 「수형자처우분류규칙」으로 변경)이 제정되어 비전향 좌익수에 대한 처우를 심각하게 차별했다.[253] 1970년대 초까지 출소한 무연고 비전향 장기수는 무조건 갱생보호회에 수용되었다. 갱생보호회는 매월 이들의 현황에 대해 보고할 의무가 있었다. 또한 수용 중인 비전향 장기수가 구직이나 기타 사유로 출소할 때는 관할 경찰서와 치안 당국에 사전 통보 해야 했다.[254]

1973년 6월 비전향 장기수가 수감되어 있는 4개 교도소에 '좌익수형자 전향 공작 전담반'이 설치되어 폭력을 동원한 전향 공작이 본격화했다. 이후 7~8개월 동안 진행된 테러로 비전향 장기수의 약 3분의 2가 전향을 밝혀야 했다.[255] 1974년경 대전교도소 수감자 427명을 대상으로 한 조사에 따르면 전향자가 259명, 비전향자가 168명이었다.[256]

---

250 최정기, 2002, 앞의 책, 44~45쪽.
251 진실·화해를 위한 과거사 정리 위원회, 2010, 앞의 글, 532~533쪽.
252 최정기, 2002, 앞의 책, 48쪽.
253 김동춘, 2022, 앞의 글, 93쪽.
254 최정기, 2002, 앞의 책, 61쪽.
255 서승 저, 김경자 역, 1999, 『서승의 옥중 19년』, 역사비평사, 137쪽; 최정기, 2002, 앞의 책, 67~68쪽; 김귀옥, 2011, 「1960~70년대 비전향 장기수와 감옥의 일상사: 비전향 장기수의 구술 기억을 따라」, 『역사비평』 94, 289쪽.

1975년 7월에 「사회안전법」이 제정되고 그에 따라 보안감호소가 설치되었다. 「사회안전법」의 보안처분은 보안 감호, 주거 제한, 보호관찰이라는 세 가지 조치를 규정했다. 보안 감호는 교도소와 유사한 보호감호시설에 수감하는 처분이었고, 주거 제한은 주거지를 제한하는 처분이었고, 보호관찰은 주거지의 경찰서장에게 일정 사항을 신고하고 그 지시를 받아야 하는 처분이었다. 보안처분 기간은 2년이지만 검사의 청구에 따라 무제한 갱신이 가능했다.[257]

「사회안전법」과 그에 따른 보안 감호는 명백히 식민지 말기의 사상범 예방구금의 부활이었다. 따라서 「사회안전법」이 제정된 이후 비전향 장기수가 사회로 나오는 일은 불가능해졌다. 1975년 8월에 59명이 보호감호 처분을 받아 청주보안감호소에 갇혔다. 1989년 「사회안전법」 폐지까지 수감자는 총 155명이었고, 마지막 남은 비전향자는 52명이었다.[258]

(2) 비전향과 탈식민

비전향 장기수의 존재가 세상에 알려지기 시작한 것은 민주화 운동이 본격화한 1980년대 중반이었다. 1987년 민주화의 성과로 「사회안전법」 제정 이래 처음으로 1988년에 비전향 장기수가 출소했다. 이듬해 1989년 5월에는 「사회안전법」이 폐지되었다. 비전향 장기수에 대한 사면 및 복권이 이어졌는데 1988년 이후 석방된 비전향 장기수는 모두 102명이었다. 2000년 9월에는 비전향 장기수 62명이 북으로 송환되었다.[259]

---

256 韓沃申, 1975, 『思想犯罪論』, 最新出版社, 208쪽.
257 조국, 1988, 앞의 글, 338쪽.
258 최정기, 2002, 앞의 책, 72쪽.
259 김귀옥, 2011, 앞의 글, 265쪽.

1989년에 「사회안전법」을 대신해 제정된 「보안관찰법」은 여전히 전향을 가석방의 조건으로 제시했다. 1998년 7월 전향제도는 준법서약제로 대체되었고, 2002년 10월 「가석방 심사 등에 관한 규칙」이 개정됨으로써 전향제도는 공식적으로 폐지되었다. 다만 보안관찰 면제 조건으로 준법서약서 제출을 규정한 시행령 탓에 출옥한 사상범에 대한 감시와 사찰은 남아 있었다. 2019년 10월 보안관찰 면제 시 서약서 제출을 요구하지 않는 결정이 내려지면서 전향제도는 최종적으로 폐지되었다.[260]

〈표 3-4〉는 1989년 복역 중이던 장기수 216명을 대상으로 언제, 무슨 죄로 수감되었는지를 조사한 내용이다. 이 자료를 보면 1950년대에 수감되어 1989년까지 갇혀 있는 장기수가 있었다는 사실에 새삼 놀라게 된다. 어떤 사건으로 수감되었는지를 시대순으로 살펴보면, 1950~1960년대는 남파 공작원이 대부분이었고, 1970~1980년대는 재일 한인 등 일본 관련 사건이 상당한 부분을 차지했음을 알 수 있다. 일본 관련 사상범, 장기수가 많은 이유는 일본이 조선총련(재일조선인총연합회)을 비롯하여 북한과 왕래, 교류가 가능한 곳이기 때문이다. 한국의 사상통제가 말하는 반공은 북한에 대한 경계를 의미했다. 한국의 사상통제는 봉인된 내전이었고 북한과 교류, 접촉을 차단하는 데 대부분의 노력을 기울였다. 저항하는 측에서도 사회주의와 민족주의의 결합이라는 식민지 시기 이래 구도가 북한을 매개로 하여 되풀이되었다.

한국 정부는 1980년대 중반까지만 해도 비전향 장기수의 존재 자체를 감추려고 했다. 그들은 한국 현대사에서 가장 강하게 낙인찍힌 존재로 감옥 내에서조차 철저하게 격리되고 배제되는 존재였지만, 동시에 더

---

260 김동춘, 2022, 앞의 글, 104쪽.

〈표 3-4〉 관련 사건에 따라 분류한 연도별 장기수의 유형(1989년 현재)

(단위: 명)

구분	월북자 가족 사건	월남자 사건	남북어부 사건	재일동포 사건	일본 관련 사건	민주운동 유학생	월북 기도	조작 사건	남파 공작원	개별, 미상	계
계	14	2	16	17	39	8	8	15	61	36	216
1951~1954	-	-	-	-	-	-	-	-	5	-	5
1955~1959	-	-	-	-	-	-	-	-	15	-	15
1960~1964	-	-	-	-	-	-	-	-	12	-	12
1965~1969	1	-	-	-	-	-	-	1	18	3	23
1970~1974	2	-	1	4	3	-	1	10	5	4	30
1975~1979	1	-	3	1	3	-	-	1	4	1	5	19
1980	2	-	-	-	1	-	-	-	1	-	4
1981	1	-	1	3	1	-	-	1	-	-	7
1982	2	-	2	1	6	-	-	-	2	-	13
1983	-	1	1	2	7	-	-	-	-	4	15
1984	-	-	-	4	2	3	-	1	-	2	12
1985	2	1	2	2	7	6	-	-	-	5	26
1986	-	-	-	-	2	5	1	1	-	2	11
1987	-	-	-	-	-	1	1	-	-	1	3
미확인	1	-	2	-	2	-	2	-	2	10	19

출처: 박원순, 1992b, 『국가보안법연구 2: 국가보안법 적용사』, 역사비평사, 388쪽. '월북자 가족 사건'의 수치가 맞지 않으나 인용한 표를 따랐다.

이상 통제 수단을 적용할 수 없다는 점에서 가장 자유로운 존재이기도 했다. 비전향 장기수라는 낙인이 찍힌 사람들은 비록 자신들의 한계 안에 서일망정 자유롭게 자신의 이야기를 했다. 하지만, 그들에게 낙인을 찍은 사람들은 스스로의 존재를 감췄고 쉽게 말을 꺼내지 못했다.[261]

남북 분단 아래 사상통제는 어느 쪽이 통일된 민족공동체의 주체가 될 것인가라는 문제와 직결되었다. 「치안유지법」에 근거한 제국주의 일본

---

261 최정기, 2002, 앞의 책, 9~10·16쪽.

과 「국가보안법」 아래 분단 한국에서의 전향 정책 간의 차이는 여기에 있었다. 비전향 장기수에 대한 전향 공작은 일제의 경우처럼 정치적 효과를 노리거나 사회 통합을 위해 시행된 것으로 보기는 어렵다. 반공 독재 체제 아래 한국 정부는 사상을 다루기보다 사상을 차단하는 데 주력했다. 따라서 내심의 전향보다 외형적인 항복 선언과 격리를 중시했다.[262] 따라서 전향도 비전향도 역설적으로 사상의 문제라기보다 감옥 안팎에서 삶의 조건을 선택하는 문제였다.[263]

민주화 이후 비로소 비전향 장기수들도 편지 왕래, 신문과 잡지 구독 등 외부와 접촉이 가능해졌다. 1990년대 들어 텔레비전 시청 등도 가능해졌다.[264] 당국의 폐쇄적인 전향 정책이 끝나갈 무렵 감옥 바깥의 한국 사회에서는 지식인의 전향이 시작되는 역설이 빚어졌다. 민주화 이후 진보적 지식인 사이에서 민족주의 비판, 사회주의 비판이 거세진 것이다. 2021년 인터뷰에 응한 비전향 장기수 출신자는 민주화 이전의 전향 정책에 대해 "가만두어도 남한 자본주의에 끌릴 수도 있는 사람들을 이렇게 혹독하게 몰아붙인 것은 '바보 같은 일'"이라고 밝혔다.[265] 제도로서의 전향이 끝나자 사상으로서의 전향이 본격화했다는 역설은 한국 정부의 전향 정책의 모순을 드러낸다.

---

262 김동춘, 2022, 앞의 글, 83~84·107~109쪽.
263 최정기, 2002, 앞의 책, 110쪽.
264 서승 저, 김경자 역, 1999, 앞의 책, 245~246쪽; 최정기, 2002, 위의 책, 51쪽.
265 장기수 권○○ 인터뷰(2021.12.4)(김동춘, 2022, 앞의 글, 103쪽에서 재인용).

종장
사상통제의 식민주의

이 책에서 다룬 내용을 바탕으로 하여 식민지 조선의 사상통제와 전향 정책을 사상통제의 식민지 조선적 특수성, 식민지 사상통제의 본국 일본으로 역류, 전향 논리에 나타난 굴절된 민족혁명론, 냉전과 사상통제라는 네 가지 관점에서 정리함으로써 일제의 사상통제에 담긴 식민주의를 드러내고자 한다.

1) 사상통제의 식민지 조선적 특수성

일본 본국과 다른 식민지 조선의 사상통제의 특수성은 무엇일까. 「치안유지법」 연구자 미즈노 나오키는 식민지 조선의 「치안유지법」 체제의 특수성으로서 민족 문제와 국경 문제를 들었다.[1]

민족 문제는 다시 두 가지 측면에서 설명되었다. 먼저 한국의 민족주의 운동, 사회주의 운동은 민족의식에 뿌리를 둔 탓에 매우 강하고 지속적이어서 사상적·이론적 문제만으로 운동 참가자를 전향시키는 것은 곤란했다.[2] 무엇보다 민족주의자가 체제 옹호 세력이었을 일본 본국과 달리 식민지 조선에서는 민족주의자 자체가 사상범이 될 수밖에 없는 구도였다. 민족주의자뿐 아니라 많은 사회주의자 역시 민족의식에 뿌리를 두고 독립운동을 우선시했다. 조선총독부 사법당국은 조선의 독립운동에 「치안유지법」의 국체 변혁 조항을 적용하기 위하여 궁리를 거듭해야 했다. 1933년 일본 공산주의자의 대량 전향 후에도 한국인 사회주의자의

---

1 水野直樹, 2006, 「戰時期朝鮮の治安維持体制」, 倉沢愛子 等 編, 『岩波講座 アジア·太平洋戰爭 7 支配と暴力』, 岩波書店, 96~97쪽.
2 水野直樹, 2006, 위의 글, 96쪽.

전향이 미미했던 사실도 한국인은 설사 이념은 버린다 해도 일본이라는 다른 민족의 지배를 선뜻 받아들이기 어려웠다는 점이 작용했다.

또 하나는 한국 사회에 민족운동과 그 목적에 공명하는 자가 많아 운동을 지원하고 지지하는 사회적 기반이 강했다는 점이다. 일본의 사회운동이 기본적으로 자신의 전통과 문화를 부인하는 형태를 취했다면, 한국의 사회운동, 민족운동은 대부분 일본이라는 이민족, 이문화에 맞서 자신의 전통과 문화를 중시하는 성격을 지녔다. 일본 관헌이 한국 사회를 보며 우려한 사상범의 출옥을 '개선장군'처럼 환영하는 분위기는 어찌 보면 극히 자연스러운 일이었다.[3]

따라서 일본의 전향이 이념을 버리고 가족과 민족으로 돌아가는 일종의 자연스러움의 회복이었던 데 반해, 한국인의 전향은 자신의 나라를 버리고 낯선 나라를 자기 것으로 받아들여야 하는 극히 부자연스러운 행위일 수밖에 없었다. 하야시 후사오(林房雄)는 "일본인 전향자는 돌아갈 민족과 나라가 엄연히 존재하지만, 조선인 전향자는 돌아갈 민족과 국가가 사실상 없다"는 유명한 말을 남겼다.[4] 정확하게 말하자면 한국인 전향자에게 '돌아갈 민족과 국가'가 없는 것이 아니라, 일본이라는 민족과 국가에 귀의하기가 어렵다는 뜻이었다.

일본 본국의 전향 정책은 전향자에 대해 기소를 유보하는 조치를 도입하는 데서 시작되었다. 이에 반해 식민지 조선에서는 기소를 유보한 뒤 사상범을 감독할 보호자, 즉 한국인 부형을 믿을 수 없었기 때문에 끝내

---

3 「鮮內に於ける思想淨化運動」,『高等警察報』5, 1936, 4쪽; 水野直樹, 2006, 앞의 글, 100쪽.
4 林房雄, 1941,「轉向について」,『文學界』1941.3.

유보 처분은 도입되지 않았다. '사상악화 지대'에 대한 '사상정화 공작'이라는 제노사이드마저 연상시키는 폭력적 개념은 사상범뿐 아니라 사상범을 둘러싼 가족과 사회 전체를 믿을 수 없는 식민 통치자의 불안감에서 나왔다. 조선총독부는 공산주의적 색채를 띤 농민운동이 활발히 전개된 함경도 일대를 '사상악화 지대'라고 부르면서 운동을 지탱하는 사회적 기반을 무너뜨리고자 했다.

식민지 조선이 중국, 소련과 국경을 맞대고 있다는 특수성 역시 두 가지 차원의 문제를 지녔다. 먼저 국경을 넘나드는 사람의 이동이 어렵지 않기 때문에 공산주의 사상의 영향을 직접 받았다는 점이었다. 중국, 소련과 국경을 맞대고 있으므로 상하이나 블라디보스토크에 있는 코민테른의 연락 거점과 육로로 연결되어 코민테른의 새로운 지침 등도 인편으로 어렵지 않게 한국 국내로 들여올 수 있었다. 또한, 중국과 소련 양국 공산주의 운동에 가담한 한국인도 적지 않았다.[5]

일본 정부는 한국인이 중국이나 러시아로 이주하여 거주국의 국적을 취득하여도 일본 국적의 이탈을 인정하지 않았다. 일본의 국적법이 식민지 조선에서 시행되고 있지 않기 때문에 일본 국적 이탈 절차를 밟을 수 없다는 이유였다. 다만 한국인의 국적 이탈을 인정하지 않는 것이 독립운동의 단속을 위해서라는 사실은 일본 정부 스스로 인정했다. 일본 관헌은 「치안유지법」 제7조 "본법은 누구라도 본법 시행구역 외에서 죄를 범한 자에게도 적용한다"는 조항을 이용하여 이를 재외 한국인에게 적용했다. 일본은 중국을 상대로 가지고 있던 영사 재판권(영사관 경찰)을 이용하여 일본 국적인 한국인을 단속했다. 심지어 중국공산당에 대하여 식민지를

---

5 水野直樹, 2006, 앞의 글, 97쪽.

해방함으로써 일본의 국체 변혁을 노리는 결사로 규정하는 판례를 세워 중국공산당에 가입한 한국인을 처벌하기도 했다.[6]

또 하나는 식민지 조선은 중국, 소련의 전장, 전선에 가까웠다는 점이다. 예컨대 1920~1930년대 걸쳐 중국 동북지역, 즉 만주에서는 독립군 부대의 항일 무장 투쟁이 이어졌다. 한국 항일 무장세력은 시베리아 출병, 만주사변, 중일전쟁, 제2차 세계대전의 일소 충돌로 이어지는 동아시아 전장의 또 하나의 주체였다.

조선총독부는 중국, 소련과 일본 사이의 긴장 관계나 전쟁 상태가 식민지 조선 내부로 파급되어 치안유지가 곤란해질 수 있다는 점을 늘 의식했다. 만주사변 이후 중국과 전쟁 상태는 물론, 소련과의 사이에도 국경분쟁이 무력 충돌로 발전한 장고봉 사건 등이 일어나면서 이것이 한국 내에 미칠 영향을 우려했다.[7] 중국, 소련과 국경을 접한다는 문제는 이념적·추상적 문제인 동시에 현실적·구체적인 전투, 전쟁의 문제였다. 일제의 사상통제는 고등경찰, 사상검사와 사회주의 지식인 사이의 공방전인 동시에 일본군과 항일 무장 세력이 부딪히는 전장의 문제이기도 했다.

불행인지 다행인지 1945년 8월 소련군의 진입 과정을 제외하면 한반도 전체가 전장이 되는 일은 벌어지지 않았다. 만일 한반도가 제2차 세계대전의 전장이 되었다면, 일제의 이른바 사상정화 공작이 어떤 물리적인 폭력으로 드러났을지 짐작하기 어렵지 않다. 해방 후 6·25전쟁이라는 내전 상황에서 벌어진 국민보도연맹원 학살이라는 비극은 일제 시기 준비

---

6 「間島韓人共産黨事件豫審終結書」(1932.12.28), 金正柱 編, 1970, 『朝鮮統治史料 第6卷』, 韓國史料研究所, 312쪽; 水野直樹 저, 이영록 역, 2002, 「조선에 있어서 치안유지법 체제의 식민지적 성격」, 『법사학연구』 26, 66쪽.

7 水野直樹, 2006, 앞의 글, 96쪽.

된 사상통제 기제가 실제 전장에 놓이면서 학살 기제로 전화한 결과라고 할 수 있다.[8]

민족 문제, 국경 문제에서 드러나는 사상통제의 식민지 조선적 특수성은「치안유지법」의 혹독한 적용으로 드러났다. 식민지 조선에서 사회운동은 폭동, 소요, 자금 획득을 위해 살인, 방화, 강도와 병합죄가 많아 형기가 무거웠다. 일본 본국의「치안유지법」운용과는 커다란 차이였다. 예컨대 간도 5·30사건에 대한 1933년 12월 경성지법 판결을 보면 사형 22인, 무기 5인을 포함하여 245명이 유죄 판결을 받고 무죄 판결은 16명에 그쳤는데, 유죄 가운데 징역 3년 이하는 38%에 불과했다.[9] 1938년 12월 도쿄지방법원 판사가 작성한 조선 출장 보고서에는 "사상범에게 내지에서 징역 3년에 처하는 사안은 아마 조선에 있어서는 징역 5년 정도에 처할 것"이고, "조선의 사상범이 집행유예를 받는 비율은 내지의 반에도 미치지 못할 것"이라고 적혀 있다.[10] 독립운동, 공산주의 운동 등에 대한 본보기로「치안유지법」에 의한 사형판결, 사형집행이 행해진 것도 식민지 조선 사상통제의 특수성이었다.

---

8 강성현, 2012b,「한국 사상통제기제의 역사적 형성과 '보도연맹 사건', 1925-50」, 서울대학교 박사학위논문.

9 「資料 第五次間島共産黨事件論告要旨」,『思想月報』3-10, 1934; 荻野富士夫, 2022b,『朝鮮の治安維持法の「現場」(治安維持法の歷史 Ⅲ)』, 六花出版, 291쪽.

10 吉田肇,「朝鮮に於ける思想犯の科刑竝累犯狀況」,『思想情勢視察報告集 其の6(思想研究資料特輯 第61號)』(東洋文化社, 1972), 2~3쪽; 水野直樹 저, 이영록 역, 2002, 앞의 글, 68쪽.

2) 사상통제의 '역식민'

일본 본국과 식민지 조선은 다른 법역(法域), 즉 '이법 지역'이었다. 일본의 법률을 식민지 조선에 적용하기 위해서는 특별한 절차가 필요했고, 일본 본국과 식민지 조선 사이에 사법 관료의 인사 교류도 많지 않았다. 「치안유지법」은 칙령에 의해 식민지 조선에도 적용되었지만, 일본과 한국에는 원칙적으로 서로 다른 「치안유지법」 체제가 성립했다.[11] 다만 두 체제는 상호 참조 하면서 전개되었다.

일본 본국 의회의 통제가 잘 미치지 않는 식민지 조선에서는 절차적 정당성보다는 통치의 효율성이 우선되었다. 「치안유지법」 운용에서도 이런 면은 두드러졌다. 다만 식민지 조선의 관행이 거꾸로 본국으로 흘러 들어가는 모습도 확인된다. 일종의 '역(逆)식민'이라고 부를 만한 현상이었다. 1930년대 중반 이후 일본 본국에서 파시즘, 군국주의 경향이 짙어지면서 이러한 흐름이 뚜렷해졌다. 일본 제국 차원에서 보자면 식민지 조선은 사상통제의 실험실로 기능한 셈이다.

「치안유지법」은 국체 변혁과 사유재산 제도 부인을 문제시했다. 당초 국체 변혁은 무정부의주의를 처벌하기 위하여 고안된 조항으로 공산주의와는 직접 관계가 없다고 여겨졌다. 공산주의 처벌에는 사유재산 제도 부인 조항을 활용하면 충분하다고 보았다. 「치안유지법」 운용 초기 일본 본국에서 국체 변혁 조항이 적용된 사례는 1926년 1월 교토학련(京都學聯)

---

11 水野直樹, 2004, 「植民地独立運動に対する治安維持法の適用: 朝鮮・日本「内地」における法運用の落差」, 浅野豊美・松田利彦 編, 『植民地帝国日本の法的構造』, 信山社, 418쪽.

사건, 1927년 11월 홋카이도 집산당(集産黨) 사건 정도였다.¹²

이에 반해 식민지 조선에서는「치안유지법」시행과 더불어 국체 변혁 조항을 적극적으로 적용했다. 식민지 독립운동을 문제시하여 특히 민족주의 운동을 국체 변혁으로 처벌하는 사례가 많았다. 나아가 사회주의 운동에 대해서도 분명한 법리를 세우지도 않은 채 독립 지향을 구실로 국체 변혁 조항을 적용했다.「치안유지법」의 핵심이라 할 국체 변혁 조항은 먼저 식민지 조선에서 널리 적용된 셈이다.

일본 본국에서 사회주의자에 대한 국체 변혁 조항 적용은 1928년 일본공산당을 검거한 3·15사건에서 시작되었다. 이 사건에서도 예심 청구 단계에서는 국체 변혁은 물론 사유재산 제도 부인이라는 표현도 사용되지 않았다. 예심종결과 판결에서 비로소 군주제 철폐, 즉 국체 변혁과 사유재산제도 부인을 병기하는 형식이 나타났다.¹³ 이후 공산당을 국체 변혁 결사로 보는 시각이 빠르게 정착했다.

식민지 조선에서는 조선공산당, 고려공산청년회뿐 아니라 농민조합이나 노동조합, 독서회 정도까지도 비밀결사로 규정하여 결사 조직 또는 가입 행위로 처벌했다. 이에 반해 일본 본국에서는 당초 비밀결사로 인정된 것은 일본공산당과 일본공산청년동맹뿐이었다. 따라서 그 밖의 운동에 대한 처벌은 1928년「치안유지법」개정에서 추가된 목적수행죄를 이용했다.¹⁴ 1931년「치안유지법」위반 기소 가운데 목적수행죄 비율은 60%에 달했다.¹⁵ 이에 반해 식민지 조선에서는 1925~1933년「치안

---

12 荻野富士夫, 2021,『治安維持法의「現場」(治安維持法의 歷史Ⅰ)』, 六花出版, 199쪽.

13 荻野富士夫, 2021, 위의 책, 200쪽.

14 오기노 후지오 저, 윤소영 역, 2022,『일제강점기 치안유지법 운용의 역사』, 역사공간, 275쪽.

유지법」 위반자 가운데 결사 조직과 가입이 전체의 73%로 목적수행은 17%에 그쳤다. 일본 본국이라면 목적수행 죄가 적용될 독서회나 연구회가 식민지 조선에서는 비밀결사로 인정되어 조직이나 가입으로서 처벌되었다.[16] 물론 목적수행 죄보다 비밀결사 조직이나 가입 쪽이 형이 무거웠다.

일본 대심원 검사 이케다 가쓰는 직접 폭력을 사용하는 공산당만이 아니라 국민의 국체 의식을 바꾸려는 운동까지 널리 국체 변혁 범주에 포함해야 한다고 주장했다.[17] 1937년에 도쿄에서 열린 사상실무가 회동에 식민지 조선에서 옵서버로 참가한 청진지방법원 검사는 당, 공청, 전협(일본노동조합 전국협의회, 1932년 비밀결사로 인정) 이외 운동을 「치안유지법」에서 말하는 결사로 인정하는 것을 주저해서는 안 된다고 발언했다. 바로 식민지 조선에서 취하고 있는 방식이었다.[18] 1940년에 열린 나가사키 공소원 관내 사상실무가 회동에서 한 검사는 공산당이 소멸된 상황에서 여러 운동을 코민테른이나 당의 목적수행 행위로 간주하는 건 견강부회라고 지적하고, "공산주의 운동, 무정부주의 운동, 독립운동, 반국가적 교의에 바탕한 신앙 운동 등 국체 변혁이 당연한 귀결이 되는 주의에 바탕한 운동 자체를 처벌 대상"으로 할 필요가 있다고 주장했다.[19]

---

15 荻野富士夫, 2021, 앞의 책, 21쪽.

16 拓務省管理局, 「朝鮮ニ於ケル思想犯罪調査資料」(1935)(荻野富士夫 編, 1996, 『治安維持法関係資料集 第2巻』; 荻野富士夫, 2022b, 앞의 책, 311~312쪽.

17 池田克, 1939, 「治安維持法」, 末弘嚴太郎 編輯代表, 『新法学全集 第19巻 刑事法 2』, 日本評論社; 荻野富士夫, 2021, 앞의 책, 203쪽.

18 「最近に於ける思想運動情勢に鑑み裁判竝檢察上考慮すべき點其の他」, 『思想彙報』 12, 1937; 오기노 후지오 저, 윤소영 역, 2022, 앞의 책, 282쪽.

19 「長崎控訴院管内思想實務家会同議事錄」(1940.7), 『控訴院管内思想實務家会同議事

1930년대 후반이 되면 일본 본국에서도 국체 변혁 결사 개념이 급속히 확대되어 인민전선운동이나 여러 미조직 공산주의 운동 나아가 종교 활동까지 단속 대상이 되었다. 기획원에 결집한 혁신 관료를 반체제 분자로 처벌한 기획원 사건의 예심 청구에서는 '궁극적으로는'이라는 표현을 사용해 국체 변혁을 꾀한 것으로 몰아가려 했다. 다만 판결에서는 국체 변혁 결사는 인정되지 않고 공산주의 사회 실현을 위한 '협의'라는 조항이 적용되었다. 인민전선 사건에서도 역시 '궁극 목적', '궁극 목표' 등의 표현을 사용하였는데, 이 경우는 노농파 교수 그룹을 국체 변혁 결사로 규정하는 데 성공했다.[20]

식민지 조선의 경우 일본 본국과 비교해 「치안유지법」의 적극적 적용과 엄벌화 경향이 두드러졌다. 1943년 8월까지 식민지 조선에서 검찰에 수리된 자 약 2만 6,000명 가운데 기소자는 약 7,000명이었다. 1945년 8월까지 포함하면 기소자는 약 7,500명 가까이 되었을 것이다. 일본 본국에서는 검거자 6만 8,000명 가운데 기소자는 7,000명이다. 식민지 조선의 기소율은 일본 국내보다 3배 가까이 높았다. 일본이라면 불기소였을 사건도 한국에서는 기소된 것이다.[21]

무죄 판결의 경우 일본 본국에서는 거의 없던 데 반해 식민지 조선에서는 일본보다 두세 배 많았다. 경찰과 검찰이 엉터리로 사건을 만들어 내고 고문을 통해 자백을 강제하거나 신문조서를 위조한 것이 가끔이나

    錄 昭和15年度 大阪, 長崎』(社会問題資料叢書 第1輯, 東洋文化社, 1978), 336쪽; 水野直樹, 2004, 앞의 글, 448~449쪽.

20 警務局保安課, 「思想問題に就て」(1939.6)(荻野富士夫 編, 1993a, 『特高警察関係資料集成 第19巻』, 不二出版); 荻野富士夫, 2021, 앞의 책, 35쪽.

21 오기노 후지오 저, 윤소영 역, 2022, 앞의 책, 17쪽.

마 공판에서 드러났기 때문이었다. 예컨대 수양동우회 사건의 경우 공판에서 전원 무죄가 났고, 검찰의 공소 결과 전원 유죄가 되었지만, 결국 고등법원에서 다시 전원 무죄 판결이 났다. 예외적인 경우이기는 하지만 법원이 경찰과 검찰의 무리한 수사, 기소를 인정하지 않은 셈이다.[22] 전시체제기에 들어가면 일본 본국에서도 엄벌화가 진행되었다. 그 결과 인민전선 사건으로 기소된 교수들 대부분에게 무죄 판결이 내려지는 일도 벌어졌다. 검찰이 무리한 기소를 했기 때문이었다.[23]

일본 본국에서는 「치안유지법」 위반 사건에 대해 징역 1년 미만의 형이 거의 없었지만, 식민지 조선에서는 꽤 많았다. 비밀결사로 규정되었으나 구체적인 활동이 없는 조직에 대해서 주로 징역 1년 미만의 형이 적용되었기 때문이었다.[24] 한편 집행유예가 내려지는 경우가 일본 본국(1928~1939년)에서는 60%에 달했지만, 식민지 조선(1925~1928년)에서는 25%에 그쳤다. 경미한 사안이라도 집행유예 없이 1년 미만의 징역형 실형을 선고하는 엄중함 탓이었다.[25] 다만 전시체제기에 들어서면 일본 본국에서도 식민지 조선과 마찬가지로 「치안유지법」을 적극적으로 운용했다.

그 밖에 식민지 조선에서는 경찰과 검찰의 신문조서가 공판에서 증거능력을 인정받았지만, 일본 본국에서는 1941년 「신치안유지법」에 따라 비로소 경찰과 검찰의 신문조서가 증거능력을 인정받게 되었다. 전시체제기가 되면 「치안유지법」 운용에서 식민지 조선의 방식이 역식민되어

---

22   荻野富士夫, 2022b, 앞의 책, 304쪽.
23   荻野富士夫, 2021, 앞의 책, 116쪽.
24   荻野富士夫, 2022b, 앞의 책, 294쪽.
25   荻野富士夫, 2022b, 위의 책, 305~306쪽.

일본과 한국 사이에 상당히 균질한 체제가 형성되었다. 식민지 조선에서 동화 혹은 내지연장주의는 일본 본국에서 누리는 국민의 권리를 조선에도 적용한다는 의미였지만, 전시체제기 일본과 한국의 균질화의 실상은 식민지 조선의 무권리 상태가 일본 본국으로 역류한 결과였다.

3) 굴절된 민족혁명론과 전향의 불가능성

한국인 사회주의자는 계급해방과 민족해방을 결합한 민족혁명론을 견지했다. 1933년 일본 공산당 지도자 사노 마나부가 반코민테른 천황제 사회주의를 내건 뒤 일본 공산주의자의 대량 전향이 일어났지만, 한국인 사회주의자의 전향은 미미했다. 코민테른 중심의 사회주의를 비판해도 그 대신 천황제, 즉 일본을 받아들이기는 어려웠다. 이념을 버려도 민족이라는 벽이 존재한 것이다.

1937년 중일전쟁 발발 이후 일본이 보여 준 힘은 한국의 민족운동을 위축시켰다. 일국 사회주의 건설에 급급한 소련에 대한 실망이 겹치면서 식민지 조선에서도 사회주의자의 전향이 늘었다. 1938년 조선공산당원 출신인 인정식은 전향 성명을 발표했다. 이 글은 마르크스주의, 특히 마르크스주의 농업이론 비판하고 조선총독부의 농공병진, 자작농 창정 정책을 높이 평가했다. 아울러 내선일체 구호에서 내선평등, 즉 한국인의 지위 향상 가능성을 보려고 했다. 미야타 세쓰코가 지적했듯이 내선일체에서 '차별로부터의 탈출'을 꿈꾼 것이다. 인정식의 전향은 일본의 식민 통치를 미화하고 성과를 과장한 것으로 그 출발은 중일전쟁 이후 '동아의 대세', 즉 일본의 힘에 대한 굴복이었다.

1938년 10월에 일본 정부는 이른바 동아신질서 성명을 발표했다. 우한, 광동을 잃은 후에도 중국 국민정부가 굴복하지 않자, 군사력의 한계를 느낀 일본 정부는 국민정부에 대해 일본, 만주국, 중국이 일종의 연방제를 이루는 동아신질서 구상을 제안한 것이다. 일본 혁신 좌파의 동아협동체론이 국책으로 승격된 셈이다. 동아협동체론은 대내적으로 반자본주의적 혁신정책, 대외적으로 침략 포기와 민족 협동을 내세웠다. 다만 국민정부를 이끌던 장제스(蔣介石)는 일본이 '일한 불가분' 등의 말로 한국인을 현혹하여 한국을 '병탄'한 사실을 들며 동아협동체란 '중일합병'에 지나지 않는다고 일축했다.[26] 식민지 조선의 지위에 변동이 없는 한 동아신질서는 공문구가 될 수밖에 없었다.

1939년 들어 식민지 조선의 미디어에서는 동아협동체론에 대한 관심이 높아졌다. 전향한 사회주의자들은 일본 정부의 혁신정책에 대한 기대 속에 통제경제론과 민족협화론을 전개했다. 계급해방과 민족해방을 의식한 굴절된 민족혁명론에 다름 아니었다. 옥중에서 강요된 전향서에도 비슷한 논리가 확인된다. 경찰, 검찰, 법원, 형무소는 물론 보호관찰소에까지 이어진 집요한 전향 압박 속에 놓여 있던 사회주의자들이 일본의 혁신정책에서 논리적 출구를 찾으면서 중일전쟁기 사회주의자의 대량 전향이 발생했다고 판단된다.

시국대응전선사상보국연맹에 모인 한국인 전향자들은 적극적인 사회참여를 꾀했다. 전향자의 주체적·자발적 시국 참여를 독려했던 일본 관헌은 굴절된 민족혁명론에 바탕한 전향자들의 일종의 정치적·사상적 활동을 경계하지 않을 수 없었다. 1941년 조선총독부는 이데올로기가 아닌

---

[26] 「蔣介石の近衛聲明反駁の記念週演說」, 『極祕 抗日政權の東亞新秩序批判(飜譯)』, 東亞研究所, 1941, 14쪽.

생활이 중요하다며 사상보국연맹을 해체하고 정신 수양을 강조하는 대화숙으로 개편했다. 이데올로기를 주입하면서 이데올로기를 거부해야 하는 전향 정책의 모순이 드러난 셈이다.

대화숙의 등장은 식민지 조선을 둘러싼 내외 정세의 변화와 조응했다. 1940년 가을부터 이듬해 봄까지 일본 본국에서 벌어진 격심한 내부적 마찰 끝에 혁신파 주도의 신체제 운동이 패퇴하고 보수파가 헤게모니를 얻는 상황이 발생했다.[27] 1941년 봄에는 혁신정책을 주도하던 기획원 간부들이 코민테른의 인민전선전술을 지지한 혐의로 검거되는 사건이 발생하기도 했다.[28] 식민지 조선의 사회주의자의 대량 전향을 가능하게 했던 일본의 반자본주의적 혁신정책이 일본 내 보수 세력에 의해 좌절되었음을 뜻했다. 또한, 같은 해 1월에는 '조국(肇國)의 정신에 반하고 황국의 주권을 어지럽힐 우려가 있는 국가연합이론'을 금지하는 일본 정부의 조치가 취해졌다.[29] '동아신질서' 구상이 담고 있던 민족협동체의 논리마저 부정된 것이다.

이와 같은 일본에서의 변화는 식민지 조선에도 전해졌다. 미나미 지로(南次郎)에 이어 1942년 5월 조선에 부임한 고이소 구니아키(小磯國昭) 총독은 "내선일체의 이념은 내선의 평등 내지는 내선 상호의 정신적 연합을 의미하지 않고, 그것은 조선인을 황국신민으로서 육성하는 것을 내용으로 하여 성립되었다"라고 밝힘으로써, 이제까지 조선에서 벌어지고 있던 내선일체에 대한 논의를 부정했다.[30] 고이소 총독은 일본 내의 대정익찬

---

27   米谷匡史, 1997, 「戰時期日本の社會思想: 現代化と戰時變革」, 『思想』 882, 96쪽.

28   리차드 H. 미첼 저, 김윤식 역, 1982, 『日帝의 思想統制: 思想轉向과 그 法體系』, 일지사, 225쪽.

29   『思想月報』(司法省刑事局), 1941.1, 51쪽.

회를 통한 신체제 운동에도 비판적인 입장을 보이고 있었다.³¹

전시체제기 황민화는 일종의 국민화 기획이었다. 국민화는 주체화를 동반할 수밖에 없는데 한국에서 벌어진 주체화·국민화는 일본 입장에서 보자면 비국민을 양산하는 모순을 낳았다. 전향 정책도 예외가 아니었다. 국체 변혁과 사유재산 제도 부인을 처벌하는「치안유지법」은 식민주의와 반공의 사상통제를 지향했다. 한국인 사회주의자가 품은 민족해방과 계급해방의 민족혁명론에 정확히 대응하는 것이었다. 전시체제기 일본 혁신좌파의 동아협동체론은 식민주의 대 민족해방, 반공 대 사회주의라는 대립을 초극하려는 불가능한 시도였다. 그러나 궁지에 몰린 한국인 전향자들은 동아협동체론에 기대를 걸고 통제경제와 민족협화라는 굴절된 민족혁명론을 전개했다. 그러나 일본 제국은 민족협화라는 신질서를 끝내 받아들이지 못하고 퇴행, 자멸의 길을 걸었다. 전향의 불가능성을 스스로 증명한 셈이다.

4) 사상통제의 포스트 콜로니얼리즘

사상통제의 양대 축은 엄벌주의와 전향 정책이었다. 다만 엄벌주의는 처벌 대상이 굳이 사상이 아니더라도 고려될 수 있는 것이므로 사상통제의 특성은 전향 정책에 있었다고 할 수 있다. 전향 정책의 대상과 범위는 점점 확대되었다. 사상은 사회와 동떨어져 이야기될 수 없기 때문이었다.

---

30 『東洋之光』, 4-9, 1942, 39쪽(宮田節子 저, 李熒娘 역, 1997,「일본의 조선지배의 본질」,『朝鮮民衆과 '皇民化'政策』, 일조각, 185쪽에서 재인용).

31 小磯國昭, 1963,『葛山鴻爪』, 760쪽; 최유리, 1997,『일제 말기 식민지 지배정책연구』, 국학자료원, 172쪽.

전시체제기 한국 사회 깊숙이 침투하는 일본 국가의 선봉에는 조선방공협회, 대화숙 등 사상통제 시설이 있었다. 사상통제를 통한 국민 만들기는 포스트 콜로니얼, 후식민 국가인 대한민국에서도 이어졌다. 국민보도연맹이 전향자를 동원하여 벌인 국어강습소와 여러 문화 활동은 명백하게 대화숙의 경험을 잇는 것이었다.

식민지 시기 일제가 사용한 '사상정화'라는 말은 나치가 '민족정화'를 명분으로 자행한 홀로코스트, 1990년대 구 유고슬라비아 지역 내전에서 '민족정화'라는 이름으로 벌어진 제노사이드를 떠올리게 한다. 불행 중 다행으로 식민지 시기 한반도가 전장이 되는 일은 없었다. 그러나 해방 이후 식민지 경험에 바탕하여 구축된 사상통제 기제는 6·25전쟁 상황에서 학살 기제로 전화했다. 특히 상대를 절멸시켜야만 자신의 생존이 보장되는 내전이라는 극한 상황이 폭력성을 극한까지 끌어올렸다. 조르조 아감벤(Giorgio Agamben)은 "현대의 전체주의는 예외 상태를 통해 정치적 반대자뿐 아니라 어떤 이유에서건 정치체제에 통합시킬 수 없는 모든 범주의 시민들을 육체적으로 말살시킬 수 있는 합법적 내전을 수립한 체제"라고 정의했다.[32] 일제 사상통제의 비극은 해방 이후 내전 상황에서 더욱 비극적으로 확대 재생산 되었다.

「치안유지법」의 국체가 천황제, 즉 군주제를 가리켰다면 「국가보안법」의 국체는 민주공화제로 달랐다. 다만 두 법 모두 공산주의에 대항하여, 즉 반공을 내걸고 각각의 현존 질서를 지키려는 데서 일치했다. 식민지 조선에서 「치안유지법」은 일본 본국과 달리 독립운동을 주된 처벌 대상으로 삼았다. 공산주의와 더불어 조선 민족 자체가 경계의 대상이었다.

---

32 조르조 아감벤 저, 김항 역, 2009, 『예외상태』, 새물결, 15쪽.

해방 이후 「국가보안법」도 반공을 내걸었지만 거기서 말하는 공산주의는 결국 북한과의 교류, 접촉이었다. 「치안유지법」의 적이 식민지 조선이었다면 「국가보안법」의 적은 북조선이었다. 전자의 대항 논리가 민족해방이었다면 후자는 민족 통일이었다. 사상통제의 논리 속에서 사회주의와 민족주의는 결합하였고 이는 민족혁명론의 음화였다.

식민지 이래 이어지는 민족혁명론 앞에 한국의 반공 독재 정부는 오랫동안 수세적인 입장으로 일관했다. 사상을 논하기보다 차단하는 데 주력했다. 감옥이라는 폐쇄된 공간에서 벌어진 전향과 비전향은 사상 이전의 처우와 조건의 문제였다. 사상으로서의 전향은 제도로서의 전향 바깥에서 왔다. 식민지 말기 민족해방이라는 이념이 흔들릴 때 대량 전향이 벌어진 것처럼, 민주화가 진전되어 민족 통일이라는 가치가 상대화되고 나서야 비로소 사상으로서의 전향이 본격화했다.

부록

연표

연	월	일	일본	조선
1900			「치안경찰법」 제정	
1907	7			「보안법」 제정
1910	8			한일합병
1912	4	1		「조선형사령」 시행
1919	3	1		3·1운동
1919	4	15		제령 제7호「정치에 관한 범죄 처벌의 건」 공포 및 시행
1920	10		모리토 다쓰오, 「신문지법」 조헌문란죄 유죄 판결	
1922	2		「과격 사회운동 취체법」 법안 의회 제출	
1922	2			동우회 선언 발표
1923	1	6		신생활사 사건 재판 판결
1923	9		간토대지진 조선인 학살	
1923	10		박열, 천황 및 황태자 암살 기도 혐의로 체포	
1923	12		난바 다이스케, 황태자 저격 사건	
1924	4			조선노농총동맹, 조선청년총동맹 결성
1925	1	20	일본·소련 기본조약 조인	
1925	5	12	「치안유지법」 시행	
1925	11			제1차 조선공산당 사건
1926	6			제2차 조선공산당 사건
1927	3			제1차·제2차 조선공산당 사건 예심 종결
1927	9	13		제1차·제2차 조선공산당 사건 공판 개시
1928	1			사상검사 이토 노리오, 고등법원 검사국에 부임
1928	2	13		제1차·제2차 조선공산당 사건 판결
1928	3	15	일본 공산당원 대량 검거(3·15사건)	

연	월	일	일본	조선
1928	6	29	「치안유지법」 개정으로 국체 변혁에 대하여 사형 적용, 목적 수행을 위한 행위에 대한 처벌을 규정	
1928	11			경성지방법원 사상 전문 예심계 설치하고 고이 세쓰조 담당
1930	7			신간회 철산지회 사건 고등법원 판결, 식민지 독립을 국체 변혁으로 규정
1931	3		사법차관 통첩으로 검사에게 피고인 태도에 따라 기소를 유보할 권리 부여	
1931	4			고등법원 검사국, 『고검사상월보』 발행(『사상월보』, 『사상휘보』로 개제)
1931	6			조선학생전위동맹 사건 고등법원 판결, 영토의 넓고 좁음이라는 통치권의 내용을 따져 식민지 독립을 국체 변혁으로 규정
1932	1			고등법원 검사국, 검찰의 기소유예 확장을 결정했으나 기소 유보 처분 실시 보류
1932	12		사법대신 훈령으로 전향자에 대한 기소 유보 처분을 규정	
1933	4			함경북도 사상정화 운동 실시
1933	6	10	사노 마나부와 나베야마 사다치카, 전향 선언 발표	
1934	1		「행형누진처우령」 실시로 형무소에서 전향 여부에 따라 차별 대우	
1934	2		보호관찰 제도 포함한 「치안유지법」 개정안 의회 제출	
1934	12			검사 사사키 히데오, 「식민지 독립운동의 법률상의 성질」 발표
1935	2		보호관찰 제도 포함한 「치안유지법」 개정안 의회 제출	
1935	11			사상범 선도 단체인 소도회 결성
1936	2			전향자 단체인 백악회 결성

연	월	일	일본	조선
1936	8			『조선중앙일보』, 『동아일보』 일장기 말소 사건
1936	9			전향자 단체인 대동민우회 결성
1936	10	25	일독 방공협정(1937년 11월 이탈리아 참가)	
1936	11		「사상범보호관찰법」 시행	
1936	12			「조선 사상범보호관찰령」 시행
1937	6			동북항일연군 김일성 부대 보천보 전투
1937	7			조선총독부 조선중앙정보위원회 설치
1937	10			혜산 사건(한인민족해방동맹 사건)
1938	3			연희전문 경제연구회 사건으로 백남운 등 검거
1938	4			함경남도 사상정화공작 실시 결정
1938	6	20	전향자 모임인 시국대응·전국위원회 개최	
1938	7	7		국민정신총동원 조선연맹 설립
1938	7	24		전향자 단체인 시국대응·전선사상보국 연맹 결성
1938	8			조선방공협회 설립
1938	11			전 조선공산당원 인정식 전향 선언 발표
1938	11	3	일본 수상 '동아신질서' 성명 발표	
1938	12		중국 국민당 제2인자 왕징웨이 충칭 탈출	
1939	1			잡지 『삼천리』, '동아협동체와 조선' 특집
1939	5	11	일소 노몬한전투(~9월)	
1939	8	23	독소 불가침조약	
1940	3		왕징웨이가 이끄는 일본의 괴뢰 정권 인 중화민국 수립	
1940	9	7	일독이 삼국동맹	
1940	10			국민총력 조선연맹 설립. 조선방공협회가 국민총력연맹에 흡수
1940	12			경성 콤그룹 사건

연	월	일	일본	조선
1941	3			「조선 사상범예방구금령」 시행
1941	4	17		시국대응전선사상보국연맹 각 지부가 재단법인 대화숙으로 개편
1941	5		예방구금 제도 등 포함한 「신치안유지법」 시행	
1941	5		「국방보안법」 시행, 전시 방첩을 위해 모든 이적 행위 처벌을 규정	
1941	12	18	「언론출판집회결사 등 임시취체법」 공포	
1941	12	26		「조선임시보안령」 공포
1942	10			조선어학회 사건
1944				「조선전시형사특별령」, 「조선에 있어서 재판절차 간소화를 위한 국방보안법 및 치안유지법의 전시특례에 관한 건」으로 1심제 적용
1945	8	15	패전	광복

연	월	일	한국
1945	9	7	태평양 미국육군 총사령부 포고 제1호 및 제2호 발표
1945	10	30	미군정의 대표적인 치안 법령인 군정법령 제19호 발표
1948	4	3	제주 4·3사건
1948	9	22	「반민족행위 처벌법」 제정
1948	10	19	여수·순천 사건(~10월 27일)
1948	12	1	「국가보안법」 공포 및 시행
1949	4		국민보도연맹 창립
1949	10	25	남로당원 자수 선전 주간(~11월 말)
1949	12	19	제1차 개정 「국가보안법」 공포하나 시행되지 않음
1950	5	12	제2차 개정 「국가보안법」 시행으로 삼심제 환원, 소급효 폐지
1950	6	25	6·25전쟁 발발(~1953년 7월)
1950	6		국민보도연맹원 학살
1951	2	14	「반민족행위 처벌법」 폐지
1956	4		법무부 장관 좌익수 전향 여부 관리를 지시
1956	10		「가석방심사규정」에 전향 여부 심사를 포함
1969	5		「교정누진처우규정」을 제정하여 비전향 좌익수를 차별 대우
1973	6		좌익수형자 전향 공작 전담반 설치하여 폭력적 전향 공작 전개
1975	7		「사회안전법」 제정과 보안감호소 설치
1988			비전향 장기수 첫 출소

연	월	일	한국
1989	5		「사회안전법」 폐지
1998	7		전향제도가 준법서약제로 대체
2000	9		비전향 장기수 63명을 북으로 송환
2002	10		「가석방 심사 등에 관한 규칙」 개정으로 전향제도 공식적으로 폐지
2019	10		보안관찰 면제 시 서약서 제출을 요구하지 않음으로써 전향제도 최종적으로 폐지

법령

보안법(1907)

1907년 7월 27일 법률 제2호

제1조 내부대신은 안녕질서를 보지(保持)하기 위하여 필요할 경우에 결사의 해산을 명함을 득(得)함.

제2조 경찰관은 안녕질서를 보지하기 위하여 필요할 경우에 집회 또는 다중의 운동 혹은 군집을 제한·금지 또는 해산함을 득(得)함.

제3조 경찰관은 전(前)2조의 경우에 필요로 인(認)할 시에는 융기(戎器)와 폭발물 기타 위험한 물건의 휴대를 금지함을 득(得)함.

제4조 경찰관은 가로(街路)나 기타 공개한 처소에서 문서·도화의 게시와 분포와 낭독 또는 언어와 형용(形容)과 기타의 작위를 하여 안녕질서를 문란할 려(慮)가 있음으로 인(認)할 시에는 그 금지를 명함을 득(得)함.

제5조 내부대신은 정치에 관하여 불온한 동작을 행할 려(慮)가 있음으로 인(認)할 자에게 대하여 그 거주 처소에서 퇴거를 명하고 차(且) 1개년 이내의 기간을 지정하여 일정한 지역 내에 범입(犯入)함을 금지함을 득(得)함.

제6조 전(前)5조에 의한 명령을 위반한 자는 40 이상의 태형 또는 10개월 이하의 금옥(禁獄)에 처함.

제3조의 물건이 범인의 소유에 계(係)한 시(時)는 정상에 의하여 몰수함.

제7조 정치에 관하여 불온의 언론과 동작 또는 타인을 선동과 교사 혹은 사용하며 또는 타인의 행위에 관섭(關涉)하여 인(因)하여 치안을 방해한 자는 50 이상의 태형, 10개월 이하의 금옥 또는 2개년 이하의 징역에 처함.

제8조 본법의 공소시효는 6개월간으로 함.

제9조 본법의 범죄는 신분의 여하를 불문하고 지방재판소 또는 항시재판소(港市裁判所)의 관할로 함.

　　　부칙

제10조 본령(本令)은 반포일로부터 시행함.

정치에 관한 범죄 처벌의 건(1919)

1919년 4월 15일 제령 제7호

제1조 ① 정치의 변혁을 목적으로 하여 다수 공동으로 안녕질서를 방해하거나 방해하고자 하는 자는 10년 이하의 징역 또는 금고에 처한다. 다만 형법 제2편 제2장의 규정에 해당하는 때에는 이 영을 적용하지 아니한다.
② 전항의 행위를 하게 할 목적으로 선동한 자의 죄도 전항과 같다.
제2조 전조의 죄를 범한 자가 발각 전에 자수한 때에는 형을 경감하거나 면제한다.
제3조 이 영은 제국 외에서 제1조의 죄를 범한 제국 신민에게도 적용한다.

　　　부칙
이 영은 공포일부터 시행한다.

치안유지법

치안유지법(1925)

1925년 법률 제46호(제정 1925. 4. 21, 시행 1925. 4. 29)

제1조 국체를 변혁하거나 사유 재산제도를 부인하는 것을 목적으로 결사를 조직하거나 또는 사정을 알고 이에 가입한 자는 10년 이하의 징역 또는 금고에 처한다.
전항의 미수죄는 벌한다.
제2조 전조 제1항의 목적으로 그 목적이 되는 사항의 실행에 관하여 협의를 한 자는 7년 이하의 징역 또는 금고에 처한다.
제3조 제1조 제1항의 목적으로 그 목적이 되는 사항의 실행을 선동한 자는 7년 이하의 징역 또는 금고에 처한다.
제4조 제1조 제1항의 목적으로 소요·폭행, 기타 생명·신체 또는 재산에 해를 가할 수 있는 범죄를 선동한 자는 10년 이하의 징역 또는 금고에 처한다.
제5조 제1조 제1항 및 전 3개 조의 죄를 범하게 할 것을 목적으로 하여 금품 기타의 재산상의 이익을 공여(供與)하거나, 그것을 요청 혹은 약속한 자는 5년 이하의 징역 또는 금고에 처한다. 사정을 알고 공여를 받거나 그 요구 혹은 약속한 자도 같다.
제6조 전 5개 조의 죄를 범한 자가 자수한 때에는 그 형을 감경 또는 면제한다.

제7조 이 법은 누구를 막론하고 이 법의 시행구역 외에서 죄를 범한 자에게도 적용한다.

　　　부칙

1923년 칙령 제403호는 폐지한다.

개정 치안유지법(1928)

칙령 제129호(1928.6.29)

제1조 국체를 변혁하는 것을 목적으로 결사를 조직한 자 또는 결사의 역원(役員), 기타 지도자의 임무에 종사한 자는 사형 또는 무기 혹은 5년 이상의 징역 또는 금고에 처하고, 사정을 알고 결사에 가입한 자 또는 결사의 목적 수행을 위한 행위를 한 자는 2년 이상의 유기 징역 또는 금고에 처한다.

사유 재산제도를 부인하는 것을 목적으로 결사를 조직한 자, 결사에 가입한 자, 또는 결사의 목적 수행을 위한 행위를 한 자는 10년 이하의 징역 또는 금고에 처한다.

제2조 중 '전조 제1항'을 '전조 제1항 또는 제2항'으로 고친다.

제3조 및 제4조 중 '제1조 제1항'을 '제1조 제1항 또는 제2항'으로 고친다.

제5조 중 '제1조 제1항 및'을 '제1조 제1항 제2항 또는'으로 고친다.

부칙

본령은 공포일부터 시행한다.

신치안유지법(1941)

법률 제54호(1941.3.8, 전부개정. 시행 1941.5.15)

제1장 죄

제1조 국체를 변혁하는 것을 목적으로 결사를 조직한 자 또는 결사의 역원(役員), 기타 지도자의 임무에 종사한 자는 사형 또는 무기나 7년 이상의 징역에 처하고, 그 사정을 알고 결사에 가입한 자 또는 결사의 목적 수행을 위한 행위를 한 자는 3년 이상의 유기 징역에 처한다.

제2조 전조의 결사를 지원하는 것을 목적으로 결사를 조직한 자 또는 결사의 역원 기타 지도자의 임무에 종사한 자는 사형 또는 무기 혹은 5년 이상의 징역에 처하고, 결사에 가입한 자 또는 결사의 목적 수행을 위한 행위를 한 자는 2년 이상의 유기 징역에 처한다.

제3조 제1조의 결사의 조직을 준비하는 것을 목적으로 결사를 조직한 자 또는 결사의 역원, 기타 지도자의 임무에 종사한 자는 사형 또는 무기 혹은 5년 이상의 징역에 처하고, 사정을 알고 결사에 가입한 자 또는 결사의 목적 수행을 위한 행위를 한 자는 2년 이상의 유기 징역에 처한다.

제4조 전 3개 조의 목적으로 집단을 결성한 자 또는 집단을 지도한 자는 무기 또는 3년 이상의 징역에 처하고, 전 3개 조의 목적으로 집단에 참

가한 자 또는 집단에 관하여 전 3개 조의 목적 수행을 위한 행위를 한 자는 1년 이상의 유기 징역에 처한다.

제5조 제1조 내지 제3조의 목적으로 그 목적 사항의 실행에 관하여 협의 또는 선동을 하거나 그 목적 사항을 선전하고 기타 그 목적 수행을 위한 행위를 한 자는 1년 이상 10년 이하의 징역에 처한다.

제6조 제1조 내지 제3조의 목적으로 소요, 폭행, 기타 생명·신체 또는 재산에 해를 가할 수 있는 범죄를 선동한 자는 2년 이상의 유기 징역에 처한다.

제7조 국체를 부정하거나 신궁(神宮) 또는 황실의 존엄을 모독할 수 있는 사항을 유포하는 것을 목적으로 결사를 조직한 자 또는 결사의 역원, 기타 지도자의 임무에 종사한 자는 무기 또는 4년 이상의 징역에 처하고, 사정을 알고 결사에 가입한 자 또는 결사의 목적 수행을 위한 행위를 한 자는 1년 이상의 유기 징역에 처한다.

제8조 전조의 목적으로 집단을 결성한 자 또는 집단을 지도한 자는 무기 또는 3년 이상의 징역에 처하고, 전조의 목적으로 집단에 참가한 자 또는 집단에 관하여 전조의 목적 수행을 위한 행위를 한 자는 1년 이상의 유기 징역에 처한다.

제9조 전 8개조의 죄를 범하게 하는 것을 목적으로 금품 기타 재산상의 이익을 공여하거나 그 신청 또는 약속을 한 자는 10년 이하의 징역에 처한다. 공여를 받거나 그 요구 또는 약속을 한 자도 같다.

제10조 사유 재산제도를 부인하는 것을 목적으로 결사를 조직한 자 또는 사정을 알고 결사에 가입한 자나 결사의 목적 수행을 위한 행위를 한 자는 10년 이하의 징역 또는 금고에 처한다.

제11조 전조의 목적으로 그 목적 사항의 실행에 관하여 협의를 하거나

그 목적 사항의 실행을 선동한 자는 7년 이하의 징역 또는 금고에 처한다.

제12조 제10조의 목적으로 소요·폭행 기타 생명·신체 또는 재산에 해를 가할 수 있는 범죄를 선동한 자는 10년 이하의 징역 또는 금고에 처한다.

제13조 전 3개조의 죄를 범하게 하는 것을 목적으로 금품 기타 재산상의 이익을 공여하거나 그 신청 또는 약속을 한 자는 5년 이하의 징역 또는 금고에 처한다. 사정을 알고 공여를 받거나 그 요구 또는 약속을 한 자도 같다.

제14조 제1조 내지 제4조·제7조·제8조 및 제10조의 미수죄는 벌한다.

제15조 이 장의 죄를 범한 자가 자수한 때에는 그 형을 감경 또는 면제한다.

제16조 이 장의 규정은 누구를 막론하고 이 법 시행지 외에서 죄를 범한 자에게도 적용한다.

제2장 형사 수속

제17조 이 장의 규정은 제1장에 규정한 죄에 관한 사건에 대하여 적용한다.

제18조 검사는 피의자를 소환하거나 그 소환을 사법경찰관에게 명령할 수 있다.

검사의 명령으로 사법경찰관이 발부하는 소환장에는 명령을 한 검사의 직·성명 및 그 명령에 따라 발부한다는 취지도 기재하여야 한다.

소환장의 송달에 관한 재판소 서기 및 집달리(執達吏)에 속하는 직무는 사법경찰관리가 행할 수 있다.

제19조 피의자가 정당한 사유 없이 전조의 규정에 의한 소환에 응하지 아니하거나 형사소송법 제87조 제1항 각호에 규정한 사유가 있는 때에는 검사는 피의자를 구인하거나 그 구인을 다른 검사에게 촉탁(嘱託)하거나 사법경찰관에게 명령할 수 있다.

전조 제2항의 규정은 검사의 명령으로 사법경찰관이 발부하는 구인장에 대하여 준용한다.

제20조 구인한 피의자는 지정된 장소에 인치(引致)한 때부터 48시간 내에 검사 또는 사법경찰관이 신문하여야 한다. 그 시간 내에 구류장을 발부하지 아니하는 때에는 검사는 피의자를 석방하거나 사법경찰관에게 석방하게 하여야 한다.

제21조 형사소송법 제87조 제1항 각호에 규정한 사유가 있는 때에는 검사는 피의자를 구류하거나 그 구류를 사법경찰관에게 명령할 수 있다.

제18조 제2항의 규정은 검사의 명령으로 사법경찰관이 발부하는 구류장에 대하여 준용한다.

제22조 구류에 대하여는 경찰관서 또는 헌병대의 유치장으로 감옥을 대용할 수 있다.

제23조 구류의 기간은 2월로 한다. 특별히 계속할 필요가 있는 때에는 지방재판소(地方裁判所) 검사 또는 구(區) 재판소 검사는 검사장의 허가를 받아 1월마다 구류의 기간을 갱신할 수 있다. 다만, 총 1년을 초과할 수 없다.

제24조 구류의 사유가 소멸하여 기타 구류를 계속할 필요가 없다고 사료(思料)될 때에는 검사는 신속히 피의자를 석방하거나 사법경찰관에게 석방하게 하여야 한다.

제25조 검사는 피의자의 주거를 제한하여 구류의 집행을 정지할 수

있다.

형사소송법 제119조 제1항에 규정한 사유가 있는 경우에는 검사는 구류의 집행정지를 취소할 수 있다.

제26조 검사는 피의자를 신문하거나 그 신문을 사법경찰관에게 명령할 수 있다.

검사는 공소 제기 전에 한하여 증인을 신문하거나 그 신문을 다른 검사에게 촉탁하거나 사법경찰관에게 명령할 수 있다.

사법경찰관은 검사의 명령으로 피의자 또는 증인을 신문한 때에는 명령을 한 검사의 직·성명 및 그 명령으로 신문한 취지를 신문조서에 기재하여야 한다.

제18조 제2항 및 제3항의 규정은 증인신문에 대하여 준용한다.

제27조 검사는 공소 제기 전에 한하여 압수·수색 또는 검증을 하거나 그 처분을 다른 검사에게 촉탁하거나 사법경찰관에게 명령할 수 있다.

검사는 공소 제기 전에 한하여 감정, 통역 또는 번역을 명하거나 그 처분을 다른 검사에게 촉탁하거나 사법경찰관에게 명령할 수 있다.

전조 제3항의 규정은 압수·수색 또는 검증의 조서 및 감정인·통사 또는 번역인의 신문조서에 대하여 준용한다.

제18조 제2항 및 제3항의 규정은 감정, 통역 및 번역에 대하여 준용한다.

제28조 형사소송법 중 피고인의 소환, 구인 및 구류, 피고인 및 증인의 신문, 압수, 수색, 검증, 감정, 통역과 번역에 관한 규정은 별도의 규정이 있는 경우를 제외하고는 피의 사건에 대하여 준용한다. 다만, 보석 및 책부(責付)에 관한 규정은 그러하지 아니하다.

제29조 변호인은 사법대신이 미리 지정한 변호사 중에서 선임하여야

한다. 다만, 형사소송법 제40조 제2항의 규정을 적용할 수 있다.

제30조 변호인의 수는 피고인 1인에 대하여 2인을 초과할 수 없다.

변호인의 선임은 최초로 정한 공판기일과 관련된 소환장의 송달을 받은 날부터 10일을 경과한 때에는 할 수 없다. 다만, 부득이한 사유가 있는 경우에 재판소의 허가를 받은 때에는 그러하지 아니하다.

제31조 변호인은 소송에 관한 서류의 등사를 하고자 하는 때에는 재판소장 또는 예심판사의 허가를 받아야 한다.

변호인의 소송에 관한 서류의 열람은 재판장 또는 예심판사가 지정한 장소에서 하여야 한다.

제32조 피고사건이 공판에 부쳐진 경우에 검사가 필요가 있다고 인정하는 때에는 관할 이전 청구를 할 수 있다. 다만, 제1회 공판기일의 지정이 있은 후에는 그러하지 아니하다.

전항의 청구는 사건이 계속되는 재판소 및 이전(移轉) 재판소에 공통하는 가까운 상급재판소에서 하여야 한다.

제1항의 청구가 있을 때에는 결정이 있을 때까지 소송 수속을 정지하여야 한다.

제33조 제1장에서 규정한 죄를 범한 것으로 인정된 제1심의 판결에 대하여는 공소를 할 수 없다.

전항에 규정한 제1심의 판결에 대하여는 직접 상고를 할 수 있다.

상고는 형사소송에서 제2심의 판결에 대하여 상고를 할 수 있는 이유가 있는 경우에 할 수 있다.

상고 재판소는 제2심의 판결에 대한 상고사건에 관한 수속에 의하여 재판을 하여야 한다.

제34조 제1장에 규정한 죄를 범한 것으로 인정한 제1심의 판결에 대하

여 상고가 있는 경우에 상고 재판소가 제34조 제1장에 규정한 죄를 범한 것이 아니라는 것을 의심할 수 있는 현저한 사유가 있는 것으로 인정한 때에는 판결로 원판결을 파훼하고 사건을 관할 공소 재판소에 이송하여야 한다.

제35조 상고 재판소는 공판기일의 통지에 대하여는 형사소송법 제422조 제1항의 기간에 의하지 아니할 수 있다.

제36조 형사 수속에 대하여는 별도의 규정이 있는 경우를 제외하고는 일반 규정의 적용이 있는 것으로 한다.

제37조 이 장의 규정은 제22조·제23조·제29조·제30조 제1항·제32조·제33조 및 제34조의 규정을 제외하고는 군법회의의 형사 수속에 대하여 준용한다. 이 경우에 형사소송법 제87조 제1항은 육군군법회의법 제143조 또는 해군군법회의법 제143조, 형사소송법 제422조 제1항은 육군군법회의법 제444조 제1항 또는 해군군법회의법 제446조 제1항으로 하고, 제25조 제2항 중 형사소송법 제119조 제1항에 규정하는 사유가 있는 경우에는 모두에 해당하는 것으로 한다.

제38조 조선에서는 이 장 중 사법대신은 조선 총독, 검사장은 복심 법원 검사장, 지방 재판소 검사 또는 구재판소 검사는 지방 법원 검사, 형사 소송법은 조선 형사령에 의할 것을 정한 형사 소송법으로 한다. 다만, 형사 소송법 제422조 제1항은 조선 형사령 제31조로 한다.

제3장 예방구금

제39조 제1장에 규정한 죄를 범하여 형에 처하여진 자가 그 집행을 마치고 석방될 경우, 석방 후에 다시 이 장에 규정한 죄를 범할 우려가 있는 것이 현저한 때에는 재판소는 검사의 청구로 인하여 본인을 예방

구금에 부치는 취지를 명할 수 있다.

제1장에 규정한 죄를 범하고 형에 처해져 그 집행을 마친 자 또는 형의 집행 유예의 언도를 받은 자가 사상범 보호 관찰법에 의하여 보호 관찰에 부쳐져 있는 경우, 보호 관찰에 의하여도 이 장에 규정한 죄를 범할 위험을 방지하기가 곤란하고 다시 이를 범할 우려가 있는 것이 현저한 때에도 전항과 같다.

제40조 예방 구금의 청구는 본인의 현재지를 관할하는 지방 재판소의 검사가 그 재판소에 하여야 한다.

전항의 청구는 보호 관찰에 부쳐져 있는 자에 관련된 때에는 그 보호 관찰을 하는 보호 관찰소의 소재지를 관할하는 지방 재판소의 검사가 그 재판소에 할 수 있다.

예방 구금의 청구를 하기 위해서는 미리 예방 구금 위원회의 의견을 구하여야 한다.

예방 구금 위원회에 관한 규정은 칙령으로 정한다.

제41조 검사는 예방 구금의 청구를 함에 있어 필요한 취조를 하거나 공무소(公務所)에 조회하여 필요한 위 항의 보고를 요구할 수 있다.

전항의 취조를 함에 있어 필요한 경우에는 사법 경찰 관리에게 본인을 동행하게 할 수 있다.

제42조 검사는 본인이 정한 주거를 가지지 아니한 경우 또는 도망하거나 도망할 우려가 있는 경우에 예방 구금의 청구를 함에 있어 필요한 때에는 본인을 예방 구금소에 가수용할 수 있다. 다만, 부득이한 사유가 있는 경우에는 감옥에 가수용할 수 있다.

전항의 가수용은 본인의 진술을 들은 후가 아니면 할 수 없다. 다만, 본인이 진술을 승낙하지 아니하거나 도망한 경우에는 그러하지 아니하다.

제43조 전조의 가수용(假收容)의 기간은 10일로 한다. 그 기간 내에 예방 구금의 청구를 하지 아니하는 때에는 신속히 본인을 석방하여야 한다.

제44조 예방 구금의 청구가 있는 때에는 재판소는 본인의 진술을 듣고 결정을 하여야 한다. 이 경우에는 재판소는 본인에게 출두를 명할 수 있다.

본인이 진술을 승낙하지 아니하거나 도망한 때에는 진술을 듣지 아니하고 결정을 할 수 있다.

형의 집행 종료 전 예방 구금의 청구가 있을 때에는 재판소는 형의 집행 종료 후라도 예방 구금에 대한 취지의 결정을 할 수 있다.

제45조 재판소는 사실의 취조를 할 때 필요한 경우에는 참고인에게 출두를 명하여 사실의 진술 또는 감정을 하게 할 수 있다.

재판소는 공무소에 조회하여 필요한 사항의 보고를 요구할 수 있다.

제46조 검사는 재판소가 본인에게 진술을 하게 하거나 참고인에게 사실의 진술 또는 감정을 하게 하는 경우에 입회하여 의견을 개진할 수 있다.

제47조 본인이 속한 가(家)의 호주·배우자 또는 4친등(親等) 내의 혈족(血族) 또는 3친등 내의 인족(姻族)은 재판소의 허가를 받아 보좌인이 될 수 있다.

보좌인은 재판소가 본인에게 진술을 하게 하거나 참고인에게 사실의 진술 또는 감정을 하게 하는 경우에 입회하여 의견을 개진하거나 참고가 될 만한 자료를 제출할 수 있다.

제48조 다음 각호의 경우에는 재판소는 본인을 구인할 수 있다.

1. 본인이 일정한 주거가 있지 않을 때

2. 본인이 도망한 때 또는 도망할 우려가 있을 때

3. 본인이 정당한 이유 없이 제44조 제1항의 출두 명령에 응하지 않을 때

제49조 전조 제1호 또는 제2호에 규정한 사유가 있을 때에는 재판소는 본인을 예방구금소에 가수용할 수 있다. 다만, 부득이한 사유가 있는 경우에는 감옥에 가수용할 수 있다.

본인이 감옥에 있을 때에는 전항의 사유가 없다고 하더라도 가수용할 수 있다.

제42조 제2항의 규정은 제1항의 경우에 대하여 준용한다.

제50조 별도의 규정이 있는 경우를 제외하고 형사 소송법 중 구인에 관한 규정은 제48조의 구인에, 구류에 관한 규정은 제42조 및 전조의 가수용에 대하여 준용한다. 다만, 보석 및 책부(責付)에 관한 규정은 그러하지 아니하다.

제51조 예방 구금에 부치지 아니하는 취지의 결정에 대하여는 검사는 즉시 항고를 할 수 있다.

예방 구금에 부치는 취지의 결정에 대하여는 본인 및 보좌인은 즉시 항고를 할 수 있다.

제52조 별도의 규정이 있는 경우를 제외하고 형사 소송법 중 결정에 관한 규정은 제44조의 결정에, 즉시 항고에 관한 규정은 전조의 즉시 항고에 따라 준용한다.

제53조 예방 구금에 부쳐진 자는 예방 구금소에 수용하여 개준(改悛)하게 하기 위하여 필요한 처치를 하여야 한다.

예방 구금소에 관한 규정은 칙령으로 정한다.

제54조 예방 구금에 부쳐진 자는 법령의 범위 안에서 타인과 접견하여 편지, 기타 물건을 수수할 수 있다.

예방 구금에 부쳐진 자에 대하여는 편지, 기타 물건의 검열·차압 또는 몰수를 하거나 보안 또는 징계를 위하여 필요한 처치를 할 수 있다. 가수용된 자 및 이 장의 규정에 의하여 구인장의 집행을 받아 유치된 자에 대하여도 같다.

제55조 예방 구금 기간은 2년으로 한다. 특별히 계속할 필요가 있는 경우에는 재판소 결정으로 갱신할 수 있다.

예방 구금 기간 만료 전에 갱신 청구가 있을 때에는 재판소는 기간 만료 후라도 갱신의 결정을 할 수 있다.

갱신 결정은 예방 구금 기간 만료 후에 확정된 때라도 기간 만료 시 확정된 것으로 본다.

제40조·제41조 및 제44조 내지 제52조의 규정은 갱신의 경우에 대하여 준용한다. 이 경우에 제49조 제2항 중 감옥은 예방 구금소로 한다.

제56조 예방 구금의 기간은 결정 확정일부터 기산한다.

구금되지 아니한 일수 또는 형 집행으로 인하여 구금된 일수는 결정 확정 후라도 전항의 기간에 산입하지 아니한다.

제57조 결정 확정시 본인이 수형자인 때에는 예방 구금은 형 집행 종료 후에 집행한다.

감옥에 있는 본인에 대하여 예방 구금을 집행하고자 하는 경우, 이송 준비, 기타 사유로 인하여 특별히 필요한 때에는 일시 구금을 계속할 수 있다.

예방 구금 집행은 본인에 대한 범죄 내수사, 기타 사유로 인하여 특별히 필요할 때에는 결정을 한 재판소 검사 또는 본인의 현재지를 관할하는 지방재판소 검사의 지휘로 정지할 수 있다.

형사 소송법 제534조 내지 제536조 및 제544조 내지 제552조의 규정은 예방구금 집행에 대하여 준용한다.

제58조 예방 구금에 부쳐진 자가 수용 후 필요 없게 된 때에는 제55조에 규정한 기간 만료 전이라도 행정 관청의 처분으로 퇴소하게 해야 한다.

제40조 제3항의 규정은 전항의 경우에 대하여 준용한다.

제59조 예방 구금을 집행하지 아니한 것이 2년에 달한 때에는 결정을 한 재판소 검사 또는 본인의 현재지를 관할하는 지방 재판소 검사는 사정으로 인하여 그 집행을 면제할 수 있다.

제40조 제3항의 규정은 전항의 경우에 대하여 준용한다.

제60조 천재사변(天災事變)에 있어 예방 구금소 안에서 피난의 수단이 없다고 인정되는 때에는 수용된 자를 다른 곳으로 호송하여야 한다. 만약, 호송할 여유가 없는 때에는 일시 해방할 수 있다.

해방된 자는 해방 후 24시간 내에 예방 구금소 또는 경찰관서에 출두하여야 한다.

제61조 이 장의 규정에 의하여 예방 구금소나 감옥에 수용된 자 또는 구인장이나 체포장이 집행된 자가 도주한 때에는 1년 이하의 징역에 처한다.

전조 제1항의 규정에 의하여 해방된 자가 동조 제2항의 규정에 위반한 때에도 전항과 같다.

제62조 수용 설비 또는 계구(械具)를 손괴하고, 폭행 또는 협박을 하거나 2인 이상 통모하여 전조 제1항의 죄를 범한 자는 3월 이상 5년 이하의 징역에 처한다.

제63조 전 두 조의 미수죄는 벌한다.

제64조 이 법에 규정한 것 외에 예방 구금에 관하여 필요한 사항은 명령

으로 정한다.

제65조 조선에서는 예방 구금에 관하여 지방 재판소가 하여야 하는 결정은 지방 법원 합의부에서 한다.

조선에서는 이 장 중 지방재판소 검사는 지방 법원 검사, 사상범 보호 관찰법은 조선 사상범 보호 관찰령, 형사 소송법은 조선 형사령에 의할 것을 정한 형사 소송법으로 한다.

　　부칙

이 법의 시행기일은 칙령으로 정한다.

제1장의 개정 규정은 이 법 시행 전 종전 규정에서 정한 죄를 범한 자에게도 적용한다. 다만, 개정 규정에서 정한 형이 종전 규정에서 정한 형보다 무거울 때에는 종전 규정에서 정한 형에 의하여 처단한다.

제2장의 개정 규정은 이 법 시행 전 공소를 제기한 사건에 대하여는 적용하지 아니한다.

제3장의 개정 규정은 종전 규정에서 정한 죄에 대하여 이 법 시행 전에 형에 처하여진 자에게도 적용한다.

이 법 시행 전 조선 형사령 제12조 내지 제15조의 규정에 의한 내수사 수속은 이 법 시행 후에도 그 효력을 가진다.

전항의 내수사수속에서 이 법에 상당하는 규정이 있는 것은 이 법에 의한 것으로 본다.

이 법 시행 전 조선 사상범 예방 구금령에 의한 예방 구금에 관한 수속은 이 법 시행 후에도 그 효력을 가진다.

전항의 예방 구금에 관한 수속에서 이 법에 상당하는 규정이 있는 것은 이 법에 의한 것으로 본다.

조선 사상범보호관찰령(1936)

조선총독부 제령 제16호(제정 1936.12.12, 시행 1936.12.21)

사상범의 보호관찰에 관하여는 사상범보호관찰법 제11조 제2항, 제12조 및 제14조의 규정을 제외하고 동법에 의한다. 다만, 동법 중 보호관찰소는 조선총독부 보호관찰소로, 보호관찰 심사회는 조선총독부 보호관찰심사회로, 보호사는 조선총독부 보호관찰소 보호사로, 비송사건수속법은 조선민사령에 의할 것을 정한 비송사건수속법으로 한다.
보호관찰의 실행에 관하여 필요한 사항은 조선총독이 정한다.

부칙
이 영은 1936년 12월 21일부터 시행한다.

사상범보호관찰법(1936년 법률 제29호)

제1조 치안유지법의 죄를 범한 자에 대하여 형의 집행유예 언도가 있은 경우 또는 소추를 필요로 하지 아니하여 공소를 제기하지 아니하는 경우에는 보호관찰심사회의 결의에 의하여 본인을 보호관찰에 부칠 수 있으며, 본인의 형의 집행종료 또는 가출옥을 허가받은 경우 또한 같다.
제2조 보호관찰에 있어서는 본인을 보호하여 재차 죄를 범할 위험을 방지하기 위하여 사상 및 행동을 관찰하는 것으로 한다.

제3조 보호관찰은 본인을 보호관찰소의 보호사의 관찰에 부치거나 보호자에게 인도 혹은 보호단체, 사원, 교회, 병원 기타 적당한 자에게 위탁하여 이를 행한다.

제4조 보호관찰에 부쳐진 자에 대하여는 거주, 교우 또는 통신의 제한 및 기타 적당한 조건의 준수를 명할 수 있다.

제5조 보호관찰의 기간은 2년으로 하며 특별히 계속할 필요가 있는 경우에는 보호관찰심사회의 결의에 의하여 이를 갱신할 수 있다.

제6조 제1조에 정하는 사유가 발생한 경우에 필요한 때에는 본인에 대하여 보호관찰 심사회의 결의 전에 임시로 제3조의 처분을 할 수 있다.

제7조 제3조 또는 제4조의 처분은 집행 중에 언제든지 이를 취소하거나 변경할 수 있으며 전조의 처분에 대하여 또한 같다.

제8조 보호관찰소는 필요한 경우에는 보호사에게 본인을 동행하도록 할 수 있다.

제9조 보호관찰소 및 보호사는 그 직무를 행함에 있어서 공무소 또는 공무원에 대하여 촉탁을 행하거나 기타 필요한 보조를 청구할 수 있다.

제10조 본인을 보호단체, 사원, 교회, 병원 또는 적당한 자에게 위탁한 경우에는 위탁을 받은 자에 대하여 이로 인하여 발생하는 비용의 전부 또는 일부를 급부할 수 있다.

제11조 ① 전조의 비용은 보호관찰소의 명령에 의하여 본인 또는 본인을 부양할 의무가 있는 자에게 전부 또는 일부를 징수할 수 있으며, 이 명령에 대하여는 비송사건절차법 제208조의 규정을 준용한다.

② 전항의 명령에 불복하는 자는 명령의 고지를 받은 날부터 1월내에 통상재판소에 출소할 수 있으며, 이 출소는 집행정지의 효력을 갖지 아니한다.

제12조 소년으로 치안유지법의 죄를 범한 자에게는 소년법의 보호처분에 관한 규정을 적용하지 아니한다.

제13조 이 법은 육군형법 제8조, 제9조 및 해군형법 제8조, 제9조에 게기한 자에 대하여는 적용하지 아니한다.

제14조 보호관찰소 및 보호관찰심사회의 조직 및 권한과 보호관찰의 실행에 관하여 필요한 사항은 칙령으로 정한다.

　　부칙

① 이 법의 시행 기일은 칙령으로 정한다.

② 이 법은 이 법 시행 전에 제1조에 정하는 사유가 발생한 경우에도 이를 적용한다.

대동민우회 약법

제1장 총칙

제1조 본 회는 대동민우회라고 칭한다.

제2조 본 회는 본 회의 강령에 의거하여 조선에서의 공산주의 및 민족자결의 운동을 청산하고 국민정신을 철저히 하고 국민적 지위의 향상 확보를 도모함으로써 근상일가(槿桑一家) 이상의 실현을 목적으로 한다.

위 항의 근상일가의 이상이란 특히 다음과 같은 본질을 지닌다.

1. 내선 양 민족은 항상 도의적으로 서로 신뢰하고 대국가, 대국민으로서의 새로운 사상을 추구하여 완전한 결합 강화를 궁극적인 목적으로 한다.
2. 그 전제로서 총독정치를 적극적으로 지지하고 그 철저와 합리화를 통해 조선인의 향상 발전을 기구(企求)한다.
3. 이렇게 황도의 정화(精華)를 기조로 하는 대문화를 결성 발양하여 모든 동아 인류의 복지를 위해 공헌하는 것을 의도한다.

제3조 본 회는 다음 사업을 실행한다.

1. 사상전향자의 보호사업
2. 심전개발(心田開發), 농산어촌진흥운동의 조성 및 합리화 사업
3. 일반 생활개선에 관한 사업
4. 회원의 친목호조에 필요한 사업
5. 기타 강령, 목적의 실현에 필요한 사업

제4조 본 회는 경성에 본부를 두고 필요한 지방에 지부를 설치하고, 지부에 관한 규정은 별도로 이를 정한다.

제5조 본 회의 회원은 연령 25세 이상에 달하고 독립적인 생계를 영위하는 조선인으로 다음 각호의 하나에 해당하는 자에 한정한다.
　1. 1년 이상 사회운동 기타 민중운동에 종사한 자로서 완전히 사상을 전향한 자
　2. 1년 이상 사회교화사업 또는 국민운동에 종사한 자
　3. 정치 경제 및 문화에 관한 학식 또는 경험이 풍부한 자

제6조 회원의 권리 의무는 다음과 같다. 단 입회 후 3개월이 경과하지 않으면 권리를 행사할 수 없다.
　1. 회의에서 의결하고 임원을 선거하거나 선거 받을 권리
　2. 경비를 부담하고 강령, 약법 및 의결에 복종할 의무

제7조 연령 25세 이상의 조선인으로서 정치경제운동의 소양 또는 지망하는 자는 준회원이 될 수 있다.

　준회원은 회의에서 의견을 진술하며 경비를 부담하고 강령, 약법 및 결의에 복종한다.

　준회원으로서 1년 이상을 경과한 자는 이사회의 심사를 거쳐 회원이 될 수 있다.

　특히 필요하다고 인정될 때는 1년 이내일지라도 이사회의 추천과 총재의 결재를 통해 회원이 될 수 있다.

제8조 본 회의 사업을 원조하는 자는 이사회가 찬조회원으로 추천한다.

제9조 본 회는 창립위원회에서 본 회의 창립에 공로가 있는 자 1명을 추천하여 종신고문으로 삼는다.

　종신고문은 본 회의 존립 및 발달을 옹호하고 중요 회무에 대한 총재의 고문에 응한다.

　종신고문은 회(會)의 결의 및 회무의 집행으로서 본 회의 강령, 약법

및 창립의 본지에 반할 염려가 있다고 인정할 때는 당무기관 또는 임원에게 이를 변경 또는 취소시킬 수 있다.

종신고문이 은퇴할 때는 스스로 후임자를 지명한다.

제2장 기관 및 임원

제10조 회무를 심의 집행하기 위해 다음 기관을 둔다.

   1. 총재

   2. 이사회

   3. 감사회

   4. 참의원회

   5. 대회

제11조 앞 조의 기관을 구성하기 위해 다음 임원을 둔다.

   1. 총재 1명

   2. 이사장 1명

   3. 이사 약간 명

   4. 감사장 1명

   5. 감사 약간 명

   6. 참의원 약간 명

제12조 총재, 이사장, 감사장은 대회에서 선거하고 이사, 감사는 대회에서 선거한 배수의 후보자 중에서 총재가 이를 지명한다.

참의원은 찬조회원 중에서 이사회가 이를 추천한다.

이사 및 감사 중에서 각 약간 명을 상무로 하고 총재가 이를 지명한다.

제13조 총재는 본 회를 대표하여 모든 회무를 총재한다.

총재 부재 시는 이사장이 이를 대리한다.

제14조 이사장 및 이사는 이사회를 조직하여 일반 회무를 처결(處決)하고 상무이사가 이를 집행한다.

이사장은 이사회의 의장이 된다.

이사장 사고 시에는 총무부 이사가 이를 대리한다.

제15조 이사장 및 감사는 감사회를 조직하여 회무의 감찰에 관한 사항을 처리한다.

제16조 참의원은 참의원회를 조직하여 총재, 이사회의 자문에 응한다.

제17조 이사회는 이사장, 감사회는 감사장이 필요하다고 인정할 때 또는 과반수의 이사, 감사의 요구가 있을 때 총재의 결재를 거쳐 수시로 이를 소집한다.

제18조 참의원회는 총재가 이를 소집하고 이사장이 의장이 된다.

참의원회는 총재, 이사회의 자문사항을 토의한다.

제19조 본 회는 정기 및 임시 두 종류로 나누어 정기대회는 매년 1회 임시대회는 총재가 필요하다고 인정할 때 이를 소집한다.

대회는 총재가 의장이 된다.

제20조 대회에서는 다음 사항을 의결한다.

　1. 예산 및 결산

　2. 임원의 선거

　3. 이사회의 제의안 및 회원 5인 이상의 연서로 된 건의안으로서 종신 고문의 심의를 거친 것

제21조 총재의 임기는 만 5년, 이사장 및 이사, 감사장 및 감사의 임기는 만 3년, 참의원의 임기는 만 2년으로 한다.

제22조 대회는 회원, 참의원회는 참의원의 3분의 1 이상, 이사회와 감사회는 각기 과반수의 출석으로 성립한다.

동일 안건에 대해 소집 2회에 걸쳐 여전히 성원에 이르지 못했을 때는 출석원으로 성립한다.

제3장 회무 분장

제23조 이사회에는 다음 8부를 둔다.

   1. 총무부

   2. 교양부

   3. 정경부

   4. 재정부

   5. 조직부

   6. 선전부

   7. 조사부

   8. 사회부

제24조 각 부의 사무 분장은 다음과 같다.

   1. 총무부

      (1) 서무에 관한 사항

      (2) 인사에 관한 사항

      (3) 기밀에 관한 사항

      (4) 회원의 신분에 관한 사항

      (5) 타 부에 속하지 않는 사항

   2. 교양부

      (1) 회원, 준회원의 교양 훈련에 관한 사항

      (2) 일반 공민교육에 관한 사항

   3. 정경부

(1) 정경 정책에 관한 사항

　　(2) 경제에 관한 사항

　　(3) 정치에 관한 사항

　　(4) 산업에 관한 사항

　　(5) 노자(勞資) 관계에 관한 사항

　　(6) 교육문화에 관한 사항

4. 재정부

　　(1) 재정에 관한 사항

　　(2) 부담금 조정 징수에 관한 사항

　　(3) 예산 및 결산에 관한 사항

　　(4) 경리 및 조도(調度)에 관한 사항

　　(5) 기타 회계에 관한 사항

5. 조직부

　　(1) 지부 조직에 관한 사항

　　(2) 연락 통제에 관한 사항

　　(3) 대중의 조직 및 지지 획득에 관한 사항

6. 선전부

　　(1) 출판선전에 관한 사항

　　(2) 회세(會勢) 확장에 관한 사항

　　(3) 사상전향 유도에 관한 사항

　　(4) 강연 강좌에 관한 사항

7. 조사부

　　(1) 일반정세 조사에 관한 사항

　　(2) 각종 수요(須要) 자료조사에 관한 사항

8. 사회부

   (1) 회원의 친목 호조에 관한 사항

   (2) 사상전향자의 구호에 관한 사항

   (3) 생활개선운동에 관한 사항

   (4) 일반 사회사업에 관한 사항

제25조 감사회는 다음 사무를 장리(掌理)한다.

  1. 회무 감찰에 관한 사항

  2. 회의 재정 및 회계 검사에 관한 사항

  3. 회원의 사상행동 사찰에 관한 사항

  4. 정계에 관한 사항

제26조 총재가 필요하다고 인정할 때는 이사회의 추천을 통해 고문 약간 명과 상담역 약간 명을 선정할 수 있다.

고문은 총재의 자문에 응하고 상담역은 각 부의 사무에 대한 이사의 상담에 응한다.

제4장 입회, 탈회 및 상벌

제27조 본 회에 입회하려는 자는 회원 2인 이상의 추천에 의해 본 회에 신청하고 승인을 받아야 한다.

제28조 입회 승인을 받은 자는 10일 이내에 소정 부담금을 납부해야 하고, 회원으로서 부담금 납부를 게을리 하는 자는 권리를 행사할 수 없다.

제29조 회원 탈회할 때는 그 이유를 구신(具申)하여 승인을 받아야 하고, 이미 납부한 부담금은 이를 환부하지 않는다.

제30조 회원으로서 본 회의 체면을 오손(汚損)하거나 회의 통제를 문란

하게 하는 자가 있을 때는 감사회의 사찰과 총재의 결재를 거쳐 이사회가 이를 징벌 또는 제명할 수 있다.

징벌은 훈계, 정권(停權), 해임의 3종류로 한다.

제31조 제명처분을 받은 자로서 복회(復會)할 때는 회원 5인 이상의 연서로 본 회에 신청하고 승인을 받아야 한다.

제28조의 규정은 앞 항의 복회자에게도 이를 적용한다.

제32조 회원으로서 현저한 공적이 있는 자는 이사회의 결정을 거쳐 총재가 이를 표창한다.

제5장 회계

제33조 본 회의 회계연도는 정부의 회계연도에 따른다.

제34조 본 회의 경비는 회원의 부담금, 찬조금 및 간부의 갹출금 기타 수입으로 지변한다.

제35조 본 회의 재산은 법인 성립에 이르기까지는 총재 및 종신고문의 연명으로 보관한다.

제6장 부칙

제36조 본 약법은 대회 출석자 3분의 2 이상의 동의가 있을 때는 이를 변경할 수 있다. 단 제2조, 제5조, 제9조, 제12조, 제36조, 제38조 내지는 제40조 및 강령은 이를 변경할 수 없다.

제37조 약법 시행에 필요한 규정은 총재가 이를 정한다.

제38조 본 회의 강령 및 약법에 반하는 결의는 당연히 이를 무효로 한다.

강령, 약법의 해석에 의문이 있을 때는 종신고문의 판정에 따른다.

제39조 본 회의 자산이 20만 원 이상에 달했을 때는 이를 법인으로 조직

을 변경한다.

앞항에 따라 법인으로 변경한 다음일지라도 종신고문에 관한 규정은 계속하여 유효하다.

제40조 본 회는 대회 출석원 3분의 2 이상과 찬조회원 과반수 및 종신고문의 일치가결이 없으면 이를 해산할 수 없다.

시국대응전선사상보국연맹 연맹규약

제1조 본 연맹은 시국대응전선사상보국연맹이라 칭한다.

　　본 연맹의 사무소는 경성보호관찰소 안에 둔다.

제2조 본 연맹은 조선에 재주하는 사상관계자로 본 연맹의 취지에 찬동하는 자로 조직한다.

제3조 본 연맹은 전 조선 전향자의 비상시국 하에서의 국가총동원운동을 강화 확충하고, 반국가사상을 파쇄 격멸하여 황도정신의 진기앙양에 힘씀과 더불어 그 자주적 사회복귀의 촉진을 목적으로 한다.

제4조 본 연맹은 앞 조의 목적을 달성하기 위해 다음 사항을 실천한다.

　　1. 내선일체의 강화 철저

　　2. 애국적 총후 활동의 강화

　　3. 사상국방전선에의 적극적 참가 협력

　　4. 사상선도 단체와 연락 협조

　　5. 국책수행에 철저적 봉사

　　6. 대륙국책의 전선에 인접한 전향자의 통전■■(판독 불능)원조

　　7. 전향자의 생활 확립 및 근로봉사

　　8. 후진(後進) 전향자의 유액(誘掖) 선도

　　9. 전향자의 상호부조 친목

제5조 본 연맹에 고문 및 다음 임원을 둔다.

　　1. 고문 약간 명

　　2. 총무 1명

　　3. 총무차장 1명

　　4. 간사 약간 명

제6조 고문은 본 연맹의 중요사항에 대해 총무의 자문에 응한다.

　　총무는 본 연맹을 대표하고 모든 사무를 총리한다.

　　총무차장은 총무를 보좌하고 총무의 사고 시에는 이를 대리한다.

　　간사는 본 연맹의 상무(常務)를 장리(掌理)한다.

제7조 고문은 총무가 이를 위촉한다.

　　총무는 본 연맹대회에서 추천한다.

　　총무차장은 경성보호관찰소장 직에 있는 자로 한다.

　　간사는 본 연맹대회에서 선출하고, 그 임기는 다음 번 통상대회까지로 한다.

　　단, 간사 가운데 2명은 경성보호관찰소 보호국 직에 있는 자 및 동 관찰소 서기 직에 있는 자를 추천한다.

제8조 본 연맹의 통상대회는 매년 1회 총무가 소집한다. 단 필요한 경우에는 임시대회를 소집할 수 있다.

제9조 본 연맹에 필요한 경비는 연맹원의 임의 갹출금, 지정보호단체의 조성금, 기타 찬조금으로 충당한다.

제10조 본 연맹은 각 보호관찰소의 관할구역마다 지부를 설치한다.

　　각 지부의 사무소는 각 보호관찰소 안에 둔다.

제11조 각 지부에 고문 및 다음 임원을 둔다.

　　1. 고문 약간 명

　　2. 지부장 1명

　　3. 부지부장 1명

　　4. 간사 약간 명

제12조 고문은 지부의 중요 사항에 대해 지부장의 자문에 응한다.

　　지부장은 그 지부를 대표하고 모든 사무를 총리한다.

부지부장은 지부장을 보좌하고 지부장의 사고 시에는 이를 대리한다.

간사는 지부의 상무를 장리한다.

제13조 고문은 지부장의 추천을 통해 총무가 이를 위촉한다.

지부장은 지부대회의 추천을 통해 총무가 이를 위촉한다.

부지부장은 보호관찰소장 직에 있는 자로 한다.

간사는 지부대회에서 선출하고, 그 임기는 다음 번 통상대회까지로 한다.

단, 간사 가운데 2명은 보호관찰소 보호사(保護司) 직에 있는 자 및 동 관찰소 서기 직에 있는 자를 추천한다.

제14조 지부의 통상대회는 매년 1회 지부장이 소집한다. 단 필요한 경우에는 임시대회를 소집할 수 있다.

제15조 지부의 회계는 독립한다. 단 경비는 제9조의 예에 따른다.

제16조 본 규약은 연맹대회의 결의를 통해 변경할 수 있다.

「時局對應全鮮思想報國聯盟の活動狀況」, 『思想彙報』 20, 1939.9, 213~222쪽

재단법인 광주대화숙 요람(1941, 발췌)

재단법인 광주대화숙 기부행위

제1조 시국대응전선사상보국연맹 광주지부장 현준호는 제4조가 정한 목적을 위해 별지 목록에 게재된 재산을 기부하여 재단법인을 설립한다.

제2조 본 재단법인은 재단법인 광주대화숙이라고 칭한다.

제3조 본 재단법인은 사무소를 전라남도 광주부 동정(東町) 142번지에 둔다.

제4조 본 재단법인은 모든 반(反)황도사상을 파쇄 격멸하여 황도정신의 진기(振起)앙양과 내선일체의 심화 철저를 도모함과 동시에 특히 사상사건 관계자를 교화 선도하여 보호하고 그들의 자주적 사회복귀를 촉진함을 목적으로 한다.

제5조 본 재단법인은 앞 조의 목적을 달성하기 위해 다음 사업을 실시한다.

  1. 황도정신 수련도장의 시설
  2. 국어의 보급
  3. 강습회, 강연회, 좌담회 등의 개최
  4. 기관지 기타 출판물의 간행
  5. 수산(産)의 경영
  6. 기타 목적 달성상 필요한 사항

제6조 본 재단법인의 자산은 다음에 기재된 것으로 이루어진다.

  1. 별지 목록에 개제된 재산

2. 11조의 유지(維持)회원으로부터 징수한 회비

3. 앞으로 받을 기부금품

4. 각종 재산으로부터 생긴 과실(果實)

5. 잡수입

제7조 본 재단법인의 기본재산은 다음에 열거한 것으로 충당한다.

1. 앞 조 제1호의 재산 중 부동산 전부

2. 회장이 기본 재산으로 지정한 것

　　기본 재산은 원본(元本)을 소비할 수 없다. 단 이사회의 결의를 거친 경우에는 이에 한정되지 않는다.

제8조 본 재단법인의 자산은 회장이 관리하며 일상적인 지출이 필요하지 않은 현금은 우편저금 기타 확실한 방법으로 이를 보관하고 또는 확실한 유가증권으로 교환할 수 있다.

제9조 본 재단법인의 경비는 회비, 기부금, 장려금, 보조금, 기본재산에서 생긴 과실 기타 수입으로 충당한다.

제10조 본 재단법인의 회계연도는 매년 4월 1일에 시작하여 익년 3월 31일에 끝난다.

제11조 본 재단법인에 다음 회원을 둔다.

1. 유지회원: 경상비 유지를 위해 일정한 회비를 납부하는 자

2. 통상회원: 본 재단법인의 취지에 찬동하고, 본 재단법인의 사업에 봉사 협력하는 자

제12조 본 재단법인에 다음 임원을 둔다. 단 필요할 때는 이사의 원수를 증가시킬 수 있다.

1. 회장(이사): 1명

2. 이사: 1명

3. 감사: 1명

4. 고문: 약간 명

5. 평의원: 약간 명

제13조 회장인 이사는 광주보호관찰소장의 직에 있는 자가 맡고, 기타 임원은 회장이 이를 위촉한다.

제14조 회장이 위촉한 이사, 감사 및 평의원의 임기는 2년으로 한다. 단 재임할 수도 있다.

제15조 회장은 본 재단법인을 대표하여 사무를 총리(總理)한다.

이사는 회장을 보좌하고 회장의 사고 시에는 이를 대리한다.

감사는 본 재단법인의 사무를 감사한다.

고문은 중요 사무에 대해 수시로 의견을 말한다.

평의원은 회장의 자문에 응하여 중요 사무를 심의한다.

제16조 본 재단법인에 다음 직원을 두고, 회장이 이를 임면한다.

1. 주사: 약간 명

2. 서기: 약간 명

주사 및 서기는 상장(上長)의 지휘감독을 받아 서무에 종사한다.

제17조 이사회는 회장이 이를 소집한다.

이사회는 예산 편성과 기본 재산의 지정 및 이동 기타 중요한 사무를 결의한다.

이사회의 의사에 대해 가부간의 의견상 대립이 있을 때는 회장이 이를 결정한다.

제18조 평의원회는 회장이 이를 소집한다.

평의원회는 자산 모집에 관한 사항, 부동산 처분에 관한 사항 기타 중요 사항에 대해 회장의 자문에 따라 이를 심의한다.

제19조 본 재단법인은 광주보호관찰소 관할구역 내와 기타 필요하다고 인정되는 곳에 지부를 둘 수 있다.

제20조 본 기부행위의 시행에 관한 필요한 세칙은 이사회의 결의를 거쳐 별도로 이를 정한다.

제21조 본 기부행위는 이사회의 결의에 따라 조선총독의 허가를 받고 이를 변경할 수 있다.

재단법인 광주대화숙 기부행위 세칙

제1조 본 회에는 다음 장부를 비치한다.
  1. 회원 명부
  2. 임직원 명부
  3. 기본자산 대장
  4. 기부 대장
  5. 현금출납부
  6. 물품 수불부(受拂簿)
  7. 보호 명부
  8. 왕복문서건 명부
  9. 일지
  10. 사령부(辭令簿)
  11. 우편 우표 수불부
  12. 물품 구입부
  13. 기타 필요한 부책

제2조 본회에 다음 직원을 둔다.

    1. 교도주사

    2. 서무회계주사

    3. 서기

제3조 교도주사는 특히 회장이 지정한 사항 이외에 다음 사무를 장리(掌理)한다.

    1. 교도 및 보호에 관한 사항

    2. 교육 및 수산에 관한 사항

    3. 기관지 기타 출판물 발행에 관한 사항

    4. 기타 교도에 관한 사항

제4조 서무회계주사는 특히 회장이 지정한 사항 이외에 다음 사무를 장리한다.

    1. 회장인 기타 회인의 관수

    2. 인사에 관한 사항

    3. 통계 문서의 편찬 보관에 관한 사항

    4. 정기 보고의 하달에 관한 사항

    5. 금전 물품의 보관출납에 관한 사항

    6. 세입세출 예산 편성 및 결산에 관한 사항

    7. 기타 서무회계에 관한 사항

제5조 이사 감사 평의원은 명예직이고, 주사 서기는 유급 또는 무급으로 한다.

제6조 서무회계주사는 매월 일정 한도에서 회장으로부터 자금을 미리 받을 수 있다.

제7조 본 회는 필요에 따라 지부 또는 연합지부를 둘 수 있다.

지부에 관한 세칙은 별도로 정한다.

제8조 지부에는 다음 임원을 둔다.

　　1. 지부장: 1명

　　2. 부지부장: 2명

　　3. 고문: 약간 명

　　4. 평의원: 약간 명

　　5. 주사: 약간 명

제9조 지부장은 그 지부를 대표하고 회무를 총리한다.

　　부지부장은 지부장을 보좌하고 지부장 사고 시에는 이를 대리한다.

　　고문은 지부의 중요 사항에 대한 지부장의 자문에 응한다.

　　평의원은 사업 및 회계 제반사항을 평의한다.

　　주사는 지부의 상무를 장리한다.

제10조 고문은 관내 관민 유력자 중에서 지부장이 이를 위촉한다.

　　지부장 및 부지부장은 회장이 이를 위촉한다.

　　평의원 및 주사는 지부장이 이를 위촉한다.

제11조 지부의 경리는 독립으로 하고, 지부 사업에 따른 수입 및 기부금 잡수입으로 이를 충당한다.

　　단 어쩔 수 없는 사유가 있을 때는 본부에 보조를 요청할 수 있다.

제12조 지부장은 소관 구역 내에 필요하다고 인정되는 경우 분회를 설치할 수 있다.

제13조 분회에는 분회장을 두고 지부장이 이를 위촉하여 분회 사무를 장리한다.

제14조 본 회의 취지에 찬동하고 본 회의 사업에 봉사협력하려는 자로서 소정의 수속을 거친 자를 통상회원으로 한다. 단 사상범보호관찰법 소

정의 대상자는 모두 본회원으로 한다.

제15조 통상회원의 회비는 연액 1원으로 한다.

제16조 통상회원으로서 본 회에 가입하려는 자는 신청서를 회장에게 제출해야 한다. 단 시국대응전선사상보국연맹 광주지부의 회원은 별도의 수속을 거칠 필요가 없다.

제17조 본회 사업 익찬을 위해 연 50원 이상의 회비를 납부한 자를 유지(회원으로 한다. 단 시국대응전선사상보국연맹 광주지부의 찬조회원은 본 회 소정의 유지회원으로 간주한다.

제18조 본회 회무의 시행에 관해 본 세칙 이외에 필요한 규정은 회장이 이를 정할 수 있다.

제19조 본 세칙은 이사회의 결의에 따라 이를 변경할 수 있다.

(잠칙) 재단법인 광주대화숙생 규정

제1조 재단법인 대화숙의 회원으로서 본 숙 내에 기거하는 자를 숙생(塾生)으로 부르고, 본 규정에 복종하여야 한다.

대화숙 내에 기거하지 않는 자일지라도 본 숙의 수산장(授産場)의 종업원은 숙생으로 간주한다.

제2조 숙생은 일상생활에서 항상 다음 5훈을 존봉(尊奉)해야 한다.
1. 깊이 국체의 정화를 회득(會得)하고 황민도의 실천에 노력할 것
2. 자치 자율의 정신에 의거하고 협동 일치하여 일에 임할 것
3. 예의, 질서를 존중하고 규율에 복종할 것
4. 근로를 높이 여기고 책임을 중시하여 항상 실행적일 것

5. 항상 대화의 정신으로 살고 친목 우정을 깊이 할 것

제3조 본 내에 다음 직원을 둔다.

   1. 숙장: 1명

   2. 부숙장: 1명

제4조 숙장은 회장의 명령을 받아 숙 내의 총무를 장리하고 숙생을 감독 지도한다.

   부숙장은 숙장 사고 시에 이를 대리한다.

제5조 본 내에서는 다음 행사를 실시한다.

   1. 하루 행사

     (1) 신전(神前) 예배

     (2) 조회

     (3) 정오 묵도

     (4) 기타 필요한 행사

   2. 월 행사

     (1) 수양회

     (2) 강습회

     (3) 다화회

     (4) 기타 필요한 행사

제6조 숙생은 돌아가며 당직의 임무를 담당한다(단 숙 외 거주자 제외).

   당직자의 책임 시간은 조회부터 다음 날 조회까지로 한다.

제7조 당직 담당자는 다음 사항을 확실히 지킨다.

   1. 화재 도난 예방을 위한 숙 내외의 순찰 및 문걸기

   2. 전화, 신서(信書)의 수령 및 외래자와의 대응

   3. 소등

4. 기상 시의 종치기

5. 숙의 일지(日誌) 기재

6. 제반행사의 준비 및 정돈

7. 기타 긴급한 사고발생에 대한 처치

제8조 본 숙의 폐문시간은 오후 11시로 한다.

숙 내 거주자로서 귀숙시간이 폐문시간을 넘을 경우는 미리 당직자에게 그 뜻을 알려야 한다.

제9조 숙생으로서 외박할 경우 및 외래자를 숙 내에 숙박시킬 경우는 미리 용건 이유 행선지 등을 밝히고 숙장의 허가를 받아야 한다.

제10조 본 규정 이외에 필요하다고 인정되는 사항은 상호 협의를 통해 실시한다.

제11조 본 규정을 위반하는 자는 회장이 입숙을 거절해야 한다.

조선 사상범예방구금령

1941년 조선총독부 제령 제8호(제정 1941.2.12, 시행 1941.3.10)

제1조 ① 치안유지법의 죄를 범하여 형에 처하여진 자가 집행을 종료하여 석방되는 경우에 석방 후 다시 동법의 죄를 범할 우려가 현저한 때에는 재판소는 검사의 청구에 의하여 본인을 예방구금에 부친다는 취지를 명할 수 있다.

② 치안유지법의 죄를 범하여 형에 처하여져 집행을 종료한 자 또는 형의 집행유예 언도를 받은 자가 조선 사상범보호관찰령에 의하여 보호관찰에 부쳐져 있는 경우에 보호관찰을 하여도 동법의 죄를 범할 위험을 방지하기 곤란하고 재범의 우려가 현저하게 있는 때에도 전항과 같다.

제2조 ① 예방구금의 청구는 본인의 현재지를 관할하는 지방법원의 검사가 그 재판소에서 그것을 행하여야 한다.

② 전항의 청구는 보호관찰에 부쳐져 있는 자에 관계된 경우에는 그 보호관찰을 하는 보호관찰소의 소재지를 관할하는 지방법원의 검사가 그 재판소에서 할 수 있다.

③ 예방구금을 청구하기 위하여 사전에 예방구금위원회의 의견을 구하여야 한다.

제3조 ① 검사는 예방구금의 청구를 함에 있어서는 필요한 취조를 행하거나 공무소에 조회하여 필요한 사항의 보고를 요구할 수 있다.

② 전항의 취조를 위하여 필요한 경우에는 사법경찰관리에게 본인을 동행하도록 할 수 있다.

제4조 ① 검사는 본인이 일정한 주거를 갖고 있지 아니한 경우 또는 도망하거나 도망할 우려가 있는 경우에 예방구금의 청구에 필요한 경우에는 본인을 예방구금소에 가수용할 수 있다. 다만, 부득이한 사유가 있는 경우에는 감옥에 가수용하는 것을 방해하지 못한다.

② 전항의 가수용은 본인의 진술을 들은 후가 아니면 이를 할 수 없다. 다만, 본인이 진술을 외면하거나 도망한 경우에 한하여 그러하지 아니하다.

제5조 전조의 가수용 기간은 10일로 하며, 그 기간 내에 예방구금의 청구를 하지 아니한 경우에는 조속히 본인을 석방하여야 한다.

제6조 ① 예방구금 청구가 있는 경우에는 당해 재판소의 합의부에서 결정을 하여야 한다.

② 재판소는 전항의 결정을 하기 전에 본인의 진술을 들어야 하며, 이 경우에 재판소는 본인에게 출두를 명할 수 있다.

③ 본인이 진술을 외면하거나 도망한 경우에는 진술을 듣지 아니하고 결정할 수 있다.

④ 형의 집행종료 전에 예방구금 청구가 있은 경우에는 재판소는 형의 집행종료 후라 하더라도 예방구금에 부치는 취지의 결정을 행할 수 있다.

제7조 ① 재판소는 사실의 취조를 위하여 필요한 경우에는 참고인에게 출두를 명하여 사실을 진술 또는 감정을 하도록 할 수 있다.

② 재판소는 공무소에 조회하여 필요한 사항에 대한 보고를 요구할 수 있다.

제8조 검사는 재판소가 본인에게 진술을 행하도록 하거나 참고인에게 사실의 진술 또는 감정을 하도록 하는 경우에 입회하여 의견을 개진

할 수 있다.

제9조 ① 본인이 속한 가의 호주, 배우자 또는 4촌내의 혈족 혹은 3촌내의 인족(姻族)은 재판소의 허가를 받아 보좌인이 될 수 있다.

② 보좌인은 재판소가 본인에게 진술을 하도록 하거나 또는 참고인에게 사실의 진술 또는 감정을 하도록 하는 경우에 입회하여 의견을 진술하거나 참고가 되는 자료를 제출할 수 있다.

제10조 다음 각호의 경우에 재판소는 본인을 구인할 수 있다.

1. 본인이 일정한 주거를 가지고 있지 아니한 경우
2. 본인이 도망한 경우 또는 도망할 우려가 있는 경우
3. 본인이 정당한 이유 없이 제6조제2항의 출두명령에 응하지 아니한 경우

제11조 ① 전조 제1호 또는 제2호에 규정하는 사유가 있는 경우에는 재판소는 본인을 예방구금소에 가수용할 수 있다. 다만, 부득이한 사유가 있는 경우에는 감옥에 가수용하는 것을 방해하지 못한다.

② 본인이 감옥에 있는 경우에는 전항의 사유가 없다고 하더라도 이를 가수용할 수 있다.

③ 제4조제2항의 규정은 제1항의 경우에 준용한다.

제12조 별도의 규정이 있는 경우를 제외하고 조선형사령에 의할 것을 정한 형사소송법(이하 형사소송법이라 한다.)중 구인에 관한 규정은 제10조의 구인에, 구류에 관한 규정은 제4조 및 전조의 가수용에 대하여 준용한다. 다만, 보석 및 책부(責付)에 관한 규정은 그러하지 아니하다.

제13조 ① 예방구금에 부치지 아니하는 취지의 결정에 대하여 검사는 즉시 항고할 수 있다.

② 예방구금에 부치는 취지의 결정에 대하여는 본인 및 보좌인은 즉시 항고할 수 있다.

제14조 별도의 규정이 있는 경우를 제외하고 형사소송법 중 결정에 관한 규정은 제6조의 결정에, 즉시항고에 관한 규정은 전조의 즉시항고에 대하여 준용한다.

제15조 예방구금에 부쳐진 자는 예방구금소에 수용하여 개전시키기 위하여 필요한 처치를 하여야 한다.

제16조 ① 예방구금에 부쳐진 자는 법령의 범위 내에 있어서 타인과 접견하거나 서신 기타 물건을 수수할 수 있다.

② 예방구금에 부쳐진 자에 대하여는 서신 및 기타 물건의 검열, 차압 혹은 몰취하거나 보안 또는 징계를 위하여 필요한 처치를 할 수 있으며, 가수용된 자 및 이 영에 의하여 구인장의 집행을 받아 유치된 자에 대하여도 또한 같다.

제17조 ① 예방구금의 기간은 2년으로 하며, 특별히 계속할 필요가 있는 경우에는 재판소는 결정을 하여 이를 갱신할 수 있다.

② 예방구금의 기간 만료 전에 갱신의 청구가 있은 경우에는 재판소는 기간만료 후라 하더라도 갱신의 결정을 할 수 있다.

③ 갱신의 결정은 예방구금의 기간만료 후에 확정한 경우라 하더라도 이를 기간만료 시 확정한 것으로 본다.

④ 제2조, 제3조 및 제6조 내지 제14조의 규정은 갱신의 경우에 대하여 준용하며, 이 경우에 제11조제2항 중 감옥은 예방구금소로 한다.

제18조 ① 예방구금의 기간은 결정 확정 일부터 기산한다.

② 구금된 일수 또는 형의 집행을 위하여 구금된 일수는 결정 확정 후라 하더라도 전항의 기간에 산입하지 아니한다.

제19조 ① 결정 확정시 본인이 수형자인 경우에는 예방구금은 형의 집행 종료 후 이를 집행한다.

② 감옥에 있는 본인에 대하여 예방구금을 집행하고자 하는 경우에 이송의 준비 기타 사유로 인하여 특별히 필요한 경우에는 일시적으로 구금을 계속할 수 있다.

③ 예방구금의 집행은 본인에 대한 범죄의 수사 기타 사유로 인하여 특별히 필요한 경우에는 결정을 한 재판소의 검사 또는 본인의 현재지를 관할하는 지방법원의 검사의 지휘에 의하여 이를 정지할 수 있다.

④ 형사소송법 제534조 내지 제536조 및 제544조 내지 제552조의 규정은 예방구금의 집행에 대하여 준용한다.

제20조 ① 예방구금에 부쳐진 자가 수용 후 그 필요가 없어진 때에 이른 자는 제17조에 규정하는 기간만료 전이라 하더라도 행정관청의 처분에 의하여 퇴소시켜야 한다.

② 제2조제3항의 규정은 전항의 경우에 대하여 준용한다.

제21조 ① 예방구금의 집행을 행하지 아니하고 12년에 이른 경우에는 결정을 행하는 재판소의 검사 또는 본인이 현재지를 관할하는 지방법원의 검사는 사정에 의하여 그 집행을 면제할 수 있다.

② 제2조제3항의 규정은 전항의 경우에 대하여 준용한다.

제22조 ① 천재지변 시에 예방구금소 안에 피난 수단이 없는 것으로 인정되는 경우에는 수용된 자를 타소(他所)로 호송하여야 하며, 만약 호송할 틈이 없는 경우에는 일시 해방할 수 있다.

② 해방된 자는 해방 후 24시간 내에 예방구금소 또는 경찰관서에 출두하여야 한다.

제23조 ① 이 영에 의하여 예방구금소 혹은 감옥에 수용된 자 또는 구인장 혹은 체포장을 집행 받은 자가 도주한 경우에는 1년 이하의 징역에 처한다.

② 전조 제1항의 규정에 의하여 해방된 자가 동조 제2항의 규정에 위반한 경우 또한 전항과 같다.

제24조 수용설비 또는 기구를 손상하거나, 폭행 또는 협박하거나 2인 이상이 통모하여 전조 제1항의 죄를 범한 자는 3월 이상 5년 이하의 정역에 처한다.

제25조 전2조의 미수죄는 이를 벌한다.

제26조 이 영에 규정한 사항 외에 예방구금에 관하여 필요한 사항은 조선총독이 정한다.

　　　부칙

이 영의 시행기일은 조선총독이 정한다.

국가보안법

국가보안법(1948)

1948년 법률 제10호(제정 및 시행 1948.12.1)

제1조 국헌을 위배하여 정부를 참칭하거나 그에 부수하여 국가를 변란할 목적으로 결사 또는 집단을 구성한 자는 좌에 의하여 처벌한다.
1. 수괴와 간부는 무기, 3년 이상의 징역 또는 금고에 처한다.
2. 지도적 임무에 종사한 자는 1년 이상, 10년 이하의 징역 또는 금고에 처한다.
3. 그 정을 알고, 결사 또는 집단에 가입한 자는 3년 이하의 징역에 처한다.

제2조 살인, 방화 또는 운수, 통신기관건조물 기타 중요시설의 파괴 등의 범죄행위를 목적으로 하는 결사나 집단을 조직한 자나 그 간부의 직에 있는 자는 10년 이하의 징역에 처하고 그에 가입한 자는 3년 이하의 징역에 처한다.

범죄행위를 목적으로 하는 결사나 집단이 아니라도 그 간부의 지령 또는 승인 하에 집단적 행동으로 살인, 방화, 파괴 등의 범죄행위를 감행한 때에는 대통령은 그 결사나 집단의 해산을 명한다.

제3조 전2조의 목적 또는 그 결사, 집단의 지령으로서 그 목적한 사항의 실행을 협의선동 또는 선전을 한 자는 10년 이하의 징역에 처한다.

제4조 본법의 죄를 범하게 하거나 그 정을 알고 총포, 탄약, 도검 또는 금

품을 공급, 약속 기타의 방법으로 자진방조한 자는 7년 이하의 징역에 처한다.

제5조 본법의 죄를 범한 자가 자수를 한 때에는 그 형을 경감 또는 면제할 수 있다.

제6조 타인을 모함할 목적으로 본법에 규정한 범죄에 관하여 허위의 고발 위증 또는 직권을 남용하여 범죄사실을 날조한 자는 해당내용에 해당한 범죄규정으로 처벌한다.

　　　부칙

이 법은 공포한 날로부터 시행한다.

국가보안법 개정(1950)

1950년 법률 제128호(일부 개정 1950.4.21, 시행 1950.5.12)

제1장 죄

제1조 정부를 참칭하거나 변란을 야기할 목적으로 결사 또는 집단을 조직한 자 또는 그 결사 또는 집단에 있어서 그 목적수행을 위한 행위를 한 자는 좌에 의하여 처단한다.

1. 수괴간부는 사형 또는 무기징역에 처한다.
2. 지도적 임무에 종사한 자는 사형, 무기 또는 10년 이상의 징역에 처한다.
3. 결사 또는 집단에 가입하여 그 목적수행을 위한 행위를 한 자는 3년

이상의 유기징역에 처한다.
   4. 정을 알고 결사 또는 집단에 가입한 자는 10년 이하의 징역에 처한다.

   전항의 결사 또는 집단의 지령이나 전항의 목적을 지원할 목적으로서 살인, 방화 또는 건조물, 운수, 통신기관과 기타 중요시설의 파괴를 한 자는 사형, 무기 또는 10년 이상의 징역에 처한다.

제2조 전조에 규정한 결사를 지원함을 목적으로 하는 결사 또는 집단을 조직한 자 또는 그 결사, 집단에 있어서 그 목적수행을 위한 행위를 한 자는 좌기에 의하여 처단한다.
   1. 수괴간부는 사형, 무기 또는 10년 이상의 징역에 처한다.
   2. 지도적 임무에 종사한 자는 무기 또는 5년 이상의 징역에 처한다.
   3. 결사 또는 집단에 가입하여 그 목적수행을 위한 행위를 한 자는 3년 이상의 유기징역에 처한다.
   4. 정을 알고 결사 또는 집단에 가입한 자는 7년 이하의 징역에 처한다.

제3조 전2조의 결사 또는 집단의 지령이나 전2조의 목적을 지원할 목적으로서 그 목적사항의 실행을 협의, 선동 또는 선전하거나 그 목적수행을 위한 행위를 한 자는 10년 이하의 징역에 처한다.

제4조 전3조의 죄를 범하게 하거나 정을 알고 총포, 탄약, 도검 또는 금품 기타의 재산상 이익을 공급 또는 약속하거나 또는 기타의 방법으로 전3조의 죄를 방조한 자는 3년 이상의 유기징역에 처한다.

제5조 제1조 내지 제3조의 미수죄는 처벌한다.

제6조 전5조의 죄를 범한 자가 자수한 때에는 그 형을 감형 또는 면제할 수 있다.

제7조 타인을 모함할 목적으로 본장에 규정한 죄에 관하여 허위의 고발 또는 위증을 하거나 직권을 남용하여 범죄사실을 날조한 자는 무기 또는 3년 이상의 유기징역에 처한다.

제8조 본장의 규정은 누구든지 본법 시행지외에서 죄를 범한 자에 대하여도 적용한다.

제9조 제1조제2항의 범죄가 현행하고 있음에도 불구하고 경찰관, 형무관 또는 소방서원이 그 직무수행을 포기하였을 때에는 1년 이상, 10년 이하의 징역에 처한다.

제2장 형사절차

제10조 제1장에 규정한 죄에 관한 형사절차는 본장에 규정한 외에는 일반의 예에 의한다.

제11조 제1장에 규정한 죄에 관한 사건으로 단기 4년 이하인 때에는 법원조직법 제29조에 불구하고 1인의 판사가 심판할 수 있다.

[전문개정 1950. 4. 21.]

제11조의2 제1장에 규정한 죄에 관한 구류갱신은 각 심급마다 2회를 초과할 수 없다.

[본조신설 1950. 4. 21.]

제12조 법원은 적당하다고 인정하는 때에는 피고인에 대하여 형의 선고를 유예하는 동시에 피고인을 보도구금에 부할 수 있다. 단 사형 또는 무기로써 처단하여야 할 경우는 제외한다.

제13조 보도구금은 형의 집행중에 있는 자에 대하여도 행할 수 있다.

전항의 보도구금은 검사의 청구에 의하여 법원의 결정으로써 행한다.

전항에 의하여 보도구금에 부한 자에 대하여는 잔형의 집행을 면제한다.

제13조의2　보도구금과 형의 집행이 경합되는 경우에는 좌의 예에 의한다.

    1. 2년 이하의 자유형의 선고를 받은 자에 대하여는 보도구금의 집행을 먼저하고 그 집행을 종료한 때는 형의 집행을 면제한다. 단 보도구금 중에 범한 죄에 의하여 형의 선고를 받은 경우는 제외한다.

    2. 2년을 초과하는 자유형의 선고를 받은 자에 대하여는 그 형만을 집행한다.

    [본조신설 1950. 4. 21.]

제14조　보도구금에 부한 자는 보도소에 수용한다.

제15조　보도소의 수용기간은 2년으로 한다. 단 특히 계속할 필요가 있다고 인정하는 때에는 검사의 청구에 의하여 법원의 결정으로써 갱신할 수 있다.

  전항의 갱신은 2회에 한한다.

제16조　보도구금 중에 있는 자로써 재범의 우려가 없다고 인정하는 때에는 법무부장관은 석방을 명할 수 있다.

제17조　형의 선고유예를 받은 자가 보도구금의 집행을 완료한 후 2년 이내에 다시 제1장에 규정한 죄를 범하여 금고이상의 형을 받는 때에는 형의 선고를 할 수 있다.

  형의 선고를 받지 않고 전항의 기간을 경과한 때에는 면소의 언도가 있은 것으로 간주한다. 〈개정 1950. 4. 21.〉

제18조　보도소의 설치조직 및 권한과 보도적 구금에 관한 사항은 대통령령으로 정한다.

부칙

이 법은 공포 당시에 부칙을 정하지 아니한 법률로서 헌법의 규정에 의하여 공포한 날로부터 20일 경과 후 시행됨.

사회안전법

1975년 법률 제2769호(제정 및 시행 1975.7.16)

제1조(목적) 이 법은 특정범죄를 다시 범할 위험성을 예방하고 사회복귀를 위한 교육개선이 필요하다고 인정되는 자에 대하여 보안처분을 함으로써 국가의 안전과 사회의 안녕을 유지함을 목적으로 한다.

제2조(보안처분의 대상자) 이 법에서 "보안처분대상자"라 함은 다음 각호의 1에 해당하는 죄로서 금고이상의 형의 선고를 받고 그 집행을 받은 사실이 있는 자를 말한다.

  1. 형법 제87조 내지 제90조, 제92조 내지 제101조

  2. 군형법 제5조 내지 제8조, 제9조제2항 또는 제11조 내지 제16조

  3. 국가보안법 제1조 내지 제8조

  4. 반공법 제3조 내지 제7조(다만, 第4條 第2項중 文書·圖畫 기타의 表現物을 拾得하는 罪는 除外한다)

제3조(보안처분의 종류) 보안처분의 종류는 다음과 같다.

  1. 보호관찰처분

  2. 주거제한처분

  3. 보안감호처분

제4조(보호관찰처분) ① 보안처분대상자중 죄를 다시 범할 위험성이 있다고 의심할 충분한 이유가 있어 교육개선이 필요한 자에 대하여는 보호관찰처분을 할 수 있다.

  ② 보호관찰처분을 받은 자는 대통령령이 정하는 바에 따라 소정의 사항을 주거지 관할경찰서장(이하 "管轄警察署長"이라 한다)에게 신고하

고 그 지시에 따라 보호관찰을 받아야 한다.

제5조(주거제한처분) ① 다음 각호의 1에 해당하는 자에 대하여는 주거제한처분을 할 수 있다.

1. 보안처분대상자중 죄를 다시 범할 위험성이 있다고 인정되는 자
2. 보호관찰처분에 위반한 자

② 주거제한처분을 받은 자는 대통령령이 정하는 범위에 따라 법무부장관이 결정한 주거지역 이외의 지역에 거주할 수 없다.

③ 법무부장관이 주거제한처분을 함에 있어서는 그 결정을 받을 자가 결정당시 거주하는 거주지역을 변경할 수 없다.

④ 주거제한처분을 받은 자는 관할경찰서장의 허가를 받은 경우를 제외하고는 거주할 수 없는 지역에 출입할 수 없다.

⑤ 주거제한처분을 받은 자는 대통령령이 정하는 바에 따라 소정의 사항을 관할경찰서장에게 신고하고 그 지시에 따라 보호관찰을 받아야 한다.

제6조(보안감호처분) ① 다음 각호의 1에 해당하는 자에 대하여는 보안감호처분을 할 수 있다.

1. 보안처분대상자중 죄를 다시 범할 현저한 위험성이 있거나 일정한 주거가 없어 감호가 필요하다고 인정되는 자
2. 보호관찰처분에 위반한 자중 주거제한처분에 의하여도 죄를 다시 범할 위험성이 있다고 인정되는 자
3. 주거제한처분에 위반한 자

② 보안감호처분을 받은 자에 대하여는 일정한 장소에 수용하여 교화·감호한다.

③ 제2항의 규정에 의한 수용장소, 수용교화·감호방법 기타 필요한

사항은 대통령령으로 정한다.

제7조(보안처분의 면제) ① 법무부장관은 보안처분대상자중 다음 각호의 요건을 갖춘 자에 대하여는 보안처분을 하지 아니하는 결정(이하 "免除決定"이라 한다)을 할 수 있다.

1. 반공정신이 확립되었을 것
2. 면제결정일전 3년내에 벌금형이상의 선고를 받지 아니하였을 것
3. 일정한 주거와 생업이 있을 것
4. 대통령령이 정하는 신원보증이 있을 것

② 법무부장관은 제1항의 요건을 갖춘 보안처분대상자의 신청이 있을 때에는 부득이한 사유가 있는 경우를 제외하고는 3월내에 보안처분면제여부를 결정하여야 한다.

③ 검사는 제1항제1호 내지 제3호의 규정에 의한 요건을 갖춘 보안처분대상자의 정상을 참작하여 위험성이 없다고 인정되는 때에는 법무부장관에게 면제결정을 청구할 수 있다.

④ 면제결정을 받은 자가 그 면제결정요건에 해당하지 아니하게 된 때에는 검사의 청구에 의하여 법무부장관은 면제결정을 취소할 수 있다.

⑤ 면제결정과, 면제결정청구·면제결정취소청구 및 그 결정에 대하여는 보안처분청구 및 심사결정에 관한 규정을 준용한다.

제8조(보안처분의 기간) 보안처분의 기간은 2년으로 한다. 법무부장관은 검사의 청구가 있는 때에는 보안처분심의위원회의 의결을 거쳐 그 기간을 갱신할 수 있다.

제9조(보안처분대상자의 신고) 보안처분대상자는 대통령령이 정하는 바에 따라 그 형의 집행을 받은 교도소·소년교도소·구치소·유치장·군교도소 또는 영창(이하 "矯導所등"이라 한다)에서 출소전에 거주예정지 기

타 필요한 사항을 교도소등의 장에게 신고하고, 출소후 20일내에 주거·직업 기타 필요한 사항을 관할경찰서장에게 신고하여야 한다.

제10조(조사) ① 검사는 보안처분청구를 위하여 필요한 때에는 보안처분대상자, 청구의 원인이 되는 사실과 보안처분을 필요로 하는 자료를 조사할 수 있다.

② 사법경찰관리와 특별사법경찰관리(이하 "司法警察官吏"라 한다)는 검사의 지휘를 받아 제1항의 규정에 의한 조사를 할 수 있다.

제11조(동행보호) ① 제6조제1항 각호의 1에 해당하는 자중 긴급히 보호하여야 할 필요가 있는 자에 대하여는 검사는 72시간을 초과하지 아니하는 범위내에서, 사법경찰관리는 24시간을 초과하지 아니하는 범위내에서 보안처분대상자를 동행보호할 수 있다.

② 제1항의 기간내에 사법경찰관리가 보안처분대상자를 검사에게 인계하지 아니하거나 검사가 보안처분청구를 하지 아니하면 동행보호를 해제하여야한다.

③ 검사는 제1항의 규정에 의하여 동행보호중에 있는 자에 대하여 보안 감호처분청구를 한 경우에는 15일을 초과하지 아니하는 범위내에서 계속동행보호할 수 있다.

④ 제1항 내지 제3항의 규정에 의한 동행보호와 그 해제에 관하여 필요한 사항은 대통령령으로 정한다.

제12조(보안처분의 청구) 보안처분청구는 검사가 행한다.

제13조(청구의 방법) ① 보안처분청구는 검사가 보안처분청구서(이하 "處分請求書"라 한다)를 법무부장관에게 제출함으로써 행한다.

② 처분청구서에는 다음 사항을 기재하여야 한다.

1. 피청구자의 성명 기타 피청구자를 특정할 수 있는 사항

2. 청구의 원인이 되는 사실

3. 기타 대통령령으로 정하는 사항

③ 검사가 처분청구서를 제출할 때에는 청구의 원인이 되는 사실을 소명할 수 있는 자료와 그의 의견서를 첨부하여야 한다.

④ 검사는 보안처분청구를 한 때에는 지체없이 처분청구서등본을 피청구자에게 송달하여야 한다. 이 경우 송달에 관하여는 민사소송법중 송달에 관한 규정을 준용한다.

제14조(심사) ① 법무부장관은 처분청구서와 자료에 의하여 청구된 사안을 심사한다.

② 법무부장관은 제1항의 규정에 의한 심사를 위하여 필요한 때에는 법무부소속공무원으로 하여금 조사하게 할 수 있다.

③ 제2항의 규정에 의하여 조사의 명을 받은 공무원은 다음 각호의 권한을 가진다.

1. 피청구자 기타 관계자의 소환·심문·조사

2. 국가기관 기타 공·사단체에의 조회 및 관계자료의 제출요구

제15조(보안처분심의위원회) ① 보안처분에 관한 사안을 심의의결하기 위하여 법무부에 보안처분심의위원회(이하 "委員會"라 한다) 를 둔다.

② 위원회는 위원장 1인과 6인의 위원으로 구성한다.

③ 위원장은 법무부차장이 되고, 위원은 학식과 덕망이 있는 자로 하되, 그 과반수는 법관·검사·군법무관 또는 변호사의 자격이 있는 자라야 한다.

④ 위원은 법무부장관의 제청으로 대통령이 임명 또는 위촉한다.

⑤ 공무원인 위원의 임기는 그 직에 있는 동안으로 하고, 위촉된 위원의 임기는 2년으로 한다.

⑥ 위원중 공무원이 아닌 위원도 이 법 기타 다른 법률의 규정에 의한 벌칙의 적용에 있어서는 공무원으로 본다.

⑦ 위원장은 위원회의 회무를 통리하고 위원회를 대표하며, 위원회의 회의를 소집하고 그 의장이 된다.

⑧ 위원장이 사고가 있을 때에는 미리 그가 지정한 위원이 그 직무를 대행한다.

⑨ 위원회는 다음 각호의 사안을 심의의결한다.

1. 보안처분 또는 그 기각의 결정
2. 면제 또는 그 취소결정
3. 보안처분의 취소, 변경 또는 기간의 갱신결정

⑩ 위원회의 회의는 위원장을 포함한 재적위원 과반수의 출석으로 개의하고, 출석위원 과반수의 찬성으로 의결한다. 다만, 가부동삭인 경우에는 위원장이 결정한다.

⑪ 위원회의 운영·서무 기타 필요한 사항은 대통령령으로 정한다.

제16조(피청구자의 자료제출 등) ① 피청구자는 처분청구서등본을 송달받은 날로부터 7일내에 법무부장관 또는 위원회에 서면으로 자기에게 이익된 사실을 진술하고 자료를 제출할 수 있다.

② 위원회는 필요하다고 인정하는 경우에는 피청구자 및 기타 관계자를 출석시켜 심문·조사하거나 공무소 기타 공·사 단체에 대하여 조회할 수 있으며, 관계 자료의 제출을 요구할 수 있다.

제17조(결정) ① 보안처분에 관한 결정은 위원회의 의결을 거쳐 법무부장관이 행한다.

② 법무부장관은 위원회의 의결과 다른 결정을 할 수 없다. 다만, 보안처분대상자에 대하여 위원회의 의결보다 유리한 결정을 하는 때에는

그러하지 아니한다.

제18조(결정서) 결정은 이유를 붙이고 법무부장관이 기명날인하는 문서로서 행한다.

제19조(결정의 취소·변경 등) ① 검사는 법무부장관에게 이미 결정된 보안처분의 취소, 종류의 변경, 조건의 변경 또는 기간의 갱신을 청구할 수 있다.

② 법무부장관은 제1항의 규정에 의한 청구를 받은 때에는 이를 심사 결정하여야 한다.

③ 제1항 및 제2항의 규정에 의한 청구와 그 청구의 심사, 결정에 대하여는 보안처분청구 및 심사, 결정에 관한 규정을 준용한다.

제20조(행정소송) 이 법에 의한 법무부장관의 결정을 받은 자가 그 결정에 이의가 있을 때에는 그 결정이 법령에 위반된 것을 이유로 하는 때에 한하여 그 결정이 집행된 날로부터 30일내에 고등법원에 소를 제기할 수 있다. 다만, 제7조의 규정에 의한 면제결정신청에 대한 기각결정을 받은 자가 그 결정에 이의가 있을 때에는 그 결정이 있는 날로부터 30일내에 고등법원에 소를 제기할 수 있다.

제21조(보안처분의 무효판결 등) ① 법원은 제20조의 소송에 있어서 법무부장관의 결정이 법령에 위반하였다고 인정할 때에 한하여 그 결정의 무효를 판결한다. 다만, 보안처분의 절차에 관한 법령에 위반할 때에는 법무부장관에게 환송한다.

② 법무부장관은 제1항 단서의 규정에 의한 환송이 있는 때에는 다시 결정하여야 한다.

제22조(행정소송법의 준용) 제20조의 소송에 관하여 이 법에 규정한 것을 제외하고는 행정소송법을 준용한다. 다만, 행정소송법 제2조·제10조와 동법 제14조에 의하여 준용되는 민사소송법중 가처분에 관한 규정

은 준용하지 아니한다.

제23조(보안처분의 집행지휘) ① 보안처분의 집행은 검사가 지휘한다.

② 제1항의 지휘는 결정서등본을 첨부한 서면으로 하여야 한다.

제24조(형과 보안처분의 집행순서) ① 징역·금고·구류 또는 노역장 유치의 집행을 받거나 징역·금고·구류의 형이 확정되고 그 형 집행을 받지 아니한 자에 대하여 보안처분이 결정된 때에는 그 형을 먼저 집행한다.

② 보안처분의 집행을 받고 있는 자에 대하여 징역·금고·구류 또는 노역장 유치의 집행을 하여야 할 때에는 검사는 보안처분의 집행을 중지하고 그 형을 먼저 집행하여야 한다.

제25조(기간의 계산) ① 년 또는 월로 정한 기간은 역삭에 따라 계산한다.

② 보안처분의 기간은 보안처분결정을 집행하는 날로부터 기산한다. 이 경우 초일은 산입한다.

③ 보안처분에 위반한 기간은 보안처분기간에 산입하지 아니한다.

④ 징역·금고·구류 또는 노역장 유치의 집행 중에는 보안처분의 기간은 그 진행이 정지된다.

제26조(군법피적용자에 대한 특칙등) ① 군법회의법 제2조제1항 각호의 1에 게기된 자에 대한 보안처분에 관하여는 국방부장관은 법무부장관의, 군법회의검찰관은 검사의, 군사법경찰관리는 사법경찰관리의 이 법에 의한 직무를 행한다.

② 군법회의법 제2조 제1항 각호의 1에 게기된 자에 대한 보안처분을 심의의결하기 위하여 국방부에 군보안처분심의위원회를 둔다.

③ 군보안처분심의위원회의 구성과 운영에 관하여는 제15조의 규정을 준용한다.

④ 국방부장관 또는 군법회의검찰관은 보안처분대상자가 군법회의법

제2조 제1항 각호의 1에 게기된 자가 아님이 명백한 때에는 당해 사안을 법무부장관 또는 검사에게 이송한다. 이 경우 이송전에 한 심사 또는 조사는 이송 후에도 그 효력에 영향이 없다.

⑤ 법무부장관 또는 검사는 보안처분대상자가 군법회의법 제2조 제1항 각호의 1에 게기된 자임이 명백한 때에는 사안을 국방부장관 또는 군법회의검찰관에게 이송한다. 이 경우 이송 전에 한 심사 또는 조사는 이송 후에도 그 효력에 영향이 없다.

제27조(벌칙) ① 정당한 이유 없이 제9조의 규정에 의한 신고를 하지 아니하거나 허위의 신고를 한 자는 6월 이하의 징역에 처한다.

② 보안감호처분을 받은 자가 그 처분집행자의 정당한 명령에 반항 또는 불복종하거나 도주한 때에는 1년 이하의 징역에 처한다.

③ 보안처분에 관한 업무에 종사하는 공무원이 정당한 이유없이 그 직무수행을 거부 또는 그 직무를 유기하거나 허위의 보고를 한 때에는 2년 이하의 징역 또는 5년 이하의 자격정지에 처한다.

④ 보안처분대상자를 은닉하거나 도피하게 한 자는 3년 이하의 징역에 처한다. 다만, 친족·호주 또는 동거의 가족이 본인을 위하여 본문의 죄를 범한 때에는 벌하지 아니한다.

⑤ 보안처분의 업무에 종사하는 공무원 또는 제7조의 신원보증을 한 자가 정당한 사유 없이 보안처분대상자에 관하여 이 법에 의하여 지득한 사실을 공표하거나 누설한 때에는 3년 이하의 징역 또는 10년 이하의 자격정지에 처한다.

제28조(시행령) 보안처분의 청구·심사·결정이나 집행에 관한 절차 기타 이 법 시행에 필요한 사항은 대통령령으로 정한다.

부칙

① 이 법은 공포한 날로부터 시행한다.

② 다음 각호의 1에 해당하는 자는 이 법 적용에 있어서 보안처분대상자로 본다.

1. 이 법 시행당시 이 법 제2조에 해당하는 자
2. 이 법 시행당시 구형법 제77조 내지 제79조 또는 제81조 내지 제88조, 구비상사태하의범죄처벌에관한특별조치령 제3조 내지 제5조, 법률 제10호 구국가보안법 제1조 내지 제4조, 법률 제85호 구국가보안법개정법률 제1조 내지 제5조, 법률 제500호 구국가보안법 제6조 내지 제25조와 제28조(다만, 제17조 제4항 중 문서, 도화 기타의 표현물을 습득하는 죄는 제외한다), 구국방경비법 제32조 또는 제33조, 구해안경비법 제8조의2 또는 제9조 또는 특수범죄처벌에관한특별법 제6조의 규정에 의한 죄로 금고이상의 형의 선고를 받고 그 집행을 받은 사실이 있는 자
3. 이 법 시행당시 부칙 제2항 제2호에 게기된 죄를 범한 자로서 이 법 시행후에 금고이상의 형의 선고를 받은 자

③ 부칙 제2항의 규정에 의하여 보안처분대상자로 된 자는 이 법 제9조의 규정에 의한 신고를 하여야 한다. 이 경우 이 법 시행당시 그 형의 집행을 받은 교도소등에서 출소한 자에 대하여는 이 법 시행일을 출소일로 보되, 이 법 제9조의 규정에 의하여 출소 후에 신고하여야 할 사항을 이 법 시행일로부터 60일 이내에 관할경찰서장에게 신고하여야 한다.

④ 부칙 제3항의 규정에 위반한 자에 대하여는 이 법 제27조 제1항을 적용한다.

참고문헌

1. 자료

1) 정기간행물

『京城日報』, 『大阪每日新聞』(조선판), 『東京朝日新聞』, 『東亞日報』, 『時代日報』, 『自由新聞』, 『朝鮮新聞』, 『朝鮮日報』, 『中外日報』.

『警務彙報』, 『警察研究』, 『高等警察報』, 『高等外事月報』, 『國民文學』, 『國民思想』, 『內鮮一體』, 『綠旗』, 『東洋之光』, 『每日申報』, 『每日新報』, 『文敎の朝鮮』, 『文學界』, 『미군정청 관보』, 『防共の朝鮮』, 『法政新聞』, 『司法保護月報』, 『司法協會雜誌』, 『思想月報』(司法省刑事局), 『思想月報』, 『思想彙報』, 『思想彙報續刊』, 『四海公論』, 『三千里』, 『昭德』, 『昭德會報』, 『新時代』, 『朝光』, 『朝鮮』, 『朝鮮公論』, 『朝鮮及滿洲』, 『朝鮮司法保護』, 『朝鮮司法協會雜誌』, 『治刑』, 『特高月報』.

2) 자료집

宮田節子 編·解說, 1991, 『十五年戰爭極秘資料集 第28集 朝鮮思想運動槪況』, 不二出版.

金正柱 編, 1970, 『朝鮮統治史料 第6卷』, 韓國史料硏究所.

_____, 1971, 『朝鮮統治史料 第7卷』, 韓國史料硏究所.

김준엽·김창순 공편, 1979, 『한국 공산주의 운동사: 자료편 1』, 고려대학교 아세아문제연구소.

朴慶植 編, 1976, 『在日朝鮮人關係資料集成 第四卷』, 三一書房.

_____, 1989, 『日本植民地下の朝鮮思想狀況(朝鮮問題資料叢書 11)』, アジア問題研究所.

방기중 편, 2005, 『일제 파시즘기 한국사회 자료집 3: 총독부의 사상통제와 전향』, 선인.

司法協會, 1937, 『(朝鮮)高等法院判例要旨類集』.

水野直樹 編, 2001, 『朝鮮總督諭告·訓示集成 6』, 綠蔭書房.

奧平康弘 編, 1973, 『現代史資料 45 治安維持法』, みすず書房.

荻野富士夫 編, 1993a, 『特高警察関係資料集成 第19卷』, 不二出版.

_____, 1993b, 『特高警察関係資料集成 第26卷』, 不二出版.

_____, 1996~1999, 『治安維持法関係資料集』(全4卷), 新日本出版社.

전명혁, 2020a, 『형사판결문으로 본 치안유지법 사건과 1920년대 사회주의운동』, 선인.

_____, 2020b, 『형사판결문으로 본 치안유지법 사건과 1930~40년대 초 사회주의운동』, 선인.

齊藤榮治 編, 1942, 『高等法院檢事長訓示通牒類纂』, 高等法院檢事局.

『朝鮮総督府帝国議会説明資料 第5卷』, 1994a, 不二出版.

『朝鮮総督府帝国議会説明資料 第10卷』, 1994b, 不二出版.

『朝鮮総督府帝国議会説明資料 第13卷』, 1998, 不二出版.

置鮎敏宏 編, 1927, 『朝鮮法律判例決議總攬』, 大阪屋書店』(諸法).

2. 논저

1) 한국어 논저

강성현, 2004, 「전향에서 감시·동원, 그리고 학살로: 국민보도연맹 조직을 중심으로」, 『역사연구』 14.

_____, 2010, 「한국전쟁 전 정치범 양산 '법계열'의 운용과 정치범 인식의 변화」, 『사림』 36.

_____, 2011, 「1945~50년 '檢察司法'의 재건과 '사상검찰'의 '反共司法'」, 『기억과 전망』 25.

_____, 2012a, 「한국의 국가 형성기 '예외상태 상례'의 법적 구조: 국가보안법(1948·1949·1950)과 계엄법(1949)을 중심으로」, 『사회와 역사』 94.

_____, 2012b, 「한국 사상통제기제의 역사적 형성과 '보도연맹 사건', 1925-50」, 서울대학교 박사학위논문.

구대열, 1995, 『한국 국제관계사 연구 1』, 역사비평사.

宮田節子 저, 李熒娘 역, 1997, 『朝鮮民衆과 '皇民化' 政策』, 일조각.

김경일, 1993, 『이재유 연구: 1930년대 서울의 혁명적 노동운동』, 창작과비평사.

김귀옥, 2011, 「1960~70년대 비전향 장기수와 감옥의 일상사: 비전향 장기수의 구술 기억을 따라」, 『역사비평』 94.

김동춘, 2022, 「유신체제(1972-1979) 하 '좌익수' 전향정책의 역사정치적 성격」, 『사회와 역사』 134.

김득중, 2009, 『'빨갱이'의 탄생: 여순사건과 반공 국가의 형성』, 선인.

김득중 외, 2007, 『죽엄으로써 나라를 지키자: 1950년대, 반공·동원·감시의 시대』, 선인.

김무용, 2010, 「정부수립 전후 시기 국민형성의 동종화와 정치학살의 담론 발전」, 『아세아연구』 53-4.

김민철, 1995, 「일제하 사회주의자들의 전향논리」, 『역사비평』 30.

김부자 저, 조경희·김우자 역, 2009, 『학교 밖의 조선여성들: 젠더사로 고쳐 쓴 식민지교육』, 일조각.

김정기, 2008, 『국회 프락치사건의 재발견 1』, 한울아카데미.

김진균·정근식 편, 1997, 『근대주체와 식민지 규율권력』, 문화과학사.

김현숙, 1990, 「사노 마나부(佐野學)의 轉向硏究」, 연세대학교 석사학위논문.

도베 히데아키, 2017, 「중일전쟁기 조선 지식인의 동아협동체론」, 홍종욱 편, 『식민지 지식인의 근대 초극론』, 서울대학교 출판문화원.

스즈키 케이후, 2007, 「조선 식민지 통치법(朝鮮植民地統治法)의 성격(性格): 治安維持法의 解釋과 適用」, 『법학논총』 31.

리차드 H. 미첼 저, 김윤식 역, 1982, 『日帝의 思想統制: 思想轉向과 그 法體系』, 일지사.

마쓰다 도시히코 저, 이종민·이형식·김현 역, 2020, 『일본의 조선 식민지 지배와 경찰』, 경인문화사.

문명기, 1998, 「中日戰爭 初期(1937~1939) 汪精衛派의 和平運動과 그 性格」, 서울대 동양사학과 석사학위논문.

문준영, 2010, 『법원과 검찰의 탄생: 사법의 역사로 읽는 대한민국』, 역사비평사.

水野直樹 저, 이영록 역, 2002, 「조선에 있어서 치안유지법 체제의 식민지적 성격」, 『법사학연구』 26.

미즈노 나오키, 2004, 「1930년대 후반 조선에서의 사상 통제 정책: 함경남북도의 '사상 정화 공작'과 그 이데올로기」, 방기중 編, 『일제 파시즘 지배정책과 민중생활』, 혜안.

民族政經文化硏究所 編, 1948, 『親日派群像』(『親日派罪狀記』, 1993 수록).

박명림, 2002,『한국 1950: 전쟁과 평화』, 나남출판.

박원순, 1992a,『국가보안법 연구 1: 국가보안법 변천사』, 역사비평사.

_____ 1992b,『국가보안법 연구 2: 국가보안법 적용사』, 역사비평사.

_____, 1992c,『국가보안법 연구 3: 국가보안법 폐지론』, 역사비평사.

박찬표, 1997,『한국의 국가형성과 민주주의: 미군정기 자유민주주의의 초기제도화』, 고려대학교출판부.

西大門刑務所職員交友會, 1936,『西大門刑務所例規類纂』, 西大門刑務所職員交友會.

서승 저, 김경자 역, 1999,『서승의 옥중 19년』, 역사비평사.

서울대학교 음악대학, 1997,『서울대학교 음악대학 50년사 1946-1996』.

선우종원, 1992,『사상검사』, 계명사.

_____, 1998,『격랑 80년: 선우종원 회고록』, 인물연구소.

申東雲, 1986,「日帝下의 豫審制度에 관하여: 그 制度的 機能을 중심으로」,『서울대학교 법학』 27-1.

_____, 2001,「搜査指揮權의 歸屬에 관한 沿革的 考察(1): 初期 法規定의 整備를 중심으로」,『서울대학교 법학』 42-1.

안경환, 1993,「〈서평〉 참혹한 두 도시 이야기: 박원순,『국가보안법연구 1·2·3』, 역사비평사, 1992」,『역사비평』 22.

안유림, 2009,「일제 치안유지법체제하 조선의 예심(豫審)제도」,『이화사학연구』 38.

엄소정, 2019,「도바타 세이이치(東畑精一)와 제국 일본의 식민정책학」,『일본역사연구』 49.

오기노 후지오 저, 윤소영 역, 2022,『일제강점기 치안유지법 운용의 역사』, 역사공간.

吳制道, 1949,『國家保安法實務提要』, 서울地方檢察廳.

_____, 1954,『붉은 群像』改訂4版, 希望出版社.

_____, 1957,『사상검사의 수기』, 창신문화사.

_____, 1969,『追擊者의 證言』, 希望出版社.

_____, 1976,「그때 그일들〈141〉 吳制道 (7)「保安法實務提要」의 著述」,『東亞日報』, 1976.6.19.

우동수, 1991,「1920년대 말~30년대 한국 사회주의자들의 신국가건설론에 관한 연구」,『한국사연구』 72.

兪鎭午, 1977, 『養虎記: 普專·高大 三十年의 回顧』, 高麗大學校出版部.

尹致暎, 1991, 『東山回顧錄: 尹致暎의 20世紀』, 삼성출판사.

윤치호 저, 김상태 편역, 2001, 『윤치호 일기(1916~1943): 한 지식인의 내면세계를 통해 본 식민지 시기』, 역사비평사.

尹輝鐸, 1996, 『日帝下「滿洲國」研究: 抗日武裝鬪爭과 治安肅正工作』, 一潮閣.

이강수, 2003, 『반민특위 연구』, 나남출판.

李成森, 1977, 『監理敎와 神學大學史 監神大七〇周年記念 1975』, 韓國敎育圖書出版社.

이수일, 1992, 「인정식선생의 생애와 농업경제사상」, 『印貞植全集 1』, 한울.

_____, 1997, 「1930년대 사회주의자들의 현실인식과 마르크스주의의 이해: '城大그룹'을 중심으로」, 金容燮敎授停年紀念 韓國史學論叢刊行委員會 편, 『韓國 近現代의 民族問題와 新國家建設』, 지식산업사.

_____, 1998, 「일제말기 社會主義者의 轉向論: 印貞植을 중심으로」, 『國史館論叢』 79.

이승휘, 1989, 「抗日戰爭」, 『講座 中國史 7』, 지식산업사.

이준식, 1994, 「세계 대공황기 민족해방운동 연구의 의의와 과제」, 『역사와 현실』 11.

이태훈, 2014, 「일제말 전시체제기 조선방공협회의 활동과 반공선전전략」, 『역사와 현실』 93.

이희승, 1996, 『일석 이희승 회고록: 딸깍발이 선비의 일생』, 창작과비평사.

印貞植, 1937, 『朝鮮の農業機構分析』, 白揚社.

임경석, 2014, 「일본인의 조선 연구: 사상검사 이토 노리오(伊藤憲郎)의 사회주의 연구를 중심으로」, 『한국사학사학보』 29.

임종국, 1985, 『일제하의 사상 탄압: 일제의 침략·지배 전술과 민족말살정책』, 평화출판사.

장문석, 2017, 「주변부의 세계사: 최인훈의 『태풍』과 원리로서의 아시아」, 『민족문학사연구』 65.

장신, 1998, 「1920년대 민족해방운동과 치안유지법」, 『學林』 19.

_____, 2000, 「1930년대 전반기 일제의 사상전향정책연구」, 『역사와 현실』 37.

_____, 2020, 「1930·40년대 조선총독부의 사상전향정책 연구」, 성균관대학교 박사학위논문.

_____, 2023a, 「1914년 「행정집행령」 제1조와 예비검속」, 『역사비평』 145.

_____, 2023b, 「1941년 「조선임시보안령」의 제정과 운용」, 『역사문제연구』 51.

장용경, 2003, 「일제 植民地期 印貞植의 轉向論: 內鮮一體論을 통한 植民的 관계의 형성과 農業再編成論」, 『韓國史論』 49.

전상숙, 2004, 『일제시기 한국 사회주의 지식인 연구』, 지식산업사.

_____, 2005, 「사상통제정책의 역사성: 반공과 전향」, 『한국정치외교사논총』 27-1.

정병준, 2004, 「한국전쟁 초기 국민보도연맹원 예비검속·학살사건의 배경과 구조」, 『역사와 현실』 54.

정혜경·이승엽, 1999, 「일제하 綠旗聯盟의 활동」, 『한국근현대사연구』 10.

제주 4·3사건 진상규명 및 희생자 명예회복 위원회, 2003, 「제주4·3사건 진상조사보고서」, 제주 4·3사건 진상규명 및 희생자 명예회복 위원회.

조국, 1988, 「한국 근현대사에서의 사상통제법」, 『역사비평』 3.

조르조 아감벤 저, 김항 역, 2009, 『예외상태』, 새물결.

조우찬, 2016, 「1930년대 중반 한인민족해방동맹의 항일투쟁의 특징과 역사적 재평가」, 『동북아역사논총』 54.

지승준, 1998a, 「1930년대 사회주의진영의 '轉向'과 大東民友會」, 『史學硏究』 55·56.

_____, 1998b, 「1930년대 日帝의 '思想犯' 대책과 사회주의자들의 전향논리」, 『中央史論』 10·11.

진실·화해를 위한 과거사 정리 위원회, 2009, 『국민보도연맹사건 진실규명결정서』, 진실화해를 위한 과거사 정리 위원회.

_____, 2010, 「전향공작 관련 인권침해 사건」, 『2009년 하반기 조사보고서 8』, 진실 화해를 위한 과거사 정리 위원회.

진형주, 1986, 「1930年代 日本과 歐美列强間의 外交關係가 中·日戰爭에 미친 影響에 關하여」, 이화여자대학교 정치외교학과 석사학위논문.

최규진, 2012, 「'불량학생 숙청'과 보도연맹」, 『내일을 여는 역사』 46.

최원식·백영서 편, 1997, 『동아시아인의 '동양'인식: 19~20세기』, 문학과 지성사.

최유리, 1997, 『일제 말기 식민지 지배정책연구』, 국학자료원.

최인훈, 「총독의 소리」, 『신동아』, 1967.8.

최정기, 2002, 『비전향 장기수: 0.5평에 갇힌 한반도』, 책세상.

_____, 2007, 「해방 이후 한국전쟁까지의 형무소 실태 연구」, 『제노사이드연구』 2.

친일인명사전편찬위원회, 2009, 『친일인명사전』, 민족문제연구소.

한국정신문화연구원 현대사연구소 편, 1999, 『遲耘 金錣洙』, 한국정신문화연구원 현대사연구소.

한인섭, 1991, 「치안유지법과 식민지 통제법령의 전개」, 『박병호 교수 환갑기념 (II) 한국법사학논총』, 박병호 교수 환갑기념논총 간행위원회.

_____, 2012, 『식민지 법정에서 독립을 변론하다: 허헌, 김병로, 이인과 항일 재판투쟁』, 경인문화사.

함동주, 1996, 「中日戰爭과 미키 키요시(三木淸)의 東亞協同體論」, 『東洋史學研究』 56.

洪性讚, 1994, 「일제하 延專商科의 經濟學風과 '經濟研究會事件'」, 『연세경제연구』 1.

_____, 2006, 「일제하 사상범보호단체 "소도회(昭道會)"의 설립과 활동」, 『동방학지』 135.

홍종욱, 2011, 「'식민지 아카데미즘'의 그늘, 지식인의 전향」, 『사이間SAI』, 11.

_____, 2015, 「전향」, 서울대학교 역사연구소 편, 『역사용어사전』, 서울대학교 출판문화원.

_____, 2016, 「교토 유학생 박제환의 삶과 실천: 문학청년, 사회주의자, 식민지 관료」, 『한국학연구』 40.

_____, 2021, 「1930년대 마르크스주의 역사학의 아시아 인식과 조선 연구」, 『한국학연구』 61.

홍종욱 편, 2017, 『식민지 지식인의 근대 초극론』, 서울대학교 출판문화원.

황민호, 2005, 「전시통제기 조선총독부의 사상범 문제에 대한 인식과 통제」, 『사학연구』 79.

후지이 다케시, 2012, 『파시즘과 제3세계주의 사이에서: 족청계의 형성과 몰락을 통해 본 해방 8년사』, 역사비평사.

2) 외국어 논저

宮田節子, 1982, 『朝鮮民衆と「皇民化」政策』, 未来社.

吉本隆明, 1958, 「転向論」, 『現代批評』 1(『吉本隆明全著作集』 第13巻, 勁草書房, 1969).

金石範, 1993, 『転向と親日派』, 岩波書店.

綠旗日本文化研究所, 1939, 『今日の朝鮮問題講座(4): 朝鮮思想界槪觀』, 綠旗聯盟.

大隅実山(眞城寺住職), 1982, 「京城の嵐 戰前の朝鮮での思い出」, 『解放の道・岡山版』.

綠旗聯盟 編, 1944, 『大和塾日記』, 興亞文化出版株式會社.

明誠学園高等学校社会部, 1998,『友好の架け橋 part Ⅱ: 韓国研修報告集』.

米谷匡史, 1997,「戰時期日本の社會思想: 現代化と戰時變革」,『思想』882.

本多秋五, 1959,「〈書評〉思想の科学研究会編 共同研究『転向』上」,『思想』421(本多秋五, 1960,『増補 転向文学論』, 未来社 수록).

四方博, 1941,「朝鮮」,『社會經濟史學』10·11·12.

山辺健太郎, 1973,「初代予防拘禁所長に聞く」,『現代史資料(45) 治安維持法』, みすず書房.

山之内靖・ヴィクター゠コシュマン・成田龍一 編, 1995,『総力戦と現代化』, 柏書房.

三木清,「東亞思想の根據」(1938.12),『三木清全集 15』, 岩波書店.

小磯國昭, 1963,『葛山鴻爪』.

小田中聰樹, 1970,「3·15事件, 4·16事件」,『日本政治裁判史録 昭和·前』, 第一法規出版.

松田利彦, 1997,「植民地末期におけるある朝鮮転向者の運動: 姜永錫と日本国体学・東亜連盟運動」,『人文学報』79, 京都大学人文科学研究所.

＿＿＿＿, 2015,『東亜連盟運動と朝鮮・朝鮮人: 日中戦争期における植民地帝国日本の断面』, 有志舎.

水野直樹, 1979,「治安維持法と朝鮮・覚え書き」,『朝鮮研究』188.

＿＿＿＿, 1986,「日本の朝鮮支配と治安維持法」,『季刊三千里』47.

＿＿＿＿, 1999,『植民地朝鮮・台湾における治安維持法に関する研究』, 科学研究費研究成果報告書.

＿＿＿＿, 2000,「治安維持法の制定と植民地朝鮮」,『人文学報』83.

＿＿＿＿, 2001,『朝鮮総督諭告・訓示集成 4』, 緑蔭書房.

＿＿＿＿, 2003,「戦時期朝鮮における治安政策: 「思想浄化工作」と大和塾を中心に」,『歴史学研究』777.

＿＿＿＿, 2004,「植民地独立運動に対する治安維持法の適用: 朝鮮・日本「内地」における法運用の落差」, 浅野豊美・松田利彦 編,『植民地帝国日本の法的構造』, 信山社.

＿＿＿＿, 2006,「戦時期朝鮮の治安維持体制」, 倉沢愛子 等 編,『岩波講座 アジア・太平洋戦争 7 支配と暴力』, 岩波書店.

＿＿＿＿, 2008,「植民地期朝鮮の思想検事」(『International Symposium 30, 日本の朝鮮・台湾支配と植民地官僚』, 国際日本文化研究センター.

＿＿＿＿, 2009,「思想検事たちの「戦中」と「戦後」: 植民地支配と思想検事」, 松田利彦・やま

　　　　だあつし 編, 『日本の朝鮮・台湾支配と植民地官僚』, 思文閣出版.

_____, 2013, 「咸鏡北道における思想浄化工作と郷約・自衛団」, 松田利彦・陳姃媛 編, 『地域社会から見る帝国日本と植民地』, 思文閣出版.

_____, 2014, 「治安維持法による死刑判決: 朝鮮における弾圧の実態」, 『治安維持法と現代』28.

_____, 2015, 「朝鮮における思想犯予防拘禁制度とその実態」(未定稿).

升味準之輔, 1972, 「序説」, 『「近衛新体制」の研究(年報政治学 1972)』, 日本政治学会.

辻信一, 1981, 「〈書評〉転向論の新しい地平 上」, 『思想の科学』7-2.

野村調太郎, 1925, 「治安維持法ト朝鮮獨立運動」, 『普聲』2.

永島広紀, 2008, 「日本統治下の朝鮮における転向者と思想「善導」の構図」, 『佐賀大学文化教育学部研究論文集』12-2.

_____, 2011, 『戦時期朝鮮における「新体制」と京城帝国大学』, ゆまに書房.

奥平康弘, 1977, 『治安維持法小史』, 筑摩書房.

隅谷三喜男, 1976, 「転向の心理と論理」, 『思想』624.

原朗, 1997, 「國家總動員」, 『日本歴史大系17 革新と戦争の時代』, 山川出版社.

伊藤晃, 1995, 『転向と天皇制: 日本共産主義運動の一九三〇年代』, 勁草書房.

荻野富士夫, 1985, 『特高警察体制史: 社会運動抑圧取締の構造と実態』, せきた書房.

_____, 1996, 「解説 治安維持法成立・「改正」史」, 『治安維持法関係資料集 第4巻』, 新日本出版社.

_____, 2000, 『思想検事』, 岩波新書.

_____, 2012, 『特高警察』, 岩波新書.

_____, 2021, 『治安維持法の「現場」(治安維持法の歴史 Ⅰ)』, 六花出版.

_____, 2022a, 『治安維持法(治安維持法の歴史 Ⅱ)』, 六花出版.

_____, 2022b, 『朝鮮の治安維持法の「現場」(治安維持法の歴史 Ⅲ)』, 六花出版.

_____, 2022c, 『朝鮮の治安維持法(治安維持法の歴史 Ⅳ)』, 六花出版.

田村徳治, 1938, 「協和戦争の確信とその根據」, 『日本評論』13-13.

趙寛子, 2006, 「脱/植民地と知の制度－朝鮮半島における抵抗－動員－翼賛」, 倉沢愛子 等編, 『岩波講座 アジア・太平洋戦争 3 動員・抵抗・翼賛』.

池田克, 1939, 「治安維持法」, 末弘嚴太郎 編輯代表, 『新法学全集 第19巻 刑事法 2』, 日本

評論社.

川村貞四郎, 1933, 『官界の表裏』, 私家版.

鐸木昌之, 1993, 「滿州・朝鮮の革命的連繫: 滿州抗日鬪爭と朝鮮解放後の革命・內戰」, 『近代日本と植民地』6, 岩波書店.

板垣竜太, 2000, 「農村振興運動における官僚制と村落: その文書主義に注目して」, 『朝鮮学報』175.

布施辰治, 1929, 『共産党事件に對する批判と抗議』, 共生閣.

鶴見俊輔, 1959, 「転向の共同研究について」, 思想の科学研究会 編, 『共同研究 転向』上巻, 平凡社.

_____, 1978, 「文献解題」, 思想の科学研究会 編, 『改訂増補 共同研究 転向』下巻, 平凡社.

洪宗郁, 2011, 『戦時期朝鮮の転向者たち: 帝国/植民地の統合と亀裂』, 有志舎.

_____, 2017, 「戦時期朝鮮における思想犯統制と大和塾」, 『韓国朝鮮文化研究』16.

Hayter, Irena, Sipos, George T. and Williams, Mark eds., 2021, *Tenko: Cultures of Political Conversion in Transwar Japan*, Routledge.

Mizuno, Naoki, "A Propaganda Film Subverting Ethnic Hierarchy?: Suicide Squad at the Watchtower and Colonial Korea", *Cross-Currents* No. 5, 2012.

Ward, Max M., 2019, *Thought Crime: Ideology and State Power in Interwar Japan*, Duke University Press.

찾아보기

ㄱ

가네미쓰 요시오(金光芳雄) 224
가마 이사오(蒲勳, 정훈) 216, 218
가석방 43, 64, 115, 128, 268, 271
가출옥 64, 65, 113, 114, 131, 150, 169, 181, 210
간도 75, 83, 153, 280
간도공산당 94, 95, 101
갈홍기(葛弘基) 146
갑산공작위원회 151
강달영 58, 84
검찰요보 78
경성 콤그룹 142, 164, 165
경제연구회 191
계정식 232
고노에 후미마로(近衛文麿) 185, 186
고려공산청년회 101, 102, 181, 282
고려혁명당 89
고명자(高明子) 146
고문 12, 15, 43, 47~49, 51, 53, 58, 59, 84, 94, 284
고이 세쓰조(五井節藏) 82~84, 91~93
고이소 구니아키(小磯國昭) 104, 288

고일청(高一淸) 146
곤도 에이조(近藤榮藏) 39
공동연구 전향 26~28
광주학생독립운동 63, 188
교회사 115, 136
9월 테제 68
구자옥(具滋玉) 146
국가보안법 19, 24, 25, 244, 248~254, 257~261, 263, 264, 268, 273, 291
국민보도연맹 19, 24, 150, 252, 258~267, 279, 290
국민정신총동원연맹 142, 153, 159
국민총력연맹 159, 206
국방보안법 240~243, 246
국어강습 147, 218, 223~228, 230, 231, 235, 265, 290
국제연맹 160
국체 변혁 14~17, 86~104, 113, 237, 238, 276, 279, 281~284, 289
군정법령 제19호 246, 248
권오설 48, 58, 84, 92, 93
권우성 142, 164
권충일(權忠一) 140, 146

김계림(金桂林) 146
김두정(金斗禎) 65, 141, 146
김명식 38, 188, 189
김병로 48, 63, 78, 79, 85, 255
김복진 96
김용제 235
김일성 151~153, 163
김자경 232
김재경 230
김재봉 47, 92, 93
김준연(金俊淵) 146
김철수 205, 211
김태준 164, 165
김한경(金漢卿) 146, 147

ㄴ

나가사키 유조(長崎祐三) 81, 138, 145~147, 170, 207, 208, 210, 212~215, 221, 222, 224, 228, 230, 233, 237, 244, 262
나베야마 사다치카(鍋山貞親) 112, 114, 118, 143, 180
나준영(羅俊英) 146
나카무라 나오타케(中村尙武) 125
나카무라 다케조(中村竹藏) 110
나카무라 히데다카(中村英孝) 219
난바 다이스케(難波大助) 40
남로당 256, 261, 263, 265
내선일체 29, 32, 131, 140, 143, 147, 152, 156, 158, 183~185, 190, 191, 196, 208, 224, 233, 286, 288
냉전 14, 19, 33, 276
노국(露國, 러시아) 49
노동규 191
노몬한 전투 164
노무라 조타로(野村調太郎) 88
노진설 142
녹기연맹 122, 167, 208, 230, 245
농공병진 183, 185, 286
농촌진흥운동 70, 114, 148, 223

ㄷ

다나카 다케오(田中武雄) 41
다무라 도쿠지(田村德治) 196, 197
대국가주의 178, 179
대동민우회 142, 163, 177~179, 189
대정익찬회 206, 288
대한민국 임시정부 102
대화숙 18, 19, 22, 136, 144, 147, 206~236, 244, 245, 261~265, 288, 290
도미나가 후미카즈(富永文一) 125
도바타 세이이치(東畑精一) 18
도사와 시게오(戶澤重雄) 61
동북항일연군 151
동아협동체 187~191, 287
동우회(同友會) 선언 37

ㄹ

러시아 17, 38, 39, 49, 187, 278
러시아혁명 16
루드비히 마자르(Ludwig Madjar) 182

ㅁ

마쓰모토 마코토(松本誠) 125
만주 23, 75, 94, 95, 109, 110, 114, 153, 156, 163, 185, 196, 197, 216, 279, 287
만주사변 109, 110, 160, 162, 179, 279
모리 로쿠지(森六治) 125
모리 모토이(毛利基) 128
모리우라 후지오(森浦藤郎) 79
모리토 다쓰오(森戶辰男) 39
문순용 203
미나미 지로(南次郎) 157, 288
미야모토 하지메(宮本元) 203
미와 와사부로(三輪和三郎) 48
미키 기요시(三木淸) 186, 187
민병증(閔丙曾) 146
민족협화론 180, 185, 189~192, 196, 198, 208, 287

ㅂ

박득현(朴得鉉) 141, 146
박문병 102
박영철 125
박영희(朴英熙) 140, 146
박우천 260, 265
박자갑(朴自甲) 146
박제환 101
박진홍 181
박치우 162
박헌영 91, 142, 164, 166
박희도 38
반공 14, 16~19, 23, 31, 33, 93, 152, 156, 160, 185, 189, 192, 256~259, 261, 265~267, 271, 273, 289~291
반민족행위 처벌법 248, 251, 253, 261
반민족행위 특별조사위원회(반민특위) 251, 261
방공단 151, 152, 155, 158, 159
방공협정(반코민테른 협정) 155
백남운 191, 192, 194, 195, 218~222
백악회 177, 178, 189
범죄즉결례 46, 254
변호사(변호인) 15, 47, 48, 55, 56, 60, 62, 63, 78, 85, 97, 102, 130, 136, 142, 177, 202, 238, 259
보도관 130, 134, 135, 207
보안관찰법 271
보안법 36, 37, 63, 75, 88
보천보 전투 151
보호관찰 42, 43, 53, 128, 129, 131~133, 135, 136, 138, 140, 141, 169~171, 174, 175, 201~207, 211, 215, 220, 239, 270
보호교도소 202, 204, 205, 210

보호사 128, 133~137, 211, 212, 214, 215, 218
북진대 233
비전향 장기수 33, 269~273

ㅅ

사노 마나부(佐野學) 32, 112, 114, 118, 143, 180, 185, 286
사사키 히데오(佐々木日出男) 79, 97, 99
사상범보호관찰법 128, 129, 211
사상선도위원회 124~126
사상월보 78
사상정화 22, 45, 128, 149~151, 153, 154, 158, 200, 208, 223, 267, 278~290
사상휘보 78
사에키 아키라(佐伯顯) 125
사유재산 제도 부인 40, 75, 87~90, 92~102, 237, 281, 282, 289
사이토 히사타로(齊藤久太郎) 125
사토미 간지(里見寬二) 90, 92
사회안전법 270, 271
상하이 39, 103, 278
샤쿠오 도호(釋尾東邦) 233
서병조(徐丙朝) 146
선우종원 255, 257, 262, 264
소덕회 125, 140
소도회 123, 125, 126
소련 16, 17, 40, 161~165, 167, 179, 182, 200, 264, 278, 279, 286

쇼와(昭和) 연구회 186
수양동우회 53, 56, 285
스미야 미키오(隅谷三喜男) 27
스즈키 마사후미(鈴木正文) 179
(시국대응전선)사상보국연맹 18, 19, 24, 140, 142~146, 154, 159, 206~212, 214, 223, 224, 226, 253, 262, 287, 288
시국 좌담회 156~159
식민주의 14, 16~18, 31, 93, 156, 185, 192, 248, 276, 289
신간회 63, 96, 98
신생활 38, 188
신일용 38, 49, 90
신치안유지법 47, 50, 200, 202, 203, 236~243, 252, 285
신흥불교청년동맹 136
신흥우 142, 213
심호섭(沈浩燮) 146
12월 테제 68
쓰노다 슈헤이(角田守平) 102
쓰다 세쓰코(津田節子) 229
쓰루미 슌스케(鶴見俊輔) 26, 28, 29
쓰쓰미 요시아키(堤良明) 130, 131, 138, 141, 207, 208

ㅇ

안준(安浚) 177~179
양주동 265
언론·출판·집회·결사 등 임시취체법 242

엄벌주의 59, 108, 110, 113, 236, 238, 252, 260, 289
여순사건 248, 256
여운형 80, 83, 244
역식민 18, 236, 241, 281, 285
염인걸(廉仁傑) 146
예방검속 45
예방구금 22, 42, 43, 52, 81, 128, 132, 133, 200~206, 211, 236, 238, 239, 270
예비검속(권) 24, 45, 46, 205, 206, 254
오사카 모리오(大坂盛夫) 204
오스미 지쓰잔(大隅實山) 136~139, 215~221, 228
오자키 호쓰미(尾崎秀實) 187
오제도 249, 250, 252, 257~262, 264, 266
와카쓰키 레이지로(若槻禮次郎) 87
와키 데쓰이치(脇鐵一) 56, 83
요시모토 다카아키(吉本隆明) 27, 28
요시찰인 43, 49, 53, 67, 71~73, 168, 175
원산 그룹 162, 196
원산총파업 67
유보 처분 117, 118, 258, 278
유억겸(兪億兼) 142, 146
유진오 197
유태설(劉泰卨) 146
윤동명(尹東鳴) 146
윤치영(尹致映) 146

윤치호 16, 17, 126, 142, 213, 218
윤효중 234
의열단원 38
이각종 177, 178
이강국 196, 197
이관구(李寬求) 146
이광수 28, 53, 214, 218, 219~221
이기찬(李基燦) 146
이봉우 179
이순탁 191~193, 219, 221
이승만 234, 256, 266
이승우(李升雨) 146
이시이 바쿠(石井漠) 235
이용구 233
이인 47, 63
이재유 59
이재유 그룹 181
이종만 213
이준태 52
이청원 195, 196
이춘호 142
이케다 가쓰(池田克) 77, 129, 237, 283,
이토 노리오(伊藤憲郎) 23, 74, 75, 77~81, 131, 208
이토 아키라(伊藤晃) 31
이항발 177
이희승 56
인민전선 70, 129, 161~164, 236, 284
인정식(印貞植) 146, 147 180~186, 188~

190, 222, 266, 286
『1984』13
일본공산당 26, 40, 61, 94, 102, 111, 112, 118, 282
일소전쟁 161, 163
일진회 233
임종국 20

ㅈ

장덕수(張德秀) 146, 218, 221, 222
장성조 102
장우식(張友植) 146
장재갑 257, 262
장헌근(張憲根) 146
전향 동기 120, 121, 171~176
정지용 265
정치에 관한 범죄 처벌의 건 36~38, 41, 75, 88, 89, 93, 96, 103
정훈(鄭勳, 가마 이사오) 218
정희택 257
제노사이드 150, 267, 278, 290
조기간(趙基栞) 146
조선공산당 47, 52, 58, 59, 61, 63, 67, 74, 78, 84, 91, 93~96, 99, 102, 181, 211, 266, 282
조선노농총동맹 38
조선방공협회 23, 142, 148, 154, 156, 158~160
조선 사상범보호관찰령 127, 129, 210

조선 사상범예방구금령 200, 210
조선임시보안령 242, 246
조선중앙정보위원회 157
조선청년총동맹 38
조선학생전위동맹 97, 98
조선 행형 누진처우 규칙 64, 117
조선형사령 42, 44, 46, 50, 51, 240
조용하 102
조이환 91
조재천 255
조지 오웰(George Orwell) 12
주련 177, 179
주영섭 233
주인규(朱仁奎) 146
중국 17, 27, 103, 155, 160~162, 164, 182, 185~187, 196, 278, 279, 287
중일전쟁 29, 153, 156, 157, 160~162, 165~169, 171, 174, 179, 180, 185, 191, 236, 279, 286

ㅊ

차재정 177~179, 188~190
천황제 17, 27, 31, 90~92, 94, 100~102, 185, 250, 286, 290
최두선(崔斗善) 146
최백순 97
최운하 260~262
최익한(崔益翰) 146, 218, 221
최인훈 100

최현배(崔鉉培) 146
치안경찰법 36, 39

ㅋ
코민테른 16, 38, 39, 67, 68, 70, 129, 156, 162, 179, 183, 278, 283, 286, 288

ㅌ
통제경제론 185, 189~192, 196, 197, 287

ㅍ
포고 제2호 245, 248
표트르 크로포트킨(Pyotr A. Kropotkin) 39
프로핀테른 68

ㅎ
하시카와 분조(橋川文三) 28
하야시 후사오(林房雄) 277
한국독립당 102
한독당 256, 263
한상건(韓相建) 146
한신교 177
한인민족해방동맹 151
행정집행령 45
허헌 63
혁신 64, 185, 187~191, 284, 287, 288
현영섭 122
현제명 222, 232, 233, 235, 265
현준호(玄俊鎬) 146
혼다 슈고(本多秋五) 28
홍덕유 47, 93
황국신민의 서사 151
황도정신수련회 215, 221
후루야 사다오(古屋貞雄) 48
후세 다쓰지(布施辰治) 48, 55, 102
흥업구락부 142, 218

동북아역사재단 일제침탈사 연구총서 47

일제의 사상통제와 전향 정책

초판 1쇄 인쇄 2024년 10월 31일
초판 1쇄 발행 2024년 11월 15일

지은이 홍종욱
펴낸이 박지향
펴낸곳 동북아역사재단

등 록 제312-2004-050호(2004년 10월 18일)
주 소 서울시 서대문구 통일로 81 NH농협생명빌딩
전 화 02-2012-6065
팩 스 02-2012-6186
홈페이지 www.nahf.or.kr
제작·인쇄 역사공간

ISBN 979-11-7161-134-8 94910
         978-89-6187-669-8 (세트)

- 이 책은 저작권법에 의해 보호를 받는 저작물이므로 어떤 형태나 어떤 방법으로도 무단전재와 무단복제를 금합니다.
- 책값은 뒤표지에 있습니다. 잘못된 책은 바꾸어 드립니다.